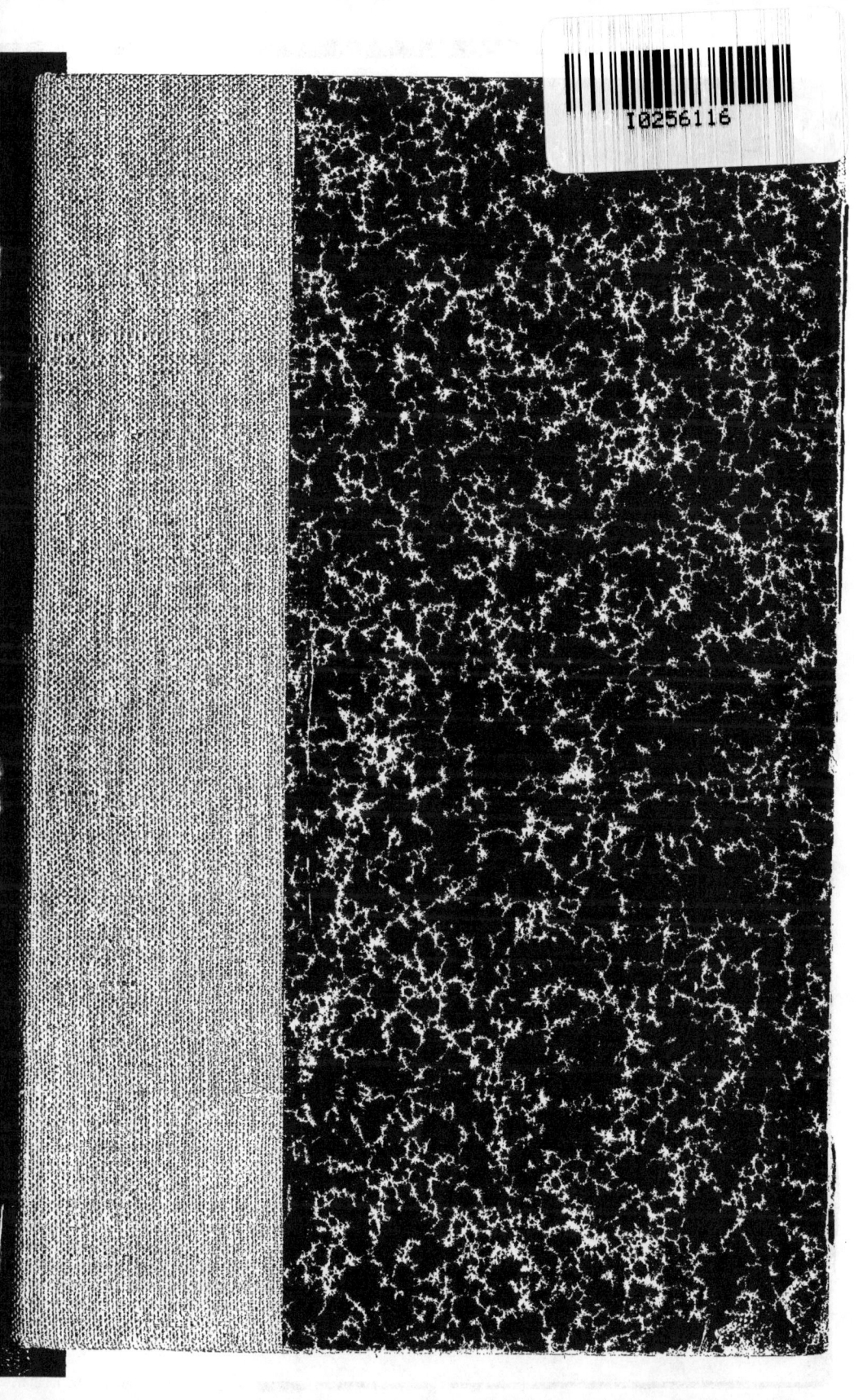

ACTES

DU

ONZIÈME CONGRÈS INTERNATIONAL

DES ORIENTALISTES

PARIS—1897

QUATRIÈME SECTION

HÉBREU — PHÉNICIEN — ARAMÉEN — ÉTHIOPIEN — ASSYRIEN

PARIS
IMPRIMERIE NATIONALE

ERNEST LEROUX, ÉDITEUR, RUE BONAPARTE, 28

M DCCC XCVIII

ACTES

DU

ONZIÈME CONGRÈS INTERNATIONAL DES ORIENTALISTES

PARIS-1897

ACTES

DU

ONZIÈME CONGRÈS INTERNATIONAL

DES ORIENTALISTES

PARIS–1897

QUATRIÈME SECTION

HÉBREU — PHÉNICIEN — ARAMÉEN — ÉTHIOPIEN — ASSYRIEN

PARIS
IMPRIMERIE NATIONALE

ERNEST LEROUX, ÉDITEUR, RUE BONAPARTE, 28

M DCCC XCVIII

RAPPORT

SUR

LE PROGRÈS DES ÉTUDES SYRIAQUES

DEPUIS LE DERNIER CONGRÈS,

PAR

M. TH.-J. LAMY,

PROFESSEUR À L'UNIVERSITÉ DE LOUVAIN.

Les études syriaques prennent chaque jour un nouvel essor; leur champ s'agrandit par les nombreux manuscrits que l'Asie occidentale fournit à nos grandes bibliothèques, et il se fertilise de plus en plus sous les efforts des savants qui le cultivent. Les fruits que ce champ a produits durant ces trois dernières années sont en telle abondance et si excellents, qu'il m'est difficile, dans les limites qui me sont imposées, de les faire connaître sans omission et de les apprécier comme ils le méritent. Je réclame donc l'indulgence de mes savants confrères. Ils voudront bien se souvenir que j'ai dû travailler dans une ville de province, dépourvu des secours qu'offrent les grandes bibliothèques.

Mais, si le champ s'agrandit, si les ouvriers qui le cultivent sont devenus plus nombreux, si les recherches à faire sont plus considérables, les instruments mis à la disposition des travailleurs sont plus perfectionnés et permettent un travail plus rapide, plus fructueux et plus parfait. Non seulement les grandes bibliothèques des divers pays ont augmenté les facilités offertes aux savants, mais aujourd'hui, au lieu de transcrire soi-même péniblement et avec fatigue les manuscrits ou

IMPRIMERIE NATIONALE.

de les faire transcrire par des scribes plus ou moins exacts, on les photographie et on peut les étudier chez soi comme si on avait l'original sous les yeux, et même les reproduire par la phototypie comme l'a fait le savant bibliothécaire de Milan, Ceriani, pour la célèbre Bible syriaque de l'Ambrosienne. En outre, les grands dépôts de manuscrits syriaques, tels que le British Museum, la Bibliothèque nationale, la Bodléienne d'Oxford, la Bibliothèque de Berlin et d'autres, ont donné de leurs manuscrits des catalogues détaillés et rédigés par des hommes aussi compétents que W. Wright, H. Zotenberg, Payne Smith, E. Sachau.

Les nouvelles et importantes acquisitions syriaques de la Bibliothèque nationale viennent d'être cataloguées par M. J.-B. Chabot[1], qui nous a aussi donné le catalogue des 50 manuscrits syriaques que possède la Bibliothèque du patriarcat grec-orthodoxe de Jérusalem[2]. Les manuscrits de cette bibliothèque viennent d'un couvent nestorien de Palestine; ils sont peu anciens et n'ont guère qu'une importance liturgique. Ils contiennent les offices de la messe et du bréviaire selon le rite du monastère des Mar Gabriel et Abraham, près de Mossoul, rite que nous connaissions déjà par la belle édition du Bréviaire chaldéen faite par M. Paul Bedjan.

Une bibliothèque autrement importante est celle du monastère de Sainte-Catherine, au Mont Sinaï. La publication par C. Tischendorf du célèbre *Codex sinaiticus* a depuis longtemps attiré l'attention sur ce riche dépôt littéraire. On connaissait ses richesses grecques, mais on ignorait ses richesses syriaques. Une heureuse découverte, dont nous parlerons plus loin, les a

[1] *Notice sur les manuscrits syriaques de la Bibliothèque nationale acquis depuis 1874.* (*Journal asiatique*, IXe sér., XIII, sept.-oct. 1896.)

[2] *Notice sur les manuscrits syriaques conservés dans la Bibliothèque du patriarcat grec-orthodoxe de Jérusalem.* (*Journal asiatique*, janv.-fév. 1894.)

révélées. Mme Agnès Smith Lewis nous en a donné le catalogue dans les *Studia sinaitica* [1].

La Bibliothèque de la Propagande, à Rome, possède aussi des documents précieux pour la littérature syriaque. Malheureusement le catalogue manque encore. Cependant P. Cersoy a comblé en partie cette lacune en nous donnant, il y a trois ans, une notice sommaire de 46 volumes in-folio apportés d'Orient en 1870 par Mgr David Millos [2], et il a indiqué en détail les différentes pièces contenues dans le volume K. vi, 4, qui contient la grande et importante Collection des conciles orientaux que M. J.-B. Chabot édite actuellement dans les *Notices et extraits des Manuscrits* publiés par l'Académie des Inscriptions et belles-lettres, d'où M. Guidi a extrait les noms des évêques qui ont assisté au synode de Séleucie, en 410, et aux synodes suivants, avec l'indication des sièges qu'ils occupaient, ainsi qu'un fragment relatif à l'histoire des Sassanides [3].

Ce ne sont pas là les seules facilités offertes aux syriacisants. Il y a cinquante ans, la grammaire et surtout la lexicographie syriaques étaient à leurs débuts. On avait d'assez bonnes grammaires, celles d'Hoffmann et d'Uhlemann entre autres, toutes fondées sur la grammaire du savant maronite Amira. Depuis lors, les travaux sur la grammaire se sont multipliés; à ceux qui existaient on a ajouté les travaux grammaticaux des Syriens eux-mêmes : de Jacques d'Édesse, de Jacques de Tagrit, d'Élie de Nisibe, d'Élie de Tirhan, de Grégoire Bar-Hébréus. Les savants européens ont utilisé ces sources dans d'excellents manuels. Sans rappeler les savantes grammaires de MM. Duval [4]

(1) *Catalogue of the syriac mss. in the convent of St. Katharina on Mount Sinaï.* Cambridge, 1894. Avec des documents inédits et de beaux fac-similés.

(2) *Zeitschrift für Assyriologie*, t. IX, p. 370 (1895).

(3) *Zeitschrift f. D. M. G.*, t. XLIII, p. 386 et suiv. — *Un nuovo testo siriaco sulla istoria degli ultimi sassanidi.* Leide, 1893.

(4) *Traité de grammaire syriaque.* Paris, 1881.

et Nöldeke[1], et pour me borner aux ouvrages parus dans ces dernières années, je citerai la grammaire d'Eb. Nestle éditée en latin, en allemand et en anglais[2], et la grammaire du P. Gismondi, en latin seulement[3]. Tout récemment, M. Maclean nous a donné en anglais la grammaire du syriaque vulgaire, tel que les chrétiens le parlent encore sur les bords du lac d'Ourmia, dans le Kourdistan et dans les plaines près de Mossoul[4]. Le dialecte palestinien, dont les monuments sont jusqu'aujourd'hui peu nombreux, manquait encore. M. G. Dalmann vient de combler cette lacune par une grammaire en allemand accompagnée de morceaux choisis et d'un dictionnaire[5].

La lexicographie a surtout fait de grands progrès; tous ceux qui s'occupent de syriaque lui doivent une vive reconnaissance. Lorsque le savant doyen de Cantorbéry commença, il y a trente ans, la publication de son grand *Thesaurus syriacus*, nous n'avions guère autre chose que le *Lexique* très incomplet de Castelli-Michaëlis; depuis deux ans, nous possédons en latin un manuel fort complet, très bien imprimé, disposé méthodiquement d'après les racines et rédigé par le P. Brun d'après les lexiques manuscrits de Bar-Ali, de Bar-Bahloul et de Karmsédinaïa, et d'après les travaux imprimés de Payne Smith, Rubens Duval, G. Hoffmann. Visant, avant tout, à donner un manuel

(1) *Kurzgefaste syrische Grammatik.* Leipzig, 1880.

(2) *Syrische Grammatik mit Litteratur, Chrestomathie und Glossar.* 2e éd., Leipzig, 1888. La même en latin, et la même en anglais, par Kannedy.

(3) *Linguæ syriacæ Grammatica.* Beryti, 1890.

(4) *Grammar of the dialects of vernacular Syriac as spoken by the Eastern Syrians of Kurdistan, Nord-West Persia and the Plain of Mossoul, with notices of the vernacular of the Jews of Azairbaizan and of Zakku near Mossoul.* Cambridge, 1895.

(5) *Aramaïsche Dialekt Proben, Lesestücke zur Grammatik des Jüdisch-palaestinischen Aramaïsch.* Leipzig, 1897. Le même auteur a publié, en 1894, *Grammatik d. Jüd. palaest. Aramaïsch u. d. Idiomen d. palaest. Talmud u. Midrasch, Onkelos Targums u. d. Jerusalem. Targum.*

facile et peu coûteux, l'auteur se contente d'avoir indiqué, dans la préface, les sources où il a puisé [1].

Tandis que le P. Brun travaillait à Beyrouth, en Syrie, à son manuel, Karl Brockelmann éditait en Allemagne, également en latin, un ouvrage du même genre, qu'il s'efforçait de rendre à la fois aussi complet et aussi bref que possible. Ce double but a obligé M. Brockelmann à de constants renvois à de nombreux auteurs, et à la grammaire de Nöldeke, ce qui rend son travail plus difficile pour les commençants. M. Brockelmann ne s'est pas contenté de compiler les grands lexiques, il y a joint le fruit de ses propres lectures et de ses recherches dans les œuvres syriaques récemment éditées. Il a, en outre, ajouté un lexique latin syriaque, ce qui n'avait pas encore été fait [2].

Brun et Brockelmann ont employé pour leurs manuels la langue latine comme plus universelle. Mme Margoliouth, antérieurement Jessie Payne Smith, a préféré l'anglais comme plus facile pour les nombreux syriacisants de langue anglaise, et elle édite actuellement un abrégé du grand *Thesaurus* de son père, que deux savants orientalistes revoient avec soin [3].

M. Rubens Duval, qui occupe actuellement la chaire si renommée du Collège de France, et dont nous connaissons les nombreuses publications syriaques, a cru le moment venu de faire parler les lexicographes syriens eux-mêmes, et, après dix ans d'un travail opiniâtre, il vient de nous donner le plus célèbre d'entre eux, Josué ou Jésus Bar-Bahloul, en arabe Abou'l-Hassan Isa ibn al-Bahloul [4]. Cet érudit syrien, dont la vie est

(1) *Dictionarium syriaco-latinum;* Beryti Phœniciorum; 1895.

(2) *Lexicon syriacum*, auctore C. B., præfatus est Nöldeke. Berlin, 1896.

(3) *A compendious syriac Dictionary. Founded upon the Thesaurus syriacus* of R. Payne Smith D. D.; edited by J. Payne Smith (Mrs. Margoliouth). Oxford, 1896.

(4) *Lexicon syriacum, auctore Hassano Bar Bahlule, voces syriacas græcasque cum glossis syriacis et arabicis complectens e pluribus codicibus edidit et notulis instruxit* R. D. Paris, 1888-1897; 5 fasc. Le 6e, contenant l'*Introduction*, sous presse.

peu connue, vivait au xe siècle, car il est mentionné comme ayant pris part, en 963, à l'élection du patriarche nestorien Ébed-Jésu I. Son Lexique, dont Payne Smith s'est constamment servi dans son *Thesaurus syriacus*, n'est pas un dictionnaire complet, ni une œuvre entièrement originale; c'est une compilation où il a réuni les recherches des lexicographes qui l'avaient précédé, et dont les ouvrages ne sont pas parvenus jusqu'à nous. Il dit, dans sa préface : «La plupart des gloses renfermées dans ce Lexique, et dont les auteurs ne sont pas marqués, sont de Honeïn; d'autres sont de Grégoire de Nysse, de Bar-Daschandad, de Zacharie de Merv, du médecin Schamli d'après Honeïn, de Jean Bar-Sérapion, médecin, de Daniel Gamaria, évêque de Tahal, de Hassan-Jésu Bar-Sarouschwaï, évêque de Hirta.» Il ajoute que Honeïn avait compulsé beaucoup d'autres auteurs. On trouve en effet, dans le lexique de Bar-Bahloul, de nombreuses citations empruntées à la version *simple* des Livres saints, à la version *Hexaplaire* et à la version *Harcléenne*, à saint Éphrem, à Jacques d'Édesse, à Josué Bar-Noun, à Moïse Bar-Cépha, au patriarche Hanan-Jésu, à Daniel de Taibouta, aux traductions syriaques d'auteurs grecs, etc. Les copistes ont même ajouté des gloses plus récentes, de sorte que souvent un codex est plus complet que l'autre, sur différents mots, sans qu'on puisse toujours discerner ce qui appartient à Bar-Bahloul et ce que les copistes ont ajouté à leur exemplaire pour le compléter.

Le Lexique de Bar-Bahloul est extrêmement précieux par les explications philosophiques et scientifiques qu'il donne sur un grand nombre de mots, par les citations d'un grand nombre d'auteurs anciens et par les traditions qu'ils nous a conservées. Les gloses arabes servent à identifier les noms des plantes et à fixer le sens des expressions employées dans les traités de mathématiques, d'astronomie et d'alchimie. On se tromperait cependant, si l'on prenait le lexique de Bar-Bahloul comme un dictionnaire complet. Bar-Bahloul laisse de côté une foule d'expressions connues et comprises de tout le monde, il s'attache surtout à expliquer les mots grecs que l'on rencontre dans les versions syriennes d'auteurs grecs, les mots qui prêtent à équivoque, qui ont plusieurs sens, ou qu'on emploie rarement et qui ne sont plus d'un usage courant; il explique, par des gloses assez étendues, les termes qui désignent la parole, l'être, l'intelligence, le corps, les sens, les matières des sciences philosophiques et naturelles. On le voit, c'est un ouvrage de grande valeur et de première importance pour les savants. Il sera utile à tous les syriacisants, et plus utile encore à ceux qui joignent à la connaissance du syriaque celle de l'arabe.

M. Duval n'a rien négligé pour donner à cette œuvre scientifique toute sa valeur. Son édition reproduit exactement les quatre principaux manuscrits[1] : 1° le ms. Jacobite d'Oxford (*H*), qui forme la base de l'édition comme étant le plus correct; 2° celui de Florence (*F*), l'une des trois copies que l'on possède actuellement en Europe d'un original conservé dans un couvent du Liban; 3° les deux mss. nestoriens (*SS*) de M. le professeur Socin, qui se rapprochent pour la rédaction des deux autres mss. nestoriens de la Propagande, et de la bibliothèque de l'Université de Berlin. L'éditeur a ajouté quelques variantes des autres mss., et noté exactement au bas des pages les leçons des quatre principales sources, ainsi que les renvois à d'autres mots. Un appendice reproduit les mots grecs dans leur forme native. Disons, en finissant, que les textes syriaques et arabes sont imprimés très correctement avec les beaux caractères de l'Imprimerie nationale.

En même temps que l'achèvement de l'édition de Bar-Bahloul, cette année verra, grâce à la piété filiale de Mme Margo-

[1] Cf. *Remarques sur l'éd. du Lexique de Bar-Bahloul* (*J. as.*, janv.-févr. 1894).

liouth, le couronnement du grand travail qui fut l'œuvre de la vie du savant doyen de Cantorbéry et qui porte à bon droit le titre de *Thesaurus syriacus*[1]; car c'est un trésor où l'on trouve réunis et expliqués d'une manière presque complète et autant que le permet l'état actuel de la science, tous les mots et toutes les formes que possède la langue syriaque, avec leurs significations diverses. Ce grand dictionnaire ne se borne pas à la langue littéraire, il donne encore la langue vulgaire, le syriaque moderne, le nazaréen et le dialecte de Palestine. Pour ce grand travail, Payne Smith a mis en œuvre les lexiques manuscrits de Bar-Ali, de Bar-Bahloul et de Karmsedinaïa, le lexique imprimé de Castelli-Michaëlis; il a pu profiter des immenses recherches qu'avait accumulées Quatremère en vue du dictionnaire dont il avait déjà lancé le prospectus; il a utilisé aussi les travaux de Bernstein, de Lorsbach, d'Agrell, de Field et de Roediger; enfin il a dépouillé, à mesure qu'elles paraissaient, les publications syriaques de Cureton, de Land, de Lagarde, de Wright et des éditeurs plus récents. Comme un grand nombre de publications syriaques ont vu le jour après l'apparition des premiers fascicules, il en résulte que les derniers fascicules sont plus complets que les premiers. Malheureusement le Maître de la vie a rappelé à lui le laborieux savant avant qu'il n'eût achevé son œuvre. Mais il a laissé une fille, formée à son école, héritière de son nom et de sa connaissance des langues sémitiques, qui achève, avec le concours de son mari, l'œuvre commencée. La première partie du 10e et dernier fascicule vient de paraître. Les auteurs en ont déposé un exemplaire sur la table, ici devant nous, et les derniers feuillets de l'ouvrage sont sous presse.

[1] *Thesaurus syriacus.* Collegerunt S.-M. Quatremere, G.-H. Bernstein, G.-W. Lorsbach, Al.-J. Arnoldi, Car.-M. Agrell, F. Field, Æm. Roediger; auxit, digessit, exposuit, edidit R. Payne Smith. Oxonii. Typ. Clarend. 1879-1897.

Je dois aussi mentionner, sans avoir pu l'examiner, le *Dictionnaire chaldéen* publié à Mossoul par Audo, qui en est au *caph*.

Enfin je ne dois pas omettre le tableau succinct et complet de la littérature syriaque à ses différentes époques, rédigé avec une grande exactitude par un homme aussi compétent que W. Wright et complété, après la mort de l'auteur, d'après les notes de MM. Nestle et Duval [1].

Tels sont les instruments perfectionnés mis aujourd'hui à la disposition des syriacisants. Ils ont été utilisés. Les documents publiés dans ces dernières années sont aussi nombreux qu'importants. Je rencontre d'abord la recension des Évangiles trouvée dans le vieux palimpseste du Sinaï. On connaît l'histoire de cette découverte. Deux syriologues anglaises, Mme A. Smith Lewis et sa sœur Mme M. Dunlop Gibson, arrivent, au mois de février 1892, au couvent de Sainte-Catherine. Un codex en vélin, couvert d'une épaisse couche de poussière accumulée par les siècles, frappe leurs regards. Mme Lewis reconnaît que c'est un palimpseste et sous le recueil hagiographique superposé elle aperçoit une version syriaque des Évangiles. Aidée de sa sœur, elle se met à photographier les 182 feuillets. Les photographies sont transmises à Cambridge. Après un examen attentif, le regretté M. Bensly et M. Burkitt croient reconnaître que le codex est de la même famille que celui dont Cureton a publié les fragments en 1858. La difficulté du déchiffrement fit juger une nouvelle inspection du codex nécessaire. MM. Bensly et Burkitt et M. Rendel-Harris, qui avait déjà retrouvé au Sinaï, en 1889, l'*Apologie* d'Aristide, partirent avec les deux dames au mois de février 1893. Le codex fut transcrit. Une note ajoutée à la fin et malheureusement en partie illisible faisait connaître l'âge de l'écriture superposée.

[1] *A short history of syriac literature by the late* W. Wright. London, 1894.

Le recueil hagiographique avait été écrit vers l'an 778[1]. Il s'ensuit que le texte d'en dessous est plus ancien encore. A en juger par les caractères paléographiques, il serait du VIe ou du VIIe siècle. De retour en Angleterre, les trois savants s'empressèrent de donner au public, en un volume très soigné, la recension du Sinaï[2]. Mais avant qu'elle ne parût, Bensly était ravi à la science dont il a bien mérité. Mme Lewis rédigea l'introduction et donna peu après une traduction anglaise. On a beaucoup discuté sur la leçon de saint Matthieu I, 16, qui termine la généalogie du Christ. Mme Lewis l'a examinée de nouveau et confirme la leçon ܐܘܠܕ au lieu de ܐܝܠܕܬ ou ܝܠܕܬ. Je me demande si ce ne serait pas tout simplement une faute du copiste, qui, par distraction, aura mis ܐܘܠܕ, qu'il venait d'écrire quarante et une fois, au lieu de ܝܠܕܬ que la syntaxe syriaque demande. Le copiste a commis d'autres fautes de ce genre. Mme Lewis en signale plusieurs.

Malgré les efforts des trois savants, bien des passages n'avaient pu être déchiffrés. Mme Lewis retourna au Sinaï avec sa sœur. Elle eut alors la bonté de photographier quelques discours de saint Éphrem, à ma demande. Je saisis cette occasion de lui exprimer ma reconnaissance. Le voyage eut de précieux résultats. Les mots et les versets entiers qui furent déchiffrés forment, pour chaque Évangile, la matière de plusieurs chapitres. Les presses de l'université de Cambridge, si soigneuses de belles éditions, ont imprimé en bleu les passages que Mme Lewis a lus pour la première fois et les rectifications qu'elle a pu faire aux parties déjà publiées. Elle y a joint une traduc-

(1) La note porte : ܫܢܬܐ ܐܠܦ ܘܬܫܥܝܢ... Il faut probablement lire ܠܬܫܥܝܢ *l'an mil nonante* des Grecs, c'est-à-dire l'an 778 de J.-C. comme l'a établi Mme Lewis.

(2) *The four Gospels in syriac,* transcribed from the sinaïtic palimpseste by the late R. L. Bensly, by J. Rendel Harris, and by F. Crawford Burkitt with an Introduction by A. Smith Lewis. Cambridge, 1894, in-4°.

tion anglaise du texte complet avec plusieurs appendices critiques, que M. Albert Bonus vient de compléter dans sa confrontation du *Codex Lewisianus* avec le texte de Cureton [1]. M. Bonus montre que les deux textes ont des affinités multiples, mais aussi des dissemblances nombreuses, ce qu'on n'observe pas à un même degré entre les *codices* de la Peschita. En bien des endroits, le texte lewisien est d'accord avec la Peschita contre le texte curetonien [2]. Presque en même temps, M. Holzhey a fait en allemand un travail analogue, précédé en outre de nombreuses dissertations critiques [3].

La bibliothèque du Sinaï nous promet d'autres joyaux. Déjà Mme Gibson et M. Rendel Harris nous ont donné quelques apocryphes [4]. Mme Lewis nous promet un *Lectionnaire syriaque palestinien*, que suivra le recueil hagiographique qui recouvrait les Évangiles dont nous venons de parler. Cette bibliothèque nous a encore fourni quelques anciennes homélies en syriaque palestinien. Les éditeurs, MM. G.-H. Gwilliam, F. Crawford. Burkitt et J.-F. Stenning, y ont ajouté quelques fragments d'une version palestinienne de l'Ancien Testament tirés de la bibliothèque Bodléienne [5]. M. G. Margoliouth en a retrouvé quatre

[1] *Some pages of the four Gospels retranscribed from the sinaitic palimpsest,* with a translation of the whole text by A. Smith Lewis. London, Clay, 1896, in-4°.

[2] *Collatio codicis Lewisiani rescripti Evv. SS. syriacor. cum cod. curetoniano,* cui adjectæ sunt lectiones e Peshitto desumptæ. Auctore A. Bonus, Oxonii. 1896.

[3] *Der Neuentdeckte Codex syrus sinaiticus;* München, 1896.

[4] *Apocryphia sinaitica* containing the *Anaphora Pilati* in syriac and arabic, the syriac transcribed by J. Rendel Harris, and the arabic by M. Dunlop Gibson; also two recensions of the *Recognitiones Clementis,* a Story entitled *The Preaching of Peter,* and Stories of *James the son of Alphæus* and *Simon the son of Cleophas,* in arabic, transcribed and translated by M. Dunlop Gibson. London, 1896.

[5] *Biblical and patristic relics of the palestinian syriac literature.* Oxford, 1896. Ces fragments sont : Exod. XXVIII, 1-12; III Reg., II, 10-15; IX, 4-5; Job, XXII, 3-12; Sap. IV. 8; X, 2.

autres fragments dans un manuscrit du British Museum [1] et les a publiés avec traduction et notes.

M. R.-H. Charles a traduit d'un codex syriaque du VIe siècle, qui se trouve à la bibliothèque Ambrosienne à Milan, l'*Apocalypse* de Baruch [2]. M. W.-E. Barnes a édité la version syriaque du IVe *Livre des Macchabées* que M. Bensly avait laissée inachevée. Le texte est accompagné de variantes tirées de neuf manuscrits, d'une traduction anglaise, d'une homélie de saint Grégoire de Nazianze, que nous possédions déjà en grec, de deux homélies inédites du patriarche Sévère, d'une autre homélie anonyme, d'une hymne de saint Éphrem déjà publiée, et d'un discours métrique anonyme. Toutes ces pièces concernent Samona et les Macchabées ses sept fils [3].

Une autre découverte mérite d'être signalée aux exégètes comme aux syriacisants. Le savant professeur de l'université de Dublin, M. Gwinn, a trouvé, dans un manuscrit syriaque de Lord Crawford, qui contient tous les livres du Nouveau Testament, même ceux qui manquent dans la Peschita, une version jusqu'ici inconnue de l'Apocalypse. Cet important document vient de sortir des presses de l'université de Dublin et forme un splendide volume in-4° imprimé avec le plus grand soin [4]. C'est un modèle de publication érudite. M. Gwinn a divisé son travail en deux parties : dans la première, il examine

[1] *Proceedings of the Society of biblic. Archæol.*, vol. XVIII, p. 223-336, 275-285; vol. XIX, p. 39-60. Ces fragments édités séparément en photographie sont : Gen. II, 4-19; IV Reg., II, 19-22; Amos, IX, 5-14; Act., XVI, 16-34; et en outre Ps., 27, 1; 29, 3; 51, 17; 65, 10-14.

[2] *The Apocalypse of Baruch*, tanslated from the syriac. London, 1896.

[3] *The fourth book of Maccabees and kindred documents in syriac*, with an Introd. and translat. Cambridge, 1895.

[4] *The Apocalypse of saint John*, in a syriac version hitherto unknown; edited from a ms. in the library of the Earl of Crawford and Balkarnes with critical notes on the syriac text, and an annotated reconstruction of the underling greek text, by John Gwinn D. D., etc. Dublin, Hodges, 1897.

jusque dans les moindres détails les caractères et la valeur de la version retrouvée, ses ressemblances et ses différences avec l'autre version de l'Apocalypse et avec les différentes versions du Nouveau Testament; puis il la compare aux manuscrits grecs onciaux pour savoir sur lesquels elle est basée; ensuite il recherche son âge, ce qui l'oblige à faire l'histoire de l'Apocalypse dans les églises syriennes [1]. De ces doctes recherches il conclut : la version récemment découverte fait partie de la version du Nouveau Testament faite par le chorévêque Polycarpe pour Philoxenus, évêque de Maboug (485-519), tandis que la version éditée en 1627 par Louis de Dieu appartient à la revision faite en 616 par Thomas de Harkel. Si l'on repousse cette conclusion, il faut du moins reconnaître que la version Gwinn est plus ancienne que l'autre. Elle devra donc à l'avenir être ajoutée avec les quatre Épîtres éditées par Pococke, en 1630, en supplément à la version Peschita dans les éditions du Nouveau Testament syriaque. M. Gwinn reconstruit ensuite le texte grec sur lequel l'auteur de la version est supposé avoir travaillé. La seconde partie donne le texte syriaque, imprimé en beaux caractères estranghelos sur deux colonnes, reproduisant le manuscrit ligne par ligne avec une scrupuleuse exactitude. L'auteur a ajouté un fac-similé, un fragment retrouvé dans un codex du British Museum de l'an 874 et de savantes notes. C'est un travail complet.

Après les Versions de l'Écriture viennent naturellement les Commentaires. Nous rencontrons d'abord l'écrivain qui a mérité le nom d'*Interprète*, le célèbre Théodore de Mopsueste, un des plus anciens commentateurs des Livres saints et le chef de l'école d'Antioche ou du *sens littéral*. Ses doctrines sur le péché

[1] Aux autorités citées il faut joindre Bar-Bahloul (éd. R. Duval) au mot *Élie*. Là il rapporte qu'Élie prêchera 1,200 jours et sera tué par l'Antéchrist, tradition qui repose sur Apoc. XI.

originel, sur la double personnalité du Christ et sur d'autres points attirèrent sur ses écrits les sévérités du ve concile œcuménique et les firent tomber dans l'oubli. Mais, dans ce siècle, on a recueilli de nombreux fragments de ses Commentaires. Nous possédons intégralement les Commentaires sur les petits Prophètes et sur les Épîtres de saint Paul. Jusqu'ici nous n'avions que des fragments sur l'Évangile de saint Jean. Cette lacune vient d'être comblée. Un de nos syriacisants les plus actifs, M. Chabot, nous a dernièrement procuré le Commentaire entier conservé dans une version syriaque de la Bibliothèque nationale[(1)]. Cet écrit est fort étendu; Théodore s'attache à expliquer théologiquement le sens littéral. Il omet la péricope *Jean* VIII, 1-12. Il est à remarquer qu'elle manque également dans la Version simple et dans les deux recensions curetonienne et lewisienne. Mais Grégoire Bar-Hébréus, dans son *Grenier des Mystères*, la reçoit et dit qu'elle a été trouvée dans un codex d'Alexandrie[(2)]. Il y aurait bien des choses intéressantes à relever dans cet important commentaire dont l'éditeur nous promet à bref délai une traduction, mais je dois me restreindre. Je ne signalerai que ce que Théodore dit à propos des dernières paroles du Sauveur à saint Pierre et ce qu'il rapporte des dernières années de saint Jean[(3)].

Un autre Commentaire dont on a depuis longtemps commencé la publication par parties détachées, est le *Grenier des Mystères* de Grégoire Bar-Hébréus. Grâce aux travaux de ces trois dernières années, il est presque entièrement publié. Le

(1) *Commentarius Theodori Mopsuesteni in Evangelium D. Johannis, in libros VII partitus*, versio syriaca, t. I; Parisiis, 1897.

(2) Un codex syriaque du IXe siècle dit que cette péricope ne se trouve pas dans les mss., mais que l'abbé Paul l'a trouvée dans un ms. d'Alexandrie et l'a traduite en syriaque. Jacques de Saroug l'a commentée; on la lisait à l'office de la 2e fér. de la 4e semaine de Carême. V. Wright, *Cat. of syr. mss.*, 42, 845, 989.

(3) Pages 411-412.

Grenier des Mystères, commencé à la mi-décembre 1277, fut terminé le 3 août de l'année suivante, après un travail opiniâtre de huit mois[1]. Il comprend une suite de *Scholies* sur tous les livres de l'Ancien Testament, y compris ceux qui n'existent pas en hébreu, et sur tous les livres du Nouveau, à l'exception de la 2e Épître de saint Pierre, de la 2e et 3e de saint Jean, de l'Épître de saint Jude et de l'Apocalypse. Ces *Scholies* sont courtes, substantielles, et exposent clairement en quelques mots le sens du texte. L'auteur marque la prononciation des mots douteux et les différences qui existent sous ce rapport entre les Jacobites et les Nestoriens. C'est une Massore syrienne. Pour l'Ancien Testament, il suit la version Simple qu'il corrige d'après les Septante, dont l'autorité est pour lui supérieure à celle du texte hébreu. Il cite aussi la version hexaplaire de Paul de Téla. Pour le Nouveau Testament, il suit également la version Simple, mais il recourt fréquemment au grec, ainsi qu'à la version de Philoxène et aux corrections de Thomas de Harkel. Il cite l'une ou l'autre fois les versions arménienne, copte et samaritaine. Il recourt aussi, mais peu fréquemment, à l'autorité des Pères grecs et syriens, reçus des monophysites. M. G. Herber vient de nous donner cette année même les *Scholies* sur le Deutéronome; en 1895, il avait édité le Lévitique. Un peu auparavant, M. Krauss avait mis au jour les *Scholies* sur Josué et les Juges, A. Morgenstern les *Scholies* sur le IIIe et le IVe livre des Rois, R. Geigenheim sur Ézéchiel, Steinhart sur saint Luc; J. Zolinsky a ajouté en autographie, avec la traduction latine du *Chronicon orientale* et une traduction allemande, les quatre tableaux donnant la chronologie de l'histoire universelle d'Adam à Vespasien et à la ruine de Jérusalem. Bar-Hébréus adopte la Chronologie des Septante et place

[1] Cf. Schroeter, *Barhebraei Scholia in Psal. 8, 40, 41, 50*. Vratisl., 1857, p. 2-3.

la naissance de Jésus-Christ en l'an 309 de l'ère des Grecs, qu'il suit dans ses ouvrages historiques (1). La plupart de ces publications sont tirées des quatre mss. conservés en Allemagne. Le principal ms., copié en 1354 sur l'autographe même de l'auteur, le *Cod. Vat.* 282, n'a été consulté, croyons-nous, que par Schroeter. C'est là une lacune regrettable pour l'important commentaire d'un des plus érudits des écrivains syriens.

Le *Commentaire* de saint Éphrem sur le *Diatessaron* de Tatien ne nous est parvenu que dans une version arménienne publiée par les Méchitaristes et donnée en latin par le Dr Moesinger. Il vient de faire l'objet de deux savantes publications. M. Rendel Harris en a retrouvé quelques fragments conservés dans les Commentaires syriaques de Jésudad et des commentateurs postérieurs (2); M. Hamlyn Hill a examiné à fond l'ouvrage même et, avec l'aide du savant arméniste Robinson, il en a donné une traduction anglaise plus exacte et plus complète que celle de Moesinger; il a ajouté un Index, fait avec beaucoup de soin, de tous les passages de l'Écriture cités dans tous les écrits de saint Éphrem publiés jusqu'ici (3).

(1) Cf. Herber, *Scholia in Levit.* (Leipzig, 1895); *in Deut.*, dans *The American Journal of semitic languages*, vol. XIII, n° 2 (1897); Vl. Krauss, *Scholia in Jos. et Jud.* (Breslau, 1894); A. Morgenstern, *Scholien z. Buch d. König.*, I, II (Berl., 1895); R. Geigenheim, *Scholien z. Buch Ezechiel* (Gissen, 1894); M. Steinhart, *Scholien z. ev. Lukas* (Berlin, 1894); J. Zolinski, *Z. Chronologie d. Barhebr.* (Breslau, 1894). — Antérieurement ont édité les *Scolies* sur *Isaie* : Tullberg (1842); *Gen.*, *XLIX*, *Exod.*, *XV*, *Deut.*, *XXXII-XXXIV* : Schroeter (1870); *Ps. 3-7, 9-15, 23, 53* : Schroeter (1875); *Job* : H. Bernstein (1858); *Jerem.* : Fr. Koraen et C. Wennberg (1852); *Matt.* : J. Spanutti (1879); *Joan.* : R. Schwartz (1878); *Act. Apost.* et *Epist. cath.* : H. Klamroth (1878); *Epist. Pauli* (1889), *Prov.*, *Cantic.*, *Eccl.* : A. Rahlfs (1887); *Proph. minores* : A. Moritz (1882); *Eccl.* : Kaatz (1892).

(2) *Fragments of the Comm. by Ephrem syrus upon the Diatessaron*, London, 1895.

(3) *A Dissertation on the Gospel commentary of S. Ephrem the Syrian.* Edinburgh, Clarke, 1896. — J'ai aussi publié dans la *Revue biblique* (1896) deux articles sur les Commentaires de saint Éphrem, et j'ai donné le traduction du *Commentaire sur Zacharie*, avec deux chapitres inédits.

Les Pères et les théologiens syriens ont aussi donné lieu à quelques publications de valeur. Un bénédictin français, Dom Parisot, a publié, comme premier volume de la *Patrologie* qu'a entreprise M. Graffin, les écrits d'un écrivain dont le nom était à peine connu il y a cinquante ans. Aphraates ou Pharhad, surnommé le *sage Persan* (et connu aussi sous le nom de Jacques, ce qui l'a fait confondre avec saint Jacques, archevêque de Nisibe), a composé, selon l'ordre de l'alphabet syrien, vingt-deux discours ou traités, qu'il a écrits de l'an 337 à l'an 345 de Jésus-Christ. Ces traités, au moins la plupart, avaient été retrouvés au siècle dernier dans une version arménienne et publiés sous le nom de saint Jacques de Nisibe. En 1869, W. Wright avait donné le texte syriaque retrouvé dans les anciens mss. du désert de Nitrie. Dom Parisot a fait une nouvelle recension; il a vocalisé les mots et il a placé en regard du texte une traduction latine faite avec soin [1]. Dans une savante préface, il a rassemblé et discuté tout ce que l'on connaît sur la personne et la vie de cet écrivain remarquable, et il a mis en lumière les principaux points de sa doctrine. Aphraates a écrit un traité spécial d'histoire qui va de la création à Jésus-Christ, et qu'il a intitulé le *Grain de raisin*. Wright l'a joint aux autres traités; Dom Parisot l'a réservé pour le volume suivant [2].

Un des meilleurs écrivains de la belle époque de la langue syriaque, Philoxenus ou Xénaias, évêque de Maboug (Hiérapolis), fervent propagateur de l'hérésie monophysite, mort en 523, a beaucoup écrit sur l'Incarnation et sur les mœurs chrétiennes; il a en outre donné, avec le chorévêque Polycarpe, en 508, une nouvelle version des Évangiles, d'après les manuscrits grecs. Ses écrits étaient demeurés enfouis dans les

[1] Bert avait déjà donné, en 1888, une traduction allemande dans Gebhardt et Harnack, *Texte und Untersuchungen*, III.

[2] *Patrol. syriaca*, Paris, Firmin Didot, 1894, tomus I.

IMPRIMERIE NATIONALE.

manuscrits presque contemporains que possèdent le British Museum et la bibliothèque Vaticane. M. E.-A. Wallis Budge, qui s'est fait connaître par la publication de l'*Histoire romantique d'Alexandre*, par celle de l'importante *Histoire monastique* de Thomas de Marga et du livre de l'*Abeille* de Salomon, évêque de Bassora, vient de commencer à combler cette lacune. Il nous a donné en deux beaux volumes, d'après les mss. du British Museum, les treize discours sur la vie et la perfection chrétienne, que l'évêque de Hiérapolis écrivit, selon M. Budge, vers le temps de son ordination épiscopale, en 485. Les treize discours ont pour objet : d'abord la foi, qui sert de fondement à la vie pieuse, puis la crainte de Dieu, la pauvreté volontaire, la mortification des sens et des passions, la pratique de la vie ascétique et enfin la fuite des péchés de la chair et l'observance de la chasteté. Le premier volume contient le texte syriaque, soigneusement imprimé avec les variantes, le second la traduction anglaise avec une savante introduction où l'auteur retrace la vie de Xénaias et réunit un certain nombre de fragments de ses œuvres dogmatiques, qui montrent d'une manière précise quels étaient ses sentiments monophysites [1].

Entre temps, M. Budge publiait un singulier poème en vingt-deux chants sur la vie de Rabban Hormizd ou Hormisdas, fondateur d'un monastère à Al-Kosch. L'auteur, Mar Serghis, de la province d'Aderbeidjan, a puisé dans la vie écrite au VIIe siècle par un nommé Simon [2].

Cela ne suffisait pas à son activité; il vient d'ajouter l'édi-

[1] *The discourses of Philoxenus bishop of Mabbogh* A. D. 485-519, *ed. from syriac mss. of the VIth and VIIth centuries in the Brit. Mus., with an english translation* by E.-A. Wallis Budge. 2 vol. London, 1894-1895.

[2] *The Life of Rabban Hormizd and the foundation of his monastery at Al-Kosh, a metrical discourse by Wahlê surnamed Sergius of Adhorbaijan*, Berlin, 1894. M. Budge a pris à tort « Wahlê » pour un nom propre.

tion complète en syriaque et en anglais des *Récits* ou *Historiettes amusantes* de Grégoire Bar-Hébréus, qui ne nous étaient connues que par des extraits [1].

Entre temps, Oscar Braun tirait de la collection canonique dont une copie se trouve à Rome, à la Propagande, la correspondance échangée entre le catholique de Séleucie-Ctésiphon, Mar Papa, et saint Jacques de Nisibe, saint Ephrem et d'autres [2]; malheureusement cette correspondance manque d'authenticité. Beaucoup plus importantes sont les *Lettres* du fameux fauteur du nestorianisme, Barsauma, au catholique Acace, que le même savant a communiquées au Xe Congrès des Orientalistes [3].

Nous ne pouvons que mentionner en passant trois *Homélies* de Proclus, éditées par Chabot [4]; la version syriaque des *Iambes* de saint Grégoire de Nazianze, donnée par le P. Bollig [5]; une *Homélie* de saint Éphrem sur les pèlerins, par Haffner [6]; quelques morceaux du grand poète Narsès, par Feldmann [7]; divers fragments astronomiques et cosmographiques, par F. Nau [8]; le *Quadrivium* de Sévère Bar-Sakou, par J. Ruska [9]; des fragments de philosophie grecque, par V. Ryssel [10].

(1) *The laughable Stories collected by Mar Gregory Barhebreus.* London, 1896.

(2) *Zeitschrift f. kath. Theol.*, t. XVIII, p. 163 et suiv. L'auteur donne seulement la traduction allemande.

(3) *Actes du Xe Congrès*, sect. II, p. 83-101.

(4) *Rendiconti della Reale Accad. dei Lincei*, vol. V (1896).

(5) *S. Gregorii liber Carminum iambicorum*, p. I, ed. P. Bollig; Beryti, 1895; p. II, ed. H. Gismondi, 1896.

(6) *Sitzungsber. d. Kais. Akad. d. Wissensch. in Wien*, Band CXXXV (1896).

(7) *Narses syrische Wechsellieder. Ein Beitr. zur altchristl. syr. Hymnologie.* Leipzig, 1896.

(8) *Journal asiatique*, IXe sér., t. VIII, p. 155-165 et p. 286 (1896).

(9) *Das Qadrivium aus Severus bar Sakkû's Buch der Dialoge.* Leipzig, 1896.

(10) Entre autres : *Die syrische Übers. der Sextussentenzen*, Leipzig, 1895; et deux articles dans le *Rhein. Mus. f. Philol.*, N. F. LI. (1896).

Hâtons-nous d'arriver à l'histoire, car c'est ici surtout que les publications sont nombreuses et les chercheurs infatigables. Je rencontre d'abord mon proche voisin Paul Bedjan, prêtre de la Mission, qui est venu de Perse habiter à Ans, près de Liège. C'est de là que, depuis bientôt quinze ans, il fait sortir des presses de Drugulin, à Leipzig, toute une série d'ouvrages classiques, religieux, liturgiques et canoniques, en chaldéen moderne et en syriaque, à l'usage de ses frères dans la foi, les Chaldéens-Unis du Kourdistan. Mais son principal ouvrage, digne d'un examen sérieux, c'est ce grand recueil d'*Actes* de martyrs orientaux et de *Vies* de saints honorés dans les Églises syriennes, qui en est à son VIIe volume.

Cette grande collection comprend actuellement six gros volumes in-8°, d'environ sept cents pages chacun; le septième va paraître prochainement [1]. Le texte est partout muni des points-voyelles selon le système des Syriens orientaux et des Nestoriens; il est imprimé en beaux caractères avec le plus grand soin. Quelques Vies sont accompagnées de variantes peu nombreuses. Les notes sont rares; il ne faut pas y chercher l'apparat de l'érudition européenne, ni les discussions sur la valeur historique des textes. L'auteur veut, avant tout, donner à l'Église chaldéenne un recueil hagiographique aussi complet que possible. Il ne suit guère d'autre ordre que celui dans lequel il a pu se procurer ces nombreux récits.

On y trouve au delà de cent cinquante vies de saints et de martyrs, dont quelques-unes sont très étendues. Tout n'est pas inédit dans ce précieux recueil; les *Acta martyrum orientalium*, publiés au siècle dernier par Étienne-Év. Assemani, en 2 volumes in-folio, y sont reproduits tout entiers; les *Actes* des

[1] *Acta Martyrum et Sanctorum* edidit P. Bedjan, Congr. Miss., t. I-VI. Leipzig, 1890-1896. — Le tome VII vient de paraître (1897); il contient le *Paradisus Patrum* de Henanjésus.

martyrs d'Édesse et de Palestine, publiés par Cureton; les *Actes* apocryphes de saint Thomas, édités par Wright; les *Actes* de saint Marès, de Mar Kardagh, de Mar Pethion, d'Abraham Qidounaia, tirés des *Analecta Bollandiana;* les textes originaux dont George Hoffmann a donné la traduction allemande[1] sont également renfermés dans cette collection; mais M. Bedjan a omis les notes comme n'entrant pas dans son dessein, ce qui obligera les savants à recourir encore aux éditions premières.

Outre ces textes qu'on sera heureux de trouver réunis en une même collection, M. Bedjan nous donne un nombre considérable de Vies inédites. Nommons la Vie de saint Eughin, le fondateur de l'ordre monastique en Orient; elle est attribuée à son disciple Michel et a été copiée au Musée britannique par M. Chabot; nommons encore les Vies de Mar Saba, Jonan, Schalita, Daniel, Mika, Zcia, etc.

La longue persécution de Sapor II, qui dura de l'an 340 à 380 et donna à l'église de Perse des milliers de martyrs, se continua, moins violente et avec des interruptions, sous Izdegerd et Vararan. Saint Maruthas, évêque de Maiphercat, Achée, archevêque de Séleucie, et d'autres, recueillirent, presque au moment même, les *Actes* de ces martyrs. Jusqu'à présent nous ne possédions qu'une partie du précieux travail de saint Maruthas, donnée par Assemani. Grâce à M. Bedjan, nous le possédons tout entier. C'est là pour nous la partie principale de son œuvre; elle lui donne une très grande valeur, et rend les tomes II et IV infiniment précieux.

Les tomes V et VI, qui donnent les traductions syriaques d'œuvres que nous possédons, pour la plupart, en grec ou en latin, ont moins d'importance pour les savants européens; elles seront néanmoins consultées utilement en bien des points. On ne pourra désormais écrire l'histoire du christianisme en

[1] *Auszüge aus syrischen Akten Persischer Märtyrer.* Leipzig, 1880.

Orient, et particulièrement l'époque si glorieuse des martyrs de Perse aux IVe et Ve siècles, sans recourir au grand recueil de M. Bedjan. Tous les récits n'ont pas la même valeur. Les légendes sont mêlées aux actes authentiques, mais les légendes même ont un fonds historique et contiennent de précieux renseignements.

Tandis qu'il travaillait au premier volume de cette grande collection, un de ses confrères de Perse lui envoya un petit manuscrit que M. Bedjan s'empressa de publier. Il contenait l'histoire, écrite par un contemporain, de deux moines nestoriens, Tartares d'origine, venus des environs de Pékin, à travers la Chine, le désert et le Khorasan, après des fatigues et des privations de toute sorte, jusque sur les bords du Tigre, près du patriarche Denha, avec l'intention de se rendre à Jérusalem. L'un de ces deux moines fut bientôt créé patriarche des Nestoriens, sous le nom de Jabalaha III, et gouverna cette Église de 1281 à 1317; l'autre, nommé Barsauma, fut envoyé par le khan mongol Argoun en ambassade à Constantinople, à Rome, à Paris et près du roi d'Angleterre; il revint ensuite près d'Argoun à Bagdad. Cette intéressante et importante monographie a donné lieu à plusieurs travaux. M. Bedjan n'avait publié que le texte chaldéen; M. H. Hilgenfeld proposa des corrections au texte et commença une traduction allemande[1]; M. Chabot donna une traduction française accompagnée de nombreux documents, de notes et d'éclaircissements considérables qui lui donnent la valeur d'un ouvrage original, et dont l'Académie des Inscriptions et belles-lettres a récompensé le mérite en lui décernant, cette année même, le prix Bordin[2].

[1] Textkritische Bemerkungen zur *Taš'ita d. Mar Yabhalaha*. Iéna, 1894.

[2] *Histoire de Mar Jabalaha III*, patriarche des Nestoriens et de Rabban Çauma, ambassadeur du roi Argoun en Occident; avec deux appendices, carte et planche. Paris, 1895.

Bedjan donna du texte une seconde édition, en 1895 [1]. Enfin Rodolphe Hilgenfeld voulut, comme son frère, mettre cette histoire en lumière en extrayant de la grande compilation intitulée *Migdal* (la Tour) le chapitre concernant Jabalaha III, d'après la recension de Saliba ou Sliva de Mossoul [2].

Tout récemment, M. Bedjan vient d'ajouter à ses utiles travaux l'édition de la version syriaque de l'*Histoire ecclésiastique d'Eusèbe* [3].

L'histoire de l'Église syrienne doit aussi beaucoup à un autre travailleur dont le nom s'est déjà rencontré plusieurs fois sous ma plume. M. l'abbé J.-B. Chabot nous a donné la *Légende* du saint martyr Bassus et de sa sœur Suzanne, ainsi que l'histoire de la fondation du grand couvent dédié au saint et érigé près de la ville d'Apamée en Syrie [4]. Il a aussi fait connaître par un court résumé l'importante et curieuse monographie que M. R. Raabe a publiée sur Pierre l'Ibérien, évêque monophysite de Maiouma, près de Gaza, en Palestine, à la fin du ve siècle [5]. Une publication analogue a été faite par M. Spanuth qui a édité la biographie de Sévère d'Antioche par Zacharie le Rhéteur, d'après un ms. de Berlin [6].

C'est encore à M. Chabot que nous devons l'édition du *Livre*

(1) *Histoire de Mar-Jabalaha, de trois autres patriarches, d'un prêtre et de deux laïques, nestoriens*, éditée par P. Bedjan. Leipzig, 1895.

(2) *Jabalahæ III cath. nestor. vita ex Slibæ Mossulani libro qui inscribitur Turris desumpta*. Leipzig, 1896. En arabe et en latin.

(3) *Histoire Ecclésiastique d'Eusèbe de Césarée*, éditée pour la première fois par P. Bedjan. Leipzig, 1897.

(4) *La légende de Mar Bassus*. Paris, 1893. En syriaque et en français. Cf. Rubens Duval, *Journ. as.*, IX sér., t. II, (déc. 1894), p. 537.

(5) *Ein Charakterbild zur Kirchen- und Sittengeschichte des fünften Jahrhunderts. Syrische Uebersetzung einer um das Jahr 500 verfassten griechischen Biographie*. Leipzig, 1895. — J.-B. Chabot, *Pierre l'Ibérien* d'après une récente publication, dans la *Revue de l'Orient latin*, t. III, p. 367-397.

(6) Göttingen, 1893.

de la Chasteté, écrit au milieu du IXe siècle par Jésudenah, évêque de Baçrah ou Bassorah; c'est un recueil de 140 courtes monographies de fondateurs de couvents en Mésopotamie, en Assyrie et en Perse. Les monastères jacobites sont exclus. Jésudenah a tiré ces monographies de sources la plupart encore inédites[1]. *L'Histoire monastique* de Thomas de Marga et la légende de saint Eughin et de ses premiers disciples donnent de plus amples détails sur quelques-uns de ces fondateurs.

Une œuvre historique plus considérable, c'est la *Chronique* attribuée au patriarche jacobite Denys (mort en 845) connu sous le nom de Denys de Telmahar ou de Tell-Mahré. Cet homme instruit avait écrit, sous le nom d'*Annales*, un grand ouvrage dont Grégoire Bar-Hébréus nous a conservé quelques extraits dans sa *Chronique ecclésiastique*[2]. Un ouvrage moins étendu, divisé en quatre parties en forme de chronique allant du commencement du monde à l'an 775 après J.-C., lui avait été gratuitement attribué par Assemani. Cette chronique ne nous est conservée que dans un seul manuscrit, le codex 162 de la bibliothèque Vaticane. La première partie qui va jusqu'à Constantin a été éditée, en syriaque seulement, par Tullberg et ses élèves. La seconde va de Constantin, à Théodose le Jeune et suit généralement Socrate. La troisième embrasse la période de Théodose le Jeune à Justin II (408-578). C'est de là qu'on a tiré la précieuse chronique publiée sous le nom de Josué le Stylite et la lettre de Siméon de Beth-Arsam sur les martyrs himyarites. L'auteur reproduit aussi les données historiques consignées par Jean d'Éphèse dans son *Histoire ecclésiastique*. M. Chabot s'est borné à publier la quatrième par-

[1] *Le Livre de la Chasteté, composé par Jésusdenah, év. de Baçrah*, texte syriaque et traduction française. Rome, 1896.

[2] I, col. 344-386.

tie, qui s'étend de l'an 578 à l'an 775[1], année en laquelle fut écrit cet ouvrage. Assemani a donné, au siècle dernier, un résumé de cette chronique, mais le texte complet offre infiniment plus d'intérêt et contient sur la secte jacobite et sur les califes une foule de renseignements qu'on chercherait vainement ailleurs. M. Chabot a ajouté au texte syriaque une traduction française et des notes qui redressent les inexactitudes chronologiques du manuscrit et donnent divers éclaircissements philologiques et autres. La publication de M. Chabot a eu, en outre, l'avantage de permettre aux érudits de juger en pleine connaissance de cause l'authenticité de l'ouvrage attribué à Denys. MM. Nöldeke[2] et F. Nau[3] ont démontré que cette chronique ne pouvait être l'œuvre du patriarche mort en 845.

Enfin, tout récemment, M. Chabot nous a donné la belle monographie de Jésu-Sabran écrite par le patriarche nestorien Jésuyab III (mort en 658). Le texte syriaque est précédé d'un résumé en français de la vie de Jésu-Sabran qui souffrit pour la foi chrétienne à Arbèles, en Adiabène, vers l'an 620[4].

Ce tableau, tout imparfait qu'il est, montre avec quelle ardeur en France, en Angleterre et en Allemagne on défriche et on cultive le champ si fertile de la littérature syriaque.

[1] *Chronique de Denys de Tell-Mahré*, 4e partie. Paris, 1895. *Bibliothèque de l'École des hautes-études*, fasc. 112.

[2] *Wiener Z. für d. Kunde d. Morgend.*, t. X, p. 160.

[3] *Journ. as.*, IXe sér., t. VIII, p. 346 (sept.-oct. 1896).

[4] *Histoire de Jésus-sabran écrite par Jésus-yab d'Adiabène.* Paris, 1897.

RAPPORT

SUR

LE PROGRÈS DES ÉTUDES ÉTHIOPIENNES,

DEPUIS LE DERNIER CONGRÈS (1894-1897),

PAR

M. CARLO CONTI ROSSINI.

Environnée[1] par la mer, par des déserts et par des peuplades sauvages et farouches, séparée de tout le monde civilisé, et elle-même presque barbare, l'Éthiopie est celle des régions sémitiques qui, pendant longtemps, a le moins attiré vers elle l'attention des savants. Ludolf, à la fin du xviie siècle, avait porté les études éthiopiennes à une grande hauteur; mais il n'a pas eu de successeurs, et c'est à peine si nous trouvons dans le xviiie siècle et au commencement du xixe quelque savant qui consente à donner à l'Abyssinie un peu de son temps. C'est à Aug. Dillmann que revient la gloire d'avoir préparé un changement sensible en cela; depuis dix-sept ou dix-huit ans environ, on a songé de plus en plus à cette région, et dans ces derniers temps les études qui lui sont consacrées sont allées se multipliant. Ce ne sont plus, comme jadis, seulement les sciences religieuses qui demandent à l'Éthiopie sa petite contribution : d'autres champs sont fouillés, et les historiens en particulier s'occupent soit des premiers temps de son histoire, qui se lient à l'histoire de l'Arabie méridionale, soit des

[1] M. le docteur J.-B. Chabot a bien voulu se charger de la revision de la rédaction française et des épreuves de ce travail. Je suis heureux de lui en témoigner ici ma reconnaissance.

époques plus récentes auxquelles l'Éthiopie devint réellement « une île de chrétiens dans la mer des païens ».

Les Éthiopiens n'ont conservé presque aucun souvenir de leur ancienne histoire. Tout ce qu'on peut trouver aujourd'hui dans leurs manuscrits consiste en des notices, toutes empruntées aux sources arabes, ou en des traditions et en des légendes sur les commencements du christianisme en Abyssinie, dérivées, au moins en partie, de sources étrangères, mais quelquefois peut-être d'origine purement éthiopienne.

Parmi ces traditions, celles qui se rapportent aux neuf saints qui sont censés avoir répandu l'évangile dans le royaume d'Aksoum sont les plus importantes et peuvent contenir quelque fondement historique. M. Guidi[1] vient de publier la vie de l'un de ces neuf saints, Za-Mikâ'êl ou Aragâwî, qui fonda, dit-on, le célèbre couvent de Dabra Dâmmo. Il s'agit d'une homélie qui ne semble pas avoir été écrite avant le xve siècle, mais que des mss. attribuent à Yârêd, un écrivain légendaire du vi^e siècle. On y dit que Aragâwi était né dans le royaume de Rome, c'est-à-dire dans l'empire byzantin, et qu'il était disciple de Pakhôme; on y parle beaucoup de ses rapports avec les rois du pays, tels que Al-ʿÂmidâ, fils de Sâlâdobâ, Tâzênâ, Kâlêb (dont on raconte l'expédition dans le Yémen ainsi que la soumission de révoltés dans la province de Bur) et Gabra Masqal. Cet écrit serait donc de la plus haute importance, si la confiance qu'on peut lui donner n'était fort limitée; en effet, il est évident en plusieurs endroits qu'il ne rapporte pas une tradition originale, mais des notices reçues par des sources étrangères ou des faits inventés sur des renseignements

(1) Ignazio Guidi, *Il Gadla 'Aragâwî* dans les *Memorie della Reale Accademia dei Lincei*, 5e série, vol. II, part. 1 (1891), p. 54-96. Recension : Nöldeke, *Göttingische Gelehrte Anzeigen*, 1896, p. 168-172.

de divers genres. Pourtant il n'est pas impossible que, dans certains de ces récits, il y ait un fond historique original; pour en juger avec moins de chances de se tromper, il faut attendre que tout le groupe des traditions et des légendes relatives aux neuf saints soit mieux connu. On va présenter au Congrès une autre homélie sur un d'eux, Garimâ; elle aura, en outre, l'avantage de nous faire connaître un des principaux écrivains abyssiniens du siècle de Zar'a Yâ'qob. Lorsqu'on aura sous les yeux tout l'ensemble de ces récits, on pourra juger quel profit il est possible d'en tirer pour l'histoire de la chrétienté éthiopienne. A présent, il faut se limiter à admirer le style coulant du «Gadla Aragâwi», qui en fait un des meilleurs produits de la littérature *ge'ez*, et l'excellente édition que M. Guidi vient d'en donner.

Dans les vies de leurs saints, comme par exemple, dans le *Gadl* dont nous venons de parler, les Éthiopiens ne manquent pas de saisir l'occasion de traiter des vastes donations qu'on prétend avoir été faites par d'anciens rois à leurs églises et à leurs couvents, et d'en rapporter ou d'en inventer les actes juridiques, qui ont souvent une véritable valeur au point de vue de la géographie historique. On trouve aussi des actes de ce genre, en dehors des vies de saints, regardés comme authentiques, quoiqu'ils soient sûrement falsifiés, écrits pour justifier des usurpations et des prétentions. Il en est sans doute ainsi des donations à l'église d'Aksoum attribuées aux rois Ella Abrehâ et Ella Aṣbeḥa, au temps desquels, selon les chroniques indigènes, le christianisme apparut en Éthiopie. Ces documents viennent d'être publiés avec d'autres analogues attribués à Anbasâ Wedem, à Walatta Mâryâm, à Sayfa Ar'ad et à Zar'a Yâ'qob; mais, si l'on a toute raison d'admettre l'authenticité de ces derniers, on a aussi toute raison de croire que les plus anciens ont été fabriqués uniquement pour obtenir, sous le couvert de noms si respectables, la légalisation de possessions plus ou moins justifiables[1].

On serait donc très mal documenté si, pour l'ancienne histoire éthiopienne, on devait se limiter à ce qu'en connaissent les Éthiopiens de nos jours. Heureusement il n'en est pas ainsi; là où les manuscrits ge'ez ne peuvent nous éclairer, les sources grecques et araméennes, et plus encore, l'épigraphie, nous viennent en aide. C'est précisément dans ce dernier champ qu'on a fait récemment des progrès très notables.

Au commencement de 1893, M. Théodore Bent, l'heureux explorateur des ruines de Zimbabié dans l'Afrique australe, débarquait à Massaoua; après quelques semaines, il était à Yehâ, près de Adoua, où il demeura deux jours pour en examiner les ruines; de là il se rendit à Aksoum, d'où, dix jours après, il était obligé de s'enfuir à cause des éternelles guerres civiles qui ensanglantent le pays. Dans son retour, il visita les restes et les débris de l'ancienne ville de Coloë, qu'il croyait être le premier à découvrir, mais qui, au contraire, avait déjà été relevée par l'Italien G. Sapeto et le Français St. Russel. M. Bent, aussitôt revenu en Angleterre, donna une excellente description de toutes ces ruines, et particulièrement de celles de Yehâ et d'Aksoum[2]. C'est à son livre qu'on devra recourir pendant longtemps pour avoir les renseignements les plus exacts sur les deux anciennes villes que nous venons de nommer. Mais le profit qu'on allait tirer du voyage de M. Bent devait être encore plus grand par ses résultats épigraphiques.

C'est M. le professeur D.-H. Müller qui a eu le bonheur de les signaler au monde savant.

[1] C. Conti Rossini, *Donazioni reali alla cattedrale di Aksum*, dans l'*Oriente*, 1895, p. 35-45. Recension : Basset, *Rev. crit. d'hist. et de litt.*, 1896, p. 149-150.

[2] Th. Bent, *The sacred city of the Ethiopians, being a record of travel and research in Abyssinia in 1893*; London, 1893.

On connaissait déjà l'inscription grecque d'Ezânâ (milieu du IVe siècle); on savait même que la table sur laquelle on l'avait gravée portait au verso des traces d'écriture sabéenne. Le calque de M. Bent fournit nombre de corrections au texte grec, et, de plus, il permit à M. Müller de lire une grande partie du verso : il s'agissait d'une version de l'inscription du recto, écrite de droite à gauche en caractères sabéens récents et dans une langue éthiopienne très archaïque. Une autre inscription de 29 lignes, en caractères sabéens allant de droite à gauche et dans une langue éthiopienne plus moderne, est entièrement nouvelle: elle parle des guerres du roi Ella Amidâ contre des peuplades africaines. Enfin les célèbres inscriptions éthiopiennes du fils de Ella Amidâ, dont on désirait depuis longtemps une copie moins incorrecte, purent avoir une édition satisfaisante.

D'autres inscriptions, en partie tout à fait nouvelles, viennent de Yehâ. Leur importance et leur valeur ne sont pas moindres pour l'histoire de l'établissement des Ḥabašat en Afrique. Elles sont en langue et en caractères sabéens; mais l'écriture montre les formes les plus anciennes de l'alphabet yéménite et remonterait à la première période de l'histoire sabéenne, à la période dite des Mukrab, ce qui conduisit M. Müller à donner un âge très reculé aux ruines et aux inscriptions de Yehâ. Dans un de ces vénérables documents, on lit le nom Awa, sans doute l'Aὖα des textes grecs; on a voulu y trouver l'ancien nom de Yehâ, mais M. Dillmann, dans un compte rendu des voyages de M. Bent au Mashonaland et en Abyssinie, a émis à ce sujet des doutes qui semblent assez fondés[1].

Toutes ces inscriptions ont été traduites et expliquées dans

[1] A. Dillmann, *Über die geschichtlichen Ergebnisse der Th. Bent'schen Reisen in Ostafrica*, dans les *Sitzungsberichte der Kön. Preuss. Akademie der Wissenschaften zu Berlin*, 1894, p. 3-21.

un mémoire très remarquable de M. Müller[1], qui y a ajouté l'inscription du trône d'Adoulis, copiée par Cosmas Indicopleustes, et l'inscription de Gadarat, rapportée par M. Glaser, qui était censé le document le plus important pour l'histoire des Ḥabašat dans le Yémen. Enfin il a étudié, à l'aide de ces matériaux, le développement de la langue et de l'écriture éthiopiennes. Il croit que l'alphabet geʿez n'est pas une dérivation naturelle et spontanée de l'alphabet sabéen, mais qu'on doit y voir l'œuvre d'un réformateur du vᵉ siècle, qui aurait pris modèle non sur l'écriture courante, mais sur d'anciens documents des archives d'Aksoum. La réforme tomberait donc au temps de l'établissement du christianisme. A propos de la langue et de l'interprétation de ces inscriptions, on lira avec le plus grand profit les observations de M. Nöldeke, qui modifient en plusieurs endroits les vues de M. Müller. En particulier, la fin de la seconde inscription du fils de Ella Amidâ mérite d'appeler l'attention. Peut-être y a-t-il là une allusion à l'établissement du christianisme dans la cour royale[2].

Les éthiopisants étaient encore sous l'impression des résultats du voyage de M. Bent, lorsque parut un nouveau livre de premier ordre, celui que M. Glaser a consacré aux recherches sur l'histoire des Ḥabašat en Arabie et en Afrique[3]. M. Glaser confirme que l'établissement des Gheʿez sur le littoral ouest de la mer Rouge et dans le Somal est bien plus ancien qu'on ne le croyait auparavant. Déjà les Égyptiens donnaient le nom de *Pwent* ou de *Ḥbsti* aux contrées situées au sud de leur pays, depuis Napata, nommée particulièrement *Kuš*, jusqu'à la région des aromates du Somal, y compris la Nubie, Méroé et

[1] D. H. Müller, *Epigraphische Denkmäler aus Abessinien*, dans les *Denkschriften der Kaiserl. Akademie der Wissenschaften in Wien*, Band XLIII (1894).

[2] Nöldeke, dans la *Z. D. M. G.*, 1894, p. 367-379.

[3] Dʳ Eduard Glaser, *Die Abessinier in Arabien und Afrika*, München, 1895.

l'Éthiopie. *Ḥbsti* n'est autre chose que *Ḥabašat*, nom qu'on trouve aussi dans des inscriptions de l'Arabie méridionale, et dont le sens est «récolteurs d'encens, d'aromates». Au nom oriental de *Ḥabašat* équivaut, dans les sources grecques, le terme Αἰθιοπία : or ce terme ne serait lui-même qu'une adaptation de *aṭyûb*, pluriel de *ṭîb* «aromate», auquel on aurait donné une forme et une étymologie helléniques. L'antiquité de l'émigration sabéenne en Afrique serait confirmée par de nombreux noms géographiques et ethniques, communs au Yémen et à l'Éthiopie. M. Glaser s'engage ensuite dans une longue série de recherches sur l'ancienne histoire sabéenne et sur la chronologie des rois qui ont quelque connexion avec l'histoire abyssinienne. Il donne une excellente édition et interprétation des inscriptions sabéennes qui mentionnent les Ḥabašat, et qu'il juge antérieures au temps où ils quittèrent définitivement l'est de l'Hadramaut. Il démontre que la naissance du royaume d'Aksoum, qui n'a été possible que lorsque la puissance des Ptolémées fut entièrement brisée, est précisément en connexion avec l'émigration des Ḥabašat, qui doit être expliquée par les progrès de la conquête des Arsacides en Arabie. Le royaume d'Aksoum a donc dû être fondé vers le Ier siècle de notre ère; le Périple de la mer Érythrée est le premier à en parler et le montre encore assez petit. Désormais l'histoire des Ḥabašat aura son centre en Afrique, et les documents qui s'y rattachent sont déjà bien connus; mais M. Glaser en donne des explications nouvelles et souvent heureuses. Il reporte à la fin du IIIe siècle, au temps du règne de Šammar Yuharʿiš en Arabie, l'inscription de Cosmas, qui laisse voir un royaume trop vaste pour être récent. Après avoir examiné les autres inscriptions, M. Glaser en discute les dates et traite de la conversion de l'Éthiopie au christianisme, profitant même des données de la tradition arabe méridionale. Enfin il parle des rivalités entre la Perse et

IMPRIMERIE NATIONALE.

l'empire romain, et de la conquête du Yémen par le roi d'Aksoum, qui se rattache très strictement à ces rivalités. C'est donc toute l'histoire des Ḥabašat, depuis les temps les plus reculés jusqu'au VIe siècle, que M. Glaser vient d'étudier. Il serait absolument impossible de parler, en peu de mots, de tous les points touchés par l'heureux explorateur de l'Arabie méridionale, à qui l'on doit pour cet excellent travail un tribut sincère de reconnaissance. Nous nous sommes borné à indiquer les lignes fondamentales de ses recherches, qui vont donner à nos études une impulsion qui ne se ralentira pas de sitôt.

Une des conséquences immédiates de la publication de M. Glaser a été une savante étude de M. J. Halévy[1] sur l'alliance des Sabéens avec les Ḥabašat d'Afrique contre les Himyarites, qui les offusquaient par leur puissance et surtout par les richesses qu'ils avaient pu accumuler grâce au commerce maritime; cette alliance permettait aux rois d'Aksoum non seulement de conserver leurs possessions d'Arabie, menacées par la puissance des Himyarites, mais aussi d'accroître leurs domaines. Il va sans dire que la politique des Abyssiniens, réglée par le seul motif de conserver et d'étendre autant que possible leurs conquêtes d'Asie, changeait souvent de direction et traitait les alliés en ennemis aussitôt que la fortune faisait trop pencher la balance de leur côté. Un des plus remarquables résultats de cette étude a été de démontrer que l'inscription de Gadarat n'est pas contemporaine du séjour des Ḥabašat dans le Yémen, mais bien postérieure à la fondation du royaume d'Aksoum.

Un résumé très nourri des conclusions auxquelles ont abouti les recherches de MM. Müller, Nöldeke, Glaser et Halévy a

[1] J. Halévy, *L'alliance des Sabéens et des Abyssiniens contre les Himyarites*, dans la *Revue sémitique*, 1896, p. 64-86.

paru par les soins de M. Guidi[1] : c'est à ce résumé que nous renvoyons tous ceux qui, sans être des éthiopisants, désirent connaître le dernier mot de la science sur ce sujet. En comparant ce résumé au travail que M. Deramey publiait sur les inscriptions d'Adoulis et d'Aksoum avant le voyage de M. Bent[2], on pourra remarquer combien de progrès ont fait nos connaissances sur l'ancienne histoire abyssinienne. M. Glaser vient encore de publier un travail très important pour l'histoire éthiopienne[3] : c'est l'édition de deux longues inscriptions sabéennes concernant des travaux pour la réparation de la digue de Mârib. La première, datée de l'an 449 après J.-C., est du roi Šaraḥbîl Ya'fur, et a donné à M. Glaser l'occasion de traiter en maître de l'introduction du monothéisme dans le Yémen, et des guerres des Abyssiniens contre les Persans au IVe siècle, lorsque les premiers assaillirent peut-être les seconds dans leur patrie même. L'autre inscription, qui est d'une valeur historique absolument hors ligne, se rapporte à Abreha, vice-roi d'un monarque éthiopien, qui aurait porté le nom étrange de Ramhis Zubaymân : elle va jeter une lumière inespérée sur l'obscure histoire des rapports entre Aksoum et l'Arabie méridionale après la conquête de Kâlêb.

L'année passée, on a découvert une nouvelle inscription qui, si elle n'a pas d'importance pour l'histoire, est au contraire de la plus grande valeur au point de vue de l'archéologie. C'est une inscription funéraire gravée sur un obélisque gisant près de Matarâ, où existait autrefois une ville assez considérable :

[1] I. Guidi, *L'Abissinia antica*, dans la *Nuova Antologia*, 1896, vol. III, p. 605-619.

[2] J. Deramey, *Les inscriptions d'Adoulis et d'Aksoum*, dans la *Rev. de l'hist. des rel.*, XXIV, p. 316-365; voir aussi *La reine de Saba*, dans la même revue, p. 296-328.

[3] Eduard Glaser, *Zwei Inschriften über den Dammbruch von Mârib*, Berlin, 1897. — Ce volume a été présenté au Congrès.

elle nous donne le plus ancien spécimen de l'alphabet geʿez. L'écriture va déjà de gauche à droite, comme dans tous les autres documents geʿez; mais les lettres sont encore totalement dépourvues des signes des voyelles et présentent des formes très archaïques. Copiée par M. le capitaine Antoine Rossini, qui, trois mois après, se fit bravement tuer à la bataille d'Adoua, aussitôt publiée [1], elle attira l'attention des savants. M. Halévy [2] tâcha de l'expliquer; M. Glaser [3] donna, à son sujet, d'intéressantes remarques épigraphiques, relatives aussi à l'histoire de l'alphabet geʿez; enfin M. Müller [4] en fit le sujet d'un mémoire qui, sans être décisif sur tous les points, est pourtant ce qu'on a de mieux à cet égard.

Il est vraiment étrange que les ruines de Cohaito, la Coloë des géographes grecs, soient restées si longtemps presque inconnues, n'étant qu'à quelques journées de marche des bords de la mer et tout près d'un passage assez fréquenté. Aujourd'hui, aux maigres renseignements du comte Stanislas Russel et de M. Sapeto, on peut ajouter ceux de M. Bent et de M. Schweinfurth, qui explora avec le Dr Max Schöller les débris de l'ancienne ville d'Adoulis [5]. Par l'examen des ruines de Cohaito et de celles qui gisent sur le chemin de Cohaito à la mer, M. Schweinfurth a été conduit à déterminer trois périodes :

[1] C. Conti Rossini, *L'iscrizione dell' obelisco presso Matarà*, dans les *Rendiconti della Reale Accademia dei Lincei*, vol. V (1896), p. 250-253.

[2] J. Halévy, *L'inscription éthiopienne de l'obélisque de Matarà*, dans la *Revue sémitique*, 1896, p. 363-365.

[3] Eduard Glaser, *Die altabessinische Inschrift von Matarà*, dans la *Z. D. M. G.*, 1896, p. 463-464.

[4] D.-H. Müller, *Die Obelisk-Inschrift bei Matarà*, dans la *Wiener Zeitschr. f. d. Kunde des Morgenlandes*, 1896, p. 198-202.

[5] Dr Max Schöller, *Mittheilungen über meine Reise in der Colonia Eritrea*, Berlin, 1896; *Viaggio nell' Eritrea, traduzione del capitano d'artiglieria cav. Mottura*, Genova, 1896; Schweinfurth, *Über seine Reise in der Colonia Eritrea und Schädelfunde in Cohaito*, dans la *Zeitschrift für Ethnologie*, XXVI, p. 326 et suiv.

celle de l'ancien bassin de Ṣafrâ, à l'époque sabéenne, qui remonterait à 600 ans avant J.-C.; celle des petits temples et de certains édifices, montrant dans leur architecture l'influence hellénique, à l'époque d'Adoulis, c'est-à-dire aux cinq premiers siècles de notre ère; celle de la grande nécropole de Cohaito et d'autres édifices, qui seraient du ve et du vi^e siècle après J.-C. Naturellement, on peut faire quelque réserve, jusqu'au jour où nous serons mieux renseignés, soit par d'autres monuments semblables, soit par des inscriptions; mais les découvertes de M. Schweinfurth méritent toute notre considération. Dans la nécropole, hélas! en très mauvais état, on a trouvé, avec de nombreux objets d'ornementation, des crânes (dont un ayant encore ses cheveux) et des squelettes, dont quelques-uns enveloppés dans des peaux, étroitement serrées avec des courroies, et les extrémités repliées. Il est inutile de relever l'importance de cette découverte pour l'ethnographie de l'ancienne Éthiopie du nord. M. Schweinfurth a aussi trouvé et copié des petites inscriptions éthiopiennes contenant, pour la plupart, seulement des noms propres; elles doivent remonter à la troisième période de Coloë, et mériteraient peut-être une étude plus approfondie.

Cohaito n'est pas la seule localité où l'on ait trouvé des restes d'anciennes villes éthiopiennes. On a déjà parlé de celle qui a dû exister près de Matarâ; une autre, qui doit remonter à une époque aussi reculée que Yehâ, vient d'être relevée par les soins du lieutenant Galli avec le concours du lieutenant Garelli. On va publier le compte rendu de cette découverte.

Les résultats des voyages de MM. Bent, Schweinfurth et Schöller avaient engagé le Gouvernement italien à provoquer de nouvelles explorations, particulièrement à l'époque la plus brillante de la colonie Érythrée, lorsque les troupes italiennes arrivaient jusqu'au Takazé.

Depuis le territoire de Kerén jusqu'au lac d'Aschanghi, d'anciennes ruines attiraient l'attention. Comme M. Halévy l'a observé, des découvertes épigraphiques en masse ne sont pas à attendre; mais les rapports des officiers qui parcouraient la région conquise signalaient assez souvent de nouvelles inscriptions. J'avais moi-même rédigé une esquisse des investigations à faire, et le commandant de Massaoua avait chargé un de ses officiers les plus studieux, M. le capitaine Bignami, de s'appliquer aux recherches archéologiques et de recueillir les matériaux : ce qu'il faisait avec le plus grand empressement. Malheureusement, M. le capitaine Achille Bignami fut parmi les deux cent soixante officiers qui donnèrent leur vie pour la patrie à la bataille d'Adoua, et ses précieux papiers restèrent en proie aux pillards.

Après les guerres de Ḏû Nuwâs, l'histoire abyssinienne devient très obscure : les inscriptions ne nous aident plus, les écrivains étrangers, sauf de très rares exceptions, deviennent absolument muets sur l'Éthiopie, et les sources indigènes font elles-mêmes entièrement défaut, du moins jusqu'au xe siècle. On est donc très pauvre en renseignements.

Tout le monde sait que les sources arabes parlent d'une ambassade envoyée par Mahomet aux principaux souverains de son époque, y compris le nagâšî; mais les noms du roi qui reçut la visite de ʿAmr ben Umayyah, ceux de son fils et de son père, corrompus de diverses manières dans les manuscrits, restaient une énigme. Le problème a été résolu par M. Hartmann[1] : on sait maintenant qu'il s'agit d'Ella Ṣaḥam, fils d'Ella Gabaz et père d'Armâḥ. Le nom de ce dernier avait déjà été lu sur une monnaie de cuivre : les remarques de M. Hart-

[1] M. Hartmann, *Der Nagâšî Aṣḥama und sein Sohn Armâ*, dans la *Z. D. M. G.*, 1895, p. 299-300.

mann ont donc de l'importance même pour la numismatique.

Nous venons d'apprendre qu'un demi-siècle après cette ambassade, l'Abyssinie semble avoir été en guerre avec la Nubie, et qu'une tentative de composition faillit avoir un résultat tragique pour le patriarche d'Alexandrie[1].

Peut-être cette guerre se lie-t-elle au rapide déclin que le royaume d'Aksoum allait subir, ou subissait déjà. Le fait que, dès le premier siècle de l'hégire, les califes de Bagdâd purent devenir maîtres des rivages septentrionaux de l'Abyssinie et établir leur puissance dans l'île de Dahlak, d'où l'on dominait le célèbre port d'Adoulis, est un témoignage de cette décadence. L'histoire de cette île, vassale tantôt des califes, tantôt des Éthiopiens, tantôt des princes de Zabîd ou des sultans d'Égypte, et même quelquefois indépendante, a été retracée, autant que possible, jusqu'à l'époque de la conquête turque et de la courte domination portugaise, par M. Basset, dans un de ses meilleurs écrits[2]. L'île semble avoir eu ses plus beaux jours aux XIe et XIIe siècles, à en juger du moins par ses inscriptions arabes; quelques-unes de ces inscriptions ont été publiées par M. Basset dans sa très intéressante monographie; d'autres, plus nombreuses, ont paru par les soins de M. Malmusi[3].

La fin de cette deuxième époque de l'histoire abyssinienne a des points qui ont été très discutés dans ces dernières années; il y a encore des incertitudes et des obscurités, mais on est tombé d'accord, au moins pour les lignes fondamentales. Je

[1] C. Conti Rossini, *Note etiopiche : I. Una guerra fra la Nubia e l'Etiopia nel secolo VII*, dans le *Giornale della Società Asiatica Italiana*, 1897, p. 141-143.

[2] René Basset, *Les inscriptions de l'île de Dahlak*, dans le *Journal asiatique*, 1893, p. 77-111.

[3] Benedetto Malmusi, *Lapidi della necropoli musulmana di Dahlak*, dans les *Memorie della R. Accademia di scienze, lettere ed arti di Modena*, vol. XI, série II (1895).

veux parler de la question de la *malikah ʿala banî al-hamûyah* et des Zâguê.

Cette nouvelle série d'études a été ouverte par M. Perruchon, avec la publication des parties substantielles de la vie du roi Lâlibalâ, que les sources éthiopiennes comptent parmi les Zâguê. A cette occasion, M. Perruchon a donné une soigneuse exposition des faits qu'on connaissait, et de l'état de la question telle que MM. Guidi et Halévy l'avaient laissée : cet exposé sera toujours consulté avec profit. Le texte qu'il a publié est sans doute antérieur au roi Zar'a Yâʿqob, et rapporte tout ce que les Éthiopiens devaient savoir sur Lâlibalâ un siècle et demi environ après sa mort; mais, il faut l'avouer, c'est bien peu pour l'histoire. Peu après, M. Perruchon fit paraître un morceau de la *Vie des patriarches d'Alexandrie*, concernant les troubles éclatés en Éthiopie du temps du patriarche Cosmas, un autre morceau concernant l'invasion qui suivit ces troubles et la traduction geʿeze de ces morceaux, tirée du synaxare [1]. Là a été le point de départ de nouvelles recherches [2]. A présent, on serait très mal fondé à soutenir le judaïsme de la reine envahissante, dont la patrie, depuis les dernières études, ne pourrait plus être cherchée chez les Falâšâ du nord-ouest; l'hypothèse qu'elle ait été une princesse salomonienne du Beguenâ ne semble guère mieux fondée; peut-être régnait-elle sur des tribus païennes et à demi sauvages du sud ou du sud-ouest. L'existence d'une dynastie non salomonienne dite « des Zâguê », antérieurement à Yekuno Amlâk, a été mise hors de

[1] J. Perruchon, *Vie de Lalibala*, Paris, 1892. Recension : Nöldeke, *Göttingische Gelehrte Anzeigen*, 1893, p. 234-238.

[2] J. Perruchon, *Notes pour l'histoire d'Éthiopie : lettre adressée par le roi d'Éthiopie au roi Georges de Nubie sous le patriarcat de Philothée*, dans la *Revue sémitique*, 1893, p. 71-76, 360-372 ; *Vie de Cosmas, patriarche d'Alexandrie*, ibid., 1894, p. 78-98.

conteste. Mais la tradition qui rattache l'avènement de cette dynastie aux invasions de Terdâ'e Gabaz doit nous mettre sur nos gardes : il y a, en effet, des renseignements qui pourraient indiquer, pour les origines des Zâguê, le milieu du XIIe siècle. On a encore des doutes sur la patrie de ces rois; en tout cas, un bon nombre de renseignements permet d'ajouter foi à la tradition qui les dit originaires du Lasta. On a tâché d'expliquer le nom même de la dynastie, soit avec des mots agaw, soit avec un nom de pays ou de tribu; toutefois l'explication définitive n'est peut-être pas encore donnée. Enfin on a reconnu comme absolument dénuée de fondement la légende qui rapportait à l'intervention de l'abouna Takla Hâymânot la substitution de la dynastie salomonienne à la dynastie zâguê [1].

Takla Hâymânot est un des saints les plus célèbres de l'Éthiopie. Les Abyssiniens ont sa vie racontée selon plusieurs rédactions; la plus ancienne, écrite vers la moitié du XVe siècle dans le couvent de Sâmu'êl de Wâldebbâ, vient d'être publiée d'après une copie que M. J.-B. Chabot a bien voulu tirer de l'unique manuscrit qui la contient [2]. Ce texte est très simple et entièrement dépourvu des anachronismes et des contradictions qui ont permis aux Bollandistes d'émettre l'hypothèse, aujourd'hui insoutenable, de deux Takla Hâymânot, l'un du

[1] C. Conti Rossini, *Appunti ed osservazioni sui re Zâguê e Takla Hâymânot*, dans les *Rendiconti della R. Accademia dei Lincei*, 1895, p. 341-359, 444-468; J. Halévy, observations dans la *Revue sémitique*, 1896, p. 92-95, 187-188; C. Conti Rossini, *Sulla dinastia Zâguê*, dans *L'Oriente*, vol. II (1897), p. 144-159; C. Conti Rossini, *Note etiopiche : 3. Sovra una tradizione bilin*, dans le *Giornale della Società Asiatica Italiana*, 1897, p. 153-156; J. Perruchon, *Notes pour l'histoire d'Éthiopie : le pays de Zâguê*, dans la *Revue sémitique*, 1897, p. 275-284; J. Halévy, *Remarques*, ibid., p. 284-285.

[2] C. Conti Rossini, *Il Gadla Takla Hâymânot secondo la redazione waldebbana*, dans les *Memorie della R. Accademia dei Lincei*, série V, vol. II, part. 1 (1895), p. 97-143. Recension : Nöldeke, *Literarisches Centralblatt*, 1896, col. 1608-1609.

VIIe siècle, et l'autre du temps des Zâguê. Malheureusement, il n'est pas riche en renseignements sur l'histoire politique du pays, bien qu'il ait son importance pour l'histoire religieuse éthiopienne.

Avec la fin des Zâguê commence la troisième époque de l'histoire éthiopienne, qui nous est particulièrement connue par les écrits nationaux. En donnant, en 1881, une chronique nationale indigène, l'intention de M. Basset était de présenter un cadre où viendraient s'ajuster les différents morceaux historiques dont l'ensemble forme la série, interrompue dans les premiers siècles, des annales d'Éthiopie depuis le XIIIe siècle jusqu'à nos jours. M. Basset a le droit d'être heureux du chemin que son idée a fait.

La chronique même éditée par M. Basset, ou, comme je l'appellerai, la chronique abrégée des rois d'Éthiopie, a plusieurs publications. Cette chronique, dans sa forme actuelle, a été compilée par un contemporain du roi Iyâsu II (1729-1753); mais elle reproduit, comme les dernières études viennent de le démontrer, des œuvres plus anciennes, soit en résumé, soit intégralement, comme, par exemple : l'histoire des guerres de Grâñ, rédigée sans doute par un contemporain du conquérant; le récit de la mort de Galâwdêwos, indépendant de la chronique de ce roi, publiée par M. Conzelman; les annales de Susenyos, elles aussi indépendantes de l'histoire de ce roi, éditée par M. Pereira; etc. On connaît actuellement trois rédactions de la chronique abrégée. Celle du manuscrit suivi par M. Basset est la plus répandue. La bibliothèque Victor-Emmanuel, de Rome, en a acheté un nouveau manuscrit, qui a donné de nombreuses et bonnes variantes et a permis de compléter deux lacunes, dont la première allait de la fin du règne de Sarṣa Dengel à l'avènement de Susenyos, et l'autre comprenait une partie des annales de Iyâsu Ier [1]. Une autre rédaction, qui parfois s'écarte considérablement de la première, a été portée à notre connaissance par M. Guidi, qui s'est servi de la copie d'un manuscrit d'Akrour, et qui, outre des notes précieuses sur la partie de la chronique abrégée, étudiée par lui, a aussi publié un fragment de la plus haute importance pour l'histoire ecclésiastique de l'Éthiopie depuis le règne de Susenyos jusqu'à celui de Iyo'as [2]. Enfin l'infatigable M. Perruchon a préparé l'édition du texte de la chronique abrégée tel qu'on le trouve dans le ms. 141 de la Bibliothèque nationale de Paris, texte qui tantôt concorde avec ceux de M. Basset et de Rome, tantôt est plus concis [3]. En même temps, on travaillait à remplir les vides, à développer nos connaissances.

M. Perruchon a publié un intéressant article du synaxare éthiopien, qui nous parle d'une ambassade que Marc, patriarche d'Alexandrie, fut contraint par le sultan d'Égypte d'envoyer à Sayfa Arʿad pour lui demander de vivre en paix avec les musulmans [4]. Le même savant a édité les difficiles chroniques des rois Zar'a Yâʿqob et Ba'eda Mâryâm [5], qui présen-

[1] C. Conti Rossini, *Di un nuovo codice della cronica etiopica pubblicata da R. Basset*, et *Due squarci inediti di cronica etiopica*, dans les *Rendiconti della R. Accademia dei Lincei*, 1893, p. 668-683, 804-818.

[2] Ignazio Guidi, *Di due frammenti relativi alla storia di Abissinia*, dans les *Rendiconti della R. Accademia dei Lincei*, 1893, p. 579-605.

[3] J. Perruchon, *Notes pour l'histoire d'Éthiopie : Le règne de Lebna Dengel*, dans la *Revue sémitique*, 1893, p. 274-286 ; *Le règne de Galâwdêwos (Claudius) ou Aṣnâf-Sagad*, ibid., 1894, p. 155-166 et 263 ; *Règne de Minas ou Admâs-Sagad*, ibid., 1896, p. 87-90; *Règne de Malak Sagad ou Sarṣa Dengel*, ibid., p. 177-185, 273-278; *Règnes de Yâʿqob et de Za-Dengel*, ibid., p. 355-363 ; *Règne de Susenyos ou Seltân-Sagad*, ibid., 1897, p. 75-80, 173-189.

[4] J. Perruchon, *Notes pour l'histoire d'Éthiopie : Récit d'une ambassade envoyée au roi d'Éthiopie Sayfa Arʿad*, dans la *Revue sémitique*, 1893, p. 177-182.

[5] Jules Perruchon, *Les chroniques de Zar'a Yâqob et de Ba'eda Mâryâm, rois d'Éthiopie*, Paris, 1893. Recension : Nöldeke, *Göttingische Gelehrte Anzeigen*, 1893, p. 410-414.

taient, dans leur langue pleine de formes dialectales, des difficultés de premier ordre. Ces deux écrits sont des mines très précieuses pour l'histoire d'Éthiopie du milieu du xve siècle; ils sont dus à des contemporains des rois dont l'on conte la vie, et, malgré leur confusion, ils nous relatent une foule de faits que nous ne pourrions connaître d'une autre manière. Nous devons encore à M. Perruchon une bonne édition de quelques textes concernant les successeurs de Ba'eda Mâryâm, c'est-à-dire Eskender, ʿAmda Ṣyon II et Nâ'od [1]: malheureusement ils sont assez pauvres en renseignements, et l'histoire de ces trois princes reste encore mal connue.

Les ruines de Warq Ambâ, dans l'Argobba, qui furent sans doute témoins des guerres acharnées de Sayfa Arʿad et des princes que nous venons de nommer, contre les musulmans du sud-est, gisent à une bonne journée de marche de Tschanno, à droite du fleuve Hawadi; les débris des anciens bâtiments, avec une nécropole, une mosquée, un grand réservoir pour l'eau, s'étendent sur une longueur de presque deux kilomètres. M. Traversi, qui a découvert cette ancienne ville morte inconnue, y a vu, dans le cimetière, l'inscription funéraire d'un sultan ʿAlî, contemporain de Sayfa Arʿad; près de la ville, dans un vase de forme antique, il a trouvé un petit trésor en monnaies d'argent, mais frappées par des sultans égyptiens du XIIIe et du XIVe siècle [2].

Le long règne de Lebna Dengel, fils de Nâ'od, peut se diviser en deux parties : la première, qui comprend les années

[1] Jules Perruchon, *Histoire d'Eskender, de ʿAmda Syon II et de Nâ'od, rois d'Éthiopie*, texte éthiopien inédit, comprenant en outre un fragment de la *Chronique de Ba'eda Mâryâm*, dans le *Journal asiatique*, IXe sér., t. III, mars-avril 1894, p. 319-366.

[2] L. Traversi, *Le antichità di Uorcamba nello Scioa*, dans le *Bolletino della Società geografica Italiana*, 1893, p. 681-682.

heureuses, nous est connue par des textes européens, qui ne sont pas tous encore suffisamment étudiés, et par un texte éthiopien, qui nous est parvenu dans un manuscrit unique postérieur d'un demi-siècle à la mort de ce roi : ce texte vient d'être publié[1]. La seconde partie, comprenant les terribles guerres contre Aḥmad ben Ibrahîm, sultan d'Adal, auquel les Abyssiniens ont donné le sobriquet de *Grâñ*, est longuement exposée dans un ouvrage arabe, le *Futûḥ al-Ḥabašah*, écrit par un secrétaire du célèbre conquérant. M. Strong avait entrepris l'édition de ce texte, qui est de la plus haute importance[2]; mais, ayant appris que M. Basset y travaillait lui-même depuis quelques années, il a laissé la place libre au savant professeur d'Alger, lequel nous donnera sans doute un livre digne de faire suite à ses *Études*, qui ont ouvert la série des recherches et des publications sur l'histoire éthiopienne. En attendant, il faut se contenter d'une traduction italienne du *Futûh al-Ḥabašah*, due aux soins de M. Nerazzini : cette traduction, qui a été exécutée par les drogmans de l'ancien représentant d'Italie à Harar, a tous les gros défauts de ce genre de versions[3].

L'ouvrage arabe contient seulement le récit des guerres favorables aux musulmans; mais la victoire resta définitivement aux Éthiopiens. Pour connaître les succès de l'armée chrétienne, on doit recourir aux sources portugaises et aux sources éthiopiennes. Parmi ces dernières, la chronique de Galâwdêwos est la plus étendue et la plus importante. M. Conzelman vient de la publier, et sa publication — comme celles

(1) C. Conti Rossini, *Storia di Lebna Dengel, re d'Etiopia, sino alle prime lotte contro Ahmad ben Ibrahim*, dans les *Rendiconti della R. Accademia dei Lincei*, 1894, p. 617-640.

(2) Arthur Strong, *Futûḥ al-Ḥabashah*, part I. London, 1894.

(3) Cesare Nerazzini, *La conquista musulmana dell'Etiopia nel secolo XVI°*. Roma, 1891.

de M. Perruchon — fait honneur à l'école de M. Halévy[1]. On la consultera avec un grand profit, malgré le silence que l'auteur éthiopien a voulu garder sur les entreprises des Portugais. C'est à elle que nous devons tout ce que nous savons sur l'histoire d'Abyssinie depuis 1544 jusqu'à 1555. Du reste, on peut aisément suppléer au silence de l'auteur éthiopien. Je dois, à ce propos, mentionner les publications de M. Deramey, qui vient d'étudier une lettre de saint Ignace de Loyola au roi d'Éthiopie[2], et de M. Peragallo, qui nous a donné la version portugaise, telle qu'on la lit dans les archives de la *Torre do Tombo* à Lisbonne, de deux lettres de Galâwdêwos au roi Jean III de Portugal, l'une le remerciant de son aide contre Aḥmad ben Ibrahîm, l'autre traitant des croyances religieuses des Éthiopiens[3].

C'est au temps de Galâwdêwos que les Gâllâ commencèrent à ensanglanter et à envahir le pays. L'histoire de leurs premières invasions, jusqu'au temps de Malak Sagad, a été composée par un moine éthiopien qui avait une profonde connaissance de leurs mœurs et de leur langue. Malheureusement cet ouvrage est perdu : nous en avons seulement un résumé, qui laisse beaucoup regretter la perte de l'original. Mais, tout petit qu'il est, il a une grande valeur, et nous devons être reconnaissants à M. Schleicher[4] de l'avoir publié d'après un

(1) William-El. Conzelman, *Chronique de Galâwdêwos*, Paris, 1895. Recensions : Nöldeke, *Göttingische Gelehrte Anzeigen*, 1896, p. 164-168; Conti Rossini, *L'Oriente*, 1897, p. 203-204.

(2) J. Deramey, *Une lettre de saint Ignace de Loyola à Claudius, roi d'Éthiopie ou d'Abyssinie*, dans la *Revue hist. relig.*, XXVII, p. 37-75.

(3) Prospero Peragallo, *Documenti abissinici tradotti in portoghese*, dans le *Bollettino della Società geografica italiana*, 1897, p. 217-224.

(4) A. W. Schleicher, *Geschichte der Galla*, Berlin, 1893. Recensions : Prätorius, *Literarisches Centralblatt*, 1894, p. 895-897; Nöldeke, *Göttingische Gelehrte Anzeigen*, 1896, p. 172-173; Conti Rossini, *L'Oriente*, 1897, p. 204-206.

manuscrit du British Museum. M. Littmann vient d'en faire connaître un nouveau manuscrit appartenant à la *Hofbibliothek* de Vienne [1].

On avait promis l'édition de la grande chronique de Malak Sagad, qui doit être un des ouvrages les plus importants de la littérature historique éthiopienne; mais, jusqu'à ce jour, nous devons nous borner à enregistrer seulement la notice assez intéressante que M. Saineano nous en a donnée [2]. Espérons que la promesse sera bientôt tenue : la publication de la chronique de Susenyos montre quelle valeur peuvent avoir ces ouvrages. L'édition de la chronique de Susenyos est assurément la publication la plus importante que nous ayons à signaler sur l'histoire abyssinienne de ces derniers siècles. Écrite par des fonctionnaires royaux, le qês ḥaṣê Meherkâ Dengel, le célèbre azâj Takla Sellâsé ou Ṭino, et un autre anonyme, qui en donnaient lecture au roi et à sa cour, cette chronique a un cachet officiel; on ne peut donc trop regretter le silence qu'elle aussi a voulu tenir sur la mission catholique et les démêlés religieux de cette époque. Mais, à part cette lacune, qu'on peut remplir par les relations des missionnaires jésuites, il faut reconnaître qu'elle est un véritable trésor de notices et de renseignements de tout genre. M. Pereira en a fait paraître le texte [3] : la traduction et les notes, qui seront une contribution de premier ordre pour l'histoire éthiopienne, sont sous presse.

Les temps postérieurs à Susenyos ont été négligés par les savants.

[1] E. Littmann, *Zu A. W. Schleicher's Geschichte der Galla*, dans la *Zeitschrift für Assyriologie*, 1897, p. 389-401.

[2] Marius Saineano, *L'Abyssinie dans la seconde moitié du XVIe siècle*, Leipzig-Bucarest, 1892. Recension : Nöldeke, *Göttingische Gelehrte Anzeigen*, 1893, p. 232-234.

[3] F.-M. Esteves Pereira, *Chronica de Susenyos, rei de Ethiopia*, tomo I, texto ethiopico. Lisboa, 1892.

La géographie historique a eu ses publications. Nous pouvons mentionner l'étude que M. Bent a consacrée à la recherche des routes du commerce dans le royaume d'Aksoum [1], et un lexique géographique, compilé à l'aide des textes geʿez et amhariña édités, qui, tout imparfait qu'il est, pourra rendre des services à ceux qui ont besoin de recourir aux chroniques indigènes [2]. On peut aussi mentionner un travail du capitaine R. Perini, qui a donné une bonne exposition géographique des provinces de l'Abyssinie au nord du Mareb, où il a recueilli, de la bouche du peuple, des renseignements historiques non sans valeur et des traditions dignes d'être connues [3].

Les études sur la législation n'ont pas fait de progrès. Comme on s'y attendait, l'édition du *Fetḥa Nagast* entreprise par M. Bachmann n'a pas eu de suite : on attend avec le plus vif désir celle que M. Guidi a promise depuis longtemps, et dont la première partie, comprenant le texte, va paraître [4]. Un essai de traduction, sans aucune prétention à la rigueur scientifique, en a été donné par le lieutenant G. De Stefano, du tribunal d'Asmara [5]. — Passant du droit écrit au droit coutumier, on trouve un excellent article de M. Perini, qui a étudié avec beaucoup de soin l'organisation de la propriété foncière

(1) Th. Bent. *The ancient trade route across Ethiopia*, dans le *Geographical Journal*, II, 1893, p. 140-146.

(2) C. Conti Rossini, *Catalogo dei nomi propri di luogo dell'Etiopia contenuti nei testi geʿez ed amhariña finora pubblicati*, dans les *Atti del primo congresso geografico italiano*, vol. II, 1894, p. 387-439.

(3) Ruffillo Perini, *La zona di Asmara*, dans la *Rivista militare italiana*, 1894.

(4) Cet ouvrage a paru tout récemment et a été présenté au Congrès : Ignazio Guidi, *Il «Fetḥa Nagast» o legislazione dei re, codice ecclesiastico e civile di Abissinia*, p. 1, testo etiopico. Roma, 1897.

(5) Gennaro De Stefano, *Il Fetha Neghest*, dans *L'Africa Italiana*. Massaoua, n° 293 (18 agosto 1895) — 321 (3 marzo 1896).

dans le Saràwê, où le droit de la collectivité fleurit encore : c'est une contribution assez méritoire aux connaissances du développement de la civilisation en Éthiopie [1].

Les Éthiopiens ont nombre d'ouvrages concernant le calendrier, la division du temps, etc. Un des plus importants est le *Marḥa ʿewur* ou « Guide de l'aveugle », attribué à Démétrius XII, patriarche d'Alexandrie, qui l'aurait écrit en copte. Les Éthiopiens en ont deux rédactions. La plus concise vient d'être publiée par M. Guidi [2]. La langue présente un mélange barbare de geʿez et d'amhariña, ce dernier sous des formes souvent archaïques et plus régulières que les formes modernes. Le texte seul étant publié, il serait difficile de juger, dans ce moment, de la valeur intrinsèque de cette œuvre, qui est sans doute de date bien plus récente que celle indiquée par les Éthiopiens.

Nous parlerons plus tard des nombreux éléments concernant le folk-lore de l'Abyssinie qui se rencontrent dans des récits en langues modernes; mais il nous faut mentionner ici le bon recueil de légendes populaires publié par M. Basset, qui les a tirées des relations de nos voyageurs [3]. Il faut aussi rappeler les hypothèses hardies — j'avoue même qu'elles me paraissent excessivement hardies — de M. Halévy, à propos de l'origine de certaines croyances et de certains usages éthiopiens. Ainsi, il croit que le roi-serpent de la légende abyssinienne serait une dérivation directe de l'Ajis-Dâhaka des Parsis; que le *dino* de la chronique de Zar'a Yâʿqob serait également une dériva-

[1] Ruffillo Perini, *La proprietà fondiaria nel Saraé*, dans la *Nuova Antologia*, 1894, vol. III, p. 663-693.

[2] I. Guidi, *Il Marḥa ʿewur*, dans les *Rendiconti della R. Accademia dei Lincei*, 1896, p. 363-385.

[3] R. Basset, *Contes d'Abyssinie*, dans la *Revue des traditions populaires*, 1892, p. 391-409.

IMPRIMERIE NATIONALE.

tion directe de la vache *dhênû* des Indiens, etc. Ces emprunts auraient été faits par l'intermédiaire des marchands persans et indiens, dans le port d'Adoulis, aux beaux temps de l'empire aksoumite [1].

Une édition critique de la traduction éthiopienne des Écritures est encore un des desiderata de la science. La tâche, il est vrai, n'est pas facile à remplir.

Il y a déjà un demi-siècle, M. Dillman s'était adonné à cette œuvre : sa profonde connaissance de la langue éthiopienne et ses études sur la Bible l'y appelaient. Malheureusement, l'œuvre dont il avait commencé à se charger, *juvenis juveniliter sperans*, est restée interrompue; la mort le frappa peu de jours après la revision des épreuves de la cinquième partie de cette grande publication, dont trois volumes seulement ont paru. Ce dernier volume est consacré aux livres apocryphes de l'Ancien Testament : Baruch et l'épître de Jérémie (dont les Éthiopiens ont seulement un abrégé, dû peut-être au traducteur lui-même); Tobie (dont la version présente des traces d'une revision postérieure faite à l'aide d'un autre manuscrit grec); Judith (traduit assez libremenmt et avec peu de soin); Sirach (le seul parmi tous les livres de la première période littéraire abyssinienne dont on mentionne l'année de la version, qui serait 678 après J.-C., et dont la langue garde une trace curieuse de paganisme); la Sagesse de Salomon (qui existe, chez les Éthiopiens, en deux rédactions : l'une serrant le texte grec d'assez près; l'autre qui est presque une paraphrase de la première, mais également ancienne, car ses auteurs avaient sous les yeux l'original grec); l'Apocalypse d'Esdras (ouvrage très répandu en Éthiopie et

[1] J. Halévy, *Traces d'influence indo-parsie en Abyssinie*, dans la *Revue sémitique*, 1896, p. 258-265.

dont l'archétype grec est perdu); et, enfin, le livre apocryphe d'Esdras; une des meilleures traductions, semble-t-il, en langue geʿez [1].

M. Bachmann s'était attaché aux livres prophétiques. Il nous a donné les versions d'Abdias et de Malachie [2], et celles d'Isaïe [3] et des Lamentations de Jérémie [4]; mais lui aussi fut atteint par la mort, avant la fin de son travail.

Le premier des livres saints qui ait été traduit en geʿez est sans doute celui des Évangiles; c'est en même temps le plus ancien livre éthiopien qui nous soit parvenu, car tout ce qu'on a pu écrire au temps du paganisme est perdu. Mais, jusqu'à ces derniers jours, les notices qu'on avait sur cette version, qui n'est pas postérieure au commencement du VIe siècle, étaient inexactes. M. Hackspill vient d'étudier nouvellement la question. Se basant sur le plus ancien manuscrit des Évangiles en geʿez, il est arrivé à des conclusions, au moins en partie, sûrement inattendues. L'étude de M. Hackspill, très soignée et consciencieuse, confirme que la traduction primitive a été faite du grec; mais l'original qui a été employé n'était pas, comme on l'a toujours cru, le texte alexandrin, mais bien un texte syro-occidental, et la version est, selon toute vraisemblance, l'œuvre de moines araméens, venus du Yémen en Éthiopie. Tout ceci

(1) Augustus Dillmann, *Veteris testamenti æthiopici tomus quintus, quo continentur libri apocryphi*, Berlin, 1894.

(2) Joh. Bachmann, *Dodekapropheton Æthiopum, oder die 12 kleinen Propheten der äthiop. Bibelübersetzung, nach handschriftl. Quellen herausgegeb. und mit Anmerkungen versehen.* I Heft : *Der Prophet Obadia;* II Heft : *Der Prophet Malachi;* Halle, 1892. — Recensions : A. L., *Revue critique*, etc., 1892, p. 343; Franz Prätorius, *Literarisches Centralblatt*, 1892, p. 1001-1003, 1137.

(3) Joh. Bachmann, *Der Prophet Jesaja nach der äthiopischen Bibelübersetzung.* I Teil : *Der aethiopische Text*, Berlin, 1893.

(4) Joh. Bachmann, *Die Klagelieder Jeremiæ in der äthiopischen Bibelübersetzung*, Halle, 1893.

jette une lumière nouvelle sur l'histoire des origines de l'église aksoumitaine. Plus tard, sous l'influence du mouvement littéraire qui commença en Égypte dans le XIIe siècle, le texte éthiopien a été revu et corrigé pour le mettre en conformité avec la recension alexandrine, et prit la forme qu'on trouve, avec une très grande quantité de variantes, dans les livres imprimés et dans presque tous les manuscrits connus. Le travail de revision, qui a été très bien mis en évidence par M. Hackspill, semble avoir été fait, ou du moins commencé, par un évêque égyptien, Salâmâ, envoyé comme métropolite en Abyssinie à la fin du XIIIe siècle. De nombreuses traductions de l'arabe, faites ou inspirées par lui, donnent le droit de le considérer comme le principal promoteur de la renaissance de la littérature éthiopienne [1].

Tout ce que nous venons de dire montre le peu de valeur des sources éthiopiennes, en général, pour l'étude critique du texte des Évangiles. Peut-être serions-nous dans de meilleures conditions si nous avions une connaissance parfaite de la première recension ge'ez; malheureusement, elle nous est parvenue dans un unique manuscrit, postérieur de sept siècles à l'époque de la version, écrit à la veille de la revision, et dont nombre de variantes, purement targoumiques, sont probablement dues aux copistes [2].

Nous avons déjà mentionné plus haut l'édition, faite par Dillmann, des Apocryphes de l'Ancien Testament. Tout le monde sait que la littérature éthiopienne est une des plus riches en apocryphes et en livres pseudo-épigraphiques : ces

(1) Hackspill, *Die äthiopische Evangelienübersetzung*, dans la *Zeitschrift für Assyriologie*, 1897, p. 117-196, 367-388.

(2) C. Conti Rossini, *Sulla versione e sulla revisione delle sacre scritture in etiopico*, dans la *Zeitschrift für Assyriologie*, 1895, p. 236-241.

sortes d'écrits ont toujours trouvé la plus grande faveur chez les Éthiopiens, qui, dans leur foi aveugle et inébranlable, les acceptent alors même qu'ils sont de véritables aberrations de l'esprit humain. Jadis, on cultivait particulièrement la langue ge'ez à cause de ses versions d'œuvres de ce genre, dont les originaux n'étaient pas parvenus jusqu'à nous. C'est précisément à ces recherches qu'on doit les deux éditions du *Livre d'Hénoch*, l'une par Lawrence et l'autre par Dillmann, l'édition de la *Petite Genèse* ou *Livre des Jubilés*, et d'autres ouvrages.

L'heureuse découverte des fragments grecs du *Livre d'Hénoch* a rappelé l'attention et l'intérêt des savants sur cet écrit curieux et sur sa version ge'ez, qui remonte à la première période du christianisme abyssinien, comme toutes les traductions du grec. D'autres diront les progrès que viennent d'en tirer les sciences religieuses; ici nous nous bornerons à mentionner ce qui touche de plus près le texte éthiopien. Dillmann, dans une communication à l'Académie royale des sciences de Berlin, compara les fragments grecs, qu'on venait de trouver, avec leur version ge'ez [1]; la même chose fut faite par M. Lods dans une thèse très soignée [2]. Une étude assez complète de tout le livre a été publiée par M. Charles [3], qui en donna une traduction anglaise, en se servant aussi de manuscrits inédits; et, enfin, une autre traduction anglaise du texte éthiopien a paru par les soins de M. Schodde [4].

[1] A. Dillmann, *Über den neugefundenen griechischen Text des Henoch-Buches*, dans les *Sitzungberichte der K. Akademie der Wissenschaften*, Berlin, 1892, p. 1039-1054 et 1079-1092.

[2] Adolphe Lods, Le *Livre d'Hénoch, fragments grecs découverts à Akhmîn publiés avec les variantes du texte éthiopien*, Paris, 1892.

[3] R.-H. Charles, *The book of Enoch, translated, etc.* London, 1893. *The recent translations and the Ethiopic text of the book of Enoch*, dans la *Jew. Quart. Revue*, V. p. 325-329, 393-397.

[4] G. Schodde, *The book of Enoch, transl. from the Ethiopic*, London, 1895.

M. Charles n'a pas voulu s'arrêter au *Livre d'Hénoch*. Il a porté son attention et sa louable activité sur le *Livre des Jubilés*. Il en a d'abord donné une traduction anglaise, puis il a publié une nouvelle édition critique du texte, comparé avec le texte masorétique et samaritain et avec les versions grecque, syriaque, vulgate et éthiopienne du Pentateuque, amélioré et restitué avec les fragments hébraïques, syriaques et grecs de l'ouvrage, qui nous sont parvenus et qu'il a publiés à la suite du texte éthiopien [1].

La littérature des apocryphes a trouvé en M. Basset un éditeur aussi zélé que savant. Il s'est chargé de nous faire connaître toute cette foule de petits livres apocryphes qu'on trouve chez les Éthiopiens, et qui ont quelquefois une véritable importance. Il y en a qui sont des traductions d'ouvrages grecs, dont l'original est perdu en totalité ou en partie, comme par exemple l'ascension d'Isaïe; d'autres proviennent de l'arabe, soit que l'original ait été écrit en cette langue, comme le *Livre de l'épître*, soit que l'arabe représente lui-même une dérivation du copte, comme la *Prière de la Vierge à Bartos*. Quelquefois l'apocryphe éthiopien n'a que le titre de commun avec de semblables ouvrages déjà connus, dont il diffère en tout le reste, comme la *Prière de saint Cyprien;* quelques compositions sont même d'origine purement abyssinienne [2]. La tâche que M. Basset s'est imposée de traduire ces textes, d'en rechercher les origines, d'en étudier l'importance pour l'histoire de la

[1] R.-H. Charles, *The book of Jubilees, translated from a text based on two hitherto uncollated Eth. Mss.*, dans la *Jew. Quart. Revue*, V, p. 703-708. — *A new translation of the book of Jubilees*, dans la *Jew. Quart. Revue*, VI, p. 184-217, 710-745. — *Mashafa Kufâlê, or the Ethiopic version of the Hebrew book of Jubilees*, London, 1895.

[2] René Basset, *Les apocryphes éthiopiens traduits en français : I. Le livre de*

littérature religieuse, n'est pas facile : on lui doit donc une sincère reconnaissance.

M. Basset donne seulement la traduction de ces ouvrages; le texte éthiopien est souvent encore inédit. M. Bachmann a publié plusieurs de ces textes dans sa *Chrestomathie*, dont nous allons parler plus bas, et M. Fries a fait paraître le texte de la légende de Sisinnyos [1], dont M. Basset a su, avec une grande sagacité, découvrir les origines manichéennes. Dans ces derniers temps, on a aussi publié le texte de la *Prière de la Vierge chez les Parthes*, petit apocryphe d'origine gnostique [2] dont on vient de découvrir un fragment copte et une version arabe. Enfin M. Deramey a voulu faire connaître un nouvel apocryphe qui a son importance non seulement au point de vue de l'eschatologie, mais aussi à cause du peuple qui l'a conservé : les Falâšâ, c'est-à-dire les juifs d'Abyssinie [3]. Mais il semble au moins douteux que ce singulier écrit soit vraiment d'origine juive.

Le culte de la Vierge Marie est très répandu en Éthiopie, et il n'est pas sans intérêt d'en suivre les manifestations. On doit donc savoir gré à M. Fries de nous avoir donné une des œuvres les plus importantes relatives à ce culte, l'office appelé *Weddâsê Mâryâm*. Il croit cet écrit d'origine araméenne, dérivé,

Baruch et la légende de Jérémie, Paris, 1893; II. *Mash'afa T'omar*, Paris, 1893; III. *L'ascension d'Isaïe*, Paris, 1894; IV. *Les légendes de saint Tërtag et de saint Sousnyos*, Paris, 1894; V. *Les prières de la Vierge à Bartos et au Golgotha*, Paris, 1895; VI. *Les prières de saint Cyprien et de Théophile*, Paris, 1896; VII. *Enseignements de Jésus-Christ à ses disciples et prières magiques*, Paris, 1896.

[1] Karl Fries, *The Ethiopic legend of Socinius and Ursula*, dans les *Actes du VIIIe Congrès oriental, Sect. sém. (b)*, p. 53-74.

[2] C. Conti Rossini, *La redazione etiopica della preghiera della Vergine frà i Parti*, dans les *Rendiconti della R. Accademia dei Lincei*, 1896, p. 457-479.

[3] Deramey, *La vision de Gorgorios : Une étude d'eschatologie, etc.*, Paris, 1896.

quant au sujet, de saint Éphrem ou d'un contemporain de ce saint, et, quant à sa forme, de Sabbas ou d'un de ses contemporains; il serait ensuite passé en Égypte et de là en Éthiopie, peu après l'invasion de l'Égypte par les musulmans. La traduction éthiopienne, qui ne suit ni le texte copte ni le texte arabe de ces prières, remonterait à la fin de la première période littéraire éthiopienne et aurait été faite sinon directement sur le grec, au moins sur un original copte plus ancien et plus correct que celui qui nous est parvenu. Tout le monde n'est peut-être pas disposé à admettre toutes ces conclusions; en tout cas, M. Fries a fait preuve de zèle et d'une connaissance approfondie du geʿez[1]. Une autre version qui provient du copte, mais incontestablement par l'intermédiaire de l'arabe, est le bel *Encomium* de Sévère, patriarche d'Antioche, en l'honneur de saint Michel, publié par les soins de M. Budge[2].

Les institutions monastiques éthiopiennes se rattachent directement à celles de l'Égypte, et le code des unes est celui des autres; ce sont les règles attribuées à Pakhôme, qui ont été traduites du grec en geʿez dans le VIe ou VIIe siècle. Plus tard, peut-être après le XIIIe siècle, un faussaire abyssinien, continuant l'œuvre du faussaire égyptien, joignit à l'écrit une troisième partie, en l'attribuant, elle aussi, au fier moine de Tabennêsi. On connaissait depuis longtemps le texte de tout ce code : M. Basset vient d'en publier la traduction[3] accompagnée

(1) K. Fries, *Weddâsê Mâryâm, ein athiop. Lobgesang an Maria*, Leipzig, 1892.

(2) E.-A. Wallis Budge, *Saint Michael the Archangel: Three Encomiums by Theodosius, archbishop of Alexandria, Severus, patriarch of Antioch, and Eustathius, bishop of Trake; the coptic texts with extracts from arabic and ethiopic versions*; London, 1894. Recension : I. Guidi, *L'Oriente*, I, 1895, p. 81-83.

(3) René Basset, *Les apocryphes éthiopiens* : VIII. *Les règles attribuées à saint Pakhôme*, Paris, 1896.

de remarques importantes et de comparaisons avec les sources grecques et coptes.

Un champ encore presque vierge de la littérature éthiopienne vient d'être ouvert aux savants par M. Esteves Pereira. Elle est assez riche d'ouvrages d'origine copte, contenant soit le récit des martyres de l'époque de Dioclétien et de Domitien, soit la vie de saints et d'abbés égyptiens; ouvrages qui le plus souvent n'existent plus, ou n'existent qu'à l'état fragmentaire, en copte et en arabe, comme par exemple le martyre de Jules d'Aqfahs ou de Khbehs, qui a une place marquée dans l'histoire de la littérature de l'Égypte chrétienne et dont l'existence a été mise en doute par M. Amélineau. Il est facile de voir le profit qu'on peut en tirer pour les études coptes. Un spécimen vient d'en être donné par M. Pereira, avec la vie de Samuel, du couvent de Kalamon, jadis uniquement connue par des fragments coptes de Naples et d'Oxford [1]. M. Pereira en a publié le texte ge'ez et une version portugaise. Dans une introduction très substantielle, il traite les questions littéraires qui se rattachent à ce texte, reconstruit toute la vie de l'abbé et met en lumière le profit qu'on peut tirer de cette source pour la solution du problème du Maqauqas, qui, selon lui, serait tout simplement le patriarche Cyrus. Nous sommes heureux de pouvoir annoncer que M. Pereira va faire paraître la version éthiopienne de la vie de Daniel, du couvent de saint Macaire, à Scété [2].

Il y a déjà bien des années que M. Zotenberg a publié le texte ge'ez — le seul connu — de l'histoire de Jean de Nikiou; mais cette mine continue toujours à être exploitée avec succès.

(1) F.-M. Esteves Pereira, *Vida do Abba Samuel do mosteiro do Kalamon*, Lisboa, 1894. Recension : Nöldeke, *Z. D. M. G.*, 1894, p. 158-163.

(2) Cet ouvrage a paru et a été présenté au Congrès. L. Goldschmidt e F. M. Esteves Pereira, *Vida do abba Daniel do mosteiro de Scetė*, Lisboa, 1897.

M. Zlatarski y a trouvé des renseignements sur l'ancienne histoire des Bulgares[1].

On ne pouvait guère s'attendre à retrouver en Éthiopie des matériaux importants pour la littérature romanesque d'Alexandre; c'est à M. Budge que nous sommes redevables de cette découverte. Les Éthiopiens ont plusieurs ouvrages concernant le célèbre Macédonien : la version du Pseudo-Callisthène, faite d'un original arabe très intéressant et qui s'éloigne notablement de la version syriaque par de nombreuses additions d'origine chrétienne; les versions des œuvres historiques de Al-Mâkin et Abû Šâkir, qui traitent assez longuement des romanesques entreprises du fils de Philippe; la version de l'histoire juive de Joseph ben Gorion; un petit récit de la mort d'Alexandre, sans doute d'origine arabe; un roman d'origine, semble-t-il, purement éthiopienne, qui est un des plus curieux ouvrages écrits sur Alexandre le Grand, et dans lequel l'auteur, sans doute un moine, se met à christianiser son héros, devenu un miracle de chasteté et d'ascétisme; enfin le *Voyage merveilleux de Zosime*, dans une rédaction différente du syriaque, où l'on conte le voyage d'Alexandre à l'île des Bienheureux. Tout cela vient d'être publié par M. Budge, dans une édition due à la munificence de Lady Meux of Theobald's Park, remarquable par son luxe et son élégance[2].

Dans le champ de la grammaire et de la lexicographie, le mouvement a été très limité, si on laisse de côté les études

[1] V.-N. Zlatarski, *Nouvelles notices sur l'ancienne histoire des Bulgares* (en langue bulgare), dans les *Sbornik* du Ministère de l'I. P. en Bulgarie, 1895.

[2] E.-A. Wallis Budge, *The Life and Exploits of Alexander the Great, being a series of Ethiopic texts; vol. I : The Ethiopic texts; vol. II : Translation*. London, 1896.

suscitées par l'explication des anciennes inscriptions. M. Prätorius nous a donné de nouvelles observations sur un reste de duel en ge'ez, déjà signalé par lui [1], et il a continué ses intéressantes recherches sur les relations de l'éthiopien avec les langues couschitiques de l'Abyssinie [2]. Le savant professeur de l'université de Halle, réfutant l'hypothèse de Lagarde qui avait rattaché le nom de la ville d'Adoulis à l'hébreu *'adullam*, a démontré que, selon toute vraisemblance, on a affaire à une dérivation du couschitique *'ad* « ville, tribu, etc. » [3]. M. Reckendorf a retrouvé dans *'esrâ* un nouveau reste de duel [4]. M. Reinisch a exposé ses doutes sur l'origine sémitique du mot *zarât* « girafe », qui pourrait être, au contraire, dérivé des langues couschitiques abyssiniennes [5].

Parmi les livres didactiques, nous ne pouvons signaler que la *Chrestomathie* de M. Bachmann, qui ne fera pas abandonner celle déjà ancienne de Dillmann. Le choix des morceaux n'a pas été heureux : loin d'être accessibles aux débutants, il y en a qui réclament les efforts d'un éthiopisant consommé. L'édition même laisse à désirer [6]. M. Guidi vient de donner un article dans lequel il explique deux de ces morceaux, l'un concernant la fondation de Maqdasa Selus Qedus et les donations du roi Iyâsu II et de la reine-mère Walatta Giyorgis à cette église, l'autre concernant le jurisconsulte Kefla Mâryâm [7] : ces

(1) Franz Prätorius, *Noch ein Dualrest im Aethiopischen, Z. D. M. G.*, 1893.

(2) Franz Prätorius, *Kuschitische Bestandtheile im Aethiopischen, Z. D. M. G.*, 1893, p. 383-394.

(3) Franz Prätorius, *Der Name Adulis, Z. D. M. G.*, 1893, p. 376.

(4) H. Reckendorf, *Weitere Duale im Aethiopischen, Z. D. M. G.*, 1893, p. 380.

(5) L. Reinisch, *Ist Ge'ez* ዘራት *« camelopardis » eytmologisch* = زرافة? dans la *Wiener Zeitschrift für die Kunde des Morgenlandes*, 1896, p. 357.

(6) Johannes Bachmann, *Aethiopische Lesestücke*, Leipzig, 1893.

(7) I. Guidi, *Sopra due degli « Aethiopische Lesestücke » del Dr Bachmann*, dans la *Zeitschrift für Assyriologie*, 1897, p. 401-416.

éclaircissements, tels qu'un savant hors ligne comme M. Guidi pouvait seul les donner, sont de la plus haute importance pour la lexicographie, pour le droit et pour la connaissance des mœurs de l'Église éthiopienne.

Dans plusieurs des ouvrages que nous venons de citer, on trouve des notices sur des manuscrits encore inconnus, particulièrement sur ceux de Rome. M. Barton[1] a donné des renseignements sur un manuscrit de l'octateuque appartenant à la bibliothèque de *Haverford College*. Espérons que le catalogue des manuscrits éthiopiens de la Vaticane, préparé par M. Gallina, et celui des manuscrits de la Bibliothèque de la ville de Francfort-sur-Mein seront bientôt imprimés.

M. Fumagalli[2] est l'auteur d'une très riche bibliographie éthiopienne. Il n'est pas orientaliste, il a pu faire parfois quelque confusion, mais il faut reconnaître que son ouvrage peut rendre des services précieux. M. Goldschmidt s'est proposé une tâche plus simple que celle de M. Fumagalli : tandis que ce dernier a compris dans son recueil tous les livres imprimés, même de caractère non scientifique, M. Goldschmidt s'est borné à donner une description complète de toutes les éditions de textes éthiopiens qui avaient été faites jusqu'à l'an 1892. Son livre, désormais arriéré, peut néanmoins être consulté avec fruit[3].

Il faut maintenant exposer les progrès réalisés dans les études sur les langues modernes de l'Éthiopie.

[1] Geor.-A. Barton, *On an Ethiopic ms. of the Octateuch in the library of Haverford College*, dans les *Proceedings of the American Oriental Society*, 1892, p. 199-202.

[2] G. Fumagalli, *Bibliografia etiopica*, Milano, 1893.

[3] Lazarus Goldschmidt, *Bibliotheca Aethiopica, vollständiges Verzeichniss und ausführliche Beschreibung sämmtlicher Aethiopischer Druckwerke*, Leipzig, 1893.

Le ge'ez a donné naissance à deux dialectes : le *tigré*, parlé depuis Massaoua jusqu'aux portes de Kassala, ou à peu près; et le *tigrây* ou *tigriña*, parlé dans tout le Tigré et les provinces environnantes. Dans le centre et le sud de l'Éthiopie, on emploie l'*amhariña* ou *amharique*, issu d'un dialecte parallèle au ge'ez. On parle aussi de nombreuses langues couschitiques ou protosémitiques.

Le tigré a été peu favorisé jusqu'à ce jour, bien qu'on le trouve dans les lieux les plus fréquentés par les Européens. Le capitaine Camperio [1] en a publié un manuel qui ne semble pas très réussi. Mieux vaut celui que nous a donné le capitaine Ruffillo Perini [2], déjà connu par un exposé de la carte linguistique de la colonie Érythrée où huit langues se trouvent côte à côte [3].

La langue tigrây, qu'un écrivain éthiopien, Baḥayla Mikâ'êl, identifiait, il y a déjà des siècles, avec le *ḥabâsi* même, et dont M. Prätorius a fait l'objet d'une étude approfondie, a été plus heureuse. M. Schreiber a publié, comme suite à sa grammaire, une chrestomathie composée de morceaux bien choisis et intéressants, et un petit vocabulaire de cette langue [4]. Malheureusement il a pris comme base un dialecte qui est peu répandu, et même peu compris dans les autres provinces du Tigré, dialecte riche en particularités, il est vrai, mais tout différent du dialecte

(1) Manfredi Camperio, *Manuale tigrè-italiano*, Milano, 1893. Recensions : C. Conti Rossini, *L'Oriente*, 1894, p. 102-114; Fr. Prätorius, *Literarisches Centralblatt*, 1894, p. 317.

(2) Ruffillo Perini, *Manuale teorico-pratico della lingua tigrè*, Roma, 1893. Recension : Conti Rossini, *L'Oriente*, 1894, p. 102-114.

(3) R. Perini, *Gl'idiomi parlati nella nostra colonia*, dans le *Bollettino della Società geografica Italiana*, 1892, p. 54-67. Par erreur, l'article y est attribué au regretté capitaine L. Bettini, tué en 1893 dans une rencontre avec des rebelles éthiopiens.

(4) J. Schreiber, *Manuel de la langue tigraï : II. Textes et vocabulaire*. Vienne, 1893. Recension : Prätorius, *Literarisches Centralblatt*, 1893, p. 1791.

d'Adoua, parlé dans la ville de ce nom, capitale politique et commerciale de l'Éthiopie septentrionale, et à Aksoum, capitale religieuse de l'Éthiopie tout entière. Ce dialecte a été étudié par M. de Vito, jeune commandant de l'armée italienne, tombé en héros à la bataille d'Adoua avec tous les officiers de son bataillon, un seul excepté. Il s'était déterminé à publier le résultat de ses observations personnelles, sans vouloir prendre connaissance des travaux de ses devanciers : de là des imperfections et des lacunes, mais de là aussi l'importance particulière de ses livres. Il est hors de doute que sa grammaire de la langue tigrây, sa chrestomathie et son dictionnaire [1], que la mort l'a empêché de compléter et de revoir, représentent ce qu'on a de mieux sur ce sujet. On ne peut assez regretter la perte de ce soldat savant, élève de M. Guidi. Sa mort nous a enlevé d'autres précieux travaux sur les langues abyssiniennes, pour lesquels il avait déjà rassemblé de nombreux matériaux, abandonnés depuis sur le champ de bataille. Nous devons aussi mentionner un intéressant travail de M. le baron Schweinfurth, qui a fait paraître une sorte de vocabulaire des noms de plantes en tigrây, et en d'autres langues sémitiques et couschitiques de l'Abyssinie [2].

Les textes tigrây édités par MM. Schreiber et de Vito ne sont pas seuls. M. Guidi a publié une fable tigrây, avec des textes amhariques, dont nous allons parler. M. Gallina nous a donné des énigmes, genre pour lequel les Abyssiniens ont

[1] Ludovico de Vito, *Esercizi di lettura in lingua tigrigna*, Roma, 1894; *Grammatica della lingua tigrigna*, Roma, 1895; *Vocabolario della lingua tigrigna : introduzione e indice italiano-tigrigna di* Conti Rossini Carlo, Roma, 1896. Recensions : Nöldeke, *Göttingische Gelehrte Anzeigen*, 1895, p. 292; 1897, p. 15-20.

[2] C. Schweinfurth, *Abyssinische Pflanzennamen : eine alphabetische Aufzählung von Namen einheim. Gewächse in Tigrinja, sowie in anderen semitischen und hamitischen Sprachen von Abyssinien*, dans les *Abhandlungen der Königl. Preuss. Akademie der Wissenschaften zu Berlin*, 1893.

beaucoup de goût[1]. On a aussi publié des légendes, d'un caractère plus ou moins historique, concernant le roi-serpent, Ella Abrehâ et Aṣbeḥa, abbâ Garimâ, Sayfa Ar'âd et Grâñ[2]. Enfin, comme curiosité littéraire et comme essai de littérature indigène, on doit mentionner la relation qu'un Abyssinien a écrite de son voyage en Italie[3]. Pour l'étude de ce texte, on pourra consulter la traduction qu'a essayé d'en faire M. Cimino[4].

La langue du centre et du sud de l'Abyssinie, qui est aujourd'hui la langue officielle du royaume, l'*amhariña* ou *amharique*, a eu la bonne fortune d'attirer l'attention de deux savants du plus grand mérite, M. Prätorius, qui lui consacra une œuvre magistrale, et M. Guidi, auquel nous sommes redevables de tout ce qui a paru dans ces dernières années, en laissant de côté un manuel amharique-français de M. Mondon-Vidailhet[5] (livre pour lequel le silence est déjà de l'indulgence), et un manuel italien-arabe-amharique de M. Allori[6], qui n'a, à bon droit, aucune prétention à sortir de la médiocrité. La petite grammaire que l'illustre professeur de l'Université de Rome a dédiée à ceux qui abordent cette langue difficile en est à sa seconde édition; c'est le meilleur éloge pour un livre de ce genre[7]. Les philologues ont eu deux mémoires très inté-

[1] F. Gallina, *Indovinelli tigray*, dans *L'Oriente*, 1894, p. 28-33.

[2] C. Conti Rossini, *Note etiopiche : II. Leggende tigray*, dans le *Giornale della Soc. asiat. ital.*, 1897, p. 143-153.

[3] *Notizie del viaggio d'un Etiopico dall'Etiopia all'Italia in vero tigray*, Roma, 1895.

[4] Alfonso Cimino, *Un Abissino in Italia : notizie del viaggio dall'Etiopia in Italia scritte in lingua tigrai dall'abissino Fasha Gherghis*, dans *L'Africa Italiana*, n. 353 (14 octobre 1896) — 357 (8 novembre 1896).

[5] C. Mondon-Vidailhet, *Manuel pratique de langue abyssine (amharique)*, Paris, 1891.

[6] A. Allori, *Piccolo dizionario eritreo : italiano-arabo-amarico;* Milano, 1896.

[7] Ignazio Guidi, *Grammatica elementare della lingua amariña*, 2ª edizione, Roma, 1892.

ressants sur les conjugaisons du verbe amharique[1] et sur la réduplication des consonnes dans les verbes et dans les formations nominales[2] : ces mémoires éclaircissent bien des choses et corrigent nombre d'erreurs. Enfin M. Guidi a publié dans des revues italiennes, et réuni ensuite dans une brochure, des dictons, des fables et des chansons amhariques[3]; matériaux précieux pour la philologie, qui rendront de réels services à quiconque voudra s'appliquer à l'étude de cette langue. On annonce que le dictionnaire amharique de M. Guidi sera bientôt imprimé; on ne saurait trop souhaiter d'avoir, le plus tôt possible, cette œuvre capitale qui est destinée à remplacer l'ouvrage, moins complet et moins correct, de M. d'Abbadie, œuvre qui marquera un pas considérable dans l'histoire de ces études.

Cette revue des publications récentes sur les langues modernes de l'Éthiopie ne serait pas complète, si nous passions sous silence les langues couschitiques ou protosémitiques, qui occupent en Abyssinie une place très remarquable. Nous renverrons à un excellent article de M. Prätorius[4] ceux qui aimeraient avoir des renseignements exacts sur l'étendue et l'importance de chacune de ces langues, et nous nous bornerons à mentionner rapidement les derniers travaux parus. M. Reinisch vient de publier un très bon livre sur le *bedja* méridional (Beni

[1] Ignazio Guidi, *Sulle coniugazioni del verbo amarico*, dans la *Zeitschrift für Assyriologie*, vol. VIII, p. 245-262.

[2] Ignazio Guidi, *Sulla reduplicazione della consonanti amariche*, dans les *Supplementi periodici dell'archivio glottologico italiano, serie generale*, vol. II, p. 1-13.

[3] Ig. Guidi, *Proverbi, strofe e favole abissine*, dans le *Giornale della Società Asiatica Italiana*, vol. V (1891), p. 27-82; *Nuovi proverbi, strofe e racconti abissini*, ibid., vol. VI (1892), p. 3-36; *Strofe e favole abissine*, dans *L'Oriente*, vol. I (1894), p. 88-101. — I. Guidi, *Proverbi, strofe e racconti abissini*, Roma, 1894.

[4] Franz Prätorius, *Über die hamitischen Sprachen Ostafrika's*, dans les *Beiträge zur Assyriologie und vergleich. sem. Sprachwissenschaft*, 1892, p. 312-341.

Amer, Hadendoa, Halenga, etc.)[1]. Le lieutenant F. Derchi nous a donné un petit vocabulaire et un recueil de phrases en langue *dankali*[2]. M. Bricchetti-Robecchi a fait paraître des chansons populaires dans les langues *harar* et *galla*[3]. Cette dernière langue, douce, très répandue et peut-être réservée à un grand avenir, a été cultivée même en Afrique, car nous y trouvons un petit livre de lecture pour les écoles indigènes, publié par les soins de M. O. Nesib[4]. M. Bricchetti-Robecchi a entrepris la publication d'une série de mots *galla*, *somali* et *harrari*[5], et M. Viterbo a donné une nouvelle édition de sa grammaire et de son lexique galla[6]. Mais l'ouvrage le plus important est celui que M. Prätorius a consacré aux recherches sur la grammaire oromonienne, ouvrage qui constitue un nouveau témoignage de la profondeur des connaissances et de la sagacité de l'illustre savant de Halle[7]. Enfin la langue *somali* a été très étudiée. M. Schleicher[8] en a donné une bonne grammaire et une chrestomathie, se fondant particulièrement sur le dialecte des Ḥabr Younis; M. Reinisch va peut-être compléter son

(1) Leo Reinisch, *Die Bedauiye-Sprache in Nordost-Afrika*, dans les *Sitzungsberichte der Kais. Akademie der Wissenschaften in Wien*, 1893-1894; *Wörterbuch der Bedauiye-Sprache*, Wien, 1895.

(2) Felice Derchi, *Dizionario e frasario italiano-dankalo*, dans les *Memorie della Società geografica italiana*, 1896, p. 294-324.

(3) Luigi Bricchetti-Robecchi, *Testi nelle lingue harar e galla*, dans les *Rendiconti della R. Accademia dei Lincei*, 1892, p. 254-263.

(4) Ones. Nesib, *The Galla spelling-book*, Moncullo, 1894.

(5) L. Bricchetti-Robecchi, *Note sulle lingue parlate somali, galla e harrari, raccolte ed ordinate nell'Harrar*, dans le *Bollettino della Società africana d'Italia*, 1895-1897. Voir aussi *Vocaboli della lingua oromonica*, ibid., 1892.

(6) C. Viterbo, *Grammatica e dizionario della lingua oromonica*, Milano, 1892. Recension : Friedr. Müller, *Ausland*, 1893, p. 766-767.

(7) Franz Prätorius, *Zur Grammatik der Gallasprache*, Berlin, 1893.

(8) A.-W. Schleicher, *Die Somali Sprache : I. Theil. Texte, Lautlehre, Formenlehre und Syntax;* Berlin, 1892. Recension : Prätorius, *Ausland*, 1892, p. 686-687.

IMPRIMERIE NATIONALE.

œuvre restée inachevée [1]. M. Berghold [2] a édité très soigneusement des textes dans le dialecte des Ḥersi, qui demeurent tout près de Berbérah; et le dialecte même de Berbérah vient d'avoir une grammaire et un lexique par les soins de deux studieux missionnaires français, les PP. Évangéliste de Larajasse et Cyprien de Sampont [3]. Un petit Recueil de phraséologie somali a été publié par M. Light [4].

Résumons. Dans le domaine des études éthiopiennes, il y a encore bien à faire; mais, dans ces derniers temps, on a beaucoup travaillé et les progrès ont été considérables. Nous avons le droit d'être fiers du chemin parcouru. Le passé laisse concevoir de bonnes espérances pour l'avenir. Mais ce n'est pas sans tristesse que nous retournons par la pensée sur les années qui viennent de s'écouler. Dillmann, le grand maître de tous les éthiopisants, qui est regardé, à bon droit, avec Ludolf comme le fondateur de nos études; Schleicher, Bachmann, Bent, d'Abbadie, Sapeto, de Vito, d'autres encore: que de pertes douloureuses! A ces morts, notre souvenir reconnaissant; à la science, l'espoir que les vides seront bientôt dignement remplis par de nouvelles recrues.

(1) Voir les *Kleinen Mitteilungen* de la *Zeitschrift für Afrikanische und Occanische Sprachen*, 1896, p. 288.

(2) Kurt Berghold, *Somali Studien* dans la *Zeitschrift für Afrikanische und Occanische Sprachen*, 1897, p. 1-16.

(3) E. de Larajasse et Cypr. de Sampont, *Practical Somali Grammar, with a manual of sentences*, London, 1897; E. Larajasse, *Somali-english and English-somali Dictionary*, London, 1897.

(4) R. H. Light, *English-somali Sentences and Idioms for the use of sportsmen and visitors in Somaliland*, London, 1896.

LO STUDIO DELL' AMARICO
IN EUROPA,

PER

IGN. GUIDI.

La lingua amarica è stata studiata in Europa in due volte : la prima sulla fine del XVII secolo, dal Ludolf, e la seconda dal mezzo incirca del nostro secolo, dall' Isenberg e da altri più recenti. Non sarà stimato inutile un esame critico dei lavori grammaticali fatti in questo campo.

Quando, nel 1698, il Ludolf pubblicò la *Grammatica linguæ amharicæ*, poteva dirla con ragione «prima : quia a nemine unquam tentata. . . nunquam audita nec visa». Infatti Mariano Vittorio nelle *Chaldeæ seu Æthiopicæ linguæ institutiones* (Roma, 1552) non avea dato quasi altro che alcune voci di verbo amarico. È stato affermato che Portoghesi e Spagnuoli hanno scritto sulla lingua amarica [1], ed altresì che i Gesuiti o Pietro Heyling hanno tradotto in amarico alcuni libri della Bibbia, ma sono tutte notizie incertissime, e, ad ogni modo, nessuno di questi libri, per quanto se ne sa, è pervenuto a noi. Nelle opere del Ludolf abbiamo tutto quello che si è saputo in Europa sulla lingua amarica fino ai primi decenni del nostro secolo; mette dunque il conto di ragionarne alquanto, ed è perciò che della grammatica del Ludolf parlerò specialmente nella mia breve comunicazione.

Il Ludolf ebbe, per comporre la sua grammatica, pochi testi, ed in massima parte dal noto Gregorio di Makāna Sellāsiē,

[1] *Journal asiat.*, 1830, V, 284.

sul lago Haik. La grammatica ha gravi errori e lacune; ma se si riflette allo scarso materiale che avea l'autore ed alla novità della trattazione, dovremo grandemente ammirare, anche in questa parte, il padre degli studî etiopici.

Il Ludolf non ha saputo distinguere i verbi della classa I, 1 (Kal) come ነገረ, dai verbi di I, 2 (Piʿel) come ዘመረ; ond'è che ha commesso confusione anche quando parla dell'infinito (p. 13). Perocchè avendo posto «matkal» quale forma fondamentale dell'infinito, pone fra le eccezioni gl' infiniti come መቀቀል, መመለስ, supponendo che questa sia forma propria o di verbi che hanno uguale la 1ª e la 2ª rad., o di verbi che cominciano con መ. Ignora il perfetto composto, come vedesi dalle pagine 31-32; e quindi nel passo di Luc. XI, 7 (p. 54) non l'ha riconosciuto nella parola ተኝተዋሉ (ተኝተዋል) che ha diviso ተኝ ፡ ተዋሉ e spiegato : *mecum* (ተኝ = ተኜ! per ተኔ) *iacent*, derivando certamente da ዋለ un ተዋለ che non è punto in uso. Nei verbi come ሰለቸ, non ha veduto che la lettera schiacciata deriva generalmente in origine da un የ sparito, onde è che questi verbi seguono l'analogia di verbi di 3ª yod. Quantunque il L. non ignori la particella ስ (p. 48), non sa spiegare la forma ሲል (ስ + ይል), nè sa che il relativo የ sparisce dopo qualsiasi preposizione (p. 44, 52); crede ቢቸ una particella che designa il congiuntivo (p. 10), e il ኸይ (ሆይ) del vocativo, lo reputa un pronome possessivo di 1ª persona, *mio*, mentre la sua origine è forse dal ከ della 2ª persona [1]. Non viene distinta la doppia pronuncia di አለ secondo i due sensi di *dire* e di *essere*, e, a pag. 23, አለኝ è tradotto con *habeo*, quantunque, a pag. 30, il verbo sia dato nel vero suo uso.

Nei pronomi sono forme errate o almeno dubbie እርሶቹ

[1] Prætorius, *Tigriñagr.*, 225.

(p. 43), ዩያ, ሊያ ecc (p. 44); il ኔት ፡ ልተወው «dove potrei lasciarlo?» è interpretato *ubi reliquit eum* (p. 45) e si lega il ለ col suffisso ው : *interposito verbo* ተወ; e in አልቅሶ o ኀዘኖ (*sic*), l'«-*o*» è dato come suffisso di 3ª persona.

A p. 48, ለምና è dato come congiunzione causale : *quoniam*, senza vederne l'origine che è da ለ + ምን + *ā* = *a che mai? perchè mai?* onde dicesi, p. es., እገሌ ፡ አልመጣም ፡ ለምና ፡ ሞተ a par. : *il tale non è venuto; perchè mai? (perchè) è morto*[1].

Lo scarso materiale non ha permesso al Ludolf di conoscere l'uso sintattico della lingua; ignora, p. es., quando si ponga e quando si ometta il ን dell' accusativo, e crede che possa aggiungersi anche al verbo.

Non mancano poi le forme strane e che, in parte forse, sono antiquate, ma più probabilmente sono errate, quali : ሐንዳች *una* (mentre, p. 33, 52, è nel vero suo uso = እንዳች); መትኸል, መንኸር (p. 6, 13); ተፈተኒ (p. 17); መጭፋት (p. 6, per መፍጃት?); ማደረግ (p. 15, per ማድረግ); መውደት (p. 21, per መውደድ); አመስገነ (per አመሰገነ); ማለለት (p. 13, per ማላላት?); ደገሜ (p. 38, per ደገም); መሰጠት fatto uguale a መስጠት (p. 23).

A p. 24, è dato un ዜገ, *pauper fuit*, ora ignoto, e a p. 25, ቻለ è evidentemente confuso con ተቻለ (cf. p. 49, dove è አይቻልም per አይቻልኝም), e a p. 32, è dato : ዋል, *quod significat et sonat vale*, in forma e senso, ora almeno, inusitati. Noterò anche il verbo ይደል *est, existit*, malamente dedotto dal negat. አይዶለም, ed እስኪ per እስከ, እስክ, ecc.

La lingua, qual è in Ludolf, mostra delle forme che ora diremmo arcaiche. Questo vale, prima di tutto, per le gutturali che spessissimo sono conservate contro l'uso attuale. Può essere che il Ludolf, il quale chiama *cacographia, quod vulgo male scri-*

[1] Cf. la Lettera del Re Takla Hâymânot da me pubblicata nei *Documenti amariña*. (R. Accademia dei Lincei, 19 aprile 1891.)

bitur, ecc., l'omissione delle gutturali, ne abbia, col confronto del ge'ez, restituita qualcuna; ma, come ha ben notato il Prætorius, in molti casi ciò non si può ammettere.

Quanto alla reduplicazione nei verbi, il Ludolf conosce quella del riflessivo *tafattana*, *effattan*, e dei verbi di media geminata, come *'ewadd*, ma non quella della forma primitiva, come *naggara;* quantunque il causativo, il quadrilittero e il verbo di media gemin. siano, come ora, p. es., **አፈተነ**, **መረመረ**, **ወደደ** (1); ma sembra che la reduplicazione non sia ugualmente avvertita da tutti (2), nè bisogna dimenticare che il Ludolf poco ha udito parlare l'amarico. L'ignoranza della pronuncia gli fa porre, p. 9, **አከማቸ**, **አገናኘ** (e cosi **አሰናበተ**) come coniug. II, 1 (*Hiphil*) mentre **ከ**, **ገ** e **ሰ** sono reduplicati.

Forme e parole arcaiche sono, fra altre : — **ዋት** per *á***ት** — (cf. Prætorius, 112) **ኅርም**; **ክርክል**; **መጠን**; **ጊርግ** (= **ዘንድ**) **በእንተ**, che ora non si adopera che nella forma di **በንተ**, **መንተ**, seguito dal nome della Madonna o di qualche santo, p. es., **መንተ ፡ ማርያም** *per la Madonna!* Finalmente dirò che qualche parola sembra indicare lo Scioa, come **ፈረ**, **ሰፈ** per **ፈራ**, **ሰፋ**; **ይንጣ** per **ይምጣ**; **መኛት** per **መተኛት**; **ነች** per **ናት**. Veramente il monaco Gregorio era di Makāna Sellāsiē, ma avrà forse dimorato a lungo a Dabra Libānos o altrove, nello Scioa. Quant' all' accento, il Ludolf segna *nabaráč*, *nabarú*, *nabarén*, coll' accento sull' ultima, mentre ora l'accento principale è così : *nábbarač*, *nábbaru*, *nabbárn*.

In fine della grammatica dà il Ludolf, alcuni brevi tratti in amarico : Lc., XI, 1-13; il *credo* e frasi di discorso familiare,

(1) Come è noto, il ge'ez tratta al perf. il verbo transitivo di media redupl. come un verbo regolare, p. es., **ኀሠሠ**, e talvolta anche il verbo intransitivo come **ነደደ**; il tigriñña fa sempre cosi : p. es. **ሰደደ**, ma il rifl. pass., il caus. e il quadril. suonano, p. es., **ተሰደ**, **አንገሠ**, **ዘርዘረ**: l'amar. invece ha **ተሰደደ**; **አንገሠ**; **ዘረዘረ**, ecc.

(2) Cf. Nöldeke, *Gött. gel. Anz.*, 1895, p. 293.

ove notisi il ምን ፡ ይብሀላል ፡ ይኸ ፡ ነገር « *come si dice questo?* che è tradotto : « Quid hoc sibi vult? Que veut dire cette chose? [1] ». Oltre a ciò reca due testi sui quali mi fermerò un poco. Il primo è un carme di Gregorio in onore della Madonna, carme cui il Ludolf non sembra aver bene inteso tutto. Eccolo.

ስንቱን ፡ ተናግሬ ፡ እፈጅ ፡ የረዳሽኝ ፡ እርዳታ ፡
ነገር ፡ እያገኘኝ ፡ ጽኑዕ ፡ ኀብዙኀ ፡ ቦታ ፡
ሰኣሊተ ፡ ምሕረት ፡ ማርያም ፡ ይፈጀው ፡ እንደኆን ፡ እንጂ ፡ [ዝምታ ፡
ከጽውሐት ፡ ዝምረሽ ፡ እስከ ፡ ማታ ፡
ስምሽን ፡ ጸርቼ ፡ ብጮኸ ፡ ኊለ ፡ ግዜ ፡ ሐንደ ፡ ግዜ ፡ ሳትይኝ ፡ [ቈይታ ፡
ወትሮ ፡ ስትፈጽሚ ፡ ግዳጄን ፡ በተርታ ፡
እጅጉን ፡ ይመሰገን [2] ፡ እንኪያሰ [3] ፡ አምላኬ ፡ እግዚአብሔር ፡ [የኊሉ ፡ ጌታ ፡
ጠበቃ ፡ የሰጠኝ ፡ አንችን ፡ አብስሎ ፡ ጸላት ፡ ቢነሣብኝ ፡ ለፋታ [4] ፡
ድኻሜን ፡ ዐውቆ ፡ እንደልረታ [5] ፡
እንዳገለግልሽ ፡ እኔም ፡ በተቻለኝ ፡ ጸታ ፡
እመቤቴ ፡ ሰጠኊሽ ፡ ማኊታ ።

Gli aiuti che Tu mi hai dati, quanti mai dicendoli, io li esaurirei, *come potrei o a qual somma arriverci, contandoli tutti? aiuti datimi* mentre alcuna grave cosa m'incoglieva, in molti luoghi, o Maria che impetri misericordia? li esaurirebbe meglio il silenzio; *val meglio tacere, perchè solo l'immaginazione può giungere a tanto; aiuti datimi* cominciando dal mattino fino a sera; allorchè io gridava in ogni tempo, chiamando il Tuo nome, senza che una sola volta mi dicessi di aspettare, *senz' esaudirmi subito*, compiendo sempre ogni cosa che mi fosse bisogno, una appresso all' altra. Molto dun-

(1) Ma nel lessico, 37, *quomodo vocatur ista res?*
(2) L. ይመስገን ፡
(3) L. — ስ.
(4) L. ላፍታ.
(5) L. እንዳልረታ.

que sia lodato il mio Dio Signore, padrone di ogni cosa, che a me diede Te per custode, affinchè, conoscendo la mia debolezza, io non fossi completamente (እብስሎ) vinto, quando il nemico sorge a un tratto contro di me. Ed io, o mia Signora, Ti fo solenne promessa, che Ti servirò per ogni modo che io possa.

Il secondo testo, che molto si discosta dall'uso dell'amarico attuale, è tratto dalle schede della raccolta Séguier; questa raccolta passò in molta parte a Ste-Geneviève e poi alla Bibl. nationale, ma ignoro se questo breve squarcio vi si trovi ora, e qual numero porti. Esso, qual è pubblicato dal Ludolf, sembra essere qua e là errato, nè saprci decifrarlo tutto; ad ogni modo ne do quì appresso la traduzione.

Scriveremo, in breve, della bontà di Dio a noi conferita : al volenteroso (በጅ ፡ ማለት) il quale ritorni a penitenza, e con dolore (እዝኖ) e pianto confessi la colpa passata, non ricorda (— ክርም) contro lui il passato; *non glielo addebita più.* Misericordioso invero è il nostro Signore; e se dici (ያለኸ ፡ እንደሆን) come (ሀንዴት) è la Sua misericordia, io ti dirò due parole, *due esempi :* non hai udito o come il Signore ebbe subito pietà di Pietro, quando Lo rinnegò, allorchè l'udì piangere per averlo rinnegato, e non gli disse [1] : domani, tre volte! *Non gli rinfacciò la predizione che gli aveva fatta, che cioè tre volte l'avrebbe rinnegato, il che S. Pietro assicurava che non sarebbe avvenuto.* Guarda questa sua misericordia; la notizia di Maria dell'unguento...(?) e come Cristo tosto ne ebbe misericordia e non le disse [2]: aspetta un poco! *l'accolse subito.* Era essa una donna bellissima, cui nulla mancava (ጐደለ?) nei denti, negli occhi, nelle labbra, nel parlare (ከእነጋገር), nelle dita della mano e nelle dita dei piedi; ogni ricchezza non mancandole, oro, argento, supellettili, tutto acquistato (የገዛችው) colla fornicazione; sempre adornavasi, sempre metteva stibio...

[1] Leggo እላለውም. Non credo che ለው sia = ለት; questo ለው, ora almeno, è affatto sconosciuto nonostante che sia dato in Massaia, 214. Cf. Prætorius, 117. ለም occorre anche in testi più recenti.

[2] Anche qui leggo እላለዋት (እላላት).

Dal Ludolf fino all' Isenberg nulla è stato scritto in Europa per il progresso degli studi amarici, seppure non si voglia ricordare l'articolo del Gesenius, *Die amharische Sprache*, nell' enciclopedia di Ersch e Gruber. L'Isenberg pubblicò nel 1841 il *Dictionary of the amharic language*, e nel 1842 la *Grammar of the Amharic language*. Sono queste opere che hanno dato una conoscenza larga della lingua amarica, e gli errori ed imperfezioni che vi sono, nulla tolgono al merito di chi le ha scritte. Il ragguardevole articolo del Rödiger nella *Hallesche Allg. Literaturzeitung* (Maggio 1842) è fondato sopra di esse.

Nel mio scritto : *Sulle coniugazioni del verbo amarico* (1), ho avuto occasione di esaminare tutta la trattazione che fa l'Isenberg di questa parte della grammatica; a quello scritto rimando il lettore. Gli errori abbondano anche nelle rimanenti parti della grammatica : p. es., a pag. 59, sono date come forme del verbo ኤለ tanto አበለ e ታበለ quanto ታለለ e አታለለ, confondendosi così insieme tre verbi distinti. Alla pag. 60, sono dati dei « monstra » come ዮሎዮም, አዮሎዮም, ecc.; forse è errore di stampa per ዮሎዮመ, ma questo stesso è la pronuncia volgare della forma regolare ዮለዮመ. A. p. 78, è messo, come imperativo, አክበር per አክብር; potrebbe credersi anche questo un errore di stampa, ma è ripetuto più volte; il verbo ተቀቀረደ (p. 88) sta evidentemente per ተወራረደ. A. p. 11, vien posta una regola non esatta, ed infatti ቸርነት si pronuncia *čarĭnnat* non *čarnat*. L'errore dell' Isenb. riguardo all'articolo è noto; nella formazione dei nomi sembra che abbia avuto riguardo ai « *sawāsew* », ma, in generale, la trattazione è poco scientifica; basta confrontarla con quella corrispondente del Prætorius per convincersene; nè vi mancano forme o significati falsi, e parecchi ne ho notati nel mio articolo : *La reduplicazione in ama-*

(1) *Zeitschr. f. Assyriologie u. verw. Geb.*, VIII, 245.

rico[1]; non di rado poi, parole puramente geʿez sono date come amariche. Dirò finalmente che nel determinare il genere dei nomi occorrono regole false : è noto che ad eccezione del masc. e fem. naturale (e conseguentemente ciò che indica ufficio di uomo o di donna) e gl' infiniti, il resto è di genere comune; non è quindi vero che **ፀሐይ** sia solamente masc. o **ጕባኤ** solamente femin. e così altre parole; cf. p. 37.

Nel 1867, furono pubblicate a Parigi le *Lectiones grammaticales* del Massaia. Questo nome non si può pronunciare senza rendere omaggio alle virtù altissime di chi lo portava, ma il Massaia non era filologo, nè scrisse il suo libro per i filologi. Egli per il lungo uso parlava correntemente l'amarico, ma non ne avea fatto uno studio scientifico ed ignorava i lavori anteriori non solo del Ludolf, ma anche dell' Isenberg. La trattazione grammaticale si risente di tutto ciò, e basta dire che il primo verbo proposto è un verbo irregolare. Le forme, o per ortografia o per altra guisa, errate abbondano talmente nel libro, che mal si potrebbero noverare; nè mancano parole strane e sconosciute : **ቢሰጠ**; **ብሰጥሁ**; (42) **ነንነ**, **አይድወለም** (48) **ሆነው ፡ ነበረ** (51) **ሆነንናል** (52) **ትሆናነላችሁ** (53) **ብሆንሁ ፡ እንደሆን** (55) **የምሆንሁ** (56) **ሰጠቼ** (39) **ነበርና** (49) **ሆነ ፡ ነበረች**; (51) **ኢዛለሁ**; (57) **ብሉዋሉ** (62) **ብይል** *si dicam*, **ብቷል** *si dicas*, (65) **ቷበል ፡ አስተመርሬ** (80) **ብያርተመር** (81) **ገኘ** (! 100) **ተነገገሩ ፡ ተጫወወጡ ፡ ተሰሰሙ ፡ ተፈቀቀሩ** (*gloriarsi!*) **ተተበበቁ** (91) **ይወደልው** (211); **እንከሰ ፡ ዝምጥር** (228); **ጥቂጥ** (229) **ብለዬ** (363), ecc.

La *Amharische Sprache* del Prætorius porta la data del 1879 : con quest' opera, la trattazione della lingua e della grammatica amarica entra nel periodo veramente scientifico. Se anche in essa occorrono forme errate o significati inesatti, è perchè si

[1] *Archivio glott. ital.*, serie gen. (Supplem. period.), II.

trovano nell' Isenberg ed in altri libri, e nominatamente nelle versioni amariche della Bibbia, che tanto si allontanano dal vero genio della lingua; anzi il fino senso filologico del Prætorius si è spesso accorto delle forme sospette. Il difetto poi della scrittura abissina, di non segnare le vocali doppie, ha impedito di conoscere esattamente la forma e la classe di alcuni verbi o nomi.

Nel 1891, è stato pubblicato un «*Manuel pratique de langue abyssine (amharique)*» dal signor Mondon-Vidailhet (Paris, Imp. nat.). Questo manuale, dice l'Autore, è «essentiellement pratique», e quindi gli si perdoneranno gli errori della parte grammaticale, come il non distinguere la coniugaz. I 1 (Kal) dalla I 2 (Pi'el), quanto dice sull' articolo (41, 42, 47) e nel parlare delle coniugazioni e del verbo irregolare, ecc. (78), la mancanza infine d'ogni esattezza e metodo filologico. Ma quello che anche nella parte puramente pratica è censurabile, sono i molti errori di ogni specie, spesso ribaditi nella trascrizione[1].

Le relazioni che si stringono ogni dì più fra l'Europa e l'Abissinia, gioveranno senza dubbio al progresso degli studi amarici; ma in modo speciale, io credo non tanto alla grammatica quanto alla lessicografia[2].

[1] Ne citerò alcuni a modo di esempio; 36, 5 : **በሬ** «esclave» (*sic*); 45, 20 : **ስራት**, «ouvrage»; 59 : **ሰጠለባት** «il le lui donna»; **ኖረባት** «il demeura dans lui (ou elle)» (*sic*); 64, 15 : **ነግራልህ** «tu dis, tu parles»; 68, 21 : **የምነግር**, 72, 2 a. f. : **ትነግራለሽ** 78, 3 : **አሰከበረ**, *asak.* «il fit honorer» **አስተከበረ** «il fit qu'il fût honoré» (questo è seguito dalla curiosa regola : «lorsque la préformative du passif est jointe à un verbe ayant la forme active **ተ** devient **ታ**» !); 88, fin. : **አትነግራልህም**; **አይነግራልም**; 101, 23 : **ይነሳል** «il est plus petit», ecc. ecc. I frequenti errori, per iscambio di vocali brevi per lunghe e viceversa o di consonanti, potrebbero supporsi errori di stampa, ma sono ripetuti nella trascrizione.

[2] Je me permets de compléter l'article de M. Guidi en rappelant le titre de

deux ouvrages importants sur la langue amharique, dont il est lui-même l'auteur : *Grammatica elementare della lingua amariña* (2ᵉ édit., Rome, 1892) et *Proverbi, strofe et racconti abissini* (Rome, 1894). — Enfin je suis heureux de pouvoir annoncer que le grand *Dictionnaire amharique*, auquel M. Guidi a consacré de longues années d'un labeur assidu, vient d'être livré à l'impression. [J.-B. Chabot.]

A SELECTION OF CHARMS

FROM SYRIAC MANUSCRIPTS,

BY

THE REV. HERMANN GOLLANCZ, M. A.

(LONDON).

The subject of charms, incantations, amulets and exorcisms is of so wide and comprehensive a character, that its general consideration is best left in the hands of the folk-lorist or the antiquarian.

I, therefore, do not propose on this occasion to touch upon such points as the *History of charms*, their origin and development. But these charms have an importance arising from the archaic language in which they are often couched : they have, consequently, a special value, apart from general historical considerations, for the ends of philology. They preserve, in some instances, unusual and ancient forms of language, protected by the sanctity ascribed to the charm itself, and by the thought that the efficacy of the charm depended upon the fixed wording of the formula.

Such charms are extremely scarce. Very few ancient manuscripts are known of Hebrew charms; and, as regards Syriac, not one has hitherto been known to exist.

Having become the fortunate possessor of two collections of Syriac charms (which, as far as we know, may be considered unique), I deem this Congress an opportune occasion on which to bring these manuscripts to the notice of Semitic scholars in general, and students of ancient faiths, customs, and beliefs in particular.

I have selected but a few specimens, as I am preparing a complete edition of these two manuscripts, with an English translation and notes.

These manuscripts present, further, a very great interest for local hagiology, as they contain a number of names of saints, hitherto scarcely or not at all known.

I do not here touch upon the consideration as to whether they are Syriac originals or translations from the Greek, seeing that many of the Proper Names, specially of the demons, appear to have Greek forms. In connexion with this point we should, however, note that not a few of these charms and exorcisms resemble very closely ancient Assyrian incantations.

It is evident that ancient demonology has, to a certain extent, survived through many centuries with very little change, and that it has even found shelter and refuge in the cell of the monk. The only change that has taken place in those which are of a very ancient origin is the substitution of the Christian element, such as Christ, the Apostles and Saints, for the ancient gods who were appealed to for protection against the old Shiddim.

The specimens which I now submit are selected from both manuscripts, from the older and to all intents more valuable manuscript, which I designate *Codex A*, and from the other manuscript, which I will call *Codex B*. The essential difference between the two codices lies in the larger number of charms contained in Codex B, and in the corruption of those charms which have their parallels in Codex A.

Codex A is of very small size, consisting of 118 pages, carefully written in Estrangelo and adorned with a few quaint illustrations. From the internal character we may safely assume it to be of the xv^th^ or xvi^th^ centuries, more likely of the latter date than of the former. It is clear from the mistakes in the Proper Names that this is merely a copy from a more ancient text, whose date might be ascertained as soon as we know more concerning local Syriac hagiology : we could then be able to fix the date of the original text by the date at which the Saints mentioned in the manuscript lived or were canonised.

Codex B is a sedecimo, dated «2114 of the blessed Greeks», which corresponds to the year 1804. It consists of 72 pages, most carefully written, and has a much larger number of illustrations, executed with considerably greater skill than Codex A.

The headings in both manuscripts are written in red ink, the main portion in black : both manuscripts are on paper, and it remains to be added, that Codex A has the vowel signs throughout, and thus leaves no doubt as to the pronunciation of the Proper Names occurring therein.

I. FROM CODEX *A*.

ܒܚܝܠܐ ܕܟܣܐ ܒܗܠܝܢ ܥܣܪܐ ܦܬܓܡܐ ܩܕܝܫܐ ܕܐܠܗܘܬܐ
ܡܫܒܚܬܐ ܘܒܫܡ ܐܗܝܗ ܐܫܪ ܐܗܝܗ ܐܠܫܕܝ ܐܕܘܢܝ ܨܒܐ
ܘܬ ܢܬܛܪܕܘܢ ܘܢܬܥܩܪܘܢ ܘܢܬܪܕܦܘܢ ܘܢܬܒܪܘܢ
ܟܠܗܘܢ ܫܐܕ̈ܐ ܠܝ̈ܛܐ ܘܡܪ̈ܘܕܐ ܘܣܛܢ̈ܐ ܘܕܝ̈ܘܐ ܘܟܠܗ̇
ܡܥܒܕܢܘܬ : ܘܟܠܗܘܢ ܢܣܝ̈ܘܢܐ ܘܪ̈ܘܚܐ ܛܢ̈ܦܬܐ ܘܚܠܡ̈ܐ ܩܫ̈ܝܐ
ܘܚ̈ܙܘܬܐ ܚܫܘ̈ܟܬܐ ܘܕܚܠܬܐ ܘܙܘܥܬܐ ܘܪܬܝܬܐ ܘܬܗܘܬܐ
ܘܣܘܪ̈ܕܐ ܘܪ̈ܘܚܐ ܘܟܒܝܫܐ ܕܠܐ ܒܫܒܪܐ ܘܐܫܬܐ ܒܪܘܚܬܐ
ܘܬܠܬܠܬܐ ܘܟܠܗܘܢ ܦܬ̈ܟܪܐ ܕܐܫܬܐ ܘܡܪ̈ܕܟܐ ܢܟܪ̈ܝܐ
ܘܢܦ̈ܠܐ ܘܢܩ̈ܕܐ ܘܕܘܩܬܐ ܘܠܒܐ ܕܒܗܘܢ ܒܠ ܐܝܟܢ ܒܢܟ̈ܠܐ
ܘܫܪܟܦܠܐ ܘܟܘܬܒܝܐ ܘܦܘܪ̈ܣܐ ܕܫܐܕ̈ܐ ܘܢܝ̈ܫܬܐ ܕܕ̈ܘܝܐ
ܘܚ̈ܫܐ ܕܣܘܦ̈ܠܐ ܘܢܩ̈ܫܐ ܫܠܝ̈ܐ ܘܡܪ̈ܝܪܐ ܘܬܠܬܐ ܫܠܝ̈ܬܐ
ܘܡܪ̈ܝܪܬܐ ܘܟܠ ܒܥܒܕ̈ܝܢ ܘܟܠ ܒܘܪ̈ܗܝܢ ܘܟܠ ܡ̈ܢܝܢ
ܘܟܠ ܡ̈ܪܘܢ ܘܬܟܠܬܐ ܘܬܟܪ̈ܗܐ ܘܪܘܕܦܝ ܘܟܠܗ̇ ܡܥܒܕܢܘܬܗ̇
ܬܫܒܐ ܒܘܗܝܢܐ ܘܡܥܕܘܢܝ ܘܫܐܕܐ ܘܠܠܝܬܐ ܡܢ ܦܓܪܗ ܘܡܢ
ܗܕܡ̈ܘܗܝ ܕܦܠܢ ܒܪ ܦܠܢ ܐܡܝܢ: ܒܗܘ ܚܝܠܐ ܐܠܗܝܐ ܕܐܣܩ
ܠܚܢܘܟ ܕܐܬܕܒܪ ܒܐܦܐ ܡܢ ܐܫܬܐ ܒܪܘܚܬܐ ܘܦܬܪ ܠܕܘܢܐ
ܡܢ ܗܠܟܘܢܐ ܘܒܗܘ ܙܒܢܐ ܘܦܘܩܕܢܐ ܥܒܝܕܐ ܕܦܩܕ ܠܢܘܚܐ
ܘܦܠܛܗ ܠܗܘܢ ܘܐܦܩ ܠܐܕܡ ܡܢ ܦܪܕܝܣܐ ܘܗܘܐ ܒܢܦܩܘܬܐ
ܘܒܗܘ ܚܝܠܐ ܕܟܠܗ ܠܥܝܪ̈ܐ ܘܩܕܝܫ̈ܐ ܠܫܡܝܐ ܘܒܗܘܢ ܕܩܥܝܢ
ܠܗ ܐܡܪܝܢ ܩܕܝܫ ܩܕܝܫ ܩܕܝܫ ܡܪܝܐ ܐܠܗܐ ܚܝܠܬܢܐ ܕܡܠܝܢ
ܫܡܝܐ ܘܐܪܥܐ ܡܢ ܬܫܒܘܚܬܗ . ܘܡܢ ܝܩܪܗ ܕܝܫܘܥ ܘܡܢ ܝܩܪܗ
ܕܡܪܬܝ ܡܪܝܡ ܒܬܘܠܬܐ ܘܕܡܢܗ̇ ܢܦܩ ܘܐܬܓܠܝ ܡܫܝܚܐ
ܢܬܒܕܪ ܘܢܬܫܠܡ ܡܢ ܦܠܢ ܒܪ ܦܠܢ ܒܗ ܐܡܝܢ:

By the power which is concealed in those Ten Holy Words (Commandments) of the glorified Godhead, and by the name I Am that I Am, Almighty God, Adonai, Lord of Hosts, may there be expelled, extirpated, chased and dashed in pieces, all those accursed and rebellious demons, devils and phantoms, and all (evil) working : all temptations, unclean spirits, cruel dreams and dark apparitions : fear and trembling, terror and surprise, dread, anxiety and weeping to excess : the fever-horror and the three-days' one, aye, all kinds of fever, and febrile ills, inflammations, burnings and piercings : also (when) the child troubles its mother with the pains of travail : and may tumours and pestilences, the designs of demons, the wiles of apparitions and the accidents of devils, sweet and harsh sounds of music, and the sweet and harsh noises, all pains and all sicknesses, all wounds and all oppositions, surprises, revenges and Zardvech, and all (evil) working, the nine sicknesses, and Miduch, and the demon and Lilith (may they all be expelled) from the body and members of him that beareth these writs, Amen!

By that Divine power which healed the mother-in-law of Simon Peter of the fever-horror, and cast the devil out of the governor, and by that will and glorious command that commanded the fish and it spewed out Jonah, and drove Adam out of Paradise: (by that voice) that cried out on the Cross, by that power that stopped the sun and caused the moon to stand still, and by those who cry out night and day: «Holy, holy, holy is the Lord, God all-powerful, heaven and earth are full of his glory» : by the prayers too of Hezekiah, and by the prayers of my Lady, the blessed Mary, and of Mar John, the fore-runner of Christ, may he who bears on his person these writs be helped and healed, Amen!

ܫܪܟܐ ܕܒܪܬܗ، ܕܒܪܝܟ ܠܡܫܒܚܘܬܐ ܕܐܝܬܘܗܝ ܡܢ ܟܠ ܒܪ̈ܝܬܐ
ܠܐܠܗܘܬܗ ܘܡܫܒܚܘܬܗ ܘܠܡܥܠܝܘܬܗ ܕܡܠܟܘܬܗ ܠܥܠܡ: ܕܡܪܬܗ،
ܕܒܪܝܟ ܠܡܫܒܚܘܬܐ ܐܒܘܗܝ ܕܡܫܝܚܐ ܦܪܘܩܢ ܘܡܚܝܢܢ. ܒܥܒܪܝܐ
ܕܫܒܚܬܐ ܗܘܬ ܠܗ ܡܢ ܛܠܝܐ ܕܥܒ̈ܪܝܐ ܘܡܢ ܝܢܩܐ ܦܪܘܫܐ ܘܐܬܬ
ܠܐܘܪܫܠܡ ܕܡܫܝܬܐ ܘܒܗ ܒܟܠ ܗܘܐ ܡܢ ܐܬܬܐ ܥܠ ܥܝܪܐ
ܘܡܠܐ̈ܟܐ ܕܫܒܚܘܗܝ ܘܩܕܫܘܗܝ ܘܐܡܪܝܢ ܐܘܫܥܢܐ ܒܡܪ̈ܘܡܐ
ܐܘܫܥܢܐ ܠܒܪܗ ܕܕܘܝܕ ܒܪܝܟ ܕܐܬܐ ܒܫܡܗ ܕܡܪܝܐ. ܘܫ̈ܡܝܐ

ܟܠܗܘܢ ܦܓܥܝܢ ܗܘܘ ܫܘ̈ܟܐ ܕܐܝܠܢܐ ܘܡܒܪܟܝܢ ܗܘܘ ܠܡܪܢ ܒܗ
ܙܒܢ ܗܘܐ ܟܠ ܒܠܐ ܕܟܒܫܐ ܘܡܒܪܝܟ ܗܘܐ ܡܢ ܒܢ̈ܫܐ
ܘܡܫܒܚ ܗܘܘ ܫܘܒܚܬܗܘܢ ܒܪܒܘܬܗ ܕܡܪܢ ܘܫܐܠ ܠܡܪܝܡ ܐܡܗ
ܘܐܡܪ ܠܗ̇ ܡܢ ܐܝܟܐ ܐܬܝܐ ܐܢܬܝ ܐܘ ܐܡܝ. ܗܝ ܕܝܢ ܥܢܬ
ܘܐܡܪܬ ܡܢ ܐܬܪܐ ܕܥܕܢ ܐܬܝܐ ܐܢܐ ܕܐܫܐܠ ܡܢܟ ܚܘܒܐ
ܫܐܠܬܐ ܚܕܐ ܡܪܝ. ܘܐܡܪ ܠܗ̇ ܝܫܘܥ ܠܟܝ ܫܐܠܬܟܝ ܘܬܬܝܗܒ
ܡܢ ܫܐܠܬܟܝ ܗܝܕܝܢ ܫܐܠܬ ܡܪܬܝ ܡܪܝܡ ܡܛܠ ܒܝ̈ܫܬܐ
ܕܬܫܬܠܛܘܢ ܘܐܠܗܝ̈ܐ ܕܬܬܪܘܚܘܢ ܘܬܬܪܐܫܬ ܐܘ ܡܪܝ ܘܒܪܝ
ܘܡܒܪܝ ܠܢ̈ܫܐ ܒܩܪ̈ܝܬܐ ܕܐܢܫ̈ܐ. ܒܫܠܡܝܟ ܡܪܝ ܠܟܠ̈ܬܐ
ܢܐܠܦܝ̈ ܒܢ̈ܝܐ ܕܡܪܕܬܐ ܘܒܢ̈ܬܐ ܕܪܘܚܬܐ ܘܒܡܪ̈ܬܐ
ܬܡܟ̈ܝܢ ܘܡܪ̈ܥܝܬܐ ܬܬܫܠܡܘܢ ܘܐܠܗܝ̈ܐ ܬܬܪܘܚܘܢ ܘܠܒ̈ܢܬܐ
ܐܠܝܢ ܕܡܬܚܫܝܢ ܒܢܦܫܗܘܢ ܡܢ ܫܐܕܐ ܗܢܐ ܡܚܒܠܢܐ ܕܡܕܒܪܐ
ܢܦܫܗ ܠܦܓܪܐ ܒܡܥܡܘܕܝܬܗܘܢ ܕܢ̈ܫܐ. ܘܠܒ̈ܢܬܐ ܒܡܥܡܘܕܝܬܗܘܢ
ܕܒܪܬܐ. ܘܡܥܡܘܕܝܬܐ ܒܡܥܡܘܕܝܬܗ̇ ܕܐܢܬܬܐ ܩܢܝܬܐ ܘܡܫܒܚܬܐ
ܫܘܒܚܗ ܘܠܦܐܪ̈ܐ ܕܟܪܘܫܐ ܡܟܠܐ ܘܡܫܟܐ ܠܬ̈ܒܝܢܐ ܡܫܬ̈ܠܝܢܐ
ܟܠܗ̇ ܒܥܘܬܗ ܘܐܡܝܢ ܕܗܘܐ ܠܗܘܢ ܡܟܒܪܢܐ. ܘܡܫܡܥܝܢ ܠܗ
ܒܫܡܗ̈ܐ ܩܕܝ̈ܫܐ ܐܝܟ ܕܐܡܪܐ ܚܝܠܘܬܐ ܕܦܓܪ̈ܐ ܘܐܝܟ
ܕܡܥܒܪܝܢ ܘܐܝܟ ܕܢܦܪܘܢ ܘܗܫܐ ܫܡܥ ܡܪܝ ܒܨܠܘܬܗ̇ ܕܠܒܪܬܟܝ
ܘܠܡܪܝܡ ܘܦܪܘܩܝܗ̇ ܕܠܐ ܢܟܐܫ ܘܢܬܦܪܥ ܠܒܢ̈ܝܟܝ ܦܓܥܝܢ
ܝܠܕܬܐ ܗܕܐ ܒܫܡܟܝ ܢܟܐ ܘܒܫܠܡܐ ܘܒܫܠܡܐ ܕܐܡܟܝ ܒܣܘܟܐ
ܕܒܫܐ ܒܝ. ܘܒܫܠܡܐ ܕܪܘܚܐ ܕܩܘܕܫܐ ܕܒܟܪ ܒܝ ܘܒܫܠܡܐ
ܕܟܘ̈ܪܐ ܘܕܘܟ̈ܪܐ ܘܕܚܬܡܬܐ ܫܠܝ̈ܚܐ ܗܘܘ ܕܦܓܥܝܢ
ܘܡܒܪܟ ܠܚܝܠܐ ܕܐܠܗܘ: ܘܒܝܠܕܬܐ ܕܒܟܪ̈ܐ ܘܕܫܠܝ̈ܚܐ
ܘܩܕܝ̈ܫܐ ܘܡܩܕܫܢܐ ܘܐܡܗܘܬܐ ܘܡܠܦܢ̈ܐ ܐܡܝܢ ܘܐܡܝܢ:

THE ANATHEMA OF MY LADY, THE BLESSED MARY,

WHICH IS OF AVAIL FOR SICK PERSONS.

The prayer, request, petition and supplication of her full of grace, my Lady, the blessed Mary, mother of Christ, our Redeemer and Preserver: at the time when she came down from the mount of Eden and from near Paradise, and came to the city Jerusalem, and when our Lord, having entered, there arose the noise of babes and children who cried out and shouted, saying: «Hosanna in the highest! Hosanna to the son of David, blessed be he that cometh in the name of the Lord!» And all the multitudes (lit. *assemblies*) were carrying branches of trees, and were singing unto our Lord while he was riding on the colt which was tamed, and it was praised by the multitudes, who placed their garments before our Lord; and (when) he saw Mary his mother, and said unto her: «O mother, whence comest thou?» And she replied and said «From the country of Eden I come, in order to ask of thee one request»: our Lord answered and said unto her: «I will grant thee thy request, and more than thy request.» Thereupon my Lady Mary asked on behalf of the sick, that they may be healed, and regarding the sorely pressed, that they may be enlarged, yea exceedingly. [Thus did she speak:] «O my Lord, my Son and my Salvation! [I pray] for the barren among women that they may bear: that, by thy power, they who bear may bring forth sons who will be a blessing, and daughters of righteousness: that the barren may conceive, the sick be healed, and those who are sore pressed receive enlargement; that the women who bear, those whose children are strangled by this deceitful demon, who for a man assumes the form of women, and for women the form of men, [I pray that they may be protected against her,] who assumes the form of a hateful woman, whose appearance enslaves, and strikes the fruit of the womb, and takes captive weak minds after its wickedness, as though she would be a help unto them. People call her by many names: some, by that of the Strangling-mother of children (lit. *boys*); some, Miduch; some, Zardvech. And now, o my Lord, listen to the prayer of the one who bore thee, and prevent and expel this demon that she injure not, nor approach thy servants who carry this invocation. By that great and terrible Name, and by the power of the invisible Father who is concealed in thee, and by the power of the Holy Ghost which dwelleth within thee, and by the power of the Cherubim and the Seraphim and the heavenly hosts, those who bear the throne of thy Divinity, and by the prayers of the prophets, apostles, martyrs, confessors, fathers and teachers, So be it, Amen!

ܚܪܒܐ ܕܡܪܝ ܒܒܪܝܫܘܒ ܢܦܪܘܦܐ ܘܫܪܒܐ ܠܒܝܬܗ ܘܒܟܠܬܗ
ܘܬܫܒܘܚܬܗ ܘܬܫܒܘܚܬܗ ܕܡܪܝ ܒܒܪܝܫܘܒ ܢܦܪܘܦܐ ܘܡܫܪܒܝܢܐ
ܕܐܠܗܐ ܗܘ ܕܗܘܐ ܢܫܡܬܐ ܢܛܪ̈ܬܐ ܒܫܡܝܐ ܕܝܢ
ܕܒܪܘܟܬܐ ܕܐܠܗܘܬܗ ܫܡܗ ܕܡܪܝ ܘܦܪܘܩܢ. ܒܒܪܟܐ ܕܢܫܝܬܐ
ܗܘܬ ܡܢ ܦܘܪܐ ܕܡܪܝ ܐܬܚܫܒܬ ܠܗ ܪܘܚܐ ܒܫܬܐ ܒܡܡܘܬܐ
ܕܐܢܬܬܐ ܩܫܝܬܐ ܘܡܫܟܚܬ ܢܘܚܐ. ܘܩܪܬܗ ܒܫܡܗ
ܒܫܡܗ ܘܐܡܪ ܠܗ ܡܢ ܐܢܬܝ. ܗܘ ܚܝܢ ܒܫܡܗ ܘܐܡܪܬ
ܐܢܬܬܐ ܐܢܬܝ ܘܫܬܦܬܐ ܗܘܝܬ ܐܢܐ ܠܝ. ܗܘܝܢ ܡܪܝܐ ܡܪܝ
ܒܒܪܫܘܒ ܒܪ ܢܒܐ ܕܪܘܚܐ ܗܝ ܒܫܬܐ ܘܦܠܦܬܐ ܐܣܘܪܗ
ܘܐܣܪܟܗ ܘܫܬܟܚܗ ܘܐܡܪ ܕܠܐ ܬܠܒܫ ܠܟܝ ܕܬܐܬܝܐ ܢܚܠܟܝ
ܘܠܒܢ̈ܝܟܝ ܘܡܫܘܬܦܟܝ ܒܒܢ̈ܝܗܘܢ ܘܐܝ̈ܬܝܗܘܢ ܕܐܠܗܐ
ܠܫܡܝܢ ܢܟܪ̈ܐ ܗܠܝܢ. ܘܬܘܒ ܡܘܡܝܐ ܠܟܝ ܒܗܘ ܕܝܬܒ ܡܠܝܢ
ܡܠܐܟܐ ܘܡܫܝܚܐ ܕܐܝܟ ܐܢܬ ܠܟܝ ܡܫܡܫܐ ܢܫ̈ܐ ܟܠܗ ܠܝ ܘܢܦܫܝ
ܠܝ ܘܠܐ ܬܬܟܣܐ. ܐܡܪܐ ܠܗ ܟܠܝܬܐ ܠܝ ܒܪ ܠܐ ܝܨܪܬܐ. ܐܢܬ ܠܝ
ܡܫܡܫܐ ܐܢ̈ܫܐ ܬܪܥܣܪ ܕܟܠܒܝܢ ܕܡܟܠܬ ܠܗܘܢ ܘܬܠܬܐ
ܟܠܗܝ ܐܘ ܦܐܝܢ ܒܒܥܬܗ ܠܐ ܟܐܠܝܐ ܠܒܢܬܗ ܘܠܐ ܠܒܢ̈ܘܗܝ
ܡܡܟܝܐ ܟܢܘܢ ܘܕܬܪ̈ܝܢ ܒܬܠܬܐ ܘܕܬܠܬܐ ܟܒܟܠܬܐ
ܘܕܐܪ̈ܒܥܐ ܡܢܝܢ ܠܠܝܬܐ ܘܟܠܝܘܬܐ ܘܐܡܪܐ ܫܘܦܬܐ ܕܦܠܢܝܬܐ
ܗܘܝܢ ܡܪܝܐ ܡܪܝ ܒܒܪܫܘܒ ܒܪ ܢܒܐ ܕܪܘܚܐ ܗܝ ܒܫܬܐ
ܘܦܠܦܬܐ ܐܣܘܪܗ ܘܐܣܪܟܗ ܘܫܬܟܚܗ ܘܐܡܪ ܠܗ ܕܠܐ ܬܠܒܫ
ܠܟܝ ܕܬܐܬܝܐ ܢܚܠܟܝ ܘܠܒܢ̈ܝܟܝ ܘܡܫܘܬܦܟܝ ܒܒܢ̈ܝܗܘܢ ܕܐܠܗܐ
ܢܟܐ ܠܫܡܝܢ ܢܟܪ̈ܐ ܗܠܝܢ ܘܬܘܒ ܡܘܡܝܐ ܠܟܝ ܒܗܘ ܕܝܬܒ ܡܠܝܢ
ܡܠܐܟܐ ܘܡܫܝܚܐ ܕܐܝܟ ܐܢܬ ܠܟܝ ܡܫܡܫܐ ܐܢܫܐ ܟܠܗ ܠܝ ܘܢܦܫܝ
ܠܝ ܘܠܐ ܬܬܟܣܐ ܡܢ ܡܟܢ ܐܡܪܐ ܠܗ ܟܠܝܬܐ ܐܢܐ ܠܝ ܒܪ ܠܐ

ܒܢ̈ܝܐ. ܐܡܪܬ ܠܗ ܫܡܗ̈ܐ ܐܚܪ̈ܢܐ ܬܪܥܣܪ ܕܒܠܒܝܢ ܕܒܠܬ
ܠܗܘܢ ܘܠܐ ܬܬܠܘܢ ܥܠܝܗ، ܠܐ ܒܐܠܝܐ ܠܒܢܝܬܗ ܘܠܐ ܒܡܗܪܝܐ
ܠܐܢܬܬܗ ܘܠܐ ܠܒܢ̈ܘܗܝ ܘܠܐ ܠܒܠܒܘܕܢ ܕܐܝܬ ܠܗ ܘܕܗܘܐ ܠܗ.
ܫܒܩ ܡܪܝܐ ܠܒܗܘܢ ܘܪܢܝܢ ܒܡܠܬܐ ܘܪܬܝܬܐ ܠܡܒܪܝܢܘܗ
ܘܕܐܪܒܥܐ ܡܪܓܠܘܗ ܘܕܫܡܫܐ ܢܡܝܢܘܗ ܘܕܫܬܐ ܣܡܝܢܘܗ
ܘܕܫܒܥܐ ܕܗܘܡܘܗ ܘܕܬܡܢܝܐ ܕܪ̈ܒܢܐ ܘܕܬܫܥܐ ܐܦܝܣܩܘܦ̈ܐ
ܘܕܡܐܪܐ ܦܬܠܐ ܘܕܫܒܥܣܪ ܙܪܘܥܢ ܘܠܠܝܠܘܬܐ ܘܡܠܠܘܬܐ
ܘܐܡܪܐ ܚܘܫܒܬܐ ܕܦܠ̈ܓܐ. ܗܟܢ ܡܪܫܐ ܡܪܝ، ܒܫܡܫܘܥ ܐܡܪ
ܠܗ ܐܡܬܐ ܠܗ ܒܫܡ ܕܦܠܚܝܢ ܢܦ̈ܫܐ ܗܠܝܢ ܒܫܡ ܐܠܗܐ، ܐܠܗ̈ܝܢ
ܘܒܪܐ ܒܪ̈ܘܟܐ ܘܒܫܡ ܐܠܗܐ ܕܐܬܘܗܝ، ܒܝܢ ܒܠܡ ܐܠܦ̈ܝܢ
ܘܒܝܢܝܗܘܢ ܘܦܝܪܗܝܢ ܒܠܗܘܢ ܫܐܕܐ ܠܬܦܠܐ ܘܒܬܪ̈ܘܕܐ ܘܒܫܢ̈ܝܐ
ܒܢ̈ܝܐ ܘܚܘܫ̈ܒܐ ܘܡܠܒܬܢܘܢ ܒܝܢ ܦܠܚܝܢ ܢܦ̈ܫܐ ܗܠܝܢ.

THE ANATHEMA OF MAR EBEDISHU, THE MONK AND HERMIT.

The prayer, request, petition and supplication of Mar Ebedishu, the monk and hermit of God, who was among the dumb beasts on the Friday, which is the Passion (sc. day) of our Lord and Redeemer, at the time when the Evil Spirit, in the likeness of a hateful woman of dark appearance was coming down from the mount of Eden, and she appeared unto him and called him by name, Ebedishu; and he said unto her : « Who art thou? » She replied and said : « I am a woman, and will be your partner. » Thereupon the saintly Mar Ebedishu, as soon as he perceived that she was a wicked and unclean Spirit, bound her and cursed her and tied her up, saying : « You are not empowered to show your might and strength and craft over the men-servants and women-servants of God who carry these formulae. And, furthermore, I conjure thee by Him at whom angels and men tremble, that if thou hast any other names, reveal it to me, and show me, and hide it not. » She said unto him : « I will reveal it unto thee, though I desire it not. I have twelve other names. Whosoever will write them and hang them upon himself, or place them in his house, his house will I not enter, nor (approach) his children. First, Miduch : second, Edilta : third, Mouelta : the fourth they call Lilitha and Malvitha and the Strangling-mother of children (lit. *boys*). » Thereupon the saintly Mar Ebedishu, as soon as he perceived that she was an evil and unclean spirit, bound her and cursed her and tied her up, and said unto her : « You are not empowered to show your might and strength and craft over the servant of the Living God who carries these writs; and, furthermore, I conjure thee by the One at whom angels and men tremble, that if you have any other names, reveal it to me, and show me, and hide nothing from me. » She replied unto him : « I will reveal it unto thee, though I desire it not. I have twelve other names. Whosoever will write them and hang them upon himself, his house will I not enter, nor do harm unto his wife, nor unto his children, nor unto any thing which he hath or will have : my first name (is) Geos : second, Edilta : third, Lambros : fourth, Martlos : fifth, Yamnos : sixth Samyos : seventh, Domos : eighth, Dirba : ninth, Apiton : tenth, Pegogha; eleventh, Zardvech, Lilitha, Malvitha, and the Strangling-mother of children. » Then the saintly Mar Ebedishu said unto her : « I bind you off him who carries these writs in the name of the God of Gods and Lord of Lords, and in the name of the Being who is from everlasting; may there be bound, doomed and expelled all accursed and rebellious demons, and all evil and envious persons, and all calamities from off him who carries these writs! »

ܫܪܟܐ ܕܡܪܝ، ܥܒܕܝܫܘܥ ܣܗܕܐ ܢܨܝܚܐ ܕܢܚܫ ܠܕܫܠܡܘܬܐ ܠܓܘܬܗ
ܘܒܥܘܬܗ ܘܬܟܫܦܬܗ ܘܬܫܒܘܚܬܗ ܕܡܪܝ، ܥܒܕܝܫܘܥ ܣܗܕܐ
ܢܨܝܚܐ ܕܢܗܘܐ ܥܡܟܐ ܘܐܬܟܫܦ ܩܕܡ ܐܠܗܐ ܒܥܕܢܐ ܕܒܥܠܬܗ.
ܘܥܡܟ ܒܥܘܬܗ، ܒܨܠܘܬܐ ܘܐܡܪ ܒܪܢܫܐ ܐܠܗܐ ܫܠܝ̈ܚܬܐ

ܒܥܘܬܐ ܘܬܟܫܦܬܐ ܠܛܝܒܘܬܟ ܗܒܠܝ ܫܐܠܬܐ ܗܕܐ ܕܟܠܢܫ
ܕܢܬܕܟܪ ܫܡܟ ܩܕܝܫܐ ܡܪܢ ܝܫܘܥ ܘܫܡܝ ܕܝܠܝ ܥܒܕܟ
ܓܝܘܪܓܝܣ ܠܐ ܢܗܘܐ ܠܗ ܒܝܫܬܐ ܛܥܝܢ ܟܬܒܐ ܗܠܝܢ ܘܠܐ
ܕܚܠܬܐ ܘܠܐ ܙܘܥܬܐ ܘܠܐ ܬܗܡܘܬܐ ܘܠܐ ܚܙܘܐ ܒܝܫܐ ܘܠܐ
ܥܝܢܐ ܒܝܫܬܐ ܘܚܣܡܬܐ ܘܐܥܒܪ ܡܢܗ ܟܐܒܐ ܘܟܘܪܗܢܐ
ܘܕܚܠܬܐ ܘܙܘܥܬܐ ܘܗܠܝܢ ܚܙܘܐ ܕܗܘܝܢ ܒܠܠܝܐ ܘܒܐܝܡܡܐ
ܘܟܠ ܕܟܬܒ ܘܬܠܐ ܥܠܘܗܝ ܫܡܟ ܩܕܝܫܐ ܡܪܢ ܝܫܘܥ ܡܫܝܚܐ
ܘܫܡܝ ܕܝܠܝ ܥܒܕܟ ܓܝܘܪܓܝܣ ܠܐ ܢܗܘܐ ܠܗ ܕܚܠܬܐ ܘܙܘܥܬܐ
ܘܠܐ ܣܘܪܕܐ ܘܠܐ ܬܗܡܘܬܐ ܘܠܐ ܚܙܘܐ ܕܫܢܬܐ ܡܫܢܝܐ ܘܠܐ
ܕܩܘܠܬܐ ܡܫܢܝܬܐ ܘܠܐ ܥܝܢܐ ܒܝܫܬܐ ܘܚܣܡܬܐ ܐܠܐ
ܐܥܒܪ ܡܢܗ ܘܦܪܘܩܝܢ ܠܗܘܢ ܠܟܐܒܐ ܘܟܘܪܗܢܐ
ܘܠܡܫܡܘܥܐ ܡܢܗ ܕܛܥܝܢ ܟܬܒܐ ܗܠܝܢ ܘܝܗܒ ܠܗ ܫܐܠܬܗ
ܫܦܝܪܬܐ ܡܢ ܩܕܡ ܚܝܠܐ ܕܡܠܟܘܬܐ ܕܠܥܠܡ ܘܬܫܒܘܚܬܐ
ܕܬܗܘܐ ܡܫܒܚܬܐ ܕܝܠܝ ܓܝܘܪܓܝܣ ܣܗܕܐ ܢܨܝܚܐ ܘܡܬܒܪܟ
ܫܡܗ ܠܐܒܐ ܘܠܒܪܐ ܘܠܪܘܚܐ ܩܕܝܫܐ ܘܐܡܪܢ ܗܫܐ
ܘܒܟܠܙܒܢ ܘܠܥܠܡ ܥܠܡܝܢ ܐܡܝܢ:

THE ANATHEMA OF MAR GEORGE, THE GLORIOUS MARTYR,

WHICH IS OF AVAIL AGAINST FEAR.

The prayer, request, petition and supplication of Mar George, the glorious martyr, which he prayed, requested and petitioned before God at the time of his martyrdom. He put his knees in (the attitude of) prayer, and said : «O Lord, God of hosts, I request and petition thy grace, grant me this demand, that every one who shall make mention of thy Holy Name, Lord Jesus, and of my name, thy servant George, no harm shall happen unto him carrying these writs, nor fear, nor trembling, nor surprise, nor evil visions, nor the evil and envious eye. Remove from him pains and sicknesses, fear and trembling, and those visions which come by night and by day; and every one who writes and hangs upon himself thy Holy Name,

Lord Jesus-Christ, and my name, thy servant George, may there be unto him neither fear nor trembling, nor anxiety, nor surprise, nor visions of hard dreams, nor dark phantoms, nor the evil and envious eye : but let there be bound, doomed, and expelled all pains and sicknesses and calamities from off him who carries these writs, and grant him his goodly requests from out of the treasure-house of thy Compassion, by the prayers of those on high and the supplication of those below, and by the anathema of Mar George, the glorious martyr, and Mar Simon Peter, and Mar Babi and Mar Cyprian, and Mar Sassan, and of all the martyrs and saints of our Lord, for ever and ever, Amen! »

ܚܛܝܪܐ ܕܩܢܝܢܐ. ܫܒܥܐ ܐܚܝܢ ܠܝܛܐ ܒܢܝ ܠܝܛܐ ܚܒܘܠܐ
ܒܢܘܗܝ ܕܓܒܪܐ ܚܒܘܠܐ ܠܡܢܐ ܥܒܩܝܢ ܐܢܬܘܢ ܥܠ ܒܘܪ̈ܟܝܟܘܢ
ܘܐܙܠܝܢ ܐܢܬܘܢ ܥܠ ܐܝ̈ܕܝܟܘܢ. ܘܐܡܪܝܢ ܠܗ ܐܙܠܝܢ ܥܠ ܐܝ̈ܕܝܢ
ܕܢܐܟܘܠ ܒܣܪܐ ܘܥܒܩܝܢ ܥܠ ܐܝ̈ܕܝܢ ܕܢܫܬܐ ܠܕܡܐ ܘܡܢ ܕܢܫܬ
ܚܠܒܬ ܐܢܘܢ. ܡܢ ܕܠܡܐܟܠ ܘܐܣܝܪܬ ܐܢܘܢ. ܘܝܠܕܬ ܐܢܘܢ.
ܒܫܡ ܐܒܐ ܘܒܪܐ ܘܪܘܚܐ ܕܩܘܕܫܐ ܕܠܐ ܬܐܬܘܢ
ܠܐܘܪܚܟܘܢ ܘܠܐ ܬܗܠܟܘܢ ܒܐܘܪܚܬܟܘܢ ܘܫܒܝ̈ܠܝܟܘܢ ܒܫܡܗ ܕ
ܡܪܝܐ ܘܫܡܥܘܢ ܘܦܘܠܘܣ ܕܫܠܝ̈ܚܐ ܘܟܬ̈ܒܐ ܕܡܘܫܐ. ܕܠܐ
ܬܬܩܪܒܘܢ ܠܒܥܝܪܗ ܘܠܐ ܠܬܘܪ̈ܘܗܝ ܕܦܠܢ ܐܣܝܪܝܢ ܠܟܘܢ
ܒܫܡ ܓܒܪܝܐܝܠ ܘܡܝܟܐܝܠ ܐܣܝܪܝܢ ܠܟܘܢ ܒܗܘ ܕܡܠܐܟܐ
ܕܐܡܪ. ܐܝܬܝܗ ܕܗܘܦܐ ܪܘܚ ܒܡܠܟܘܬܗ ܒܫܒܒܐ ܘܕܢܚܐ
ܐܠܐ ܢܬܛܠܩܘܢ. ܐܝܟ ܬܢܢܐ ܡܢ ܩܕܡ ܥܠܥܠܐ ܠܥܠܡ ܥܠܡܝܢ
ܐܡܝܢ.

[FOR] THE FOLD OF CATTLE.

« Seven accursed brothers, accursed sons! destructive ones, sons of men of destruction! Why do you creep along on your knees and move upon your hands? » And they replied : « We go on our hands, so that we may eat flesh, and we crawl along upon our hands, so that we may drink blood.» As soon as I saw it, I prevented them from devouring, and I cursed and bound them in the name of the Father, the Son and the Holy Ghost, saying : «May you not proceed on your way, nor finish your journey, and may God break your teeth, and cut the veins of your neck and the sinews there of, that you approach not the sheep nor the oxen of the person who carries [sc. *these writs*]! I bind you in the name of Gabriel and Michael. I bind you by that angel who judged the woman that combed (the hair of) her head on the eve of Holy Sunday. May they vanish as smoke from before the wind for ever and ever, Amen!

II. FROM CODEX *B*.

ܕܚܪܡ ܫܘ̈ܠܛܢܐ ܒܫܡ ܐܒܐ ܘܒܪܐ ܘܪܘ : ܕܩܘ : ܐܣܪܐ
ܪ̈ܚܡܐ ܘܒܪܬܚܫܐ ܦܝ ܡܒܪܐ ܡܢ ܡܪܥܐ ܒܚܫܐ ܒܡܬܠܬܗ
ܘܒܦܘܩܕܢܗ ܕܡܪܝܫܘܒܒܚܫܢܐ ܗܘ ܕܗܘܫܥ ܠܡܠܐ̈ܟܐ ܡܢ
ܠܫ̈ܐܕܘܗܝ ܘܠܫ̈ܝܕܐ ܘܠܕ̈ܝܘܐ ܘܠܫ̈ܠܝܛܢܐ ܘܠܡܚܒ̈ܠܢܐ ܡܢ
ܒܦ̈ܘܩܕܢܘܗܝ ܒܫܡܗ ܚܝܠܐ ܕܗܘܐ ܥܡ ܝܫܘܥ ܒܐܪܥܐ
ܕܐܪܟܝ ܢܘܚܡ ܫܡܥܘܢ ܕܟܐ : ܢܗ : ܗ : ܚܪܡ ܬܠܬܐ ܐܠܗܐ ܘܫܠܝܛܢܐ
ܐܝܟ ܫܡܫܐ ܒܫܡܝܐ ܢܗܘܐ ܘܐܝܟ ܣܗܪܐ ܒܠܠܝܬܐ ܕܐܠܘܠ
ܘܐܝܟ ܦܪܕܣܐ ܒܐܕܢ ܠܝܠܝܐ ܒܢܝܠܘܬܐ ܕܒܐܢܐ ܘܕܪܡܐ
ܐܣܪܐ ܠܫܐܕܘܗܝ ܕܒܫܡܐ ܘܪܘܚܐ ܘܡܠܐܟܐ ܘܦܠܓܘܬܐ
ܘܕܝܘܐ ܘܪ̈ܘܚܐ ܡܢ ܦ : ܢܗ : ܗ : ܒܒܪܬܐ ܡܢ ܢܦܫܗ ܘܡܢܒܐܠ
ܡܢ ܗܕܡܘܗܝ ܐܣܪܗ : ܐܠܗܝ ܐܒܘܢ ܠܟܠ ܡܢ ܪܫܗ ܘܥܕܡܐ ܡܢ
ܡܕܡܘܗܝ ܘܗܕ̈ܡܐ ܡܢ ܒܗܬܗ ܘܠܐ ܢܬܠ ܡܢ ܒܪܢܫܐ ܒܫܡܐ
ܒܫܠܗ ܐܪܒܥ ܢܐܬܘܢ ܒܠܗܘܢ ܪ̈ܚܡܐ ܘܚܝܠܐ ܘܢܘܪܗܘܢ ܡܢ
ܡܪܒܥܐ(?) ܘܡܫܬܒܘܢ ܡܢ ܪܘܚܐ ܘܐܝܠܝܢ ܕܚܫܐ ܒܚܝܠܗ
ܘܡܫܬܐ ܒܡܫܒܠܗ ܘܢܬܬܪܝܡ ܪܫܗ ܚܪܡ ܬܠܬܐ ܘܫܠܝܛܢܐ
ܘܐܒܗ̈ܬܐ ܘܕܢܝܐ ܘܫܠܝܛܢܐ ܘܢܬܠܛܠ ܒܠܗܘܢ ܐܝܟ ܕܝܗܒ
ܫܦܪܗ ܕܒܫܡܐ ܒܒܢܝ ܗܦܟܠ ܗܠܝܢܐ ܢܘܚܡ ܫܦܪܗ ܕܐ : ܢܗ :
ܚܪܡ ܬܠܬܐ ܘܫܠܝܛܢܐ ܘܡܕܒܪܢܐ ܘܪܘܚܢܐ ܐܝܟ ܐܠܗܐ

ܕܦܓܪܗܘܢ ܗܘܝܢ ܢܦܫܗ ܗܕܐ ܢܗܘܘܢ ܠܗ ܠܒܠܬܐ ܘܗܝܡܢܘܬܐ
ܘܐܪܥܐ ܒܪܝܐ ܘܪܘܚܢܐ ܘܡܠܐܟܐ ܘܫܠܝܛܢܐ ܡܢ ܠܥ : ܗܘ : ܗ :
ܒܨܠܘܬ ܡܪܬܝ ܡܪܝܡ ܝܠܕܬ ܐܠܗܐ ܐܡܝܢ.

[PRAYER] WHICH IS OF AVAIL BEFORE THE AUTHORITIES.

In the name of the Father, the Son, and the Holy Ghost. I mount the lion and the young dragon. Save us, O Lord, from the man of wickedness by the word and commandment of our Lord Jesus-Christ, who overthrew kings, (depriving them) of their crowns, and chiefs, magistrates, rulers and governors, (depriving them) of their thrones. By that power which was with Joseph in the land of Egypt, may the beauty of the one who beareth these writs shine before kings and rulers, as the sun in the days of Nisan, and as the moon in the nights of Ellul, and as the garden in the hands of the gardener. By the prayers of the just and righteous ones do I bind the tongues of evil men, men of power and violent, judges and chiefs, from off the one who beareth these formulae, Gabriel (being) on his right, and Michael on his left, I Am that I Am, Almighty God, Adonai (being) above his head, the Cherubim in front of him, and the Seraphim behind him : nor will he fear the man of wickedness. In all the earth may compassion and mercy light upon him, and may they favour him with gifts and worship him from afar : may he hold the sword in his right hand, and the bow in his left, so that his head may be exalted before kings, rulers, prefects, judges and chiefs, and he may rule over him. As the beauty of Moses shone upon the children of Israel, so may the beauty of him who carrieth (these) writs shine forth before kings, rulers, commanders, and chiefs. As the crown of Pharoah before Joseph, so may there bow down to him the rich and the poor, the base and the wicked ones, the men of power and force, [they departing] from him who beareth these amulets, through the prayer of my Lady, the blessed Mary, Amen!

ܚܪܡܐ ܕܫܠܝܡܘܢ ܡܠܟܐ ܕܡܫܚ ܠܒܪܘܡܐ ܕܚܨܗ ܒܫܡ ܐܒܐ
ܘܒܪܐ ܘܪܘ: ܕܩܘ: ܘܒܫܡ ܐܗܝܗ ܐܫܪܗܝܗ ܐܠܫܕܝ ܐܕܘܢܝ
ܡܪܝܐ ܨܒܐܘܬ ܡܠܟܐ ܫܠܝܡܘܢ ܒܢܐ ܒܝܬܐ ܠܫܡܗ ܕܡܪܝܐ
ܘܪܘܚܩܘ: ܟܐܦܐ ܡܫܠܡܐ ܠܗ ܟܦ ܫܠܝܡܘܢ ܕܢܫܩܘܠ ܟܐܦܐ
ܘܒܙܩ ܒܪܘܡܐ ܚܨܗ ܘܦܩܥܬ ܚܨܝܗ ܘܐܪܝܡ ܒܩܠܐ ܡܪܝܪܐ
ܘܐܡܪ ܡܪܢ ܠܬܠܡܝܕܘ̈ܗܝ: ܡܢܘ ܩܠܐ ܕܓܥܬܐ ܗܕܐ
ܐܡܪܝܢ ܠܗ ܠܫܠܝܡܘܢ ܒܪ ܕܘܝܕ ܒܢܐ ܒܝܬܐ ܕܚܠܐ ܡܒܪܟܐ
ܐܡܝܢ.

THE ANATHEMA OF KING SOLOMON,

WHICH IS OF AVAIL FOR AN INJURY (?) TO THE BACK.

In the name of the Father, the Son, and the Holy Ghost; and in the name of I Am that I Am, Almighty God, Adonai, Lord of Hosts. King Solomon was building the House to the name of the Lord, and the Holy Spirit was handing him the stone : Solomon stooped to take hold of the stone, he hurt (?) his back, his loin ruptured, and he gave forth a bitter cry. Whereupon our Lord said unto his disciples : « What voice of crying is this? » And they replied unto him : « It is that of Solomon, the son of David, who hath builded the terrific, blessed House, Amen! »

ܚܪܡܐ ܕܡܪܝ ܬܐܘܕܘܣܝܘܣ ܕܡܫܚ ܠܪܘܚܐ ܕܒܢܬ ܫܡܝܐ ܒܫܡ
ܐܒܐ ܘܒܪܐ ܘܪܘ: ܕܩܘ: ܒܬܘܠܘܬܗ ܘܒܥܘܬܗ ܘܬܟܫܦܬܗ ܘܬܫܡܫܬܗ
ܕܡܪܝ ܬܐܘܕܘܣܝܘܣ (!) ܩܕܝܫܐ ܢܟܦܐ ܗܘ ܕܚܒܝܒ ܗܘܐ ܠܡܪܝܐ
ܐܪܒܥܝܢ ܫܢܝܢ ܐܣܛܪܛܝܘܛܐ ܐܝܟ ܠܝܗ ܘܡܪܝܐ ܪܕܐ ܗܘܐ ܒܛܘܪܐ
ܘܟܠ ܘܐܡܪ ܡܪܝܐ ܐܠܗܐ ܫܠܝܛܐ ܒܟܠܐ ܡܢܝ ܘܡܬܟܫܦܢܐ
ܠܡܫܡܬܟ ܘܐܫܬܠܛܘܗܝ ܒܡܘܬܐ ܕܢܟܠܐ (?) ܦܓܪܗ ܘܦܠܓܗ

ܘܓܒܪܝܠ ܪܫ ܡܠܐܟܐ ܡܛܠ ܪܘܚܐ ܒܝܫܬܐ ܕܒܪܬ ܣܗܪܐ
ܐܣܪܢܐ ܠܟܘܢ ܡܢ ܬܠܬܡܐܐ ܘܫܬܝܢ ܘܫܬܐ ܗܕܡܐ ܕܠܗ : ܢܗ̈ :
ܗ : ܐܣܝܪܬܝ ܠܝ ܐܘ ܪܘܚܐ ܒܝܫܬܐ ܕܒܪܬ ܣܗܪܐ ܘܠܐ
ܫܠܝܛܠܟܝ ܠܡܥܡܪ ܒܦܓܪܗ ܘܒܢܦܫܗ ܕܠܗ : ܢܗ : ܗ : ܐܠܐ
ܕܬܦܩܝܢ ܡܢ ܓܪ̈ܡܐ ܘܡܢ ܓܝ̈ܕܐ ܘܡܢ ܒܣܪܐ ܘܡܢ ܡܫܟܐ
ܘܡܢ ܡܣܥܪܬܐ ܠܐܪܥܐ ܘܡܢ ܐܪܥܐ ܠܦܪܙܠܐ ܘܡܢ ܦܪܙܠܐ
ܠܟܐܦܐ ܘܡܢ ܟܐܦܐ ܠܛܘܪܐ ܘܟܬܝܒܬܐ ܚܬܝܡܬܐ ܗܘܐ
ܐܡܝܢ ܘܐܡܝܢ .

THE ANATHEMA OF MAR THOMAS,

WHICH IS OF AVAIL FOR THE SPIRIT OF LUNACY.

In the name of the Father, the Son and the Holy Ghost. The prayer, request, petition and supplication of Mar George (*sic*), the glorious martyr who lived in the mountain for forty years. He was torn as rags, and blood flowed from them (*i. e.* the rents made in his flesh); and he prayed and said: «O Lord, God of Hosts, I beseech thee and supplicate thy grace, and ask the same request which was common to Peter, Paul, and Gabriel, chief of the angels, on account of the spirit of Lunacy. I bind you away from the three hundred and sixty-six members of the one who carrieth these writs, and you are bound by me, O Evil Spirit of Lunacy, and you have not the power to reside in the body and soul of the one who carrieth these writs, but you will needs go forth from the bones, from the sinews, from the flesh, from the skin, and from the hair unto the ground, and from the ground (passing on) to iron, and from iron to stone, and from stone (you will pass on) to the mountain. This writing must be sealed, Amen! Amen!»

ܕܪܘܚܐ ܕܠܒܐ ܒܪܝ ܟܠ ܕܟܫܝܚܐ ܘܡܩܒܠܗ ܕܢܫܬܐ ܒܫܡ ܐܒܐ
ܘܒܪܐ ܘܪܘ : ܕܩܘ : ܕܟܝ ܘܬܠܒܫܘܗܝ ܒܐܘܪܚܐ ܐܢܠܝܢ ܗܘܘ
ܘܫܒܩܘ ܗܘܘ ܟܠܐ ܕܡܟܝܣܬܐ ܘܐܡܒܪ ܒܪ ܕܟܘ ܟܠܐ ܗܘܐ

ܐܡܪܝܢ ܠܗ ܕܛ : ܒܫ : ܗ : ܕܐܚܝܕܐ ܠܗ ܪܘܚܐ ܒܠܒܗ
ܘܒܟܠܗܘܢ ܗܕܡܘܗܝ، ܐܢܐ ܐܡܪܬ ܕܒܟܐ ܡܢ ܦܘܡܐ ܘܒܪܐ
ܕܢܦܠ ܡܢ ܐܡܗ ܙܠܘ ܠܦܪܕܝܣܗ ܕܡܪܢ ܘܦܣܘܩܘ ܬܠܬܐ ܫܒܘܛܝܢ
ܚܕ ܒܫܡܗ ܕܡܪܢ ܝܫܘܥ ܡܫܝܚܐ ܘܐܚܪܢܐ ܠܫܡܗ ܕܡܪܬܝ
ܡܪܝܡ ܛܘܒܢܝܬܐ ܘܐܚܪܢܐ ܠܫܡܗ ܕܓܒܪܝܐܝܠ ܪܫ ܡܠܐܟܐ
ܘܡܚܝܘ ܠܪܘܚܐ ܕܠܒܗ ܕܛ : ܒܫ : ܗ : ܒܨܠܘܬܗ ܕܡܪܝ ܐܘܓܝܢ
ܛܘܒܢܐ ܐܡܝܢ .

FOR THE CRAMP AT THE HEART.

Say the benediction over butter, and give him to drink (of it).

In the name of the Father, the Son, and the Holy Ghost. Our Lord and his disciples were walking on the way, and they heard the sound of an exclamation, and our Lord said: « What sound is this? » They answered him : « It is that of one bearing these writs having been seized with a cramp at the heart and in all his members. » I have said in the case of teeth (which have fallen) from the mouth, and in the case of a child fallen from its mother : « Go to the garden of our Lord, and cut three branches : one in the name of our Lord Jesus-Christ, the second in the name of our Lady, the blessed Mary, and the other in the name of Gabriel, chief of the angels, [do so now] and smite the cramp at the heart of the one who carries these writs, by the prayer of the blessed Mar Eugenius, Amen! »

ܐܦܪܐ ܕܢܓܕܐ ܒܫܡܐ ܒܫܡ ܐܒܐ ܘܒܪܐ ܘܪܘܚ : ܕܩܘܕܫܐ
ܐܚܝ ܡܫܝܚܐ ܒܒܝܬܗ ܕܐܠܗܐ ܪܒܐ ܗܘܐ ܒܢ̈ܐ ܒܫܬ ܫܒܒܐ
ܠܦܘܪܐ ܘܦܠܓ ܒܗ ܬܠܬܐ ܦܪ̈ܘܦܘ ܒܢ̈ܝܐ ܚܕ ܒܫܪܝܐ ܒܫܡܐ
ܕܐܒܐ ܒܫܡܐ ܘܐܚܪܢܐ ܒܫܡܐ ܒܫܡ ܐܒܐ ܐܫܪܝ ܠܗ ܒܫܪܝܐ
ܒܫܡܐ ܒܫܡ ܒܪܐ ܐܫܪܝ ܠܗ ܕܐܒܐ ܒܫܡܐ ܒܫܡ ܪܘܚܐ ܕܩܘܕܫܐ :
ܐܫܪܝ ܠܗ ܐܪܥܐ ܒܫܡܐ ܕܠܐ ܢܬܦܪܢܣܘܢ ܠܦܓܪܗ ܘܠܐ ܠܢܦܫܗ
ܕܛ : ܒܫ : ܗ : ܒܨܠܘܬܗ ܕܡܪܝ ܒܬܘܠܬܐ ܐܡܝܢ .

BINDING THE EVIL APPARITION.

In the name of the Father, the Son, and the Holy Ghost. My brother Moses, the servant of God, was tending the sheep between seven mountains, and there met him three evil forms: one was an evil man, (the other) an evil wolf, and (the third) an evil lion. In the name of the Father, may the evil man be bound by me; in the name of the Son, may the evil wolf be bound by me; in the name of the Holy Ghost, may the evil lion be bound by me : so that they may not approach the person, nor the house of him who beareth these writs, through the prayer of the Virgin Mary, Amen!

ܐܣܪܐ ܕܡܠܐܟܐ ܒܝܫܐ ܕܢܚܫ ܠܒܝܫܐ ܒܫܡܬܐ ܒܫܡ ܐܒܐ
ܘܒܪܐ ܘܪܘ : ܕܩܘܕ : ܒܫܡܐ ܒܫܡܬܐ ܢܦܩܬ ܡܢ ܒܝܬܐ ܕܦܪܙܠܐ
ܘܦܓܥܗ ܓܒܪܐܝܠ ܡܠܐܟܐ ܐܡܪ ܠܗ ܠܐܝܟܐ ܐܙܠܐ ܐܢܬܝ
ܒܪܬ ܐܡܪܝܐ ܐܡܪܐ ܠܗ ܐܙܠܢܐ ܠܡܚܒܠܘ ܒܢܝ̈ܐ ܘܒܢ̈ܬܐ
ܘܦܠܓܐ ܘܦܠܓܘܬܐ ܢܦܫܬܐ ܕܡܚܝܪܐ ܘܦܪܚܬܐ ܕܫܡܝܐ ܐܡܪ
ܠܗ ܓܒܪܐܝܠ ܠܐ ܬܠܟܝ ܠܦܪܕܘܣܐ ܘܠܐ ܬܣܒܝ ܠܐܠܗܐ ܪܒܐ
ܗܘ ܕܐܠܦ ܐܠܦܝܢ ܪܒܘ ܪ̈ܒܘܢ ܕܡܠܐܟ̈ܐ ܩܕܡܝܢ ܠܗ ܘܡܫܡܫܝܢ
ܠܗ ܒܫܡܗ ܐܣܪܬܟܝ ܠܟܝ ܘܐܣܪܐ ܠܟܝ ܐܘ ܒܝܫܬܐ ܒܫܝܫܬܐ
ܘܫܡܫܬܐ ܘܒܝܫܐ ܕܫܡܝܐ ܫܡܝ̈ܐ ܒܢ̈ܫܐ ܘܠܐ ܫܠܝܛܝܢ
ܠܡܬܩܪܒܘ ܠܦܓܪܗ ܘܠܐ ܠܢܦܫܗ ܘܠܐ ܠܪܘܚܗ ܘܠܐ ܠܡܪ̈ܬܐ
ܕܓܒܪܗ : ܘܠܐ ܠܬܠܬܡܐܐ ܘܫܬܝܢ ܘܫܬܐ ܗܕܡ̈ܐ ܕܐܝܬ
ܒܦܓܪܗ ܕܦ : ܢ̈ : ܗ : ܒܝܕ ܨܠܘܬ ܡܪܬܝ ܡܪܝܡ ܒܬܘܠܬܐ
ܘܕܟܪܝ ܢܘܚ ܡܫܒܚܐ ܐܡܝܢ.

THE ANATHEMA OF THE ANGEL GABRIEL, WHICH IS OF AVAIL FOR THE EVIL EYE.

In the name of the Father, the Son, and the Holy Ghost. The Evil Eye went forth from the stone of the rock, and the angel

Gabriel met her. He said unto her : «Whither goest thou, O daughter of destruction?» She replied unto him : «I am going to destroy men and women, boys and girls, the souls of cattle and the fowl of heaven.» The angel Gabriel said unto her : «Hast thou not been to Paradise and seen the Great God, the One who is surrounded by thousands upon thousands, and myriads upon myriads of angels who sanctify him? By His Name thou art bound by me, and I bind thee, O Evil and Envious Eye, and Eye of seven evil neighbours! It is not within thy power to approach either the body or the soul, the spirit, or the connexions of the sinews, or the 366 members which are in the frame of the one who carries these formulae, through the prayer of my Lady, the blessed Mary, and of Mar John the Baptist, Amen!»

ܕܪܥܝܘܬܐ ܕܒܝܬܐ ܒܫܡ ܐܒܐ ܘܒܪܐ ܘܪܘ : ܕܩܘ : ܡܫܝܚܐ
ܫܠܡܐ ܕܥܠܝ̈ܐ ܘܢܝܚܐ ܪܒܐ ܕܬܚܬ̈ܝܐ ܐܫܪܐ ܡܪܝ ܫܝܢܟ ܒܝܬ
ܒܝܬܐ ܗܢܐ ܕܣܓ̈ܕܝܢ ܠܟ ܢܗܘܘܢ ܒܫܝܢܐ ܘܐܘܝܘܬܐ ܚܕ ܥܡ ܢ̈ܕܪܐ
ܐܝܟ ܣܘܪܛܐ ܕܐܪܥܐ ܠܐܟܪܐ ܘܐܝܟ ܥܒܕܐ ܠܡܪܗ ܘܐܝܟ
ܐܡܬܐ ܠܡܪܬܗ ܗܟܢܐ ܢܫܬܥܒܕܘܢ ܒܢ̈ܝ ܒܝܬܗ ܕܠܗ : ܢܗ : ܗ̈ : ܗ :
ܒܨܠܘܬ ܟܠܗܘܢ ܩܕܝ̈ܫܘܗܝ ܘܣܗܕ̈ܘܗܝ : ܕܡܪܢ ܐܡܝܢ .

FOR RECONCILIATION IN THE HOUSEHOLD.

In the name of the Father, the Son and the Holy Ghost. Christ, the Peace of those above and the great Rest of those below, O my Lord, suffer thy peace to dwell among this household of those who worship thee! May they be in peace and harmony with each other! As the line in the soil is to the husbandman, as the servant is to the master, and as the maid is to the mistress, so may the members of the household of the one who bears these writs be rendered subservient, through the prayer of all martyrs and saints of our Lord, Amen!

ܠܓܒܪܐ ܕܐܙܠ ܒܠܠܝܐ ܒܐܘܪܚܐ ܠܐ ܢܕܚܠ ܒܫܡ ܐܒܐ ܘܒܪܐ
ܘܪܘ: ܕܩܘܕܫܐ ܐܠܗܐ ܕܐܒܪܗܡ ܘܕܐܝܣܚܩ ܘܕܐܝܣܪܐܝܠ ܐܠܗܐ
ܕܐܒܗ̈ܬܢ ܟܐܢܐ ܘܙܕܝ̈ܩܐ ܐܠܗܐ ܐܒܘܗܝ ܕܡܪܢ ܝܫܘܥ ܡܫܝܚ:
ܒܥܝܢ ܡܢܟ ܘܡܬܟܫܦܝܢ ܠܪܒܘܬܟ ܒܫܥܬܐ ܕܢܦܩ ܦܠ: ܒܗ̈:
ܗ: ܒܐܘܪܚܐ ܢܛܘܪܝܗܝ ܒܛܠܠܬܟ ܟܕ ܢܛܪ ܐܢܬ ܠܦܓܪܗ
ܘܠܢܦܫܗ ܡܢ ܒܠܚܫ̈ܝܢ ܘܡܦܨܐ ܐܢܬ ܠܗ ܡܢ ܟܠ ܡܣܩ̈ܒܠܝܢ
ܐܝܟܢܐ ܕܗܘܝܬ ܥܡ ܝܘܣܦ ܒܐܪܥܐ ܕܡܨܪܝܢ ܘܥܡ ܕܢܝܐܝܠ
ܒܓܘܒܐ ܕܐܪ̈ܝܘܬܐ ܘܥܡ ܕܒܝܬ ܚܢܢܝܐ ܒܐܬܘܢܐ ܕܢܘܪܐ
ܘܠܐܪܡܝܐ ܒܓܘܒܐ ܕܣܝܢܐ ܘܐܦ ܥܡ ܥܒܕܟ ܗܢܐ ܦܠ: ܒܗ̈: ܗ:
ܘܥܡܗ ܐܢܬ ܒܟܠܗ ܢܦܩܬܐ ܕܐܘܪܚܐ ܗܕܐ ܕܒܗ̇ ܢܦܩ ܘܢܣܒܐ
ܫܘܒܠܝܐ ܫܦܝܪܐ ܒܗ ܡܫܒܚ ܐܢܬ ܠܗ ܡܣܥܘܪܐ ܘܦܪܘܩܐ
ܗܒ ܠܗ ܐܦ̈ܐ ܢܗܝܪ̈ܬܐ ܠܘܬ ܟܠܢܫ ܘܠܐܬܪܐ ܕܠܗ ܐܙܠ
ܐܗܦܟܝܗܝ ܡܪܝ ܟܕ ܡܛܠܐ ܦܘܫܐ ܘܡܣܬܦܪܢܘܬܐ ܘܠܫܝܢܗ
ܬܫܒܘ: ܟܕ ܒܫܝܢܘܬܐ ܘܒܪܘܪܐ ܢܗܦܘܟ ܠܒܝܬܗ ܘܢܣܒ ܠܟ
ܬܫܒܘ: ܘܐܝܩܪܐ ܘܬܘܕܝܬܐ ܘܣܓܕܬܐ ܠܫܡܟ ܡܫܒܚܐ
ܒܨܠܘܬܐ ܕܣܗ̈ܕܘܗܝ ܘܩܕܝ̈ܫܘܗܝ ܕܒܠܗܘܢ ܐܡܝܢ.

FOR A MAN GOING BY NIGHT ON THE WAY,

SO THAT HE NEED NOT BE AFRAID.

In the name of the Father, the Son, and the Holy Ghost. O God of Abraham, Isaac, and Israel! O God of our fathers, just and righteous ones! O God, Father of our Lord Jesus-Christ, we beseech thee and supplicate thy Greatness for the hour in which the one bearing these charms sets out on the way. May thy care accompany him, thou preserving his body and soul from all dangers, and delivering him from all obstacles. As thou wast with Joseph in the land of Egypt, and with Daniel in the lions' den, and with those of the house of Hananiah in the fiery furnace, and with Jeremiah in the pit of mire, so be thou with this thy servant who bears these writs! Lighten off from him the tedium of the journey on which he sets out and is taking; cause him to abound with a good result, being (his) support and redeemer. Grant him a winning countenance in the sight of all men; and as regards the land whither he is going, suffer him, o my Lord, to return with his mouth full of thanksgiving, and his tongue full of praise : so that he may return to his house in joy and gladness, and send up to thee praise and glory, and to thy glorious Name thanksgiving and adoration, (O thou who art) the Protector of his servants, and the Helper of those who fear Him, Amen!

ܕܕܡܐ ܕܐܬܐ ܒܢܚܝܪ̈ܐ ܙܟܪܝܐ ܐܬܢܟܣ ܘܡܬܟܠܝܐ ܡܥܝܢܐ ܕܡ̈ܝܐ
ܐܬܟܠܝܘ ܗܟܢܐ ܢܬܟܠܐ ܕܡܗ ܕܦ: ܒ: ܕܦ: ܐܡܝܢ ܟܬܘܒ
ܡܢ ܕܡܗ ܒܦܬܗ ܒܫܒܠܬܐ ܕܚܛܬܐ

FOR BLOOD COMING FROM THE NOSTRIL.

Zachariah had his throat cut, and the fountain of waters was stopped. So may the blood of A., the son of B., be stopped, Amen!

Write with the blood of him (whose nose is bleeding) on his forehead with a stalk of wheat.

ܕܛܠܝ̈ܐ ܕܠܐ ܢܒܟܘܢ ܒܫܡ ܐܒܐ ܘܒܪܐ ܘܪܘ: ܕܩܘ: ܒܫܡ
ܝܡܠܝܟܐ ܘܡܟܣܡܝܢܘܣ ܘܡܪܛܠܘܣ ܘܣܪܦܝܘܢ ܘܐܢܛܘܢܝܘܣ ܗܠܝܢ
ܫܒܥܐ ܛܠܝ̈ܐ ܕܕܡܟܘ ܫܢܬܐ ܬܠܬܡܐܐ ܘܫܒܥܝܢ ܫܒܥܝܢ ܫܢ̈ܝܢ
ܗܟܢܐ ܬܕܡܟ ܘܬܕܡܟܝܢ ܦ: ܒ: ܕܦ: ܘܬܕܡܟܝܢ ܫܢܬܐ ܕܛܠܝܘܬܐ
ܫܠܡܬܐ ܒܪܥܝܬ ܢܒܢ̈ܝܐ ܘܒܢܝܢܐ ܐܡܝܢ ܘܐܡܝܢ.

FOR BOYS NOT TO CRY.

In the name of the Father, the Son, and the Holy Ghost. In name of Jamlicha, and Maxinos, and Martlos, and Serapion, and Johanis. As those seven brothers who slept the sleep (of) 377 years, so may A., the son of B., be at rest and sleep; yea, may be sleep the sleep of the man of valour, by the prayer of the prophets and apostles. So be it, Amen!

ܐܝܟ ܕܚܒܫܝܢ ܒܗ ܚܪ̈ܫܐ ܝܢܝܣ ܘܝܡܒܪܝܣ ܕܚܒܫܝܢ ܗܘܘ ܚܪ̈ܫܐ
ܘܠܐ ܡܨܝܢ ܗܘܘ ܕܢܩܘܡܘܢ ܠܘܩܒܠ ܡܘܫܐ ܢܒܝܐ ܗܟܢܐ
ܢܫܬܪܘܢ ܚܪ̈ܫܐ ܘܐܣܘܪ̈ܐ ܕܚܪܫܘܬܐ ܡܢ ܦ: ܒ: ܕܦ: ܐܡܝܢ
ܘܐܡܝܢ ܘܐܡܝܢ.

FOR THE MAN UPON WHOM SORCERY WAS PRACTISED.

Jannes and Jambres practised the magical arts, but they were unable to stand against Moses, the prophet.

So may there be annulled divination and the bonds of magic from off A., the son of B. So be it, Amen! Amen!

LES PLÉROPHORIES

DE

JEAN DE MAIOUMA,

PAR

M. F. NAU.

Deux recueils conservés au British Museum portent le nom de *Plérophories*[1], c'est-à-dire : *Témoignages en faveur de la doctrine monophysite.* — Le premier[2], d'un anonyme, est une mosaïque formée de fragments choisis chez les Pères de l'Église les plus célèbres : Grégoire, Cyrille, Basile, Chrysostome. C'est un ouvrage théologique qui peut avoir une certaine valeur technique, mais nous intéresse actuellement aussi peu que les questions théologiques qu'il traite. — Le second[3], qui va seul nous occuper, ne consacre à des subtilités théologiques que deux de ses quatre-vingt-neuf chapitres. Les autres sont remplis par les souvenirs, anecdotes et songes de Pierre l'Ibérien, évêque de Maiouma (ve siècle), et de ses compagnons, les moines monophysites de Palestine.

Pierre l'Ibérien est connu depuis la publication de sa biographie par M. Richard Raabe[4]. C'est le fils d'un roi des Ibères (Géorgie), envoyé comme otage à Constantinople et élevé à la

[1] Πληροφορία, garantie.

[2] Add. ms. n° 12154, fol. 1-17.

[3] Add. ms. n° 14650, fol. 90^a-134^b. Je viens de transcrire tout cet ouvrage et le publie actuellement.

[4] Petrus der Iberer... herausgegeben und uebersetzt von Richard Raabe. Leipzig, 1895, in-8°. Au lieu de l'Ibérien, le texte carchouni de Michel porte ܐܠܟܪܕܝ. Voir aussi sur Pierre : Land, *Anecdota syriaca*, t. III, p. 126 et 128; et J.-B. Chabot; Pierre l'Ibérien; Paris, 1895, in-8°.

cour dans la familiarité de Théodose le jeune et de Pulchérie. Ce fils de roi qui s'enfuit de la cour pour vivre dans l'ascétisme dut avoir un grand prestige aux yeux des moines monophysites. Les Plérophories écrites par son disciple Jean de Maiouma en sont une nouvelle preuve, car elles ne lui consacrent pas moins de trente-deux chapitres, dont la plupart commencent par ces mots: «Le vénérable évêque Pierre, notre père, disait ...». Vient alors une anecdote, ou un songe, ou une prophétie contre quelqu'un des ennemis des monophysites, Nestorius, Marcion, Pulchérie, Juvénal, ou en faveur d'un de leurs partisans : comme Dioscore, Timothée. Aussi, pour caractériser cet ouvrage, je l'appellerais volontiers en empruntant le titre d'un ouvrage célèbre : *Propos de table de Pierre l'Ibérien;* car tels devaient bien être les entretiens de cet ascète monophysite avec ses frères et ses invités [1].

L'intérêt que nous présente ce recueil provient quelquefois du fond et toujours de la forme. Nous y trouvons, en effet, un certain nombre d'anecdotes inédites relatives à des personnages du ve siècle, et nous ne pouvons mettre en doute leur authenticité, vu le soin que prend l'auteur de l'établir. Veut-il nous conter ne serait-ce que le songe d'un moine, il commence par nous faire connaître ce moine, nous dire d'où il vient, comment il l'a connu, et dans quelle circonstance il a entendu son récit. Ce souci de la vérité au commencement du vi^e^ siècle et ces petites biographies font la grande originalité de ce recueil [2].

J'ajoute qu'il a été résumé longuement par Michel le Syrien

[1] Bon nombre de récits proviennent aussi de familiers de Pierre l'Ibérien, comme Zénon, Isaïe, Pélagius d'Édesse, ou de moines qui passèrent quelque temps à Maiouma, où Pierre, sa biographie nous le montre, exerçait une large hospitalité. Voir la biographie du moine Isaïe, chez Land, *Anecdota syriaca*, t. III, p. 346.

[2] On lui pardonnera la prolixité qui semble indispensable aux auteurs syriaques.

dans son histoire ecclésiastique [1]. Ce motif seul en rendrait la publication nécessaire, après celle, toujours attendue, de l'histoire de Michel; d'autant que celui-ci, en bon monophysite résume surtout le fond des récits et omet les détails, les courtes biographies, qui sont bien souvent plus intéressantes pour l'historien.

Enfin le pseudo Denys de Tell-Mahré, dans sa troisième partie non éditée, a transcrit *textuellement*, suivant son habitude, un certain nombre de chapitres, puis, fatigué, a omis les suivants [2].

Voici maintenant quelques détails tirés des Plérophories. Ils serviront à donner une idée du fond de l'ouvrage.

L'auteur, le prêtre Jean, se met quelquefois en scène [chap. XVI, XXI, XXII, XXXVII, LXXXVIII, LXXXIX]. Il est Arabe de naissance, ܘܗܘܐ ܡܢ ܐܪܐܒܝܐ ܒ̈ܢܝ ܛܝܝ̈ܐ ܘܓܢܣܐ, et fut ordonné prêtre à Antioche par le patriarche Pierre [3]. Il nous raconte alors un fait curieux dont il fut témoin et dans lequel il vit la

[1] Oriental ms. n° 4402, fol. 126v-133v. C'est une traduction en carchouni de l'histoire de Michel que M. Budge acheta en Orient.

[2] Cf. Bibl. nat. de Paris, Fonds syriaque n° 284, fol. 48r-54v. Comme cette troisième partie est, nous dit l'auteur, tirée de Jean d'Asie, il serait possible que Jean d'Asie eût déjà transcrit les Plérophories et que Michel les eût trouvées là. De même, le manuscrit de Londres 14650 renferme beaucoup d'extraits de Jean d'Asie publiés par M. Land. Peut-être les Plérophories en sont-elles un autre. Ce n'est toutefois qu'une hypothèse. L'auteur appelé Denys de Tellmahré par Assemani me semble être Josué, stylite de Zouqenin. Quant à l'auteur de la Chronique attribuée jusqu'ici à Josué le Stylite, son nom serait inconnu. Cf. *Bulletin critique*, 25 janvier 1897, et *Revue de l'Orient chrétien*, supplément trimestriel, 1897, p. 47-49.

[3] Le titre porte :

ܦܠܪܘܦܘܪܝܐ ܐܘܟܝܬ ܫܘܕ̈ܥܬܐ ܕܗܘܘ ܡܢ ܐܠܗܐ ܠܘܬ ܩܕ̈ܝܫܐ ..... ܕܡܟܢܫܢ ܠܐܢܫ ܡܢ
ܐ̈ܒܗܘܗܝ ܕܩܕܝܫܐ ܦܛܪܘܣ ܐܚܪܢܐ ܕܡܢܗ ܡܟܢܫܢܐ ܗܘܐ ܕܝܢ ܐܝܟ ܕܐܝܬܘܗܝ ܐܦܝܣܩܘܦܐ. ܐܦܝܣܩܘܦܐ
ܕܡܝܘܡܐ ܕܥܙܐ.

Ainsi Jean aurait été évêque de Maiouma.

prophétie, par un ascète, de la défection de Nouno (ܢܘܢܐ), évêque de Qennesrin :

«Il y avait à Antioche, nous dit-il, un palais impérial, qui ne le cédait pas en grandeur et en beauté à ceux de Rome et de Constantinople. Un homme vint s'établir sous l'une des portes, s'y construisit une petite cabane et y demeura été et hiver, ne parlant à personne, toujours revêtu d'une simple tunique et n'acceptant qu'un peu de pain, des légumes et de l'eau. Jean voulut le voir, n'en obtint aucune parole, mais du moins quelques signes; il en emporta une excellente impression et retournait le voir de temps à autre, pour s'édifier. Or cet homme détestait les Nestoriens.

«A cette époque, il y avait à Qennesrin un évêque nommé Nouno. Ce Nouno était entré dès sa jeunesse au monastère de Abo Aqiba (ܐܒܐ ܥܩܝܒܐ), qui est à côté de la ville, et en était devenu supérieur. Au temps de l'évêque hérétique Martyrius (ܡܪܛܘܪܝܘܣ), il conduisit ses moines à Antioche et rendit de grands services aux monophysites qui, avec son aide, réussirent enfin à expulser leur évêque. En récompense, Pierre, qui était évêque d'Antioche au temps de l'encyclique[1] (476), nomma Nouno évêque de Qennesrin[2].

[1] Sur l'encyclique, cf. Land, *Anecd. syr.*, t. III, livre v, chap. I, II, III.

[2] Chap. LXXXIX :

ܒܗ ܕܝܢ ܒܙܒܢܐ ܐܚܪܢܐ ܗܘܐ ܐܝܬ ܐܦܝܣܩܘܦܐ ܕܩܢܫܪܝܢ ܕܫܡܗ ܗܘܐ ܢܘܢܐ. ܗܘ ܕܝܢ ܡܢ ܛܠܝܘܬܗ ܥܠ
ܗܘܐ ܓܝܪ ܕܝܪܝܐ. ܘܫܠܡ ܡܕܒܪܢܘܬܐ ܗܘܐ. ܒܕܝܪܐ ܩܕܝܫܐ ܕܡܬܩܪܐ ܕܐܒܐ ܥܩܝܒܐ ܕܥܠ
ܓܢܒܗ ܕܡܕܝܢܬܐ ܘܡܕܒܪܢܐ ܘܪܝܫ ܕܝܪܐ ܗܘܐ ܗܘ. ܘܒܙܒܢܗ ܕܡܪܛܘܪܝܘܣ ܗܪܛܝܩܐ
ܘܐܦܝܣܩܘܦܐ: ܗܘ ܕܐܬܐ ܡܢ ܐܢܛܝܘܟܝܐ ܡܛܠ ܗܝܡܢܘܬܐ ܒܟܢܫܐ: ܟܕ ܡܕܒܪ ܕܝܪ̈ܝܐ ܗܘ̈ܘ
ܒܡܕܝܢܬܐ. ܢܨܚܐ ܗܘܐ ܠܗ ܒܥܠܘܗܝ ܐܦܝܣܩܘܦܐ ܕܡܢ ܩܕܝܡ ܐܡܪܢ. ܟܕ ܒܛܝܠܐ ܐܬܬܘܗܝ ܗܘܐ ܩܢܘܢܐ.
ܘܥܡܗ ܐܚܐ ܕܕܝܪܗ ܘܐܦ ܐܘܪܬܕܘܟܣܐ. ܘܟܕ ܗܘܐ ܐܦ ܐܬܪܘܡܡܘ. ܒܙܒܢܐ ܕܐܬܐ ܡܢ ܡܕܝܢܬܐ
ܗܘܬ ܡܪܕܘܬܗ. ܡܢ ܗܝܕܝܢ ܒܟܠ ܕܒܥܝܢ ܗܘܘ ܡܛܠ ܗܕܐ ܘܫܠܡܘܬܐ ܩܕܝܫܘܬܗ
ܗܘ ܕܗܘܐ ܒܙܒܢܐ ܐܦܝܣܩܘܦܐ ܕܐܢܛܝܘܟܝܐ ܒܥܠܝܐ ܕܐܢܛܝܘܟܝܐ. ܒܢܘܗܝ ܐܦܝܣܩܘܦܐ
ܒܩܢܫܪܝܢ. ܘܡܠܟܐ ܕܐܦ ܗܘܐ ܒܗ ܒܗܝ ܫܥܬܐ ܫܠܡܐ ....

« Or Nouno aimait beaucoup Jean et lui demanda de lui faire voir le bienheureux dont il avait entendu parler. Mais dès que le vieillard vit Nouno, il entra en colère et lui souffla au visage; et comme Jean annonçait un évêque orthodoxe, un soutien zélé de la foi monophysite, la colère du vieillard ne fit qu'augmenter, soufflant toujours, étendant les mains en avant et s'oubliant même jusqu'à parler, par monosyllabes il est vrai. Il s'écria : « Celui-là, celui-là ! » — Jean se hâta d'emmener son ami Nouno embarrassé et confus. Il ne sut pas, nous dit-il, ce que signifiait cette scène jusqu'à ce qu'il apprît plus tard que Nouno était devenu hérétique et adhérait à l'impie Calendion.

Quant au vieillard, ajoute Jean, j'appris après mon départ d'Antioche que les Nestoriens le brisèrent de coups et qu'il mourut confesseur de la foi. »

Telle est l'historiette que j'ai voulu résumer ici parce qu'elle nous donne bien une idée du procédé suivi par Jean dans tous ses récits, du soin qu'il met à nous citer ses sources, et de la manière dont il introduit et présente ses personnages.

Quand le patriarche Pierre fut chassé d'Antioche, Jean se rendit en Palestine où il connut les moines illustres comme Pierre l'Ibérien, Isaïe, Zénon; il se fixa enfin à Jérusalem où se trouvaient beaucoup d'orthodoxes [1].

[1] Jean nous raconte que dans une excursion qu'il fit alors, il vit au pied d'une montagne [à gauche de la route qui va de Siloé à la vallée, puis au delà] un monastère inhabité. Il apprit que c'était celui de Juvénal et reconnut, comme l'avait dit Dioscore, que Juvénal était bien l'émule de Judas et en avait hérité la malédiction : « Sa demeure sera déserte et sa tente n'aura plus d'habitants. » (Ps. LXVIII, 26 et *Actes*, I, 20). Voici le passage :

ܗܘܐ ܠܝ ܟܕ ܒܥܐ ܗܘܝܬ ܐܠܐ ܠܐܘܪܫܠܡ ܐܘܪܚܐ ܕܡܫܬܠܚܐ ܡܢ ܫܝܠܘܚܐ ܠܘܬ ܥܘܡܩܐ ܠܓܒܪ ܡܢܗ
ܕܛܘܪܐ ܡܢܗ. ܐܝܬ ܗܘܐ ܕܝܪ ܚܕ ܗܘܐ ܘܐܝܟ ܦܠܓܐ ܡܢ ܥܘܡܩܐ ܕܡܕܢܚܐ. ܦܠܓܐ ܕܪܘܡܬܐ
ܗܘܝ. ܘܟܕ ܚܙܐ ܕܝܪܐ ܕܐܘܪܚܐ ܕܫܡܥܬ. ܫܐܠܬ ܠܐܢܫ ܕܦܠܢܝܐ ܕܐܝܟ. ܘܚܙܐ ܗܢܐ ܕܝܪܐ ܘܡܥܡܪܐ.
ܘܡܫܬܡܗ ܐܬܚܙܝ ܡܥܡܪܐ. ܘܣܥܪܘܗܝ ܡܢ ܒܬܪ ܗܘܢܐ. ܘܣܥܪܘܗܝ ܕܝܢ ܕܐܬܚܙܝ. ܘܗܘܐ ܒܥܘܡܩܐ ܘܡܥܡܪܐ

Le patriarche Pierre, de retour à Antioche, chargea un certain évêque de Titopolis (ville bâtie par Titus) en Isaurie, et un certain Salomon, prêtre d'Antioche, ami et camarade de Jean, de lui ramener celui-ci à Antioche. Il lui demandait seulement de venir pour qu'il le vît encore, et lui promettait de ne lui imposer aucune profession de foi et de le laisser en paix. Jean, perplexe, écrivit à Pierre l'Ibérien, et en reçut une lettre qu'il cite et qui est peut-être le seul écrit qui nous reste de Pierre. Il conseillait à Jean de ne pas quitter la Palestine[1], de crainte de perdre la foi, mais lui disait en somme d'agir selon ses forces[2]. — Jean, sollicité surtout par sa famille d'Arabie,

[illegible] (Chap. xvi)

[1] Pierre demeurait alors près d'Ascalon. Or on trouve dans la vie de Pierre l'Ibérien qu'au temps où il demeurait dans un village nommé [illegible], à dix stades d'Ascalon, il décida à quitter le monde, en particulier :

[illegible]

Ce Jean, comme le remarque M. Raabe lui-même, peut difficilement être identifié avec Jean le Canopite, diacre, « qui était moine depuis son enfance ». Ne pourrait-il être question de notre Jean, qui jusque-là était prêtre séculier, et semble être entré aussitôt après dans le monastère de Pierre? (Cf. R. Raabe, *Petrus der Iberer*, p. 77-78).

[2] Voici le texte de cet intéressant chapitre :

[illegible]

dont les préoccupations étaient toutes matérielles, allait retourner à Antioche quand les deux messagers du patriarche furent saisis d'une fièvre tierce très violente, et l'évêque lui révéla qu'il avait trahi par ambition la foi monophysite et qu'il lui en arriverait autant s'il quittait Jérusalem.

[illegible]

[a] Tout le chapitre précédent est consacré à l'évêque de cette ville bâtie par Titus, qui est appelée Τιτιούπολις chez Georges de Chypres. Éd. Teubner, p. 42, n° 832.

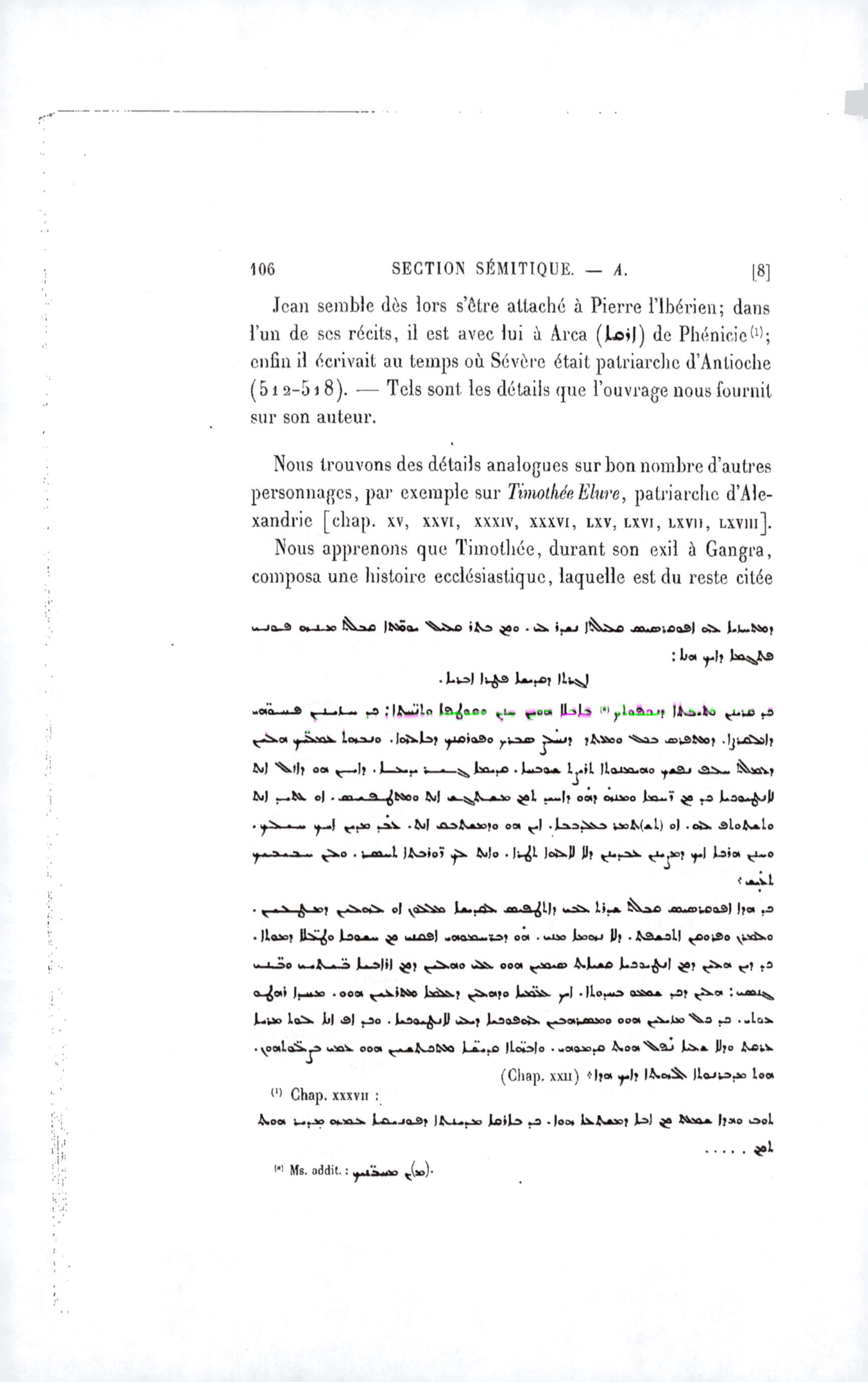

Jean semble dès lors s'être attaché à Pierre l'Ibérien; dans l'un de ses récits, il est avec lui à Arca (ܐܪܩܐ) de Phénicie[1]; enfin il écrivait au temps où Sévère était patriarche d'Antioche (512-518). — Tels sont les détails que l'ouvrage nous fournit sur son auteur.

Nous trouvons des détails analogues sur bon nombre d'autres personnages, par exemple sur *Timothée Elure*, patriarche d'Alexandrie [chap. XV, XXVI, XXXIV, XXXVI, LXV, LXVI, LXVII, LXVIII].

Nous apprenons que Timothée, durant son exil à Gangra, composa une histoire ecclésiastique, laquelle est du reste citée

[illegible]

[illegible]

[illegible]

(Chap. XXII)

[1] Chap. XXXVII :

[illegible]

[*] Ms. addit. : [illegible]

par Michel le Syrien au nombre de ses sources, et nous trouvons deux extraits de cette histoire concernant la mort de Nestorius dans une ville d'Égypte, nommée Pan, où il avait été vendu par des barbares nommés Μαζικοι.

Enfin les Pères de Palestine et Pierre l'Ibérien en particulier envoyèrent à Timothée, en Chersonèse, un moine pour le visiter et le consoler dans son exil. Ce moine, de retour, raconta ce que lui avait dit Timothée, et Jean consigna divers de ces récits dans ses Plérophories.

Mais les Plérophories contiennent surtout *une belle collection de ces moines monophysites* au corps de fer, au caractère combattif, que M. l'abbé Duchesne, dans son étude sur Jean d'Asie, a si vigoureusement mis en relief [1].

L'un d'eux nous fournit une cause, que je crois inédite, du premier concile d'Éphèse (431) [chap. xxxv].

C'est un certain Basile, diacre d'Antioche, qui fut à Constantinople le directeur de Pierre l'Ibérien, alors tout jeune, et lui donna le goût du monachisme.

Basile quitta le monde et vécut durant trente-cinq ans dans le désert de la Thébaïde. Il reçut du ciel l'ordre de se rendre dans les pays habités, dont les évêques et les rois allaient renier le fils unique de Dieu. Il demeura encore pendant douze ans en Lycie, au bord de la mer, dans une caverne où il fut découvert par des matelots. Alors les habitants des environs vinrent le chercher, et il fonda chez eux deux monastères, l'un d'hommes et l'autre de femmes.

Après quoi, il entendit la même voix du ciel lui disant : «Basile, va à Constantinople et réprimande l'impie Nestorius qui a renié la vraie foi.»

Sans hésiter, Basile se rend à Constantinople, entre dans

[1] Jean d'Asie, historien ecclésiastique, lu à la réunion annuelle de l'Institut, 25 octobre 1892.

l'église où Nestorius expliquait l'Évangile et lui crie : « Convertis-toi, ô évêque, ta doctrine est fausse! Pourquoi renverses-tu les enseignements des Pères. Maudit sois-tu, Nestorius, ainsi que tes erreurs. »

La police n'intervint pas contre ce perturbateur, et nous en trouvons peut-être la raison dans un autre chapitre des Plérophories [chap. xxxvi]. Jean raconte en effet que, trois ans avant l'arrivée de Nestorius à Constantinople, Éliana (ܐܠܝܢܐ), femme du premier hipparque Damarios[1], eut un songe lui annonçant que trois ans plus tard viendrait un évêque hérétique dont elle ne devrait pas recevoir la communion. Or elle était précisément à l'église le jour où Basile y vint manifester; elle se souvint aussitôt de sa vision, et s'écria aussi de la place élevée qu'elle occupait : « Maudit sois-tu, Antechrist ». On devine que la police put être désarmée par cette haute intervention féminine.

Basile sort donc tranquillement de l'église; pour son malheur, vient à passer l'empereur Théodose le jeune qu'il veut endoctriner aussi. Il s'écrie d'une voix forte : « O roi, qui es baptisé au nom de la Trinité, pourquoi ne la défends-tu pas quand Nestorius la détruit par ses enseignements ! » Et aussitôt intervint le Thrace Flavien, maître de la police (ܡܓܣܛܪܘܣ ܦܛܪܘܐ) qui le fait saisir et flageller; mais le peuple le délivre et le conduit à l'église de Sainte-Euphémie.

Quelque temps après, une brique tomba d'une maison sur la tête de Théodose le jeune, et le mit en danger de mort. L'empereur se persuada facilement que c'était la punition de sa conduite envers Basile. Il le fit donc venir et demanda ce qu'il devait faire. « Fais de moi ce que tu voudras, lui répondit le saint homme, mais tu dois chercher à plaire à Dieu, tu

(1) ܕܐܢܬܬܗ ܗܘܬ ܕܕܡܪܝܘܣ ܕܗܘܐ ܗܘܦܪܟܐ ܦܪܘܛܘܢ.

dois protéger son Église; ordonne donc la réunion d'un concile où l'on puisse réprouver les blasphèmes de Nestorius, l'excommunier et le chasser de son siège, car telle est la volonté de Dieu. »

Et aussitôt l'empereur ordonna la réunion d'un concile à Éphèse pour excommunier Nestorius et le chasser en exil.

Je n'ai pas craint de citer tout ce long chapitre, parce que, en sus de son intérêt anecdotique, il nous donne un second exemple de la manière d'écrire et du sens historique de notre auteur. Il tient tous ces détails de Pierre l'Ibérien, qui était alors à la cour de Théodose, et qui eut plus tard, pour directeur spirituel, Basile, le héros de ce récit.

Je résume encore quelques chapitres analogues ayant trait à *Juvénal, évêque de Jérusalem*, détesté en Palestine à l'égal de Nestorius.

Juvénal avait coutume de visiter avec son clergé, durant le carême, les solitaires qui vivaient aux environs de Jérusalem; l'un d'eux, bien avant le concile de Chalcédoine, lui ferma sa porte, et comme on parlait de la briser ou d'escalader le mur, le saint homme en colère s'écria : « Va-t-en Antechrist, je ne veux pas que Judas le traître entre ici, etc. » L'évêque eut cette fois le bon sens de ne pas se fâcher, et dit à ceux qui l'entouraient : « Laissez-le, il est fou, la solitude lui a desséché le cerveau [1]. » Mais dit notre auteur, les assistants connaissaient ce moine pour un saint homme qui ne parlait pas en vain. Ils conservèrent ses paroles, et se les rappelèrent plus tard. — Le récit est de Pierre l'Ibérien qui habitait alors Jérusalem et y fonda même un monastère [chap. xvii].

Dans une circonstance analogue, Juvénal ne montra pas la même patience : un jeune lecteur de l'église élevée à la Piscine

(1) ܝܚܝܕܝܘܬܐ ܗܝ ܐܝܒܫܬ ܠܗ ܡܘܚܗ.

Probatique où fut guéri le paralytique, ayant rêvé que Juvénal renversait l'Église de Dieu et en faisait une caverne de voleurs, et l'ayant conté un peu indiscrètement à la sacristie et ailleurs, fut enlevé de nuit et, dit notre auteur, enfermé Dieu sait où [chap. XVIII].

Sans l'intervention de Pierre l'Ibérien, un sort analogue attendait le moine Théodose que les monophysites devaient plus tard nommer évêque au lieu et place de Juvénal. Car, après le concile de Chalcédoine, les moines de Palestine se rendirent en troupe au-devant de leur évêque jusqu'à Césarée, pour chercher à le ramener à de meilleurs sentiments, et Théodose qui avait vu le concile et tout ce qui s'y était passé fut leur porte-parole. Il reprocha à Juvénal, avec grande véhémence, sa trahison et son hypocrisie; l'évêque se fâcha et ordonna à un homme d'Ancyre de traiter Théodose en perturbateur et en ennemi de l'empereur. Par bonheur, Pierre l'Ibérien avait connu ce policier à la cour de Constantinople; il intervint, lui fit des reproches et même des menaces. Celui-ci effrayé tomba aux genoux de Pierre, lui disant : «Ne m'accable pas, seigneur Nabarnougios (c'était le nom séculier de Pierre), je ne savais pas que ta sainteté était ici.» Ainsi fut sauvé Théodose, et le policier n'osa plus rien dire ou faire contre les saints; pour éviter tout conflit, il fit rentrer Juvénal dans Césarée [chap. LVI].

J'omets les autres altercations si nombreuses dans les Plérophories entre les évêques et leurs moines[1]. Ces derniers, en effet, généralement peu versés dans les études théologiques,

[1] Les Plérophories contiennent encore de nombreux détails sur Romanus, dont le monastère, à Thécué, comptait six cents moines monophysites, c'est-à-dire un bataillon, vers l'époque où l'empire d'Orient, manquant de défenseurs, était obligé de stipendier des Goths. [Voir chap. X, XXV, LXXXVII.]

s'obstinèrent à confondre les partisans des deux natures, signataires du concile de Chalcédoine, avec les Nestoriens.

Jean de Maiouma accorde *aux femmes* peu de place dans son ouvrage : sept chapitres seulement sur quatre-vingt-neuf [chap. XLIII, XLIV, LI, LXIX, LXXX, LXXXI, LXXXII]. Se défiait-il de leurs récits et de leurs visions? Voici du moins comme troisième et dernier exemple de la manière d'écrire de notre auteur, les deux chapitres qu'il consacre à la diaconesse ܐܘܪܒܢܐ [chap. XLIV et LI].

Elle était fille de l'un des évêques de Crète, se retira avec son frère Euphrasius à Jérusalem, sur le mont de l'Ascension, et y acheta un monastère où vint aussi demeurer le vénérable Épiphane, l'un des évêques de Pamphilie, qui fut chassé de son siège après le rejet de l'encyclique par Zénon.

Peu après, le gouverneur de Jérusalem leur envoya l'archidiacre de l'église de l'Ascension pour les sommer d'adhérer à leur évêque s'ils voulaient demeurert ranquilles dans leur monastère. La sainte répondit : «Nous ne pouvons pas renier les promesses que nous avons faites au Messie, ni adhérer au concile de Chalcédoine.» Elle ajouta même : «Je ne le ferais que si le vénérable Timothée, qui m'a enseigné la vraie foi dans l'île de Crète, ressuscitait pour venir me le conseiller. A bon entendeur, salut.» En réponse, le gouverneur, qui ne l'entendait sans doute pas de cette oreille, confisqua le monastère et son contenu, et les expulsa. Ils se réfugièrent d'abord à Alexandrie, puis à Maiouma où ils moururent.

Or cette vénérable ܐܘܪܒܢܐ eut un jour une vision. Elle se vit transportée, en esprit, sur le mont de l'Ascension, et comme elle s'était mise à genoux pour prier, elle vit apparaître une femme revêtue de brillants habits de pourpre. La mère de Dieu, car c'était elle, vint la prendre par la main, la releva, et lui demanda comment elle voyait la montagne. Je la vois, dit ܐܘܪܒܡܐ, toute couverte d'arbres abattus. L'Église, lui dit l'apparition, sera de même couverte de schismes jusqu'à la fin des temps.

J'omets de nombreux détails sur *Eudoxie, femme de Théodose le jeune*, et protectrice des monophysites en Palestine. Elle possédait un village nommé ܓܝܬܐ (ܓܝܬܐ ܡܪܝܬܐ[1]), situé à quinze milles au nord de Jérusalem. Elle le donna, par testament, à l'Église de Jérusalem. Dans ce village, un moine nommé Paul fonda un grand monastère, et fit le vœu de ne regarder le visage d'aucune femme. Quand Eudoxie l'apprit et l'eut constaté par elle-même, elle ne voulut plus recevoir la communion que de lui, bien qu'il ne fût qu'un simple moine... Vient ensuite un songe de Paul; mais il me suffit d'avoir fait connaître ce que nous appellerions : le grand aumônier de l'impératrice [chap. xx].

En résumé, Jean de Maiouma n'était jusqu'ici connu que de nom, d'après le *Catalogue des mss. syriaques* de M. Wright. J'ai découvert que son ouvrage était résumé longuement par Michel le Grand, et partiellement transcrit par le pseudo Denys de Tell Mahré. J'ai donc été amené à l'étudier, à le transcrire et à me convaincre qu'il méritait d'être publié. J'ai voulu aujourd'hui essayer de faire partager ma conviction, en montrant que cet ouvrage, si ancien, est véridique, qu'il contient des anecdotes intéressantes pour l'histoire, et surtout qu'il nous fait connaître incidemment un grand nombre de personnages du ve siècle. Je puis dire qu'il est un complément à la vie de Pierre l'Ibérien et une ébauche de l'ouvrage que Jean d'Asie devait écrire plus tard sur les moines du pays d'Amid.

(1) Geth (?).

SCHIN-SIN.

EIN BEITRAG ZUR SPÆTEREN GESCHICHTE DES HEBRÆISCHEN ALPHABETS,

VON PROF. Dr EB. NESTLE.

Auf dem IX. Internationalen Orientalisten-Congress in London verlas der Präsident der semitischen Section William *Wright* eine kleine von mir eingesandte Mitteilung über die Frage, seit wann man angefangen habe die Buchstaben *Sin* und *Schin* des hebräischen Alphabets durch die sogenannten diakritischen Punkte zu unterscheiden [1]. Heute möchte ich einen andern Punkt hinsichtlich dieses Buchstabens zur Sprache bringen, nemlich *die Frage ihrer richtigen Ordnung im hebräischen Alphabet.* Gegenwärtig ist die Ordnung *Sin* שׂ, *Schin* שׁ, wenigstens in Deutschland, in den Lehrbüchern, Grammatiken wie Wörterbüchern so ausschliesslich herrschend, dass die Frage nach der Anordnung dieser Buchstaben gar nicht mehr aufgeworfen wird. Und doch ist die gegenwärtig herrschende Ordnung in keiner Weise berechtigt;

Weder *alphabetisch* und *graphisch;* denn in der semitischen Schrift, kommt der rechte Punkt שׁ, also *schin*, vor dem linken שׂ und auch in der Transkription geht französisch *chin*, deutsch *schin*, italienisch *scin*, english *shin* dem gemeinsamen *sin* voran [2];

Noch *sachlich*, d. h. sprachlich; denn der wichtigere, häu-

[1] Cf. *Transactions of the IXth International Congress of Orientalists*, vol. II, p. 62. London, 1893.

[2] Über die französische Umschreibung des Lautes durch *æ* oder *ch* hat schon Reuchlin 1506, p. 8 s. die Belehrung : Italia scribit *scin*. Gallia etiam Celtica, *æin* vel *chin*, et Suevia, *schin*.

IMPRIMERIE NATIONALE.

figere und ursprünglichere Laut ist der des Schin שׁ, gleich viel welcher Art derselbe gewesen sein mag;

Noch endlich *geschichtlich;* denn die älteren Bearbeitungen der hebräischen Sprache kannten entweder nur *Schin* oder ordneten *Schin-Sin.*

I. Ich habe eine Liste der Belehrungen angelegt, welche die verschiedensten abendländischen Grammatiker, von *Petrus Nigri, Pellican* und *Reuchlin* an (1475, 1503 u. 1506) über diese Buchstaben mitteilen; sie sind zum Teil sehr interessant. Hier beschränke ich mich, auf die Abhandlung von *Samuel Berger* (1) hinzuweisen, und begnüge mich mit der Bemerkung, dass mir die jetzt herrschende Ordnung *Sin-Schin* zum erstenmal in dem *Compendium Grammaticae Ebraeo-Chaldaicae* von Johann Andreas Danz begegnet ist (ed. V. Jenae, s. a., Vorrede vom 1. März 1706). Die Lehrbücher dieses Mannes (geb. 1654, † 1727 als Professor in Jena) waren so verbreitet, dass er der *communis praeceptor Hebraeophilorum* genannt wurde. Neben und vor seinem Compendium veröffentlichte er ein anderes grammatikalisches Werk, den *Literator Ebraeo-Chaldaeus* (1696, nicht 1694 wie Steinschneider in seinem Bibliographischen Handbuch angiebt). Während er nun im *Literator* noch die Ordnung *Schin* שׁ, *Sin* שׂ hat, zeigt das *Compendium* die Reihenfolge :

שׂ	*sin*	s *durum*	300
שׁ	*schin*	*sch*	

Von da ab ist diese Reihenfolge immer mehr ein- und schliesslich so allgemein durchgedrungen, dass unter den bei uns gebrauchten Lehrbüchern, soweit ich sehe, nur Heinrich *Ewald* in seinem ausführlichen Lehrbuch der Hebräischen Sprache des alten Bundes eine Erinnerung an die alte Ordnung

(1) *Quam notitiam linguae Hebraicae habuerint Christiani medii aevi temporibus in Gallia.* Parisiis, 1893, p. 8. 22, 24, 29, 37, 40.

erhalten hat, indem die Übersicht über das hebraïsche Alphabet auch noch in der letzten Ausgabe von 1871 auf der ersten Seite so gedruckt ist:

20	21		22
ר	שׁ	שׂ	ת
רֵישׁ	שִׁין	שִׂין	תָּו
Résh	*Shîn*	*Sîn*	*Tâv*

Aber diese Ordnung ist bei Ewald selbst ohne alle Folgen und alle die gegenwärtig bei uns das hebraïsche Alphabet zu lernen beginnen, thun es in der Ordnung: *Resch*, *Sin*, *Schin*, *Tau*.

II. Wie in die Grammatiken, so ist dieselbe Reihenfolge auch in die *Wörterbücher* eingedrungen und in denselben ausschliesslich herrschend geworden; aber auch dies erst in verhältnismässig später Zeit und sehr mit Unrecht. Die ältesten auch der von Christen gedruckten Wörterbücher kannten nur einen Buchstaben ש und ordneten innerhalb desselben regelmässig, wenn auch nicht ausschliesslich, שׁ *Schin*, שׂ *Sin*.

Aehnlich auch noch *Fürst's* Bearbeitung von *Buxtorf's* Concordanz (1840), wo aber beispielsweise die Wurzel נשׂא (mit Sin) der Wurzel נשׁא (mit Schin) vorangeht, in der Überschrift des vorletzten Buchstabens שׁ שׂ gedruckt ist und innerhalb desselben bald שׁ, bald שׂ voransteht, ersteres z. B bei שׁאה, שׁבע, שׁבר, שׁה, שׁוג, שׁוד, שׁוח, שׁור etc., letzteres bei שׂגא, שׂגה, שׂוד, שׂדה, שׂוט, שׂום. Meine Bibliothek ist nicht so reich, um die Sache für alle wichtigeren Drucke zu verfolgen; es ist auch nicht nötig. Die heute fast allein gebrauchten Wörterbücher von *Gesenius-Buhl* (Socin-Zimmern) und *Siegfried-Stade* und die englisch-amerikanische Bearbeitung des Gesenius durch *Brown-Driver-Briggs* kennen keine andere Ordnung. Ich halte sie nicht für richtig, und würde es für einen grossen Fortschritt halten, wenn das vortreffliche eben genannte englisch-amerikanische Werk, das gegenwärtig im Erscheinen begriffen ist, die Trennung von *Sin* und *Schin* in zwei Buchstaben wieder aufheben und zu der Reihenfolge *Schin-Sin* zurückkehren würde. Ich will nur einen Grund namhaft machen, der mir besonders nahe liegt, aus dem wichtigen Capitel der hebräischen *Eigennamen*. Bei manchen Namen schwanken unsere Handschriften und Drucke über die Schreibung mit *Schin* oder *Sin* (z. B. שכיה, שמלי, שראצר, שריון); bei andern ist die Schreibung einheitlich überliefert, aber vielleicht der entgegengesetzte Laut der richtige (z. B. שדיאור, יששכר); die alten Inschriften kennen keinen Unterschied; wie störend nun, wenn Zusammengehöriges an weitentlegenen Orten zusammengesucht werden muss. Selbst die Forschung wird dadurch beeinträchtigt. Ob z. B. der Name שׂלמה, שׂלמון (mit Sin), den ein Vorfahre des David und Salomo trägt, nicht einfach dialektische oder orthographische Variante zu dem letzteren Namen, also mit dem Unterschied von *Schibboleth* und *Sibboleth* zu vergleichen sei, hat man offenbar bis jetzt nur deswegen nicht gefragt, weil beide Namen in den hebräischen Wörterbüchern nicht mehr nebeneinanderstehen. — Der einzige praktische Vorzug, den eine Trennung beider Zeichen im Wörterbuch vielleicht hat, das raschere Auffinden der Wörter, lässt sich ganz leicht auch dadurch erreichen, dass die mit שׂ *Sin* beginnenden Abschnitte etwas eingerückt oder sonst kenntlich gemacht werden.

Ich würde mich freuen, wenn dieser Anregung von irgend einer Seite, namentlich von dem gründlichsten hebräischen Wörterbuch, das wir zur Zeit haben, dem von *Brown-Driver-Briggs* praktische Folge gegeben würde. Aber auch ohne solchen Erfolg ist es vielleicht befriedigend zu erfahren, dass eine Sache, die man heute für selbstverständlich hält, eben erst 200 Jahre alt und offenbar von ganz zufälliger Entstehung ist.

PROFESSION DE FOI

ADRESSÉE

PAR LES ABBÉS DES COUVENTS DE LA PROVINCE D'ARABIE

À JACQUES BARADÉE,

PAR

M. TH.-J. LAMY,

PROFESSEUR À L'UNIVERSITÉ DE LOUVAIN.

Cette profession de foi, dirigée particulièrement contre les trithéites, est tirée du ms. Add. 14602 (fol. 80-85) du British Museum. Selon W. Wright [1], ce ms. est du VIIe siècle, peut-être même de la fin du VIe. Il est donc presque contemporain des documents qu'il contient. Ces documents sont des lettres et des professions de foi échangées entre les monophysites durant la seconde moitié du VIe siècle. Cette collection mériterait d'être publiée tout entière, car elle fournit des détails importants et authentiques sur l'histoire des monophysites et leur propagation en Syrie et en Arabie.

On y trouve deux lettres d'adhésion aux évêques monophysites, datées de l'an 567 et 571, signées, la première par 45, la seconde par 58 abbés de monastères en Orient, c'est-à-dire en Syrie et en Mésopotamie. Mais la plus intéressante est celle que nous publions, non seulement au point de vue doctrinal, mais parce qu'elle nous fait connaître les nombreux couvents qui se trouvaient dans la province d'Arabie, c'est-à-dire dans cette partie de l'Arabie qui longe la Syrie et l'Euphrate, avant l'invasion de l'islamisme. M. Wright a donné les signatures [2] et M. Nöldeke a fait quelques recherches géographiques sur les localités mentionnées [3]; je donne ici les parties inédites et la traduction du document tout entier.

J'ai exprimé les noms connus comme on le fait ordinairement en français; j'ai ponctué les noms des localités, plus ou moins arbitrairement, en me conformant au génie de la langue; car le texte n'est pas vocalisé.

(1) *Catalogue of syriac manuscripts in the British Museum*, n° 754.

(2) *Catal. cité*, p. 709-714.

(3) *Zeitschrift der deutschen morgenländischen Gesellschaft*, XXIX, 419-444.

ܐܓܪܬܐ ܕܐܬܟܬܒܬ ܡܢ ܪ̈ܫܝ ܕܝܪ̈ܬܐ ܕܐܪܒܝܐ. ܠܘܬ ܐܦܝܣܩܘ̈ܦܐ ܐܪܬܕܘܟܣܐ܀

ܠܡܪ̈ܝ ܗܢܘܢ ܕܒܟܠ ܡܕܡ ܢܨ̈ܚܐ ܘܩܕ̈ܝܫܐ ܐܒ̈ܗܐ ܪ̈ܘܚܢܝܐ
ܘܡܠ̈ܦܢܐ ... ܝܥܩܘܒ. ܬܐܘܕܘܪܐ. ܝܘܚܢܢ. ܝܘܚܢܢ. ܝܘܚܢܢ.
ܣܪܓܝܘܣ: ܝܘܚܢܢ. ܣܪܓܝܘܣ. ܠܓܝܢܘܣ. ܦܛܠܘܡܐܘܣ. ܐܠܝܫܥ.
ܘܦܘܠܐ. ܒܡܘܕܝܢܐ ܕܐܠܗܐ ܐܦܝܣܩܘ̈ܦܐ ܕܠܗܘܢ ܗܢܘܢ ܕܡܢ
ܗܘܦܪܟܝܐ ܕܐܪܒܝܐ ܐܝܬ̈ܝܗܘܢ ܕܝܪ̈ܝܐ ܐܒܗ̈ܬܐ
ܐܪ̈ܬܕܘܟܣܘ..
ܡܐ ܒܫܪ̈ܘܬܐ ܠܬܫ̈ܒܚܬܐ ܕܡܠ̈ܦܢܐ ܕܡܫܒܚܘܬܗܘܢ ܡܚܠܠܝܢ
ܚܢܢ. ܗܢܝܢ ܕܒܪ ܠܢܒܝܐ ܘܠܗ ܕܒܪ ܠܗ ܕܥܡ ܢܒ̈ܝܐ ܐܬܒܥܝܢ:
ܘܐܟܚܕܐ ܗܘܝܢ ܚܢܢ ܒܠܝ ܐܒܗ̈ܬܐ ܕܒܐܪܒܝܐ: ܘܠܗܠܝܢ
ܓܘܐܝܬ ܩܪܝܢ: ܘܠܝܠܝܐ ܕܒܗܠܝܢ ܒܟܠܗ ܢܫ̈ܬܘܬܐ ܐܡܪܝܢ:
ܘܐܫܟܚܢ ܚܢܢ ܕܥܠܘܗ ܬܪܝܨܘܬ ܗܝܡܢܘܬܐ ܡ̈ܠܝܢ. ܫܒܚܝܢ ܚܢܢ
ܠܡܠܟܐ ܕܟܠ ܐܠܗܐ. ܠܗܘ ܕܠܦܪܝܫܐ ܐܠܗܝܐ ܐܚܝܕܢܝܘܗܝ
ܕܬܫܡܪܘܢ ܘܠܒܝܫܬܐ ܐܟܝܢܐ ܘܠܪܘܫܟܐ ܬܦܫܩܘܢ
ܕܟܕܝܒܘܬ ܒܘܪܗܢܐ ܡܕܡ ܡܢܪܐ ܘܠܐ ܡܚܝܕܐ ܠܚܕܬܐ
ܕܐܠܗܐ ܓܠ. ܘܬܫܬܠܡܘܢ ܠܒܘܪܗܢܐ: ܘܬܦܪܕܘܢ ܐܝܟ
ܠܦ̈ܐܬܐ ܩܫܝܐ ܘܢܦ̈ܩܐ ܡܢ ܚܝܠܐ ܕܡܪܢܐ ܘܦܪܘܫܐ ܕܟܠܢ
ܡܫܝܚܐ. ܕܒܡܕܢܚܘܬ ܡܫܘܪܝܢ ܘܡܬܚܦܛܝܢ ܒܐܫܬܡܠܝܐ
ܕ̈ܟܘܬܐ ܢܬܫܘܢ ܠܒܢ̈ܝܗ ܕܚܠܬ ܬܪܝܨܬܐ.
ܐܦ ܓܝܪ ܒܐܚܝܕܘܬܐ ܐܬܝܗܒܘܢ ܡܫ̈ܝܚܐ ܘܢܒ̈ܝܐ. ܒܗܕܐ
ܒܗܬ ܠܐ ܡܫܒܚܝܢ ܐܢܘܢ ܕܡܫ̈ܝܚܐ ܬܗܘܘܢ. ܕܬܫܬܠܡܘܢܗ
ܒܪ ܫܘܬܦܐ ܠܐܠܗܘܬܐ. ܐܠܐ ܘܦܓܪ ܗܘܪܒܐ ܐܬܚܠܒܘܢ
ܡܡܪ̈ܟܢܐ ܘܡܫܪ ܒܬܟܬܘܫܐ ܕܐܡܝܢ ܗܘܕܐ. ܗܝ ܓܝܪ ܕܬܚܝܬܗ
ܕܦܓܪܐ: ܐܡܪܢܐ ܕܢܚܝܡ ܠܟܘܢ ܦܬܓܡܐ ܫܠܝܚܝܐ ܗܘ ܕܐܡܪ
ܕܗܝܡܢܘܬܐ ܕܝܠܟܘܢ ܡܫܬܒܚܐ. ܠܐ ܒܠܚܘܕ ܒܐܬܪ̈ܘܬܐ
ܕܐܪܒܝܐ. ܐܠܐ ܒܟܠܗ ܥܠܡܐ. ܘܟܕ ܠܪ̈ܘܡܝܐ ܟܬܒ ܦܘܠܘܣ
ܡܒܕܡ ܢܝܚ. ܒܟܠ ܝܘܡ ܠܟܘܢ ܡܫܝܚܐ ܘܡܬܩܢܝܢܘܬܗ ܕܡܠܬܐ
ܡܬܝܕܥܢܘܬ ܡܬܦܫܩ ܚܝܢ.
ܗܫܐ ܕܝܢ ܐܦ ܒܪ ܡܠܦܢܘܬܐ ܒܫܠܡܘܬܟܘܢ ܫܐܠܝܢ ܚܢܢ.

ܘܠܥܡܘܪ̈ܐ ܕܠܥܠ ܕܡܬܦܪܢܣܝܢ ܚܢܢ. ܘܟܝܪ ܘܟܠ ܐܦ
ܛܝܒܘܬܐ ܕܡܘܕܝܢ ܚܢܢ ܠܗܘܢ ܕܒܥܘܬܐ ܕ̈ܝܠܗ ܫܒܝܚܬܐ
ܘܒܠܥ̈ܒܕܘܗܝ ܕܐܠܗܐ܂ ܗܢܘܢ ܕܛܒܘ ܐܢ̈ܫܝܢ ܠܫܠܠܬܐ
ܕܦܘܪܫܢܐ. ܕܐܦ ܒܥܠܬܐ ܐܦ ܒܡܘܫܚܬܐ ܐܦܬܐ ܢܗܘܐ ܠܝ܂
ܕܗܠܝܢ ܕܡܬܒܥܝܬܐ ܢܫܐܠ ܠܢܬܒܥܘܢ܂ ܕܒܢܝ ܠܡܥܒܕܢܘܬܗܘܢ
ܗܘ ܕܐܝܟ ܕܠܡܦܠܓܢܐ ܟܠ ܒܥܕܬܐ ܕܐܪ̈ܬܘܕܘܟܣܐ ܐܡܪܝܢ.
ܕܗܘ ܕܝܢ ܕܦܠܓ ܒܥܕܬܐ ܢܐܡܪ. ܐܝܟ ܕܠܡܦܠܓܢܐ ܕܟܠ
ܡܪܘܬܐ ܕܠܗܘܢ. ܬܠܬܝܘܬ ܕܝܢ ܐܫܬܟܠܘ. ܕܟܠ ܫܘܒܚܐ
ܐܠܗܐ ܢܬܦܫܘܢ ܠܥܡܗܘܢ. ܕܡܫܝܚܐ ܒܪ ܕܒܬ̈ܘܠܬܐ ܐܝܬܘܗܝ
ܪܘܫܐ܂ ܘܛܒ ܡܢܚ ܠܗܘ ܕܢܦܫܝܢ܂ ܘܢܬܪܥܘܢ ܠܒܪ ܡܢ ܡܢܐ
ܗܘܠܐ ܕܢܬܪܥܘܢ. ܐܦ ܐܢܫ ܒܪ ܒܝ̈ܬܐ ܐܝܟ ܡܢ ܕܬܫܡܫܬ
ܐܒܪܐ ܢܗܝܪܬܐ ܕܠܗܘܢ ܐܢܬܝ. ܠܗ ܒܗ ܠܗ ܠܛܒܥܐ ܕܠܗܘܢ
ܕܢܠܦ ܡܫܒܘܬܐ ܕܠܐ ܛܥܝܢ. ܘܢܠܦ ܒܠܩܢܘܬܐ ܕܠܒܢ̈ܝܫ
ܠܐܠܗܐ ܐܒܗ̈ܘܬܐ ܕܗܠܝܢ ܛܒܝܢ ܚܢܢ. ܘܒܝܠܘܬܐ ܐܝܬܝܗ ܠܝ
ܕܡܕܡ ܒܠ ܒܠܗ ܠܐ ܢܒܕܒ ܡܢ ܗܠܩܢܐ ܫܠܝܚܐ ܕܐܫܬܠܡܬܗ
ܠܝ܂ ܐܡܪܝܢ ܚܢܢ ܕܝܢ ܡܢ ܗܠܝܢ ܗܘܠܦܐ ܗܐܘܪܐ ܘܐܢܬܝܡܘܣ
ܘܬܐܘܕܘܣܝܘܣ. ܘܡܢ ܗܢܘܢ ܕܡܢ ܡܕܒܪܢܘܬܗܘܢ܂ ܪܒܐܘܗܝ ܠܥܕܬܐ
ܒܫܢܝܐ ܕܡܠܟܘ ܝܘܒ ܐܪ̈ܥܐ. ܒܗ ܗܟܝܠ ܦܐܝܐܝܬ ܐܡܪܝܢ ܚܢܢ
ܠܗ̇ ܡܠܬܐ ܕܡܬܒܥܐ ܕܐܡܪܐ܂ ܕܠܐ ܬܫܢܐ ܬܫܡ̈ܫܬܐ ܕܡܢ
ܚܠܦ ܐܝܠܝܢ ܕܗܘܘ ܐܒ̈ܗܝܢ. ܠܗܢܘܢ ܕܒܗ ܐܦ ܐܢܬܘܢ
ܡܫܢܐ ܢܦܩܝܢ ܐܢܬܘܢ. ܘܒܡܥܒܕܢܘܬܐ ܕܦܐܝܐܝܬ ܐܘܡܢܘܬܐ
ܕܘܠܦܢܗܘܢ ܪܕܝܢ ܐܢܬܘܢ. ܐܦ ܠܝ ܠܬܠܡܝ̈ܕܐ ܕܠܗܘܢ ܒܗ
ܒܠܗ ܫܠܡܘܬܐ ܒܬ̈ܫܒܚܬܐ ܐܝܠܝܢ ܕܐܢܬܘܢ ܕܝܘܬܪܢܐ
ܢܠܦܝܢ ܐܢܬܘܢ. ܘܐܝܠܝܢ ܕܘܪܡ ܕܫܡܫܬ̈ܐ ܚܫܒܝܢ ܐܢܬܘܢ܂
ܐܝܟ ܡܢ ܕܐܦܠܐ ܚܕ ܠܒܪ ܡܢ ܐܘܪܚܐ ܕܡܠܟܐ ܢܐܬܐ.
ܒܛܠܬܗ ܕܗܕܐ. ܐܦ ܐܢܫ ܢܕܚܠ ܚܢܝ ܕܐܝܠܝܢ ܕܒܝܢܗܘܢ
ܐܫܬܒܪ: ܘܒܬ̈ܫܒܘܚܬܗܘܢ ܐܒܗ̈ܬܐ ܒܪܘܚܐ ܫܡܥܝܢ:
ܐܝܟ ܐܝܠܝܢ ܕܒܫܝܢܐ ܡܒܠܠ ܒܗܘܢ. ܒܠܒܗ ܢܬܬܘܬܐ
ܛܒ ܡܫܪ̈ܐ ܘܫܠܝܚܐܝܬ ܗܝܡܢ̈ܐ. ܠܗܢܘܢ ܕܒܗ ܢܫܐܐܝܬ ܒܗܬ
ܘܐܠܗܐܝܬ ܢܦܩܝܢ ܚܢܝ܂ ܡܢ ܒܠܗܘܢ ܡܕܒܪ̈ܢܐ ܕܗܪܣܝܣ ܒܒܠܗ
ܚܠܦ ܡܗܝܡܢܝܢ ܐܦܝܢ. ܒܗܘܬܪܢܐܝܬ ܕܝܢ ܘܡܕܒܪܢܐܝܬ: ܘܡܢ
ܗܪܣܝܣ ܗܘ ܕܠܒܪ ܡܢ ܙܠܝܩ̈ܘܬ ܗܟܢܐ ܢܒܬ. ܕܬܠܬܝܘ ܐܠܗܘܬܐ ܐܘ

ܒܥܠ ܕܒܙܢܝ ܐܠܗܐ ܘܒܙܢܝܐ ܐܘܣܝ̈ܐ. ܕܗܢܘܢ ܕܕܒܝܫܬܐ
ܕܝܩܪܘܢ ܠܒܪ ܦܓܪܢܝܬܐ ܠܐ ܢܚܘܐ ܀ ܒܗܿ ܕܝܢ ܒܡܕܡܘܬܐ.
ܘܠܗܘܢ ܕܠܐ ܐܠܗܐܝܬ ܐܡܪܝܢ ܕܬܠܝܬܝܘܬܐ ܡܫܝܚܝܬܐ ܘܫܘܝܬ
ܒܐܘܣܝܐ. ܒܗ̇ ܚܕ ܡܢ ܩܢܘ̈ܡܐ ܕܠܗܿ ܐܬܒܣܪ ܘܡܒܪܝܢ ܚܢ.
ܐܝܟ ܕܟܬܝܒܐ ܠܒܪ ܕܡܫܝܚܐ ܕܓܡܘܪܬܐ ܐܝܟ ܕܒܬܒ. ܡܛܠ ܕܝܢ
ܡܬܒܪܢܫܘܬܗ ܕܗܘ ܚܕ ܡܢ ܬܠܝܬܝܘܬܐ ܐܠܗܝܐ ܡܫܠܡܬܐ.
ܡܘܕܝܢ ܕܟܝܢ ܬܪ̈ܝܢ ܟܝ̈ܢܐ ܐܘ ܒܬܪ ܡܢܘܡܬܐ ܕܐܠܗܘܬܐ
ܘܕܐܢܫܘܬܐ ܕܡܫܟܚܝܢܝܬ ܐܬܚܝܕܘ ܐܝܟ ܡܠܬܐ ܕܠܗܘܢ.
ܚܕ ܟܝܢܐ ܗܿܘ ܘܩܢܘܡܐ ܕܐܠܗܐ ܡܠܬܐ ܕܡܬܒܣܪ. ܚܕܐ
ܠܒܪ ܐܠܗܘܬܐ ܘܚܕ ܟܝܢܐ ܐܘ ܒܬܪ ܐܘܣܝܐ. ܒܬܠܬܐ
ܩܢܘ̈ܡܐ ܠܡܦܪܫܘ ܚܢܢ ܘܡܫܬܘܕܝܢ ܬܠܝܬܝܘܬܐ. ܡܫܒ̈ܚܝܢ ܒܟܠ
ܡܠܘ̈ܬܐ ܕܒܬܪܐ ܡܬܚܫܒܐ ܐܠܗܐ. ܗ̇ܝ ܡܢ ܠܒܪ ܠܟܝ̈ܢܐ
ܕܐܠܗܘܬܐ ܡܫܬܘܕܝܐ. ܗ̇ܝ ܕܝܢ ܕܒܬܠܝܬܝܘܬܐ ܕܬ̈ܠܬܝܗܘܢ. ܘܠܐ
ܬܠܬܐ ܐܠܗ̈ܐ. ܘܠܐ ܬܠܬܐ ܡܕܡ ܐܠܗ̈ܐ ܘܠܐ ܬܠܬ
ܐܠܗ̈ܘܬܐ. ܘܠܐ ܬܠܬ ܡܕܡ ܐܠܗܘ̈ܬܐ. ܘܠܐ ܬܠܬܐ ܟܝ̈ܢܐ.
ܘܠܐ ܬܠܬܐ ܡܕܡ ܟܝ̈ܢܐ. ܘܠܐ ܬܠܬܐ ܐܘܣܝ̈ܣ. ܘܠܐ ܬܠܬ
ܡܕܡ ܐܘ̈ܣܝܣ. ܘܠܐ ܐܝܟ ܐܦܠܐ ܕܐܠܗ̈ܐ ܐܘ ܕܐܠܗ̈ܘܬܐ
ܐܘ ܕܟܝ̈ܢܐ ܐܘ ܕܐܘ̈ܣܝܣ. ܐܘ ܟܠ ܐܢܫܐ ܕܗܘ ܡܢܝܢܐ ܡܬܚܫܒܐ
ܐܘ ܠܐ ܡܬܚܫܒܐ. ܠܗ̇ ܒܗ̇ ܠܗ̇ ܠܬܠܝܬܝܘܬܐ ܡܫܡܠܝܬ ܡܢ
ܐܘܣܝܐ. ܘܠܐ ܒܚܕ ܡܢ ܩܢܘ̈ܡܐ ܐܘ ܩܢܘ̈ܡ ܬܠܬܝܗܘܢ. ܐܠܐ
ܐܦܠܐ ܐܢܫܝܢ ܗܢܘܢ ܕܡܬܪܚܩܝܢ. ܐܠܐ ܢܩܦܝܢ ܚܕ ܒܬܠܝܬܝܘܬܐ
ܕܐܠܗܐ ܐܝܟܢܐ ܕܡܕܡܝܢ ܐܡܪܝܢ. ܠܡܫܠܡܘܬܐ ܫܦܝܪܬ
ܠܐܠܗܐ ܕܗܘ ܡܛܠ ܡܢܠܡܐ ܦܓܪܢܝܐ ܡܐܘܪܐ. ܘܠܡܢܝܢ
ܕܒܟܠ ܐܝܢܐ ܒܥܠ ܕܗܘ ܒܠܬܐ ܕܒܝܬ ܐܘܣܬܒܪ ܐܘ ܐܬܐܡܪ
ܡܢ ܡܕܝܫܐ ܐܬܒܝܢܘ ܘܬܐܘܕܝܣܝܣ.
ܢܒܝܢ ܠܒܪ ܘܦܓܪ ܕܡܫܝܚܐ. ܐܝܟ ܡܢ ܕܐܦ ܡܠܐܟܐ
ܕܠܒܘܢ ܦܓܪܢܝܢ ܒܟܠ. ܒܗ ܒܟܘܠܒܬܗܘܢ ܕܡܠܝܢ ܪܘܚܐ.
ܐܠܝܢ ܕܕܡܝܢ ܠܚܠܝܢ ܒܟܠ ܕܡܟܐ ܢܟܠܐ. ܗܢܘܢ ܕܪܘܡ ܗܘܐ
ܪܘܚܐ ܘܡܘܪܐ ܢܬܬܢܝܘܢ ܠܐܘܪܐܝܠ ܕܐܠܗܐ. ܐܝܟ ܡܢ
ܕܐܦ ܠܐ ܚܕ ܡܢ ܒܢܘܗܝ ܕܐܪܝܐ ܡܢ ܗ̇ܝ ܪܘܚܐ ܢܐܦܪ.
ܐܠܐ ܒܡܘܕܝܬܐ ܬܪܝܨܬܐ ܕܗܝܡܢܘܬܐ ܐܠܗܐ ܐܝܟ ܕܒܐܘܣܢܝܐ
ܫܪܝܪܬܐ ܘܚܬܝܬܐ ܢܐܚܘܕ. ܘܒܫܘܪܪܐ ܠܐ ܡܬܕܒܕܒܢܐ

ܘܣܒܪܐ ܒܐܠܗܐ ܕܝܘܠܦܢܐ ܒܟܢܘܫܬܐ ܘܕܠܐ ܦܘܠܓܝ܀ ܒܠܐ
ܡܫܬܠܦܢܘܬܐ ܐܡܝܢܐܝܬ ܢܛܪ.
ܒܗܢܐ ܕܝܢ ܡܦܩ ܒܪܘܚܐ ܕܠܝ ܕܡܫܝܚܘܬܐ ܐܘܚܕܬ ܐܓܪܬܐ:
ܐܝܟ ܕܠܡܕܟܪܬܐ ܕܠܟܘܢ ܐܘ ܬܒܘܬܐ ܡܒܝܢܐ. ܟܠ ܚܕ ܡܢܟܘܢ
ܐܒ̈ܗܝ ܐܚ̈ܐ. ܬܗܘܐ ܠܟܘܢ ܗܕܐ ܬܗܘܐ ܠܒ̈ܝܫܝ ܡܫܬܪܘܬܐ
ܘܫܦ̈ܝܪ ܒܟܠ ܐܒ̈ܗܝܢ ܘܡܠܦ̈ܢܝܢ. ܠܐ ܕܝܢ ܡܕܡ ܒܝܢܝ ܐܦ ܠܢ
ܠܡܦܪ̈ܥܐ ܕܠܟܘܢ. ܕܟܢܫ ܝܠܝܬܟܘܢ ܡܫܟܠܠܬܐ. ܒܗ ܚ̈ܢܢܐ
ܡܒ̈ܝܐ ܘܬ̈ܚܡܝܢ ܠܐܠܗܐ ܘܫܘܒܚܐ ܒܪܒܟܐ ܠܥܘܠܡܐ ܢܐܡܪ ܚܢܢ.
ܠܒܘܫܡܟܐ ܪܘܫܢܐ ܗܘ ܕܒܡܬܟܠܠܐ ܕܠܐ ܥܠܝܡܝܢ ܢܪܗܛ
ܢܫܢܐ: ܘܠܗ ܠܡܠܠܘܬܐ ܕܫܡܝܐ ܢܣܠ܀ ܠܡܕܝܢܬܐ ܦܐܝܬܐ
ܕܠܟܠ܀ ܠܡܪܬܐ ܕܡܘܒܐ ܗ̇ܝ ܕܐܘܡܢܘܬܗ ܘܒܢܝܢܗ ܐܠܗܐ ܗܘ.
ܘܠܐ ܒܠܚܘܕ. ܐܠܐ ܘܠܫ̈ܢܐ ܘܠܡ̈ܠܝ ܕܗܘܬܐ ܬ̈ܠܡܝܕܝܢ. ܐܠܗܐ
ܕܟܠ ܟܠ ܢܦܫܐ܀ ܕܟܠܝܠ ܠܫܦܝܘܬܐ ܕܒܪ̈ܬܐ ܡܪ̈ܝܫܬܐ ܕܐܠܗܐ
ܠܟܠܗ ܬܫܒܘܚܬ ܫܡܝܢܐ ܕܢܨܒܘܢ ܒܐܘܪܚܬ ܕܐܦ ܒܐܘܪܫܠܡ
ܡܕܝܢܬܐ ܕܠܟܠ ܚܡ ܡܠܟܝ ܡܠ̈ܟܐ ܡܫܝܚܐ ܐܠܗܐ ܕܝܠܢ.
ܒܠܒ̈ܐ ܕܠܐ ܫܠܝܢ ܢܫܒܚܘܢ܀ ܒܝܠܕܘܬܗ ܕܝܠܕܬ[1] ܐܠܗܐ
ܘܒܬܘܠܬ ܒܟܠܙܒܢ ܡܪܬܝ ܡܪܝܡ ܐܡܝܢ ܀
ܐܒ̈ܗܝ ܐܚ̈ܐ ܀ ܬܐܘܕܘܪܐ ܡܫܝܚܐ ܘܪܫ ܕܝܪܐ ܕܐܟܡܣ ܡܪܘܬܐ
ܕܦܘܪܐ ܕܢܝܪܬܐ܀ ܕܥܪܒܝܐ.

LETTRE ÉCRITE PAR LES ABBÉS DES MONASTÈRES D'ARABIE AUX ÉVÊQUES ORTHODOXES.

A nos seigneurs les très pieux et très saints Pères et docteurs Jacques, Théodore, Jean, Jean, Jean, Serge, Jean, Étienne, Longin, Ptolémée, Élisée et Paul, évêques par l'aide de Dieu : tous les humbles Pères orthodoxes de la province d'Arabie.

Lorsque, pleins de joie, nous avons reçu les enseignements écrits de Vos Saintetés, nous nous sommes réunis ensemble, nous tous pères d'Arabie, et, dans notre réunion, nous les avons lus en commun et nous en avons recherché avec le plus

(1) Cod. ܕܝܠܕܬ.

grand soin le sens et la portée; les trouvant remplis de la vraie doctrine, nous avons loué Dieu, le Roi de tous, d'avoir excité votre zèle divin à veiller et à couper dans sa racine le mal et l'impiété qui, comme un chancre douloureux et inattendu, s'est répandue dans l'Église de Dieu. Vous avez fait cesser le mal; vous avez chassé du troupeau du Christ, notre Seigneur et Sauveur, les loups féroces et ravisseurs qui s'élancent avec audace et, sous l'apparence de pasteurs, s'efforcent de dévorer les fils de la vraie foi.

Car, bien que dans tout le reste vous aimiez la paix et la tranquillité, en ceci vous ne supportez pas d'être doux au point de trahir Dieu par votre silence; vous êtes au contraire ici de vaillants guerriers, prêts à un combat tel que celui-ci, qui requiert surtout le zèle. Aussi s'adapte-t-elle très bien à vous, cette parole de l'Apôtre : *Votre foi est divulguée non seulement dans les localités d'Achaïe, mais dans le monde entier* [1]. Malgré que nous soyons fort éloignés, tous et chacun, nous vous embrassons spirituellement, vous les saints et les soutiens de la parole divine. — Maintenant, par nos lettres, nous vous saluons en nous prosternant à vos pieds. Nous rendons presque grâces à ces pseudo-pasteurs, à ces ennemis de Dieu, qui ont oublié les choses du salut, de nous avoir, en droit et en fait, donné occasion de vous écrire ces lettres pour montrer leur audace nuisible en apparence à l'Église orthodoxe, mais, pour le dire intimement, nuisible plutôt à eux-mêmes. Ils se sont surtout glorifiés d'aiguiser leur langue pour la gloire de Dieu. Car l'impiété est habile à inventer les choses mauvaises, et audacieuse à s'insinuer pour en faire des pasteurs qui paissent leur troupeau en dehors de ce qu'il est permis de faire. Et nous aussi, petits et humbles qui sommes sous votre main sainte, nous avons ce même zèle qui vous anime pour la vraie foi et pour

[1] *I Thess.*, I, 8.

les enseignements de nos divins Pères, et nous demandons par la prière de ne rien ébranler des doctrines apostoliques qui nous ont été transmises; nous disons, par les très dignes de louange Sévère, Anthime et Théodose [1], et par tous ces hommes d'élite qui, avant eux, ont gouverné l'Église, combattant pour ses mystères. Nous répétons très à propos la parole de l'Écriture qui dit : « *Tu n'outrepasseras pas les antiques limites qu'ont fixées tes Pères* [2] », auxquels Vos Saintetés adhèrent, marchant sur les traces de l'action bienfaisante de leur doctrine. En même temps vous nous instruisez, nous vos disciples, par des écrits utiles, et vous fixez ce qu'il faut faire afin qu'aucun n'abandonne la voie royale.

C'est pourquoi, sachant que ce qu'ils ont fait et ce qu'ils ont dit dans leurs écrits est l'œuvre de l'Esprit Saint, conforme à ce que le Christ a dit par eux, c'est-à-dire très exactement vrai et apostoliquement exécuté : nous leur adhérons avec profit et nécessité; nous détournons de toutes nos forces la face de tous les guides hérétiques, surtout et nommément de cette hérésie qui, malgré nos prières, a germé maintenant et admet trois [3] ou plusieurs dieux et plusieurs essences, et dont les partisans sont si mauvais qu'ils ne savent rien faire de bon.

De même, nous repoussons ceux qui disent que la Trinité sainte et égale en essence ne s'est pas divinement incarnée par une de ses hypostases; car, en vérité, ces pasteurs sont devenus insensés, comme il est écrit [4].

Mais quant à l'incarnation de ce « un de la Trinité, Dieu le

[1] Sévère, patriarche d'Antioche, Anthime, patriarche de Constantinople, et Théodose, patriarche d'Alexandrie, tous trois monophysites.

[2] *Prov.* XXII, 28.

[3] Il s'agit de l'hérésie des trithéites, que Jean, surnommé *Ascusnaghès*, prêcha quelques années auparavant. Cf. Greg. Barhebr., *Chronicon eccl.*, I, 223.

[4] *Is.*, LVI, 11.

Verbe », nous confessons que, des deux natures ou hypostases [1] de la divinité et de l'humanité, parfaites comme leur Verbe, il s'est fait une seule nature et hypostase de Dieu le Verbe incarné [2]. Car les très louables docteurs de l'Église catholique ont enseigné une seule divinité et une seule nature ou essence dans les trois personnes de la Trinité vivifiante et sainte. Car l'une marque la nature de la divinité, et l'autre les propriétés des trois, et non pas trois dieux ni trois sortes de dieux, ni trois divinités ou trois sortes de divinités, ni trois natures ou trois sortes de natures, ni trois essences ou trois sortes d'essences; ils n'ont enseigné, ni défini dans aucun temps ni d'aucune façon que la même transcendante Trinité soit une pluralité de dieux ou de divinités ou de natures ou d'essences ou un nombre quelconque, déterminé ou indéterminé. Mais nous non plus, nous ne pensons pas ainsi; au contraire, par la grâce de Dieu, nous adhérons, comme nous l'avons dit plus haut, à la doctrine agréable à Dieu du très louable patriarche Sévère et à tout ce qui, dans la même cause, a été fait ou dit par lui, par S. Anthime et Théodose.

Car nous savons très justement que l'envoyé de vos suprêmes Béatitudes, marchant sur leurs traces, enseignait de même à tous, en tous lieux, qu'ils devaient rester la semence et la racine de l'Israël de Dieu, de sorte qu'aucun des fils de la vérité ne manquât à son devoir, mais demeurât attaché à la vraie profession de la religion divine comme au soutien de l'exacte vérité, et restât appuyé sur le fondement in-

[1] Ils confondent les mots ܟܝܢܐ et ܩܢܘܡܐ. Le concile de Chalcédoine a défini qu'il y a en Jésus-Christ deux natures (ܟܝ̈ܢܐ) et une hypostase ou personne (ܩܢܘܡܐ).

[2] Au lieu de dire : *une seule nature et une seule hypostase*, l'exactitude théologique demandait qu'ils disent : *une seule nature, c'est-à-dire une seule hypostase.* L'expression : *una natura Dei Verbi incarnata* est tirée de S. Cyrille d'Alexandrie. *Epist. 45 ad Succens. Patrol. gr.*, t. 77, col. 254.

ébranlable et divin de la doctrine vraie et infaillible, sans jamais varier.

A notre apologie de la foi, à cette lettre, pour votre certitude, ô saints pasteurs, chacun de nous a apposé sa signature. Puissiez-vous, amants du bien et du beau en tout, nos pères et nos maîtres, et ce n'est pas peu pour nous qui vous révérons, puissiez-vous, par vos prières agréables à Dieu, obtenir que nous menions jusqu'à la fin une vie pieuse, sainte et agréable à Dieu, que nous parvenions à la possession des délices spirituelles pour l'éternité, et que nous entrions dans le royaume des cieux, dans la magnifique cité d'en haut, l'Église du Fils unique, qui est l'œuvre de Dieu, son auteur. Non seulement cela, mais que le Dieu qui est au-dessus de tout accorde aux rois paisibles et victorieux de procurer de suite l'union à toutes les saintes églises de Dieu qui sont sous le ciel, afin qu'ils règnent durant les siècles sans fin dans la Jérusalem d'en haut avec le Roi des rois, le Christ notre Dieu, par l'intercession de l'auguste Marie, mère de Dieu et toujours vierge. Amen!

SIGNATURES [1].

1. Théodore (ܬܐܘܕܘܪܐ), prêtre et abbé du couvent d'Abbas Marcellin (ܡܪܩܠܝܢ) de la montagne de Harta (ܛܘܪܐ ܕܚܪܬܐ), adhérant à ce qui est écrit plus haut dans cette lettre, qui a été lue et traduite devant moi, j'ai signé de ma propre main.

2. Anastase (ܐܢܣܛܐܣܝܘܣ), humble moine du grand couvent de Gaschmin (ܓܫܡܝܢ), j'ai signé en grec.

3. Natira (ܢܛܝܪܐ), prêtre et abbé du couvent d'Abbas Mar Maxima d'Atou (ܡܟܣܝܡܐ ܕܐܛܘ), j'ai signé de ma propre main.

4. Habaschoub (ܚܒܫܘܒ), prêtre et abbé du couvent de Bath-Ara' (ܕܒܝܬ ܐܪܥ), j'ai signé par la main de Thomas (ܬܐܘܡܐ), prêtre de la montagne de Harta, après avoir apposé de ma main le signe précieux de la croix.

[1] Voir le texte complet dans Wright, *loc. supra cit.* — Nous reproduisons seulement les noms propres dans la langue originale. Les numéros d'ordre ont été ajoutés par nous et ne se trouvent pas dans le texte.

5. Georges (ܓܝܘܪܓܝ), prêtre et abbé du couvent des Hérimaiés (ܚܪ̈ܝܡܝܐ), j'ai signé de ma propre main.

6. Élie (ܐܠܝܐ), prêtre et abbé du couvent de Beth-Mar-Étienne de ʿAqrab (ܒܝܬ ܡܪܝ ܐܣܛܦܢܐ ܕܥܩܪܒ), j'ai signé par la main de notre prêtre Thomas (ܬܐܘܡܐ), après avoir de ma main apposé le signe précieux de la croix.

7. Pierre (ܦܛܪܘܣ), prêtre et abbé du couvent de Caphar-Souga (ܟܦܪ ܣܘܓܐ), j'ai signé de ma propre main.

8. Étienne (ܣܛܦܢܐ), prêtre et abbé du couvent de Mar Salomon des Kurdes (ܫܠܝܡܘܢ ܕܩܘܪ̈ܕܝܐ), j'ai signé de ma propre main.

9. Salomon (ܫܠܝܡܘܢ), prêtre et abbé du couvent de Caphar-Bastas (ܟܦܪ ܒܣܛܣ), j'ai signé par la main de Georges (ܓܝܘܪܓܝ), mon disciple.

10. Conon (ܩܘܢܘܢ), prêtre et abbé du couvent de Gouphnath (ܓܘܦܢܬ), j'ai signé de ma propre main.

11. Conon (ܩܘܢܘܢ), prêtre, j'ai, avec l'autorisation de Cyriaque (ܩܘܪܝܩܐ), prêtre et abbé du couvent de Macar (ܡܩܪ), signé pour lui.

12. Job (ܐܝܘܒ), prêtre et abbé du couvent des Matallés (ܡܛ̈ܠܠܐ) (tentes), j'ai signé de ma propre main.

13. Georges (ܓܝܘܪܓܝܣ), prêtre et abbé du couvent de Beth-Hala (ܒܝܬ ܚܠܐ), j'ai signé par la main du très aimant Dieu, le prêtre et abbé Mar Job, du couvent des Matallés.

14. David (ܕܘܝܕ), abbé du couvent de Bétalia (ܒܝܬܛܠܝܐ), j'ai signé de ma propre main.

15. J'ai aussi signé pour Mar Paul (ܦܘܠܐ), prêtre et abbé du couvent de Borga-Haura (ܒܘܪܓܐ ܚܘܪܐ).

16. Serge (ܣܪܓܝܣ), prêtre et abbé du couvent d'Artemis (ܐܪܛܡܝܣ), j'ai signé de ma propre main.

17. Julien (ܝܘܠܝܢܐ), pénitent édessénien qui habite en Arabie (ܒܝܬܥܪܒܝܐ), j'ai apposé ma signature à cet écrit et j'adhère à tout ce qui est écrit plus haut.

18. Thomas (ܬܐܘܡܐ), prêtre et abbé de Tôbnin (ܛܘܒܢܝܢ), j'ai apposé ma signature à cet écrit et j'adhère à tout ce qui est écrit plus haut.

19. Romana (ܪܘܡܢܐ), prêtre et abbé du couvent de Haina de Mar David (ܚܝܢܐ ܕܡܪܝ ܕܘܝܕ), j'ai signé de ma propre main.

20. Romana, prêtre, après avoir reçu l'autorisation de Jean (ܝܘܚܢܢ), prêtre et abbé de Louqad (ܠܘܩܕ), j'ai signé pour lui.

21. Elpid (ܐܠܦܝܕ), prêtre et abbé du couvent d'Amin (ܕܐܡܝܢ), j'ai signé de ma propre main.

22. Elpid, prêtre, après avoir reçu l'autorisation de Cyriaque (ܩܘܪܝܩܐ), prêtre et abbé du couvent de Lovon (ܠܘܘܢ), j'ai signé pour lui.

23. Georges (ܓܘܪܓܝܣ), prêtre et abbé du couvent de Beth-Sabnin de Gaschmin (ܒܝܬ ܣܒܢܝܢ ܕܓܫܡܝܢ), j'ai signé de ma propre main.

24. Georges, prêtre, après avoir reçu l'autorisation de Mar Alos (ܐܠܘܣ), prêtre et abbé de Beth-Mar-Serghis de Gabaitha (ܒܝܬ ܡܪܝ ܣܪܓܝܣ ܕܓܒܝܬܐ), j'ai signé pour lui.

25. Mana (ܡܢܐ), prêtre et abbé du couvent de Caphar-Schémesch (ܟܦܪ ܫܡܫ), j'ai signé de ma propre main.

26. Sabni (ܣܒܢܝ), prêtre et abbé du couvent d'Abbas Titos (ܐܒܒܐ ܛܝܛܘܣ), de ʿAqrab (ܥܩܪܒ), j'ai signé par la main de notre prêtre Conon.

27. Nator (ܢܛܘܪ), prêtre et abbé du couvent de Caphar-Coumra (ܟܦܪ ܟܘܡܪܐ), j'ai signé de ma propre main.

28. Jean (ܝܘܚܢܢ), prêtre et abbé du couvent de ʿAlqin (ܥܠܩܝܢ), j'ai autorisé Georges, fils d'Aziz (ܓܘܪܓܝܣ ܒܪ ܕܥܙܝܙ), à signer en grec pour moi, à raison qu'il ne s'est trouvé ici aucun de mes disciples; j'ai indiqué que j'adhère.

29. Thomas (ܬܐܘܡܐ), prêtre de Magdoula (ܡܓܕܘܠܐ), j'ai signé de ma propre main.

30. Georges (ܓܘܪܓܝܣ), prêtre et abbé du couvent de Namar (ܢܡܪ), j'ai signé de ma propre main, en grec.

31. Proclus (ܦܪܘܩܠܘܣ), prêtre et abbé du couvent de Gaschmin (ܓܫܡܝܢ), j'ai signé de ma propre main.

32. Martyrius (ܡܪܛܘܪܝܣ), prêtre et abbé du couvent de Zamron (ܙܡܪܘܢ), j'ai signé de ma propre main.

33. Martyrius, après avoir reçu l'autorisation de George (ܓܘܪܓܝܣ), prêtre et abbé du couvent de Motana (ܡܘܛܢܐ), j'ai signé pour lui.

34. Théodore (ܬܐܘܕܘܪܐ), prêtre et abbé du martyrium de Mar-Théodore de Barouqia (ܡܪܛܘܪܝܢ ܕܡܪܝ ܬܐܘܕܘܪܐ ܕܒܪܘܩܝܐ), j'ai signé par la main de notre frère Abraham (ܐܒܪܗܡ).

35. Manes (ܡܢܝܣ), prêtre et abbé du couvent de Gaschmin, j'ai signé de ma main propre, en grec.

36. Élie (ܐܠܝܐ), prêtre et abbé du couvent de Gaschmin, j'ai signé en grec de ma main propre.

37. Théodore (ܬܐܘܕܘܪܐ), prêtre et abbé de Beth-Mar-Phocas de Schouschana (ܒܝܬ ܡܪܝ ܦܘܩܐ ܕܫܘܫܢܐ), j'ai signé de ma propre main.

38. Zénodore (ܙܐܢܘܕܘܪܘܣ), prêtre du village de Tsourmanin (ܨܘܪܡܢܝܢ), j'ai signé de ma propre main, en grec.

39. Jean (ܝܘܚܢܢ), prêtre et abbé de Nahra de Qastra (ܢܗܪܐ ܕܩܣܛܪܐ), j'ai signé en grec de ma propre main.

40. Léontius (ܠܐܘܢܛܝܘܣ), prêtre et abbé du nouveau couvent du village de Caphar-Toul'at (ܟܦܪ ܛܘܠܥܬ), professant que j'adhère à nos saints Pères, j'ai signé en grec de ma propre main.

41. Paul (ܦܘܠܐ), prêtre et abbé de Schaurou (ܫܘܪܘ), j'ai signé de ma propre main.

42. Moi, humble Paul, après avoir reçu l'autorisation de Mar Étienne (ܐܣܛܦܢܐ), prêtre et abbé du couvent de Zebirath (ܙܒܝܪܬ), j'ai signé pour lui.

43. Jean (ܝܘܚܢܢ), prêtre et abbé de la montagne de Mahga (ܛܘܪܐ ܕܡܗܓܐ), j'adhère à ce qui est écrit plus haut, et j'ai signé de ma propre main.

44. Moi, Jean, après avoir obtenu l'autorisation de Mar Étienne (ܣܛܦܢܐ), prêtre et abbé du couvent de Pâdin (ܦܕܝܢ), j'ai signé pour lui.

45. Pierre (ܦܛܪܐ), prêtre et abbé de Lacaph (ܠܩܦ), j'ai signé par la main de notre prêtre Élie.

46. Théodore (ܬܐܘܕܘܪܐ), prêtre de Nahra de Qastra, ayant lu et accepté, j'ai signé en grec de ma propre main.

47. Théodore, prêtre, après avoir reçu l'autorisation de Job (ܐܝܘܒ), prêtre aimant Dieu et abbé de Mar-Joseph au village de Bouta' (ܡܪܝ ܝܘܣܦ ܕܩܪܝܬܐ ܒܘܛܥ), j'ai signé pour lui, parce qu'il ne savait pas écrire.

48. Houliph (ܚܘܠܝܦ), prêtre et abbé du monastère de Caphar Schémesch (ܟܦܪ ܫܡܫ), j'ai signé cette lettre; adhérant à tous les Pères orthodoxes du concile des 318 (de Nicée) et des 150 (de Constantinople), et d'Éphèse, j'ai signé.

49. Cyriaque (ܩܘܪܝܩܘܣ), prêtre et abbé du couvent de Bar-Saphra (ܒܪ ܣܦܪܐ), j'ai signé en grec de ma propre main.

50. Zénodore (ܙܐܢܘܕܘܪܐ), prêtre et abbé du couvent de Galscha (ܓܠܫܐ), j'ai signé de ma propre main.

51. Georges (ܓܐܘܪܓܝܣ), humble prêtre et reclus du couvent du village de Bousraïl (ܒܘܣܪܐܝܠ), j'ai signé en grec de ma propre main.

52. Étienne (ܣܛܦܢܐ), prêtre et abbé du couvent de Qounitha (ܩܘܢܝܬܐ), j'ai signé par la main de Mar Serghis (ܣܪܓܝܣ), de la montagne de Mahga.

53. Jean (ܝܘܚܢܢ), prêtre et abbé du saint couvent de Mar Conon des Zarvaiés (ܡܪܝ ܩܘܢܘܢ ܕܙܪܘܝܐ), j'adhère et j'ai signé de ma propre main.

54. Serge (ܣܪܓܝܣ), prêtre et abbé du couvent de ʿAlmat (ܥܠܡܬ), j'ai signé de ma propre main.

55. Moi, Serge, après avoir reçu l'autorisation de Mar Serge (ܣܪܓܝܣ), prêtre du martyrium de Mar Serge de ʿAlmat (ܒܝܬ ܣܗܕܐ ܕܡܪܝ ܣܪܓܝܣ ܕܥܠܡܬ), j'ai signé pour lui.

56. Jean (ܝܘܚܢܢ), prêtre et abbé du couvent de Saʿriʿiel (ܣܥܪܝܥܝܠ), j'ai signé de ma propre main.

57. Moi, Jean, après avoir reçu l'autorisation de Mar Élie (ܐܠܝܐ), prêtre et abbé du couvent de Gadirta (ܓܕܝܪܬܐ), j'ai signé pour lui.

58. Jean (ܝܘܚܢܢ), diacre et abbé du couvent de ʿAbrat (ܥܒܪܬ), j'ai signé de ma propre main.

59. Serge (ܣܪܓܝܣ), prêtre et abbé du couvent de Borga de Héreph (ܒܘܪܓܐ ܕܚܪܦ), j'ai signé de ma propre main.

60. Serge (ܣܪܓܝܣ), prêtre et abbé du couvent de ʿAlmath, j'ai signé de ma propre main.

61. Moi, Serge, après avoir reçu l'autorisation de Mar Euphina (ܐܘܦܝܢܐ), prêtre et abbé du couvent de ʿAlmath, j'ai signé pour lui.

62. ʿAbda (ܥܒܕܐ), prêtre et abbé du couvent de Rouʿeph (ܪܘܥܦ), j'ai signé de ma propre main.

63. Moi, Abda, après avoir reçu l'autorisation de Mar Job (ܐܝܘܒ), prêtre et abbé du couvent de Rouʿeph, j'ai signé pour lui.

64. Job (ܐܝܘܒ), prêtre et abbé du couvent d'Atima (ܐܛܝܡܐ), j'ai signé de ma propre main.

65. Élie (ܐܠܝܐ), prêtre du village de Macar (ܡܩܪ), j'ai signé de ma propre main.

66. Serge (ܣܪܓܝܣ), prêtre et abbé de Beth-Mar-Philippos d'Euphania (ܒܝܬ ܡܪܝ ܦܝܠܝܦܘܣ ܕܐܘܦܢܝܐ), j'ai signé de ma propre main.

67. Moi, Serge, après avoir reçu l'autorisation de Mar Élie (ܐܠܝܐ), prêtre et abbé du couvent de Goutar (ܓܘܛܪ), j'ai signé pour lui.

68. Job (ܐܝܘܒ), diacre et abbé du couvent de Caphar-Gouza (ܟܦܪ ܓܘܙܐ), j'ai signé de ma propre main.

69. Étienne (ܐܣܛܦܢܘܣ), prêtre et abbé du couvent de Namoul (ܢܡܘܠ), j'ai signé en grec de ma propre main.

IMPRIMERIE NATIONALE.

70. Habaschoub (ܚܒܫܘܒ), prêtre et abbé du couvent[1] de Caphar Naseg (ܟܦܪ ܢܣܓ), j'ai signé par la main de notre prêtre Jean (ܝܘܚܢܢ).

71. Habaschoub (ܚܒܫܘܒ), prêtre et abbé du couvent d'Amounin (ܐܡܘܢܝܢ), j'ai igné de ma propre main.

72. Sebat (ܨܒܛ), prêtre et abbé du couvent situé à Haïna (ܕܒܝܬܐ ܚܝܢܐ), qui est appelé *Poumeh de dîba* (ܦܘܡܗ ܕܕܐܒܐ) (Bouche du Loup), j'ai signé de ma propre main.

73. Conon (ܩܘܢܘܢ), prêtre et abbé du couvent de Macar, j'ai signé par la main d'Alos (ܐܠܘܣ), de ce village.

74. Moïse (ܡܘܫܐ), prêtre et abbé du couvent de Lebounta (ܠܒܘܢܬܐ), j'ai signé par la main de Job, notre disciple.

75. Abraham (ܐܒܪܗܡ), prêtre et abbé de Beth-Salma du village de Haïna (ܒܝܬ ܫܠܡܐ ܕܩܪܝܬܐ ܕܚܝܢܐ), j'ai signé de ma propre main.

76. Georges (ܓܝܘܪܓܝܣ), prêtre et abbé du couvent de Mar Qrouq de Haïna (ܕܡܪܝ ܩܪܘܩ ܕܚܝܢܐ), j'ai signé par la main de Mar Élie, prêtre et reclus de notre couvent.

77. Serge (ܣܪܓܝܣ), reclus du couvent de Haïna, j'ai signé par la main de Mar Élie, reclus.

78. Thomas (ܬܐܘܡܐ), prêtre et abbé du couvent de Mar Élie de Haïna (ܕܡܪܝ ܐܠܝܐ ܕܚܝܢܐ), j'ai signé par la main de Mar Abraham, prêtre et abbé du couvent de Beth-Salma.

79. Halphaï (ܚܠܦܝ), prêtre et abbé du couvent de Dourbil (ܕܘܪܒܝܠ), adhérant à nos saints Pères, j'ai signé de ma propre main, en grec.

80. Paul (ܦܘܠܘܣ), diacre et abbé de 'Aïngada (ܥܝܢܓܕܐ[2]), j'ai signé par la main de Halphaï du couvent de l'aimant Dieu, Halphaï, du village de Dourbil.

81. Étienne (ܐܣܛܦܢܘܣ), abbé du couvent de Caphar Hor (ܟܦܪ ܚܘܪ), qui par la grâce de Dieu suis appelé à l'état de reclus, j'ai signé de ma propre main.

82. Jean (ܝܘܚܢܢ), prêtre et reclus du couvent du village de Beth-Thiman (ܒܝܬ ܬܝܡܢ), j'ai signé en grec par la main de mon disciple Julien (ܝܘܠܝܢܐ).

83. Zénodore (ܙܢܘܕܘܪܐ), prêtre et abbé du couvent de Beth-Thiman (ܥܡܘܕܐ[3]

(1) Au lieu de ܥܡܘܕܐ *Amouda* «colonne» que porte le ms., je pense qu'il faut lire ܥܘܡܪܐ *oumra* «couvent». Si l'on maintient *Amouda*, il faut traduire «Abbé de la colonne» ou stylite. Il y avait effectivement des stylites à cette époque.

(2) *Sic.* Probablement pour ܥܝܢܓܕܐ.

(3) Voir, ci-dessus, la note du n° 70.

ܕܒܝܬ ܐܝܢܐ), j'ai signé par la main de Jean (ܝܘܚܢܢ), qui demeure dans le couvent de Haïna, appelé Beth-Mart-Mariam (ܒܝܬ ܡܪܬܝ ܡܪܝܡ) (Notre-Dame-Marie).

84. Sargon (ܣܪܓܘܢ), prêtre et abbé du couvent de Parsidin (ܦܪܣܝܕܝܢ). j'ai signé par la main du prêtre, abbé et visiteur, aimant Dieu, Mar Georges (ܓܘܪܓܝܣ), du couvent de Harimaïés (ܚܪܝܡܝܐ).

85. Solonos (ܣܘܠܘܢܘܣ), prêtre et abbé du couvent de 'Oudin ([1] ܥܘܕܝܢ), j'adhère à ce qui est écrit plus haut et j'ai signé de ma propre main.

86. Maron (ܡܪܘܢ), prêtre et abbé du couvent de Beth-Hana des Daraïés ([2] ܒܝܬ ܐܚܢܐ ܕܕܪܝܐ), j'ai signé de ma propre main.

87. Daniel (ܕܢܝܐܝܠ), prêtre et abbé du couvent des Daraïés (ܕܪ̈ܝܐ), j'ai signé de ma propre main.

88. Jean (ܝܘܚܢܢ), prêtre et abbé du couvent de Tella des Kurdes (ܬܠܠܐ ܕܩܘܪ̈ܕܝܐ), j'ai signé par la main du prêtre et abbé craignant Dieu, Solonos, de 'Oudin (ܥܘܕܝܢ).

89. Halphaï (ܚܠܦܝ), prêtre et abbé du nouveau couvent de Caphar Sousia (ܕܝܪܐ ܚܕܬܐ ܕܟܦܪ ܣܘܣܝܐ), j'ai signé par la main de notre diacre Job.

90. Sabnina (ܣܒܢܝܢܐ), prêtre et abbé de Beth-Mar-Elia des Kurdes (ܒܝܬ ܡܪܝ ܐܠܝܐ ܕܩܘܪ̈ܕܝܐ), j'ai signé par la main du prêtre, abbé et visiteur aimant Dieu, Mar Étienne (ܐܣܛܦܢܐ), du couvent de Mar-Salomon des Kurdes (ܡܪܝ ܫܠܡܘܢ ܕܩܘܪ̈ܕܝܐ).

91. Conon (ܩܘܢܘܢ), prêtre et abbé du couvent de Capha (ܟܦܐ), j'ai signé par la main de Maron, prêtre et abbé du couvent de Beth-Hana des Daraïés (ܒܝܬ ܐܚܢܐ ܕܕܪ̈ܝܐ).

92. Élie (ܐܠܝܐ), diacre et abbé de Nousa (ܢܘܣܐ), j'ai signé par la main de Mar Jean (ܝܘܚܢܢ), disciple du couvent de Mar-Salomon des Kurdes.

93. Jean (ܝܘܚܢܢ), prêtre et abbé du couvent de Mar Paul de Sakia (ܦܘܠܐ ܕܣܟܝܐ), j'ai signé par la main de l'aimant Dieu, Mar Étienne (ܣܛܦܢܐ), prêtre, abbé et visiteur du couvent de Mar-Salomon des Kurdes.

94. Habousch (ܚܒܘܫ), prêtre et abbé du couvent de Sakia (ܣܟܝܐ), devenu par la grâce de Dieu reclus, j'ai signé de ma propre main.

95. Mânès (ܡܐܢܝܣ), prêtre et abbé du couvent des Goubéens, qui est parmi les Kurdes (ܕܝܪܐ ܕܓܘ̈ܒܝܐ ܕܩܘܪ̈ܕܝܐ), j'ai signé de ma propre main.

96. Élie (ܐܠܝܐ), prêtre et abbé du couvent de Boutsa' (ܕܝܪܐ ܕܒܘܨܥ), j'ai signé de ma propre main.

97. Léontius (ܠܐܘܢܛܝܣ), diacre et abbé du couvent de Mar-Serge de Boutsa

[1] *Sic.* f. ci-dessous, n° 88.

[2] *Sic.* Cf. ci-dessous, n° 91.

(ܡܪܝ ܣܪܓܝܣ ܕܒܘܨܥ), j'ai signé par la main de Mar Mânès (ܡܐܢܝܣ), prêtre et abbé du monastère des Goubéens (*sic* ܕܝܪܐ ܕܓܘܒܝܐ).

98. Roufos (ܪܘܦܘܣ), diacre et abbé du couvent de Boutsa', j'ai signé de ma propre main.

99. Élie (ܐܠܝܐ), prêtre et abbé du couvent des Kurdes (ܕܝܪܐ ܕܩܘܪܕܝܐ), j'ai signé de ma propre main, en grec.

100. J'ai aussi signé pour Halphaï (ܚܠܦܝ), diacre et abbé du couvent du village de Cousita (ܕܝܪܐ ܕܟܘܣܝܬܐ ܩܪܝܬܐ), après avoir reçu son autorisation.

101. Samqaï (ܣܡܩܝ), prêtre, abbé et reclus du couvent de Boutsa', j'ai signé de ma propre main.

102. Élie (ܐܠܝܐ), prêtre et abbé du couvent de Tsaphrin (ܨܦܪܝܢ), j'ai signé par la main de Daniel, prêtre et abbé du couvent des Daraïés.

103. Roumana (ܪܘܡܢܐ), diacre et abbé du couvent des Daraïés, j'ai signé de ma propre main.

104. J'ai aussi signé pour le pieux Mar Barki (ܡܪܝ ܒܪܟܝ), prêtre et abbé du couvent des Daraïés.

105. Paul (ܦܘܠܘܣ), diacre et abbé du couvent de Louzé du village des Daraïés (ܕܝܪܐ ܕܠܘܙܐ ܕܕܪܥܝܐ ܩܪܝܬܐ), j'ai signé par la main du diacre Jean, de ce même village des Daraïés (ܕܝܠܗ ܕܩܪܝܬܐ ܕܕܪܥܝܐ).

106. Saboun (ܣܒܘܢ), diacre et abbé du couvent des Daraïés, j'ai signé par la main de Maron, prêtre et abbé du couvent de Beth-Hana.

107. Sabnin (ܣܒܢܝܢ), prêtre, abbé et reclus du couvent de Risch-Hana (ܪܝܫ ܐܚܠܐ), j'ai signé par la main de Mar Serge (ܣܪܓܝܣ), notre diacre.

108. Jean (ܝܘܚܢܢ), prêtre et abbé du couvent appelé de Holboun (ܡܬܩܪܐ ܕܚܘܠܒܘܢ), j'ai signé en grec de ma propre main.

109. J'ai aussi signé pour le prêtre aimant Dieu Thomas (ܬܐܘܡܐ), abbé du couvent du village de Kaphar-Sousia (ܟܦܪ ܣܘܣܝܐ).

110. Halphaï, prêtre et abbé du couvent du champ des Daraïés (ܕܝܪܐ ܕܚܩܠܐ ܕܕܪܥܝܐ), j'ai signé de ma propre main.

111. J'ai aussi signé pour Mar Jean (ܡܪܝ ܝܘܚܢܢ), prêtre et abbé du couvent des Daraïés.

112. Sebat (ܣܒܛ), diacre et abbé du couvent de Mar Jonan des Daraïés (ܡܪܝ ܝܘܢܢ ܕܕܪܥܝܐ), j'ai signé par la main de Mar Jean, disciple du couvent de Beth-Mar Salomon des Kurdes (ܒܝܬ ܡܪܝ ܫܠܝܡܘܢ ܕܩܘܪܕܝܐ).

113. Antiochus (ܐܢܛܝܘܟܘܣ), prêtre et abbé du couvent de Gabtil (ܓܒܬܝܠ) adhérant à nos saints Pères, j'ai signé en grec de ma propre main.

114. Nicaise (ܢܝܩܐܣܝܣ), prêtre et abbé du couvent de Gabtil (ܓܒܬܝܠ), j'ai signé de ma propre main.

115. Nona (ܢܘܢܐ), prêtre et abbé de Gabtil (ܓܒܬܝܠ), j'ai signé de ma propre main.

116. Luc (ܠܘܩܐ), prêtre et abbé du couvent de 'Avira (ܥܘܝܪܐ), j'ai signé par la main de Mar Jean, notre prêtre.

117. Thomas (ܬܐܘܡܐ), prêtre et abbé du couvent de Goubil (ܓܘܒܝܠ), j'ai signé de ma propre main.

118. 'Abdalaha (ܥܒܕܐܠܗܐ), prêtre et abbé du couvent de Hadata (ܕܝܪܐ ܕܚܕܬܐ), j'ai signé de ma propre main.

119. Serge (ܣܪܓܝܣ), prêtre et abbé du couvent de Halioram (ܚܠܝܘܪܡ), j'ai signé par la main de notre frère Mar Julien (ܝܘܠܝܢܐ).

120. Basa (ܒܣܐ), prêtre et abbé du couvent de Ghiglê (ܕܝܪܐ ܕܓܝܓܠܐ), j'ai signé par la main de notre prêtre Thomas.

121. Serge (ܣܪܓܝܣ), prêtre et abbé du couvent de 'Ouqabtá (ܥܘܩܒܬܐ), j'ai signé par la main du prêtre Mar Eusthate (ܐܘܣܛܬܝ), mon second, qui est prêtre de l'église de l'illustre ami du Christ le Patrice Moundar (..... ܥܕܬܐ ܕܪܚܡܗ ܕܡܫܝܚܐ ܦܛܪܝܩܝܘܣ ܡܘܢܕܪ).

122. Natira (ܢܛܝܪܐ), prêtre et abbé d'Apha (ܐܦܐ), j'ai signé de ma propre main.

123. Léontius (ܠܐܘܢܛܝܣ), pécheur, moine par la miséricorde divine et la grâce du Christ, et stylite du couvent de Saint-Hagoun (ܚܓܘܢ), j'adhère à la foi orthodoxe et vraie de nos Pères saints et orthodoxes, en foi de quoi j'ai signé en grec de ma propre main.

124. Élie (ܐܠܝܐ), prêtre et abbé du couvent de Maltabin (ܡܠܛܒܝܢ), j'ai signé de ma propre main.

125. J'ai aussi signé pour Mar Abel (ܗܒܝܠ), prêtre et abbé du couvent de Mar-Isaac de Lobib (ܕܝܪܐ ܕܡܪܝ ܐܝܣܚܩ ܕܠܘܒܝܒ).

126. Timath (ܛܝܡܬܐܘܣ), diacre et abbé du couvent de Mezrin (ܕܝܪܐ ܕܡܙܪܝܢ), j'ai signé de ma propre main.

127. J'ai aussi signé pour Mar Élie (ܐܠܝܐ), prêtre et abbé de Schemnil, (ܫܡܢܝܠ) et pour Mar Julien (ܝܘܠܝܢܐ), prêtre et abbé du couvent de Gadia (ܓܕܝܐ).

128. Élie (ܐܠܝܐ), prêtre et abbé du couvent du village de Caphar Auschai (ܟܦܪ ܐܘܫܝ), j'ai signé par la main du prêtre aimant Dieu, Élie, abbé du couvent du village de Gaschmin.

129. Jean (ܝܘܚܢܢ), prêtre et abbé du couvent de ʿAisania (ܥܝܣܢܝܐ), j'ai signé par la main de Mar Élie, abbé du couvent des Arʿabnaïés (ܐܪܥܒܢܝܐ).

130. Élie, prêtre et abbé de Beth-Mart-Mariam (de Notre-Dame) d'Aphra (ܒܝܬ ܡܪܬܝ ܡܪܝܡ ܕܐܦܪܐ), j'ai signé de ma propre main.

131. Hanina (ܚܢܝܢܐ), prêtre et abbé du couvent de Saint-Salomon (ܕܡܪܝ ܫܠܝܡܘܢ), j'ai signé par la main du prêtre aimant Dieu et mon prêtre, Mar Isaac (ܐܝܣܚܩ).

132. Élie (ܐܠܝܐ), prêtre et abbé du couvent du village de Misphar (ܡܣܦܪ ܩܪܝܬܐ), j'ai signé de ma propre main.

133. Tapsoros (ܛܦܣܘܪܘܣ), prêtre du village de Misphar, j'ai signé en grec de ma propre main.

134. Élie (ܐܠܝܐ), diacre et abbé du couvent des Arʿabnaïés, j'ai signé de ma propre main.

135. Joseph (ܝܘܣܦ), prêtre et abbé du couvent de Kaphra Zeʿoura (ܟܦܪܐ ܙܥܘܪܐ), j'ai signé de ma propre main.

136. Elpid (ܐܠܦܝܕ), prêtre et abbé du couvent de ʿAiioun (ܥܝܘܢ), j'ai signé de ma propre main.

137. J'ai aussi signé pour le prêtre aimant Dieu, Mar David (ܕܘܝܕ), abbé du couvent des Rischaïés (ܕܪܝܫܐ ܪܫܝܐ) (des nobles).

REMARQUES.

I. Les signatures sont au nombre de 137 ou même de 138, puisque Timath, au n° 127, a signé à la fois pour Élie et pour Julien. Mais peut-être Serge, abbé de ʿAlmat, nos 54 et 60, ne forme-t-il qu'une seule et même personne.

Le document a été lu devant les signataires. Tous ne comprenaient pas la langue syriaque, car il est dit qu'il a été *traduit*. En quelle langue? En arabe ou en grec? C'est sans doute en grec, car 18 signatures ont été apposées en grec. On sait qu'il y avait des moines grecs dans les monastères d'Arabie, comme il y en a encore aujourd'hui au Mont Sinaï.

Sur les 137 signataires, 84 ont signé de leur propre main et 53 ont eu recours à d'autres qui ont signé pour eux. En faut-il conclure que ces 53 ne savaient pas écrire? Peut-être faut-il conclure seulement qu'ils ne savaient pas écrire le syriaque ou qu'ils en étaient empêchés par quelque autre cause, car tous sont qualifiés de prêtre et d'abbé. On conçoit difficilement qu'ils aient été élevés à la dignité sacerdotale sans savoir écrire, quoique rigoureusement il suffise de savoir lire pour dire la messe. Cependant il est dit de Habaschoub (n° 4) et d'Élie (n° 6) qu'ils ont simplement fait une croix, ce qui indique qu'ils ne savaient pas écrire, bien qu'ils fussent prêtres et abbés. Bien plus, au n° 47, Théodore dit expressément qu'il a signé pour Job, prêtre et abbé du couvent de Mar Joseph, «parce qu'il ne savait pas écrire».

Parmi les abbés ou archimandrites des monastères, on trouve des *Reclus*. C'étaient des moines, semblables aux chartreux, qui vivaient dans des cellules séparées du reste du monastère et ne menaient pas la vie cénobitique. Généralement tous les abbés ou archimandrites sont prêtres, six cependant ne sont que diacres (nos 92, 97, 98, 112, 126, 134). On pourrait croire aussi qu'il y avait plusieurs archimandrites pour un seul monastère, comme pour Gaschmin, 'Almat et Haina; mais ces noms indiquent des localités qui avaient plusieurs couvents, comme à la montagne d'Édesse, et aujourd'hui au mont Athos.

II. La lettre n'est pas datée, mais on peut en fixer la date d'une manière assez précise, car elle est postérieure aux trois patriarches, Anthime de Constantinople, Sévère d'Antioche et Théodose d'Alexandrie. Celui-ci est mort le dernier des trois, l'année même de la mort de Justinien, l'an 565[1]. Elle est dirigée contre les trithéites; cette hérésie avait fait son apparition en 557, comme je l'ai établi ailleurs d'après Élie de Nisibe[2]. Deux évêques monophysites, Conon et Eugène, s'en étaient fait les propagateurs avec le grammairien philosophe d'Alexandrie, Jean Philoponus[3]. Une discussion publique avait eu lieu à ce sujet à Constantinople, sous l'empereur Justin II (566-578). C'est sans doute après ces démêlés que les abbés d'Arabie ont écrit leur lettre qui ne peut donc guère être antérieure à l'an 570; mais elle peut être postérieure. Car, au n° 121 des signatures, il est fait mention du patrice Moundar ou Moundir, fils de Hareth, prince arabe chrétien, qui régnait sous Tibère II (578-582) dans l'Arabie déserte. D'un autre côté, la lettre ne peut être postérieure à l'an 578, car elle est adressée à l'évêque Jacques, auteur de la secte des Jacobites, dont Denys de Telmahar et Grégoire Barhébréus placent la mort en l'an 578[4]. C'est, en effet, à Jacques Baradée et aux évêques qui lui adhéraient que se rapportent ces paroles : «A nos seigneurs les très pieux et très saints Pères et docteurs: Jacques, Théodore, Jean, Jean, Jean, Serge, Jean, Étienne, Longin, Ptolémée, Élisée et Paul, évêques par l'aide de Dieu». On trouve les mêmes noms dans la *Lettre* adressée au clergé et au peuple d'Arabie par les évêques monophysites, ainsi que dans une autre *Lettre* adressée

(1) Voir Land, *Joannis Ephesi Comment. de beatis orient.* Amstelod., 1889, p. 159.

(2) Voir *Barhebraei Chron. eccl.* I, col. 224, note 2.

(3) Voir Jean, évêque d'Asie ou d'Éphèse, *Hist. eccl.*, liv. V, 1-12, éd. en syriaque, par Cureton, et traduite en allemand par Schoenfelder, *Die Kirchengechichte d. Johannes von Ephesus.* München, 1862, p. 196-204, 207 et suiv.; Grég. Barhébréus, *Chron. eccl.*, p. 224 et suiv.

(4) Voir Greg. Barhébr. *Chron. eccl.*, I, 246.

aux évêques monophysites des différentes provinces. Enfin le même manuscrit contient une *Letre* adressée par les évêques orthodoxes (monophysites) d'Orient aux évêques monophysites de Constantinople. Or ces évêques orthodoxes d'Orient signent : Jacques, Théodore, Jean, Jean, Jean, Serge, Jean, Étienne, Longin, Ptolémée, Élie et Paul [1]. Dans une *Lettre* du même recueil, les abbés d'Orient, c'est-à-dire de Syrie et de Mésopotamie, déclarent adhérer à leurs évêques qui sont à Constantinople : Jean, Eunomius, Étienne, Longin, Élie, Ptolémée. Cette lettre est de l'an 571.

Dans la *Vie de Jacques Baradée* [2], il est rapporté qu'en Syrie, il ordonna Jean, du monastère de Mar-Buza, évêque de Séleucie en Syrie; Jean, du monastère de Mar-Bas, évêque de Kenesrin; Serge, du monastère d'Aphton, évêque de Haran; et un troisième Jean, évêque de Sura. Dans la même *Vie*, il est dit que le patriarche Théodose ordonna Théodore, évêque de Bostra en Arabie; Jacques ordonna Jean, du monastère de Qartamin, évêque de Dara. Jean d'Éphèse, dans sa *Vie* de Jacques Baradée, dit que Théodore, Arabe de nation, fut ordonné en même temps que Jacques [3]. Le même écrivain s'occupe longuement dans son *Histoire ecclésiastique* de l'évêque alexandrin Longin, de Théodore, et d'Étienne, évêque de Chypre [4].

III. La lettre est écrite par les abbés des couvents de la *province d'Arabie*. On voit combien ces couvents étaient nombreux, puisqu'il y a 137 signatures. Mais que faut-il entendre par la province ou éparchie d'Arabie? Une centaine de noms de cette province sont cités, mais ils ne sont guère connus, de sorte qu'il est difficile de donner une délimitation exacte. Grégoire Barhébréus nous met sur la voie dans sa *Chronique ecclésiastique* [5] : « Toutes les tribus des Arabes chrétiens qui habitaient dans le désert étaient, dit-il, très opposées au concile de Chalcédoine, et refusaient de communiquer avec les Chalcédoniens. » Il s'agit donc de l'Arabie qu'on appelle *déserte*, et qui s'étend le long de la Syrie depuis le Hauran jusqu'à l'Euphrate et jusqu'à l'Irak Arabi; car elle comprenait les possessions de Moundar et de ses aïeux avec la ville de Hirta, près de Koupha, où les Jacobites eurent en effet un évêque.

M. Nöldeke a cherché à fixer la place géographique qu'occupent les nombreux endroits cités ici, et il les place en général dans la province de Damas. Ce sentiment ne manque pas de probabilité, mais il faut attendre de nouveaux documents pour éclairer ce sujet.

Le premier couvent cité est celui de l'abbé Marcellin, de la montagne de *Har-*

[1] Add. ms. 14602, fol. 73 et suiv.
[2] *Anecdota syriaca*, II, 370; *Joannis ep. Ephesi de beatis orient.*, 207.
[3] *Anecdota syr.*, II, 250.
[4] Liv. I, 15; II, 3; IV, 1, 8-11, 22, 48, etc.
[5] Part. I, 218.

tha (nos 1 et 4). Nöldeke place cette montagne non loin de Gabia et de Gaschmin. M. Neubauer parle d'une Harta, près de l'Euphrate, dans la province de Soura [1]. Je me demande s'il ne faut pas lire ici *Hirta*, ville très connue. Le manuscrit a peut-être omis ici le *ioud* dans le mot syriaque, comme il le fait souvent.

Gaschmin, qui vient après, est un endroit qui avait plusieurs couvents. Il y avait le *grand couvent* (n° 2), un autre couvent (n° 31), un troisième et un quatrième (nos 35-36) : ces trois derniers ne sont distingués que par leurs abbés.

Il y a plusieurs couvents appelés des *Kurdes*, soit qu'ils aient été habités par des moines venus des monts Cardous, soit que la localité portât ce nom. Le couvent de Mar Salomon (nos 8, 92, 93, 112), de Tella, (n° 88), de Mar Élie (n° 90), des Goubéens (n° 95), et simplement des Kurdes (n° 99). Nöldeke les place dans la localité appelée en arabe Tell ou montagne des Kurdes, dans la province de Damas.

Haina ou *Hina* était également dans la province de Damas et possédait des couvents de Mar David (n° 19), de la Bouche du Loup (n° 72), de Beth-Salma (n° 75), de Mar-Qrouq (n° 76), de Mar Élie (n° 78), de Beth-Mart-Mariam ou de Notre-Dame (n° 83).

Les *Daraiés*, nom qui désigne les habitants du village de Dara, formaient aussi une localité de la province de Damas qui comptait plusieurs couvents, notamment le couvent de Beth-Ilana (n° 86), des Daraïés (n° 102), un autre couvent des Daraïés (n° 103), un troisième (n° 104), de Louzé (n° 105), un quatrième couvent des Daraïés (n° 106), du champ des Daraïés (n° 110), de Mar Ionan (n° 112).

Voir les conjectures de M. Nöldeke sur les autres localités mentionnées ici [2].

[1] *Géographie du Talmud*, p. 348.

[2] *Zeitschrift der D. M. G.*, t. XXIX, 419-444.

L'OMILIA

DI YOHANNES, VESCOVO D'AKSUM, IN ONORE DI GARIMÂ,

DEL

DOTT. CARLO CONTI ROSSINI.

Come rilevasi in modo sicuro dall' Apologia d'Atanasio, il cristianesimo, per opera di Frumenzio, fu introdotto in Etiopia verso il 350 dell'era volgare[1]. Ma lungo tempo dovette correre prima che esso uscisse da una cerchia ristretta di seguaci, in parte neppure abissini. Malgrado la lettera che Rufino dice mandata dall' imperatore Costanzo ai re Aizanas e Saizanas, soltanto più tardi e forse, più che per vere intime convinzioni, per interessi politici e commerciali in relazione con le lotte contro il partito nazionale, giudaico o cristiano, dello Ḥimyar, i sovrani aksumiti surrogarono col «Signore del Cielo» gli Dei antichi, *Maḥrem* o «il Distruttore», *'Astar* o «il Cielo», *Meder* o «la Terra», *Barrâṣ o* «il Folgorante»[2]. Men sollecita ancora

(1) Per la storia delle origini del cristianesimo in Etiopia, v. A. Dillmann, *Ueber die Anfänge des Axumitischen Reiches*, Berlino 1878 (*Abhandl. der K. Akad. der Wissensch. zu Berlin*); A. Dillmann, *Zur Geschichte des Axumitischen Reiches im vierten bis sechsten Jahrhundert*, Berlino 1880 (*ib.*); I. Guidi, *Le traduzioni degli evangeli in arabo e in etiopico*, Roma 1888 (*Mem. della R. Accad. dei Lincei*); Deramey, *Les origines du christ. en Éthiopie*, nella *Rev. hist. rel., XXIX;* D. H. Müller, *Epigraphische Denkmäler aus Abessinien*, Vienna 1894 (*Denkschr. der Wiener K. K. Akad. der Wissensch.*); Th. Nöldeke, ZDMG, 1894, p. 367-380; E. Glaser, *Die Abessinier in Arabia und Afrika*, München 1895; I. Guidi, *L'Abissinia antica*, nella *Nuova Antologia*, 1896, III; L. Hackspill, *Die Aethiopische Evangelienübersetzung*, nella *Zeitschr. für Assyriologie*, 1896, p. 117-196; E. Glaser, *Zwei Inschriften über den Dammbruch von Mârib*, Berlino, 1897, p. 22-31.

(2) Corrispondente, credo, al sabeo [illegible] : questo nome, infatti, secondo

dovette esser la conversione del volgo, più tenace, in ogni luogo, nelle avite credenze; particolarità linguistiche delle tribù abitanti ove più dovettero soffermarsi gli Agʿâzyân, e qualche altro indizio attestano la resistenza del paganesimo. Questo alfine fu vinto, e certo alla sua sconfitta dovettero principalmente concorrere i missionari che senza dubbio dall' Arabia meridionale, ove Filostorgio ne mostra un discepolo di Eusebio da Nicomedia stabilire il cristianesimo ed eriger chiese verso la metà del secolo IV, e verisimilmente anche dall' Egitto passavano nel reame di Aksum. Questi missionari son rimasti famosi presso gli Etiopi, che ne hanno raccolto il ricordo in quello di nove santi chiamati *Panṭalêwon* e *Garimâ* (cfr. ܒܝܬ ܩܪܝܡܘܣ) da *Rom* (= روم, l'impero bizantino), *Liqânos* (cfr. ܕܝܩܢܐ ܕܩܘܣܛܢܛܝܢܐ) da *Quesṭenṭenyâ* (= قسطنطينة), *Yemʿatâ* o *Maṭâʿ* (cfr. ܡܛܐ) da *Qosyât*, *Seḥmâ* da *Anṣokiyâ* (Antiochia), *Gubâ* (ܒܝܬ ܓܘܒܐ, *Ḥuḍr Elyâs*) da *Qilqeyâ* (Cilicia), *Afṣê* da *Isyâ* (Asia), *Aragâwi* da *Rom*, *Alêf* (cfr. ܐܠܦܐ, monte sul quale è il celebre convento di S. Matteo) da *Qisâryâ* (Cesarea).

Narra A. d'Abbadie che di tutti questi nove santi gli Abissini conservano il racconto della vita e delle gesta; raccolta che egli dice rarissima e che le nostre biblioteche non posseggono. Finora, si è accertata l'esistenza del *Gadla Panṭalêwon* «vita di Pantaleone», contenuto in un unico codice, che è il ms. et. 110 d'Abbadie (sec. XV ?[1]), del *Gadla Aragâwi*, di recente edito dal Guidi[2], e di una omilia su Garimâ, contenuta

D. H. Müller (*Die Burgen und Schlösser Südarabiens nach dem Iklîl des Ḥamdânî*, II, Vienna 1881, p. 21), avrebbe un significato analogo a quello dell' etiopico Barrâṣ. J. Derenbourg, invece, propende per una etimologia da ሣቀሰ, d'onde egli trae la probabile lettura di *Ilmûkih* e il significato di «Il preside» (CIS, IV, t. I, p. 107).

[1] *Catalogue de mss.*, ecc., p. 80.

[2] Ignazio Guidi, *Il Gadla Aragâwi*, Roma 1895 (*Memorie della R. Academia dei Lincei*).

nei ms. 89 d'Abbadie (sec. XV ?), ms. orient. 702 British Museum (sec. XVIII), ms. Peterm. II Nachtr. 28 Königl. Bibliothek Berlino (sec. XVI), e ms. et. 132 Bibl. Nat. Parigi (sec. XIX).

ድርሳን ፡ ዘደረሰ ፡ ቅዱስ ፡ ዮሐንስ ፡ ኤጲስ ፡ ቆጶስ ፡ ዘአክሱም ፡ በእንተ ፡ ዕበዩ ፡ ወገድሉ ፡ ለቅዱስ ፡ ይስሓቅ ። «Omilia che compose il santo Yoḥannes, vescovo di Aksum, intorno alla grandezza ed allo spirituale combattimento del santo Yesḥâq». Così leggesi al principio dell' omilia, e questa introduzione ci dà — cosa rarissima — il nome del compositore dell' opera.

Non è questo l'unico scritto che di Yoḥannes ci sia pervenuto. Ricordiamo un' omilia sull' annunciazione, una su Maria Vergine, altre sull' arcangelo Gabriele, sui quattro animali celesti e specialmente sull' arcangelo Michele [1]. Fu dunque egli scrittore fecondo e degno di un posto speciale nella storia della letteratura geʿez.

Abbiam visto come nell' omilia su Yesḥâq o Garimà gli sia dato il titolo di «vescovo di Aksum». Altri titoli egli porta nelle altre sue opere : ጳጳስ ፡ «metropolita», ጳጳስ ፡ ዘአክሱም ፡ ቀዳሚ ፡ ለአብያተ ፡ ክርስቲያናት ፡ «metropolita di Aksum, prima delle chiese»; ጳጳስ ፡ ዘብሔረ ፡ አክሱም ፡ «metropolita del paese di Aksum»; ጳጳስ ፡ ዘኢትዮጵያ ፡ «metropolita d'Etiopia»; ጳጳስ ፡ ዘብሔረ ፡ ኢትዮጵያ ፡ ዘወፅአ ፡ እምድኅረ ፡ አቡነ ፡ ይስሓቅ ፡ ዘብሔረ ፡ ኢትዮጵያ ፡ «metropolita del paese d'Etiopia, che uscì (fu metropolita) dopo il padre nostro Yesḥâq, del paese d'Etiopia».

Il nostro Yoḥannes adunque dovette essere uno di quegli ecclesiastici che dall' Egitto venivano mandati a governare la chiesa abissina.

(1) Cfr. i cataloghi del Dillmann, del Wright, dello Zotenberg, del d'Abbadie e dell' Ewald. Forse, anche il *Gadla Panṭalêwon*, scritto dal «vescovo ortodosso che fu consacrato metropolita di Aksum», è da attribuirsi a Yoḥannes.

Quando visse egli? Il termine *ad quem* ci è dato dai mss. orient. 692, British Museum, e n. 89 d'Abbadie, che contengono sue opere, e che non sarebbero posteriori, o lo sarebbero di poco, al sec. XV.

Ora, nel noto catalogo dei metropoliti abissini, contenuto nel ms. et. 160, f. 90 r., Bibl. Nat. Parigi, nella parte riguardante il secolo xv, troviamo: «Abbâ Mikâ'êl, che è sepolto in Embarabeʿe; abbâ Mârqos, che è sepolto in Dabra Esṭifânos; abbâ Mikâ'êl e abbâ Gabre'êl, che occuparono il seggio episcopale nel tempo stesso. Dopo la morte di abbâ Mikâ'êl, abbâ Gabre'êl fu nominato superiore di Dabra Arârâ. Abbâ Yoḥannes, abbâ Mikâ'êl, abbâ Yesḥâq e abbâ Marqos che vennero nel tempo stesso. Il loro capo abbâ Yesḥâq è sepolto in Barârâ, e abbâ Mârqos a Zegeñi».

Di un vescovo Yoḥannes, venuto in Etiopa verso il 1440, si ha notizia nella prefazione dell' ufficio della Vergine Maria (ms. add. 16201 British Museum, ecc.), ove è detto che quest' opera fu dall' arabo volta in geʿez «nei giorni del nostro re Zar'a Yâʿqob, chiamato Costantino, e del patriarca Giovanni di Alessandria, nei giorni dei nostri metropoliti abbâ Mikâ'êl e abbâ Gabre'êl, e del vescovo abbâ Yoḥannes, nel terzo anno da che essi erano stati mandati in Etiopia, nei giorni del nostro re Zar'a Yâʿqob chiamato Costantino, nel settimo anno da che regnava[1]». Ma, poichè il nostro Yoḥannes è messo insieme con un Yesḥâq nell' introduzione stessa di un suo scritto, si è condotti a identificarlo non con questo compagno di Michele e di Gabriele, ma col Yoḥannes che appunto insieme con Yesḥâq è mentovato nel ms. et. 160 di Parigi.

Per determinarne con maggior precisione l'età, può valere un' altra fonte, la relazione del viaggio del padre Francesco

[1] A. Dillmann, *Cat. codd. qui in M. Brit. asservantur : codd. aeth.*, p. 26.

Alvarez, il quale, come è noto, visitò l'Abissinia circa mezzo secolo dopo Zar'a Yâ'qob, e che fu amico del metropolita Marco. « Siccome stette questa terra ventitre anni senza abima (così corrottamente egli scrive per *abuna*), dicono che nel tempo del bisavolo di questo re (= Lebna Dengel), il quale si chiamava Zeriaco (ሀርየቆስ፡ o Ba'eda Mâryâm, 1468-1478), padre di Alessandro, avolo di questo re, padre di suo padre Nahu (= Nâ'od), fu morto l'abima, egli, in dieci anni trascorsi dalla morte del detto abima, non volle mandarne a chiedere un altro, e che diceva non volere che venisse abima da Alessandria; che, se non gli venisse da Roma, non lo voleva; piuttosto perissero le sue terre che essere egli padre della terra degli eretici. Così egli morì al termine di dieci anni ch'era senza abima. Narrano che in questo proposito stette saldo Alessandro suo figlio, avo di questo re, per tredici anni, senza cercare di mandare a chiedere un abima, finchè il popolo si levò dicendo che già non aveva più chierici e diaconi per servire le chiese; che, perdendosi i servitori, si perderebbero le chiese, e perdute le chiese, la fede si perderebbe. Ciò vedendo, Alessandro (1478-1494) mandò a cercare un abima al Cairo al patriarca d'Alessandria, che stava colà, il quale gliene mandò due, perchè l'uno succedesse all'altro. Entrambi erano vivi al nostro tempo (1520-1527); e, mentre noi là eravamo, morì l'abima Giacobbe, cui successe quello che ora vive ed egli mi disse che da 50 anni era in quella terra [1] ». — Questo tratto contiene manifeste inverisimiglianze, come, p. e., il tenace cattolicismo di Ba'eda Mâryâm, il quale invece noi sappiam ligio alle vecchie tradizioni abissine; contiene altresì contradizioni stridenti con le notizie del ms. et. 160 di Parigi, come, p. e., l'indicazione dell' invio di due soli metropoliti e il nome di Giacobbe dato

[1] Francisco Alvarez, *Verdadeira informação das terras do Preste João*, Lisbona 1889, p. 121.

ad uno di essi. Risolvere i quesiti che questa discrepanza delle fonti solleva, francamente, non è facile, nè, forse, possibile oggi. Dalle notizie dell' Alvarez una cosa sappiamo di certo : che, venuto meno il metropolita durante il non lungo regno di Ba'eda Mâryâm, nè questo re, nè, per qualche anno, suo figlio ne richiesero un altro ad Alessandria; ma che poscia, onde evitare tristi conseguenze, venne fatta la consueta richiesta al patriarca. Ciò sembra trovare una conferma nella breve storia di Eskender, edita dal Perruchon : «Nei giorni di lui (= di Eskender) vennero metropoliti dalla santa Gerusalemme, divennero molti i sacerdoti, furono restaurate le chiese e l'allegrezza riempì tutte le terre [1] ».

Un' ultima notizia non è da trascurare. Gli ambasciatori milanesi presso la corte pontificia con rapporto datato del 16 novembre 1481 riferivano al lor duca Gio. Galeazzo Sforza come un' ambasciata abissina si trovasse a Gerusalemme in cerca d'un religioso che incoronasse il nuovo giovane [2] re d'Etiopia; come essa fosse stata indotta a farne richiesta a Roma con promessa di futura sommissione alla chiesa cattolica; come, spinto dal vecchissimo cardinale di Rohan, memore degli Abissini al concilio di Firenze e sperando nell' ausilio abissino contro i Turchi, Sisto IV deliberasse l'invio di dodici francescani con alcuni vescovi e arcivescovi [3]. La cosa non ebbe seguito [4]; ma la circostanza che appunto verso il 1481 l'Etiopia ricercasse i nuovi rettori della sua chiesa parmi risultare abbastanza sicura.

[1] J. Perruchon, *Histoire d'Eskender*, ecc., Parigi 1894, p. 40 (estratto dal *Journal asiatique*).

[2] Eskender, infatti, salì al trono giovanissimo, di guisa che, nei primi tempi del suo regno, governò un consiglio di reggenza.

[3] P. Ghinzoni, *Un' ambasciata del Prete Gianni a Roma nel 1481*, nell' *Archivio Storico Lombardo*, vol. VI, p. 145-154.

[4] Singolare, anche se poco attendibile, dopo ciò l'accenno dell' Alvarez a tendenze cattoliche di Eskender!

Fra gli ecclesiastici mandati allora dal patriarca doveva trovarsi anche il nostro Yoḥannes. Chi egli fosse, in qual distretto o in qual regione avesse sortiti i natali, ove fosse educato, non sapremo probabilmente mai : i tratti, già esposti, del ms. et. 160 Parigi e delle introduzioni delle sue opere fanno credere che prima egli avesse giurisdizione in Aksum e che poscia, forse, ascendesse alla maggiore dignità della chiesa abissina; ma quest' ultima ipotesi trova opposizione nel d'Almeida. Il tempo e forse più fortunate e minuziose ricerche potranno apportare maggior luce.

Yoḥannes dunque era uno straniero, e, a dir vero, di questa sua origine arabo-copta ha tracce l'opera sua. La lingua, infatti, non è certo si pura come in tante altre vite di santi : l'influenza dell' arabo si sente sia nell' uso dei vocaboli, sia nelle espressioni o nelle frasi, come, p. e., nello ይቤ = قال (così comune negli scritti arabi), con cui comincia il racconto, nello እስመ = إنَّ, che suole aprire il discorso diretto, ecc., ecc. : ed anzi queste particolarità e le curiose corruzioni di taluni nomi propri, segnatamente di quello del padre di Garimâ, potrebbero sin far pensare che addirittura in arabo sia stata stesa originariamente l'omilia. Parimenti, l'influenza copta qua e là si ravvisa in certi particolari e in qualche racconto : citerò, a mo' d'esempio, soltanto il monaco che tesse trecce per le donne, e Garimâ, che per compiere la sua preghiera arresta il sole.

Questa omilia fu certo composta da Yoḥannes allorchè dimorava in Aksum. Allora, sia nella città santa abissina, sia visitando ora questo ora quel convento del distretto, e fra gli altri anche Madarâ (convento senza dubbio assai antico : un codice che in esso fu scritto è dallo Zotenberg[1] riportato al secolo XIII), potè sentire le leggende correnti intorno all' esule

[1] *Catalogue des mss. éth.*, ecc., p. 198.

figlio dell' imperatore di Roma e concepir vaghezza di raccorle insieme, come verisimilmente già altre intorno ad altri dei nove santi erano state raccolte.

Da questa omilia, riportandone a volte fin le parole, è stato tratto l'articolo che il sinassario dedica a Garimâ [1].

Due codici ebbi presenti nel preparare l'edizione di questo testo : il ms. et. 132, Bibl. Nat. Parigi, di cui il Dr. Chabot con la squisita amabilità sua volle fornirmi un' eccellente copia, e il ms. Peterm. II Nachtr. 28, Königl. Bibl. Berlino : nella stampa mi attengo di preferenza al primo, sebbene di gran lunga più recente.

I due codici presentano differenze, che sono a volte abbastanza notevoli. Il manoscritto berlinese offre, in genere, un testo più sviluppato, specialmente nelle preghiere e nelle pie citazioni; ma trattasi, parmi, di semplici interpolazioni del copista. E questa ipotesi mi sembra confortata anche dal fatto che tali aggiunte, più abbondanti nella prima parte, vengono a cessare completamente verso la fine, come se il copista, stanco, cercasse d'affrettare il compimento dello scritto e più non permettesse alla sua mente di divagare. Che il codice berlinese, poi, contenga delle interpolazioni, risulta evidente nell' episodio di Arwê, il re serpente, che i nove santi con le loro preci riescono a distruggere. — Una peculiarità del codice parigino è la divisione in dodici capi del racconto dei miracoli, a mo' delle divisioni che trovansi nella vita di S. Giorgio di Lidda, ecc. : la ho conservata nel testo a stampa, sebbene non sicuro che essa sia da attribuirsi a Yoḥannes. Le varianti sono, particolarmente per i primi due terzi dell' opera, numerose : mi restringo a dare quelle che mi sembrino più importanti. Con A indico il manoscritto parigino, con B il codice berlinese.

[1] Cfr. Sapeto, *Viaggio e missione fra i Bogos*, ecc., Roma 1856, p. 402-409.

Ecco un breve compendio della narrazione, contenuta nell' omilia :

Dopo anni di sterile matrimonio, Masfyânos, re di Roma, e Sefengyâ, piissima sua moglie, hanno un figlio, Yesḥâq, «il cui nome significa margarita»; mentre il patriarca lo battezza, una grande luce soprannaturale ne preannuncia le future glorie (v. 14-36.) — A dodici anni il fanciullo è mandato a scuola, ove rapidamente progredisce : cresciuto ancora, i suoi genitori vorrebbero dargli moglie, ma una visione celeste ne li distoglie (v. 36-48). — Morto Masfyânos, Yesḥâq riluttante è posto sul trono. Dopo sette anni di pacifico regno, fugge di nascosto in Etiopia, chiamatovi da una lettera del santo Panṭalêwon di Ṣomâʿt : l'angelo Gabriele ve lo trasporta in quattro giorni, mentre i messi di Panṭalêwon impiegano nel ritorno dieci mesi e quattro giorni. Colà Yesḥâq riceve da Panṭalêwon l'abito monacale, e col suo maestro rimane un anno (v. 48-108) — Allora, avuta notizia della sua andata, passano in Etiopia anche Liqânos di Costantinopoli, Yem'atâ di Qosyât, Ṣeḥmâ di Antiochia, Gubâ della Cilicia, Afṣê dell' Asia, Maṭâʿ di Romyâ, 'Oṣ di Cesarea, e con grandi astinenze, e in grande santità vivono in una sola casa con Panṭalêwon e Yesḥâq (v. 108-122). — Mentre così stanno, un governatore di Aksum annuncia loro come il paese sia dominato da un immane serpente, Arwê, venerato come un Dio, e in pasto al quale, oltre a infiniti animali, si dà giornalmente una fanciulla : sinceratisi del fatto mercè l'invio di Yesḥâq e di 'Oṣ, il quale ultimo assai si spaventa alla vista del mostro, i nove santi con grandi preghiere ottengono da Dio la morte del serpente (v. 123-284). — L'Etiopia allora si empie di tumulti e di disordini; sino a che Dio, vedendo la rettitudine della fede di quella terra, ed esaudendo le preci dei santi, invocanti un re della stirpe di Davide, pone sul trono Kâlêb. (v. 285-288). — Dopo tredici anni, e compiuti da loro numerosi prodigi, un povero monaco, Melkyânos, si unisce ad essi, i quali ne vilipendono l'umiltà; onde, per punirli, Dio lor toglie una face misteriosa, che soleva scendere a illuminarne i pasti. Ottenuto di ciò il perdono, i santi dividonsi, e Yesḥâq ritirasi in Madarâ (v. 288-309). — Ivi egli compie grandi miracoli : libera un ossesso, guarisce una donna, da trenta anni sofferente per ininterrotto flusso di sangue, ecc., ecc. Intanto, è fatto capo dei sacerdoti di Madarâ (v. 310-345). — Un giorno, egli semina un acino di grano : in breve ora questo germina, cresce, produce una ricchissima messe, che tutta il santo distribuisce ai poveri (v. 346-355). — Un altro giorno, avendo cessato di scrivere per pregare, gli angeli, che sempre lo servivano, gli copiano l'evangelo e la sua interpretazione (v. 356-360). — Sana una fanciulla invasa dallo spirito maligno (v. 360-442). — Visitato da due monaci, egli dà loro da mangiare, ma ripone la sua parte, onde, poco di poi, invitato, celebra il sacrifizio eucaristico, di che, ignorandosi dai suoi compagni com' egli si conservasse digiuno, è accusato presso Panṭalêwon. Questi lo chiama a colloquio, e, incontratolo, lo invita, per poterlo riprendere in segreto, a far allontanare i suoi compagni : «non gli uomini soltanto, ma gli alberi del bosco e le pietre si scostino da noi!» esclama Yesḥâq : gli alberi e le pietre obbediscono, onde, riconosciuta l'innocenza, Panṭalêwon grida : «*Garamkani*, mi hai stupito!» e da ciò Yesḥâq trae il nome di Garimâ (v. 443-491). — Tornato al convento, un dì Garimâ ferma il sole per poter compiere le sue preghiere (v. 492-496). — Essendo morto l'asino che soleva servirlo e portargli l'evangelo ed il cibo, lo piange amaramente (v. 497-507). — Stando a scrivere sotto un albero e avendo sputato su un gran sasso, ne fa sgorgare una fonte salutare (v. 507-511). — Imbattutosi in un villaggio che non osserva il riposo domenicale, lo redarguisce, è in malo modo percosso, e contro di esso lancia terribili maledizioni (v. 512-527). — Il re Gabra Masqal, intesi i prodigi del santo, lo visita in Madarâ o Bêta Masqal, ne riceve la benedizione, fa in onore del santo colà erigere una chiesa, e a questa ed al convento di Garimâ dona la terra di Ṭâfâ, ʿAdwâ, Mesâḥ (?), Sebeʿito (?), Mâya Leḥekuet (v. 528-556). — Una volta il santo semina un acino d'uva : subito questo germina, ed egli ne trae il succo per la messa. Adunatisi intorno a lui molti uomini, egli dà regole e precetti per la comunità (v. 557-565). — Sceso nel cuor del monte, fa da esso zampillare una fonte mirabilmente salutare (v. 566-569). — Cadutagli la penna mentre sta scrivendo, essa diviene una pianta (v. 569-571). — Informato di tutto ciò, il re gli dona la terra d'Atarêt ed altre sette città (v. 571-575). — Il santo, mentre va con Yem'âtâ, ferma un grande macigno, che Satana, per ucciderlo, gli rotolava contro, incontrasi un' ultima volta con Panṭalêwon, dal quale è confortato per le percosse dategli dai violatori del riposo domenicale (v. 576-592). — Ed infine, avvertito da Dio della prossima sua fine, e ottenute da Lui grandi promesse per quelli che lo venereranno, saluta i suoi fratelli e scompare al 17 del mese di sanê (v. 593-640). —

Un suo discepolo ha, poscia, una visione circa futuri dolorosi eventi della località santificata da Garimâ, ove si stabilirà un popolo malvagio (v. 641-645).

በስመ፡ አብ፡ ወወልድ፡ ወመንፈስ፡ ቅዱስ፡ ፩፡ አምላክ፤ ላዕሌሁ፡ ተወከልኩ[1]፡ ወቦቱ፡ እመንኩ፡ እስከ፡ ለዓለመ፡ ዓለም፤ አሜን።

ድርሳን፡ ዘደረሰ፡ ቅዱስ፡ ዮሐንስ፡ ኤጲስ፡ ቆጶስ፡ ዘአክሱም[2]፡ በእንተ፡ ዕበዩ፡ ወክብሩ፡ ለቅዱስ፡ ይስሓቅ። ወይቤ፤ ስምዑ፡ ወልብዉ፡ አኃውየ፡ ፍቁራንየ[3]፡ ዘእነግረክሙ[2]። ርኢኩ፡ ብእሲተ፡ እንዘ፡ ይዘብጥዋ፡ ዕራቃ፡ ወእንዘ[4]፡ ይፀርፉ፡ ላዕሌሃ፡ ወላዕለ፡ እግዝእትነ፡ ማርያም፡ እንዘ፡ ይብሉ[5]፡ በእንተ፡ ወልዳ፡ ክርስቶስ፤ እምብእሲት[6]፡ ኪያሁ፡ ኢተወልደ፤ ይብሉ፡ እለ፡ ኢየአምኑ፡ በክርስቶስ። ወክንኩ፡ እንዘ፡ እረውጽ፡ ወአኀዝኩ፡ እስፀም፡ ታሕተ፡ እገሪሃ፡ ለይእቲ፡ ብእሲት፡ እንዘ፡ ትብል[7]፤ እወ፡ በዝ፡ እንቀጽ፡ ወፅአ፡ ንጉሠ፡ ሰማያት፡ ወምድር። ወሰበ፡ ትብል[7]፡ ከመዝ፡ ወረደ፡ ላዕሌየ፡ አስራበ፡ መንፈስ፡ ቅዱስ።

እነግረክሙ፡ አነ፡ ኀጻጠ፡ ወንስቲተ፡ በአምጣነ፡ ሀብት፡ ዘወሀበኒ፡ እግዚእየ[8]፡ ለበቍዔተ፡ ነፍስክሙ፡ ዕበዮ፡ ወገድሎ[9]፡ ለዝንቱ፡ ብእሲ፡ ጻድቅ። ወሀሎ፡ አሐዱ፡ ብእሲ፡ ዘስሙ፡ መስፍያኖስ፡ ንጉሠ፡ ሮም፡ ወስመ፡ ብእሲቱ፡ ስፍንግያ[10]። እስመ፡ መካን፡ ይእቲ፡ ወአልባ፡ ውሉደ፡ ወኢ፡ ምንተኒ። ወነበሩ፡ ክልኤሆሙ፡ እንዘ፡ የሐዝኑ፡ ፲ወ፪፡ ዓመተ። ወጻድቃን[11]፡ እሙንቱ፡ ወይሁቡ፡ ምጽዋተ፡ ለነዳያን፡ ወለምስኪናን[12]፡ ወመባአ፡ ለአብያተ፡ ክርስቲያናት[13]። ወሖረት፡ አሐተ፡ ዕለተ፡ ከመ፡ ትትቄረብ፡ ቍርባነ፡ ወበአት፡ ውስተ፡ ቤተ፡ ክርስቲያን፡ ኀበ፡ ሀሎ፡ ሥዕሎሙ፡ ለጴጥሮስ፡ ወለጳውሎስ፡ ወሥዕለ፡ እግዝእትነ፡ ማርያም፡ ወቆመት፡ ማእከለ፡ ፪፡ ሥዕል፡ ወሰገደት፡ ቅድሜሃ፡ ለማርያም[14]፡ እንዘ፡ ትብል፤ ሀብኒ፡ ወልደ፡ ዘያሠምረኪ፡ ወዘያሠምሮ፡ ለወልድኪ፡ ወለእመሰ፡ ኢያሠምሮ፡ ለወልድኪ፡ ዕፅዊ፡ ማሕፀንየ[15]። ወደነነ፡ ውእቱ፡ ሥዕል፡ ከመ፡ አሆ፡ ዘይብል። ወቀሪባ፡ ቍርባነ፡ አተወት፡ ቤታ። ወእምዝ[16]፡ ፀንሰት፡ ወወለደት፡

(1) A ተ — ነ፡ B ተወከልኩ፡ ወኪያሁ፡ ተስፈውኩ፡ ወኪያሁ፡ ተአመንኩ፤ ለበውኩ፡ ወጠየቁ፡ አእመርኩ፡ ወነገርኩ፡ ወዘአንበበኒ፡ ነበብኩ፡ ቅዱስ፡ ስሉስ፡ . . . ፡ ዕሩይ፡ ዘኢይትሌለይ፡ ከመ፡ እንግር፡ ኂሩቱ፡ ለዝንቱ፡ ኄር፡ ወክቡር፡ ለዓለመ፡ ዓ″ ecc. — (2) >A. — (3) A ስምዑ፡ ፍ. — (4) A እንዘ. — (5) A ይደሉ. — (6) >A sino a ወክንኩ. — (7) B እብል. — (8) B እግዚአብሔር. — (9) B ዕበዩ፡ ወገድሉ. — (10) B ወብእሲቱሰ፡ ፍንግያ. — (11) B ወለ፡ ጻድቃን. — (12) >A. — (13) B ለቤተ፡ ክ — ን. — (14) B ቅድመ፡ ሥዕል፡ ለእግዝእትነ፡ ማ″. — (15) B add. ወሰአሌ (!)፡ እንዘ፡ ትብል፡ ከመዝ. — (16) B ወእምድኅረ፡ እማንቱ፡ መዋዕል.

ወልደ ፡ ወአእኰቶ ፡ ለእግዚአብሔር ። ወሰመዮ ፡ ስሞ ፡ ይስሓቅ ፤ ይስሓቅ ፡ ብሂል ፡ ዕንቍ ፡ ባሕርይ ፡ ብሂል ። ወሶበ ፡ ኮነ ፡ ፴ ፡ ዕለት ፡ ወሰድዎ ፡ ኀበ ፡ ቤተ ፡ ክርስቲያን ፡ ወገብሩ ፡ ሎቱ ፡ በሕገ ፡ ክርስቲያን ። ወቆሙ ፡ ኵሉ ፡ ሕዝብ ፡ ውስተ ፡ ቤተ ፡ ጴጥሮስ ፡ ወጳውሎስ ፡ ወሐቀፎ ፡ ወጾሮ ፡ ሊቀ ፡ ጳጳሳት ፡ ወአቀሞ ፡ ቅድመ ፡ ታቦት ፡ ወባረኮ ፡ ላዕሌሁ ፡ እንዘ ፡ ይብል ፤ አምላከ ፡ አብርሃም ፡ ይስሓቅ ፡ ወያዕቆብ ፡ ዘባረኮሙ ፡ ለአበዊነ ፡ ቀደምት ፡ ቅዱሳን ፡ እግዚአብሔር ፡ ይባርክ ፡ ላዕሌከ ። ወሶበ ፡ ባረኮ ፡ ሊቀ ፡ ጳጳሳት ፡ ለሕፃን ፡ ሠረቀ ፡ ላዕሌሁ ፡ ብርሃን ፡ ዐቢይ ፡ ዘያበርህ ፡ ከመ ፡ ፀሓይ ፡ ወወርኅ ፡ ወከዋክብት ። ወኵሎሙ ፡ እለ ፡ ርእዩ ፡ አንከሩ [1] ፡ ወሰብሕዎ ፡ ለእግዚአብሔር ፡ ወቀሪበሙ ፡ ቍርባነ ፡ አተዉ ፡ ውስተ ፡ አብያቲሆሙ ። ወንግሥትሰ ፡ አተወት ፡ ውስተ ፡ ቤታ ፡ ምስለ ፡ ሕፃን ፡ ወልዳ [2] ፡ ወገብሩ ፡ በእንቲአሁ ፡ በዓለ ፡ ወተፈሥሑ ፡ ዐቢየ ፡ ፍሥሓ ። ወሶበ ፡ ኮነ ፡ ፲ወ፪ ፡ ዓመት ፡ ወሰድዎ ፡ ኀበ ፡ መምህር ፡ ወተምህረ [3] ፡ ኦሪተ ፡ ወነቢያተ ፡ ወመጻሕፍተ ፡ ሐዋርያት ፡ ወትርጓሜሆሙ ። ወሤምዎ ፡ ዲያቆነ ። ወዓዲ ፡ መሀርዎ ፡ ሕገ ፡ ወተግሣጸ ፡ ወንዲወ ፡ አራዊት ። ወተማከሩ ፡ አቡሁ ፡ ወእሙ ፡ እንዘ ፡ ይብሉ ፤ ንሕዒ ፡ ሎቱ ፡ ለወልድነ ፡ እንዘ ፡ ሀለውነ ፡ በሕይወትነ [4] ፡ ከመ ፡ ንትፈሣሕ ፡ በመርዓሁ ። ወእንዘ ፡ ሀለዉ ፡ በዘከመዝ ፡ ግብር ፡ አስተርአዮ ፡ መልአከ ፡ እግዚአብሔር ፡ ለመክፍያኖስ ፡ በሕልም [5] ፡ ወይቤሎ [6] ፤ ብዙኃነ ፡ ነፍሳተ ፡ ሀለዎ [7] ፡ ያድኅን ፡ ወይትሐነጽ ፡ በላዕሌሁ ፡ ዐቢይ ፡ ቤተ ፡ ክርስቲያን ። ወነቅሀ ፡ ንጉሥ ፡ ወሖረ ፡ ኀበ ፡ ብእሲቱ ፡ ወይቤላ [8] ፤ እስመ ፡ በዛቲ ፡ ሌሊት ፡ መጽአ ፡ ኀቤየ ፡ መልአከ ፡ እግዚአብሔር ፡ ወይቤለኒ ፡ በእንቲአሁ ፡ ሀለዎ [9] ፡ ይግበር ፡ ተአምረ ፡ ወመንክረ ። ወይቤላ ፡ ለንግሥትኒ ፡ መልአከ ፡ እግዚአብሔር ፤ መጻእኩ ፡ ከመ ፡ አሐውጸኪ ፡ ወ [10] ሕንጺ ፡ ቤተ ፡ ክርስቲያን ፡ ከመ ፡ አስተፈሥሐኪ ፡ በመንግሥተ ፡ ሰማያት ።

ወሶበ ፡ ሞተ ፡ አቡሁ ፡ ተጋብኡ ፡ ዐበይት [11] ፡ ወመኳንንት ፡ ወመሳፍንተ ፡ ሮም [12] ፡ ወአኅዝዎ ፡ ለይስሓቅ ፡ እንዘ ፡ ይበኪ ፡ ብካየ ፡ መሪረ ፡ ወአንበርዎ ፡ በመንበረ ፡ መንግሥት ። ወነግሠ ፡ ፳ [13] ፡ ዓመተ ። ወኮነ ፡ በመዋዕሊሁ ፡ ፍሥሓ ፡ ወሰላም [14] ። ወእምድኅረዝ ፡ ለአከ ፡ ኀቤሁ ፡ ቅዱስ ፡ ጳንጠሌዎን ፡ ዘጸማዕት ፡ እንዘ ፡ ይብል ፤ አይስሓቅ ፡ ፍቁርየ ፡ መንግሥትሰ ፡ ዘበምድር ፡

(1) B ወሰምዑ ፡ ወአንከሩ ፡ ወአስተ ፡ ዐጸባ ፡ (*sic*). — (2) A > da ወንግ″. — (3) B ወመሀርዎ. — (4) B ወነሀበ ፡ ብእሲተ ፡ ወንት″. — (5) A መክስምያኖስ, B በሀልም ፡ ለመክፍያኖስ ፡ ንጉሥ. — (6) A ይቤሉ. — (7) B ብ-ን ፡ ነ-ት ፡ ሀለዉ. — (8) B ወነ″ እምንዋሙ ፡ ንጉሥ ፡ ምክፍያኖስ ፡ ይቤላ ፡ ለብእሲቱ ፡ ንግሥት. — (9) B ሀለዉ ፡ ይግብር. — (10) A > da መጻ″. — (11) B ዓበይተ ፡ ሮሜ. — (12) B ወመሳፍንት ፡ ወኵሎሙ ፡ ዐበይተ ፡ መንግሥት. — (13) > B. — (14) B ወአልበ ፡ ጽልአ (!) ፡ ወሀከክ ፡ ወእምድኅረ ፡ ነግሠ ፡ ዓመተ ፡ ለአከ.

ኀላፊ ፡ ወመንግሥት ፡ ሰማያትሰ ፡ ዘኢየኀልፍ ፡ ወመንግሥትሰ ፡ ዘበምድር ፡ የኀልቅ ፡ ወይበሊ ፡ ወመንግሥት ፡ ዘበሰማያት ፡ ኢይበሊ (1) ። ኢሰማዕክኑ ፡ ዘይቤ ፡ እግዚእነ ፡ በወንጌል ፤ ሰማይ ፡ ወምድር ፡ የኀልፍ ፡ ወቃልየሰ ፡ ኢየኀልፍ (2) ። ወካዕበ ፡ ኢሰማዕክኑ ፡ ዘይቤ ፡ ጳውሎስ ፡ በእንተ ፡ ዝንቱ ፡ ዓለም ፤ ኀላፊ ፡ ውእቱ ፡ ወእለኒ ፡ በልዑ ፡ ከመ ፡ ዘኢበልዑ ፡ ወእለኒ ፡ ሰትዩ ፡ ከመ ፡ ዘኢሰትዩ ፡ ወእለኒ ፡ ተደለዉ ፡ ከመ ፡ ዘኢተደለዉ ፡ ወእለኒ ፡ አውሰቡ ፡ ከመ ፡ ዘኢያውሰቡ (3) ፡ እስመ ፡ ኀላፊ ፡ ውእቱ ፡ ንብረተ ፡ ዝንቱ ፡ ዓለም (4) ። ኢሰማዕክኑ ፡ አወልድየ ፡ ይስሓቅ ፡ ዘይቤ ፡ ሉቃስ ፡ ወንጌላዊ ፡ ዘያፈቅር ፡ አቡሁ ፡ ወእሞ ፡ እምኔየ ፡ ኢይክል ፡ ይፀመደኒ ፡ እስመ ፡ ዓለም ፡ ኀላፊ ፡ ውእቱ (5) ፡ ወዘሰ ፡ ይገብር ፡ ፈቃዶ ፡ ለእግዚአብሔር ፡ ይነብር ፡ ለዓለም ። አወልድየ ፡ ይስሓቅ ፡ ኢትርስዕ ፡ ፍቅሮ ፡ ለእግዚአብሔር (6) ። ወሰበ ፡ በጽሐ ፡ መልእክት ፡ ርእያ ፡ ወአንበባ ፡ ወበከየ ፡ ብካየ ፡ መሪረ ። ወተንሥአ ፡ በሌሊት ፡ ወጸለየ ፡ እንዘ ፡ ይብል ፤ አእግዚእየ ፡ ኢየሱስ ፡ ክርስቶስ ፡ እስእለከ ፡ ወአስተበቍዐከ ፡ ከመ ፡ ትስማዕ ፡ ጸሎትየ ፡ ወተወከፍ ፡ ስእለተ ፡ ገብርከ ፡ ይስሓቅ (7) ፡ ወምርሐኒ ፡ ፍኖተ ፡ ርቱዐ ፡ እንተ ፡ ባቲ ፡ አሐውር ። ወተንሥአ ፡ በሌሊት ፡ እምነ ፡ ማኅደሩ ፡ ወበጽሐ ፡ ኀበ ፡ አንቀጸ ፡ ሚድ ፡ ኆኅተ ፡ መንግሥት (8) ፡ ወወፅአ ፡ ወሖረ ፡ በሌሊት ። ወአስተርአዮ ፡ መልአክ ፡ ዘስሙ (9) ፡ ገብርኤል ፡ አርኀወ ፡ ሎቱ ፡ ሰረገላ ፡ ወጸለሎ ፡ በክነፊሁ ፡ ብሩሃት ፡ ወጸሮ ፡ ወአብጽሖ ፡ ብሔረ ፡ አክሱም ፡ እምብሔረ ፡ ሮም ፡ በ፩ (10) ፡ ዕለት ፡ ተንሢኦ ፡ በንቅወተ ፡ ዶርሆ (11) ፡ ወበጽሐ ፡ በ፫ (12) ፡ ሰዓት ። ወበጽሐ ፡ ኀበ ፡ ዴዴሁ ፡ ለአባ ፡ ጰንጠሌዎን ፡ ወይቤ ፡ አውሎግሶን ፡ ፫ ፡ ጊዜ (13) ፡ ወወፅአ ፡ ኀቤሁ ፡ ወርእዮ ፡ ወዐተበ ፡ ገጾ ፡ በትእምርተ ፡ መስቀል ። ወተራከቡ ፡ ክልኤሆሙ ፡ ወተሳዐሙ ፡ ወተሐቀፉ ፡ በበይናቲሆሙ ፡ ወበከዩ ፡ ብካየ ፡ መሪረ ። ወአእኰትዎ ፡ ለእግዚአብሔር ፡ ወይብሉ ፤ ስብሓት ፡ ለከ ፡ እግዚኦ (14) ፡ ዘአስተጋባእከነ ፡ እምዅለሄ ፡ በብዝኃ ፡ ኂሩትከ ፡ ወከማሁ ፡ አስተጋብአነ ፡ እግዚኦ ፡ ምስለ ፡ ዅሎሙ ፡ ቅዱሳኒከ ፡ በመንግሥተ ፡ ሰማያት (15) ።

(1) B add. ወመንግሥተ ፡ ዘበ ፡ ምድር ፡ የሐልቅ ፡ ወመንግሥተ ፡ ዘበ ፡ ሰማያት ፡ ኢይሐልቅ (*sic*). — (2) B add. ወምንተ ፡ ይበቍዖ ፡ ለሰብእ ፡ ለእመ ፡ ዅሉ ፡ ዓለም (!) ፡ ረብሐ ፡ ወነፍሶ ፡ ሐጕለ ፡ ወምንተ ፡ እመ ፡ ኢወሀበ ፡ ቤዛሃ ፡ ለነፍሱ ፡ — (3) A > da ወእ″ አው″. — (4) A > da ንብ″. B add. ወካዕበ ፡ ይቤ ፡ እግዚእነ ፡ በወንጌል ፡ ሕድግዎሙ ፡ ለምውታን ፡ ይቅብሩ ፡ ምውቶሙ (*sic*) ፡ ወከማሁ ፡ አንተኒ ፡ አወልድየ ፡ ይስሐቅ ፡ ሕድጎ ፡ ለዝንቱ ፡ ዓለም ፡ ምስለ ፡ ምግባሩ. — (5) A > da እስ″. — (6) A > da አወ″. — (7) B add. ወከማሁ ፡ ሊተኒ ፡ ለገብርከ ፡ ምርሐኒ. — (8) B አንቀጽ ፡ ኆኅት ፡ ዘመን″. — (9) B መልአክ ፡ እግ″ ፡ እምሱራፌል ፡ ዘስሙ. — (10) B < ፩. — (11) B ወሰበ ፡ ነቀወ ፡ ዶርሆ ፡ ተንሥአ. — (12) B > ፫. — (13) B አው″ ፡ ጊዜ ፡ ወአርመመ ፡ ወኢያውሥአ ፡ ወደገመ ፡ አውሎግሶን ፡ ጊዜ. — (14) B add. አኰቴት ፡ ለመንግሥትከ. — (15) B add. እለ ፡ እምዓለም ፡ አስመሩከ ፡ ወተቀንዩ ፡ በ

ወሰበ ፡ ሖሩ ፡ ልኡካን[1] ፡ አባ ፡ ጳንጠሌዎን ፡ ወበጽሑ ፡ በ፲ ፡ አውራኅ ፡ ወበ፬ ፡ ዕለት[2] ፡ ወበኡ ፡ ወነገርዎ ፡ ለብእሴ ፡ እግዚአብሔር ፡ እንከረ ፡ ወተደመ ፡ ወይቤሎ ፤ ኦወልድየ ፡ ይስሐቅ ፡ ኢሰማዕከኑ ፡ ዘይቤ ፡ ዳዊት ፡ ነቢይ ፤ መንክር ፡ ግብርከ ፡ ወነፍስየ ፡ ትጤይቆ ፡ ጥቀ ፡ ወኢይትኀባእ ፡ እምኔከ ፡ ዘገበርኩ ፡ በኅቡእ ፡ ወኢአካልየኒ ፡ በመትሕተ ፡ ምድር ፡ ወዘሂ ፡ ገበርኩ ፡ ርእያ ፡ አዕይንቲከ ፡ ወኵሉ ፡ ይጸሐፍ[3] ፡ ውስተ ፡ መጽሐፍከ[4] ። ስማዕ ፡ ወልድየ ፡ ዕበያቲሁ ፡ ለእግዚአብሔር ፡ ዘአስተጋብአነ ፡ እምኵለሄ ፡ ከመ ፡ እንተ ፡ ታስተጋብእ ፡ እጐሊሃ ፡ ዶርሆ ፡ ታሕተ ፡ ክነፊሃ ። ወእንዘ ፡ ይትናገሩ ፡ ዕበያቲሁ ፡ ለእግዚአብሔር ፡ ነበሩ ፡ እስከ ፡ ዕለት ።

ወይቤ ፡ ቅዱስ ፡ ይስሐቅ ፡ ለአባ ፡ ጳንጠሌዎን ፤ አባ ፡ አልብሰኒ ፡ አስኬማ ፡ ዘመንከሳት[5] ። ወይቤሎ ፡ አባ ፡ ጳንጠሌዎን ፡ ለቅዱስ ፡ ይስሐቅ ፤ ትክልኑ ፡ ኦወልድየ ፡ አስኬማ ፡ መነከሳት ። ወይቤሎ ፡ ቅዱስ ፡ ይስሐቅ ፤ እወ ፡ እክል ፡ ኦአባ ፤ ኢሰማዕከኑ ፡ ዘይቤ ፡ እግዚእነ ፡ በወንጌል ፤ ዘበኀበ ፡ ሰብእ ፡ ይስእን ፡ ወበኀበ ፡ እግዚአብሔርሰ ፡ ኵሉ ፡ ይትከሀል[6] ፤ በከመ ፡ ይቤ ፡ ጳውሎስ[7] ፤ መኑ ፡ የኀድገነ ፡ ፍቅሮ ፡ ለክርስቶስ ፡ ሕማምኑ ፡ ዕርቃንኑ ፡ ረኃብኑ ፡ ተሰዶኑ ፡ ሞትኑ ፡ ሕይወትኑ ፡ መጥባሕትኑ[8] ፡ ዘሀሎኑ ፡ ወዘይመጽእኑ ፡ ጸድፍኑ[9] ፡ አልቦ ፡ ዘየኀድገነ ፡ ፍቅሮ ፡ ለክርስቶስ ። ወአንሰ ፡ እፈቅድ ፡ ከመ ፡ እርብሖ ፡ ለክርስቶስ ፡ ወርቡሕ ፡ ሊተ ። ወሰበ[10] ፡ ሰምዐ ፡ ዘንተ ፡ ነገረ ፡ እምአፉሁ ፡ ለቅዱስ ፡ ይስሐቅ ፡ ሰገደ ፡ በገጹ ፡ ወባረከ ፡ ለእግዚአብሔር ፡ ወይቤሎ ፡ ለይስሐቅ ፤ ያጽንዐከ ፡ እግዚአብሔር ፡ ውስተ ፡ ገቢረ ፡ ትእዛዛቲሁ ። ወዘንተ ፡ ብሂሎ ፡ ነሥአ ፡ አስኬማ ፡ መነከሳት ፡ ወአልበሶ ፡ ወባረኮ ፡ ላዕሌሁ ፡ እንዘ ፡ ይብል ፤ እግዚእነ ፡ ኢየሱስ ፡ ክርስቶስ ፡ ዘባረኮ ፡ ለእንጦንስ ፡ ወረሰዮ ፡ ርእሰ ፡

ኵሉ ፡ ልበሙ ፡ ብንጽሕ ፡ ወበ ፡ ኵሉ ፡ ኂሩት ፡ ወአንተኒ ፡ ዐሰይከሙ ፡ መከዕቢተ.

(1) B እምኀበ ፡ — (2) B ወበጽሑ ፡ በወ ዕለተ (!). — (3) B ይጽሕፍ. — (4) B add. አይቴኑ ፡ አሐውር ፡ እምነ ፡ መንፈስከ ፡ ወአይቴኑ ፡ እጐይይ ፡ እምቅድመ ፡ ገጽከ ፡ እመኒ ፡ ዐረጉ ፡ ውስተ ፡ ሰማይ ፡ ሀየኒ ፡ አንተ ፡ ወእመኒ ፡ ወድኩ (!) ፡ ውስተ ፡ ቀላይ ፡ ሀየኒ ፡ ሀሎከ ። ኤመኒ ፡ ነሳእኩ ፡ ክንፈ ፡ ከመ ፡ ንስር ፡ ወሰረርኩ ፡ እስከ ፡ ማሕለቅተ ፡ ባሕር ፡ ሀየኒ ፡ እዴከ ፡ ትመርሐኒ ፡ ወታነብረኒ ፡ የማንከ ። ስማዕኬ ፡ ኦወልድየ ፡ ይስሐቅ ፡ ዐቢያቲሁ ፡ ለእግዚአብሔር ፡ ዘአስተጋባእከነ (!) ፡ እምኵለሄ ፡ ከመ ፡ አንተ (!) ፡ ታስተጋብእ ፡ ንስር ፡ ታሕተ ፡ ክነፊሃ ፡ ወከመ ፡ አንተ (!) ፡ ተሐቅፍ ፡ ዶርሆ ፡ እጐሊሃ. — (5) A > tutto da ወይቤ. — (6) B add. ወካዕበ ፡ ይቤ ፡ እግዚእነ ፡ አልበ ፡ ዘይእሕዝ ፡ ዕርፍ ፡ ወየሐርስ ፡ ድኅሬተ ፡ ርትዕት ፡ ይእቲ ፡ መ[ን]ግሥተ ፡ ሰማያት. — (7) B add. በኃቤየሰ ፡ ምውት ፡ ዓለም ፡ ወአነሂ ፡ ምውት ፡ በኀበ ፡ ዓለም ፡ እምሰልክዎ ፡ ከመ ፡ እደው ፡ ወከመ ፡ ኵስሕ ፡ አንሰ ፡ እፈቅድ ፡ ከመ ፡ እርባሕ ፡ በክርስቶስ ፡ እመኒ ፡ ረባሕኩ ፡ በክርስቶስ ፡ ርቡሕ ፡ ሊተ ፡ ወካዕበ ፡ ይቤ. — (8) > A. — (9) > A. — (10) B ፍ"ለከ"ዳዊት ፡ አ (!) ፡ ይቤ ፡ እስመ ፡ በእንቲአከ ፡ ይቀትሉነ ፡ ኵሎ ፡ አሚረ ፡ ወኮኑ ፡ ከመ ፡ አባግዕ ፡ ዘይጠብሑ ። ወሰበ.

መንከሳት[1] ፡ ይቀድስ ፡ አስኬማከ ። እግዚአብሔር ፡ ዘባረከሙ ፡ ለአባ ፡ መቃርስ ፡ ወለአባ ፡ ሲኖዳ ፡ ይባርክ ፡ አስኬማከ ። ዘወሀበ ፡ ኤልያስ ፡ ለኤልሳዕ ፡ አመ ፡ የዐርግ ፡ ሰማየ ፡ ወአውረደ ፡ ሎቱ ፡ ሐሜላቶ ፡ ወበውእቱ ፡ ሐሜላቱ ፡ ጸገዎ ፡ ካዕበተ ፡ መንፈስ ፡ ቅዱስ ፡ እስከ ፡ አጋንንተ ፡ ያወፅእ ፡ ወምውታነ ፡ ያነሥእ ፡ ወእለ ፡ ለምጽ ፡ ያነጽሕ ፡ እስከ ፡ ሰማያተ ፡ ያቀውም ፡ ከማሁ ፡ ይቀድስ ፡ አስኬማከ ። እግዚአብሔር ፡ ዘቀደሰ ፡ ክህነቶ ፡ ለመልከ ፡ ጼዴቅ ፡ ይቀድስ ፡ ክህነተከ ። ወነበሩ[2] ፡ ክልኤሆሙ ፡ ፩[3] ፡ ዓመተ ።

ወሰበ ፡ ሰምዑ ፡ አኀው ፡ ቅዱሳን ፡ ከመ ፡ ፈለሰ ፡ ቅዱስ ፡ ይስሐቅ ፡ ወኀደገ ፡ መንግሥቶ ፡ ወመጽኡ ፡ አኀው ፡ አባ ፡ ሊቃኖስ ፡ እምቍስጥንጥንያ[4] ፡ ወአባ ፡ ይምአታ ፡ እምቆስያት[5] ፡ ወአባ ፡ ጽሕማ[6] ፡ እምአንጾኪያ ፡ ወአባ ፡ ጉባ ፡ እምቂልቅያ ፡ ወአባ ፡ አፍጼ ፡ እምኢስያ[7] ፡ ወአባ ፡ መጣዕ ፡ እምሮምያ ፡ ወአባ ፡ ዖጽ ፡ እምቂሳርያ ። ወበጽሑ ፡ አበው ፡ ቅዱሳን ፡ ኀበ ፡ ሀለዉ ፡ አባ ፡ ጰንጠሌዎን ፡ ወቅዱስ ፡ ይስሐቅ ፡ ወተአምኀዎሙ ፡ በአምኃ ፡ መንፈሳዊት ። ወነበሩ ፡ ውስተ ፡ ፩ ፡ ቤት ፡ በጸሎት[8] ። ወበ ፡ እምኔሆሙ ፡ ዘይትቀነይ ፡ ለሲሳይ ፡ ወበ ፡ ለዐራዝ ፡ ወበ ፡ ለነዳያን ፡ ወነበሩ ፡ ከመዝ ፡ መጠነ ፡ ፩[9] ፡ ዓመት ። ወእንዘ ፡ ይትጋብኡ ፡ ኀበ ፡ ማዕድ ፡ ይወርድ ፡ ዲቤሆሙ ፡ መኃትው ፡ ዘይበርህ ፡ ከመ ፡ ፀሓይ ፡ ወኢይጥዕሙ ፡ እክለ ፡ ዘእንበለ ፡ በሰርክ ፡ ወበ፱[10] ፡ ሰናብት ፥ በዕለተ ፡ ጌናሂ ፡ ወበዕለተ ፡ ልደትሂ ፡ ወበዕለተ ፡ ኤጵፋንያ[11] ፡ ወበቃናሂ ፡ ኢይጥዕሙ ፡ እክለ ፡ ዘእንበለ ፡ ሥጋሁ ፡ ወደሙ ፡ ለክርስቶስ ። ወበፋሲካሂ ፡ ወበጰንጠቈስጤሂ ፡ ኢይጥዕሙ ፡ ዘእንበለ ፡ በ፫ ፡ ፍሬ ፡ ወይን[12] ።

ወእንዘ ፡ ሀለዉ ፡ ከመዝ ፡ መጽአ ፡ ኀቤሆሙ ፡ ፩ ፡ መኰንን ፡ ዘአክሱም ፡ ወተናገሮሙ ፡ ወይቤሎሙ ፤ ሀሎ ፡ ዐቢይ ፡ ከይሲ ፡ ወንጉሥ ፡ ውእቱ ፡ ለብሔረ ፡ ኢትዮጵያ ፡ ወይሰግዱ ፡ ሎቱ ፡ ኵሎሙ ፡ መኳንንት ፡ ወይሁቡ ፡ አምኃሁ ፡ ብእሲተ ፡ ድንግለ ፡ ዘሠናይ ፡ ላህያ ፡ ወይገብሩ ፡ ጥምዐታተ ፡ ወሰርጐታተ ፡ ወያመጽእዋ ፡ ቅድሜሁ ፡ ለውእቱ ፡ ከይሲ ፡ ወየኀድግዋ ፡ ባሕቲታ ። ወይውኅጣ ፡ ውእቱ ፡ ከይሲ ። ወነበሩ ፡ ከመዝ ፡ ፳ወ፭ ፡ ዓመተ[13] ። ወቆሙ ፡ ለውእቱ ፡ ከይሲ ፡ ፻ወ፫[14] ፡ በእመት ፡ ወግድሙ ፡ ፳[15] ፡ በእመት ፡ ወአስናኒሁ ፡ አሐዱ ፡ እመት ። ወአዕይንቲሁ ፡ ይመስል ፡ ከመ ፡ ነደ ፡ እሳት ፡ ወቀራንብተ ፡ አዕይንቲሁ ፡ ከመ ፡ ቋዕ ፡ ጸሊም ፡ ወኵለንታሁ ፡ ከመ ፡ ዐረር ፡ ወብርት ። ወሰበ ፡ ይሰቲ ፡ ኢየአክሎ ፡ ፲ወ፯ ፡ መሳፍር ፡ ወያመጽኡ ፡ ሲሲቶ ፡ ለለዕ

(1) B ወአርአሰ ፡ ላዕለ ፡ ኵሎሙ ፡ መነከሳት. — (2) B ጼዴቅ ፡ እስከ ፡ ንግሥት(!) ፡ ይሰግዱ ፡ ሎቱ ፡ ወኵሉ ፡ ፍጥረት ፡ ይትቀነዩ ፡ ሎቱ ፡ ወነበሩ. — (3) > B. — (4) B እምቍስጥንጥያ. — (5) B እምሀገረ ፡ ቆስያት. — (6) B ጳሕማ. — (7) B እምኤስያ. — (8) A ቤተ ፡ ጸሎት. — (9) > B. — (10) B > ፱. — (11) A > ወ" ኤ". — (12) B በ፫ወይን ፡ ወእክለ ፡ ዘእንበለ ፡ በሰርክ. — (13) B ከመዝ ፡ ብዙኀ ፡ ዓመታት ፡ መጠነ ፡ ፲ወ፭ዓ". — (14) B ፸. — (15) B ፯.

ለት(1) ፡ ፲ ፡ አልህምተ ፡ ወ፲ ፡ አስዋረ ፡ ፲፻(2) ፡ አጣሊ ፡ ፻(2) ፡ አባግዐ ፡ ወትእልፌተ ፡ አእላፋተ ፡ አዕዋፍ ፡ ወበ ፡ ላዕሌሁ(3) ፡ ቀርን ፡ መጠነ ፡ ፫ ፡ በእመት ። ወሰበ ፡ የሐውር ፡ ይሰማዕ ፡ ድምፁ ፡ መጠነ ፡ ሰሙን ፡ ዕለተ ፡ መንገድ ። ወሰበ ፡ ሰምዑ ፡ ዘንተ ፡ አኀው ፡ አንከሩ ፡ ወአስተዐጸቡ ፡ ወተደሙ ፡ ወይቤልዎ ፡ ለውእቱ ፡ መኰንን ፤ አማንኑ ፡ ከመዝ ፡ ትቤ ። ወይቤሎሙ ፤ እወ ፡ አማን ። ለእመ ፡ ኢአመንክሙ ፡ ኪያየ ፡ ይምጻእ ፡ አሐዱ ፡ እምኔክሙ ፡ ወይርአይ ። ወይቤሎ ፡ አባ ፡ ጳንጠሌዎን ፡ ለቅዱስ ፡ ይስሐቅ ፤ ወልድየ ፡ ምንተ ፡ ንግበር(4) ። ወይቤሎ ፡ ቅዱስ ፡ ይስሐቅ ፤ ይምጻእ ፡ እኁየ ፡ ዖጽ ፡ ወንሑር ፡ ኀቤሁ ፡ ፍጡነ ፡ ወንርአዮ ፡ ለውእቱ ፡ አርዌ ፡ ወለእመ ፡ ከነ ፡ እሙነ ፡ አው ፡ ሐሰተ ። ወአንትሙሰ ፡ አዕሩግ ፡ ጽንሑነ ፡ እስከ ፡ ንገብእ ፡ ኀቤክሙ ፡ ወጸልዩ(5) ። ወተንሥኡ ፡ እሙንቱ ፡ ቅዱሳን ፡ ወውእቱሂ ፡ መኰንን ፡ ወሖሩ ፡ ወረከብዎ ፡ ለውእቱ ፡ አርዌ ፡ በከመ ፡ ልማዱ ፡ እንዘ ፡ የሐውር ፡ እምሀገር ፡ ለሀገር ፡ ወብዙኃን ፡ መኳንንት ፡ ይተልውዎ ፡ ወመሳፍንት ፡ የሐውሩ ፡ ቅድሜሁ ። ወእንዘ ፡ ሀለዉ ፡ መጠነ ፡ ፲ወ፬ ፡ ምዕራፍ ፡ ወሰምዑ ፡ ድምፀ ፡ ነጐድጓድ ፡ ወምድርኒ ፡ እንዘ ፡ ትርዕድ ፡ እምድምፀ ፡ ነጐድጓድ(6) ፡ ወአድባርኒ ፡ ያንበሰብሱ ፡ ወመሳፍንትኒ ፡ ይሰግዱ ፡ ሎቱ(7) ። ወሰበ ፡ ርእየ ፡ ቅዱስ ፡ አባ ፡ ዖጽ ፡ ግርማሁ ፡ ለውእቱ ፡ አርዌ ፡ ፈርሀ ፡ ወደንገፀ ፡ ወወድቀ ፡ በገጹ ። ወሰፍሐ ፡ እዴሁ ፡ ቅዱስ ፡ አባ ፡ ይስሐቅ ፡ ወአንሥኦ ፡ ወአቀሞ ፡ ቅድሜሁ ፡ ወይቤሎ ፤ ለምንት ፡ ትደነግፅ ፡ አባ ፡ ክቡር ፤ ኢሰማዕከኑ ፡ ዘይቤ ፡ ዮሐንስ ፡ ቅዱስ ፡ ወልደ ፡ ዘብዴዎስ ፤ እስመ ፡ ፍርሀትሰ ፡ መቅሠፍት ፡ ባቲ ፤ ወይእዜኒ ፡ ንግባእ ፡ እኁየ ፡ ኀበ ፡ አኃዊነ ፡ ንንግሮሙ ፡ ዘከመ ፡ ርኢነ(8) ፤ ፈቃደ ፡ እግዚአብሔር ፡ ለይኩን ። ወሖሩ ፡ ክልኤሆሙ ። ወእንዘ ፡ የሐውሩ ፡ ርእይዎሙ ፡ እምርሑቅ ፡ ወይቤልዎሙ(9) ፤ ዳኃንኑ ። ወይቤልዎሙ ፡ እለ ፡ ላእካን ፤ እወ ፡ ዳኃን ። ወተስእልዎሙ ፡ ወይቤልዎሙ ፤ ረከብክሙኑ ፡ ዜናሁ ፡ ለውእቱ ፡ አርዌ ፡ አው ፡ አልቦኑ ። ወይቤልዎሙ ፤ ርኢናሁ ፡ በከመ ፡ ይቤ ፡ መኰንን ፡ ወርኢናሁ ፡ ግርማሁ ፡ ወመደንግፆ(10) ፡ ወምድርኒ ፡ እንዘ ፡ ትርዕድ ፡ ኢትጸውሮ ፡ ወአድባርኒ ፡ ኢያገምሮ ፡ ወዝንቱሰ ፡ አባ ፡ ወድቀ ፡ በገጹ ፡ እምግርማሁ ። ወገሠጽዎ ፡ አኀው ፡ ወይቤልዎ ፡ ለአባ ፡ ዖጽ ፤ ለምንትኑ ፡ ፈራህከ ፡ ወደንገፅከ ፡ በዘይመውት ። ወእፎ ፡ እመ ፡ ይመጽእ ፡ እግዚእነ ፡ በመፍርህ ፡ ወበረዓድ ፡ ወበመደንግፅ ፡ ምንተ ፡ ትብል ። ወይእዜኒ ፡ አኃዊነ(11) ፡ ንስእሎ ፡ ለእግዚአብሔር ፡ አምላክነ ፡ ወንትመሐለል ፡ ኀቤሁ ፡ ከመ ፡ ንኅሥሥ ፡ መድኀኒተ ፡ ለኢትዮጵያ ፡ ወያንግሥ ፡ ላዕሌሃ ፡ እምሥርወ ፡ እሴይ ፡ ወእምዐጽቁ ፡

(1) B add. ወሰበ ፡ ይበልዕ ፡ ኢያአክሎ. — (2) B ፻፻. — (3) B ወበላዕ″. — (4) A እግበር. — (5) B add. እስከ ፡ ንገብእ ፡ ኀቤክሙ ፡ ፍጡነ ፡ ወአንትሙኒ ፡ ኢትርስዑነ ፡ በጸሎትክሙ. — (6) A > da ወም″. — (7) A > da ወመ″. — (8) B add. ወይቆሙ ፡ ዘከነ. — (9) A ለይኩን ፡ ወገብኡ ፡ ኀበ ፡ አኃው ፡ ወይቤ″. — (10) A ደንገጹ. — (11) B አኀውር.

ለዳዊት ፡ ወንጹም ፡ መዓልተ ፡ ወሌሊተ ። ወተባህሉ ፡ ከመዝ ፡ በበይናቲሆሙ ፡ እሙንቱ ፡ ቅዱሳን ፡ ወፈጺሞሙ ፡ እንግልጋሆሙ ፡ በኡ ፡ ውስተ ፡ መኃድሬሆሙ ፡ ወጾሙ ፡ መዓልተ ፡ ወሌሊተ (1) ፡ ወኀብሩ ፡ ኵሎሙ ፡ በኀሊና ፡ ወበምክር ፡ ወበልብ ። ወሰፍሑ ፡ እደዊሆሙ ፡ ውስተ ፡ ሰማይ ፡ መንገለ ፡ ምሥራቅ ፡ እንዘ ፡ ይብሉ ፤ እግዚአብሔር ፡ አቡሁ ፡ ለእግዚእነ ፡ ወመድኀኒነ ፡ ኢየሱስ ፡ ክርስቶስ ፡ ንስእለከ ፡ ወናስተበቍዐከ ፡ ንሕነ ፡ አግብርቲከ ፡ ትሑታን (2) ፡ ወንኑሥሥ ፡ ምሕረተ ፡ ዚአከ (3) ፡ ተዘከረነ ፡ እግዚኦ ፡ በሣህልከ ፡ ሕዝብከ ፡ ወተሣሀለነ ፡ በአድኅኖትከ ፡ ከመ ፡ ንርአይ ፡ ሠናይቶመ ፡ ለኅሩያኒከ (4) ፡ ርድአነ ፡ በኀይለ ፡ መስቀልከ (5) ። አንተ ፡ ውእቱ ፡ ዘሰቀልከ ፡ ለሰማይ ፡ ከመ ፡ ቀመር ፤ አንተ ፡ ውእቱ ፡ ዘሣረርከ ፡ ለምድር ፡ ዘእንበለ ፡ መሠረት ፤ አንተ ፡ ዘሐጸርከ ፡ ለባሕር ፡ በኖጻ (6) ፤ አንተ ፡ ውእቱ ፡ ዘፈጠርከ ፡ ጽልመተ ፡ ሌሊት ፡ ወብርሃነ ፡ መዓልት ፤ አንተ ፡ ውእቱ ፡ ዘፈጠርከ ፡ ፀሓየ ፡ ወወርኀ ፤ አንተ ፡ ውእቱ ፡ ዘፈጠርከ ፡ ኵሎ ፡ ከዋክብተ ፤ አንተ ፡ ውእቱ (7) ፡ ዘሰጠቀ (8) ፡ አፍላገ ፡ ወአንቅዕተ ፡ ለከ ፡ ውእቱ ፡ መዓልት ፡ ወዚአከ ፡ ይእቲ ፡ ሌሊት ፤ አንተ ፡ ውእቱ ፡ ዘፈጠርኮ ፡ ለአዳም ፤ አንተ ፡ ውእቱ ፡ ዘመራሕኮሙ ፡ ለሕዝብከ ፡ መዓልተ ፡ በደመና ፡ ወኵሎ ፡ ሌሊተ ፡ በብርሃነ ፡ እሳት ፤ አንተ ፡ ውእቱ ፡ ዘሴሰይኮሙ (9) ፡ ፵ ፡ ዓመተ ፡ ወአዝነምከ ፡ ላዕሌሆሙ ፡ መና ፡ እምሰማይ ፡ ወሥጋ ፡ ከመ ፡ መሬት ፡ ከመ ፡ ይብልዑ ፡ ወይጽግቡ (10) ፡ ወጸጊበሙ ፡ ዐለዉከ ። በከመ ፡ ይቤ ፡

(1) A > da ወተባ". — (2) B add. ወንስእል ፡ ወናስተበቍዓከ ፡ ኃበ ፡ ብዙኅ ፡ ምህረትከ ፡ ስምዓነ ፡ አምላክነ ፡ ወመድኃኒነ ፡ በእንተ ፡ ስብሓተ ፡ ስምከ ፡ እግዚኦ ፡ ባልሐኒ ፡ እግዚኦ ፡ ወስረይ ፡ ኃጢአተነ ፡ በእንተ ፡ ስምከ. — (3) B > da ወነ". — (4) B add. ወከመ ፡ ንትፈሣሕ ፡ በፍሥሓ ፡ ሕዝብከ ፡ ወከመ ፡ ንክብር ፡ ምስለ ፡ ርስትከ. — (5) B add. እንዘ ፡ ንብለከ ፡ ቅዱስ ፡ ቅዱስ ፡ ቅዱስ ፡ እግዚአብሔር ፡ ጸባኦት ፡ ፍጹም ፡ ምሉእ ፡ ሰማያተ ፡ ወምድር (sic) ፡ ቅድስተ (!) ፡ ስብሓቲከ ። አንተ. — (6) B add. ከመ ፡ ኢትዕዱ ፡ እምወሰና ፡ ወኢትድብያ ፡ ለምድር. — (7) B add. ዘፈጠርከ ፡ ቍር ፡ ወአስኃትያ ፡ አንተ ፡ ውእቱ ፡ ዘፈጠርከ ፡ ደደከ ፡ ወመርዌ ፡ ወመብረቀ ፡ ወደመና ። አንተ ፡ ውእቱ ፡ ዘፈጠርከ ፡ መላእክት (!) ፡ ወሊቃነ ፡ መላእክት ፡ ዐበይት ፡ ወስጣናት (!) ፡ መናብርት ፡ ወሊቃናት ፡ ወመኳንንት ። አንተ ፡ ውእቱ ፡ ዘሀሎከ ፡ እምቅድመ ፡ ፍጥረተ ፡ ናሴን ፡ ወቤዝ ። አንተ ፡ ውእቱ ፡ ዘአኰነንከ ፡ ለፀሐይ ፡ ማዓልተ ፡ ወለወርኅ ፡ ሌሊተ ፡ አንተ ፡ ውእቱ. — (8) B ዘሰጠቃ ፡ ለኢያሪኮ ፡ ከመ ፡ እርጋሄ ፡ በስልጠንከ (!) ፡ አንተ ፡ ውእቱ ፡ ዘሠጠቀ. — (9) B add. መና. — (10) B. add. ጥቀ ፡ ወከመ ፡ ኆፃ ፡ አዕዋፍ ፡ ዘይሠርር ፡ ወደቀ ፡ ማእከለ ፡ ተዐይኒሆሙ ፡ ወአውደ ፡ ደባትሪሆሙ ፡ በልዑ ፡ ወጸግቡ ፡ ጥቀ ፡ ወወሀብኮሙ (!) ፡ ለፍትወቶሙ ፡ እምዘ ፡ ፈቀዱ ፡ ወኢያኅጣእኮሙ ፡ ምንተኒ ፡ ወሰበ ፡ ፀግቡ ፡ ዐለዉከ ። በከመ ፡ ይቤ ፡ ጳውሎስ ፡ አምዐዕዎ ፡ በገዳም ፡ እለ ፡ ሰምዑ ፡ ወአኮ ፡ ኵሎሙ ፡ እለ ፡ ወፅኡ ፡ እምግብጽ ፡ በእደ ፡ ሙሴ ፡ ወአሮን ፡ ለመኑ ፡ ተቈጥዖሙ ፡ ፵ዓመተ ፡ አኮኑ ፡ ለእለ ፡ አበሱ ፡ ወወድቀ ፡ አብድንቲሆሙ ፡ ውስተ ፡ ገዳም ፡ ኢታምልኩ ፡ ይቤልዎሙ ፡ ወአምላኩ (!) ፡ በከመ ፡ ይቤ ፡ መጽሐፍ ፡ ነበሩ ፡ ሕዝብ ecc.

መጽሐፍ ፡ ነበቡ ፡ አሕዛብ ፡ ይብልዑ ፡ ወይስትዩ ፡ ወተንሥኡ ፡ ይዝፍኑ ፡ ወአኀለቆሙ ፡ ብድብድ ፡ ኢታመክርዎ ፡ ለእግዚአብሔር ፡ ይቤልዎሙ ፡ ወአመክርዎ ፡ ወአኀለቆሙ ፡ አርዌ ፡ ምድር ፡ ኢትዘምዉ ፡ ይቤልዎሙ ፡ ወበ ፡ እምኔሆሙ ፡ እለ ፡ ዘመዉ ፡ ወሞቱ ፡ በአሐቲ ፡ ዕለት ፡ ፳፻ወ፳፫ብእሲ[1] ፤ አንተ ፡ ውእቱ ፡ ዘገበርከ ፡ ዐቢየ ፡ መንከረ ፡ ባሕቲትከ ፤ አንተ ፡ ውእቱ ፡ ዘቀደስከ ፡ ወፈጠርከ ፡ ሰማየ ፡ ወምድረ ፡ አድባረ ፡ ወአውግረ ፡ ወኵሎ ፤ አንተ ፡ ውእቱ ፡ ዘፈጠርከ ፡ ሐውዘ ፡ አየራት ፡ ወሰምራተ ፡ ወፍሬያተ ፡ ምድር[2] ፤ አንተ ፡ ውእቱ ፡ ዘቀደስከ ፡ ማኅፀና ፡ ለድንግል ፡ በተጸውሮትከ ፤ አንተ ፡ ውእቱ ፡ ዘቀደስከ ፡ ዮርዳኖስ ፡ በጥምቀትከ ፤ አንተ ፡ ውእቱ ፡ ዘረሰይከ[3] ፡ ለማይ ፡ ወይነ ፡ ወአስተይከ ፡ እምኔሁ ፡ ለአርዳኢከ ፤ አንተ ፡ ውእቱ ፡ ዘረሰይከ ፡ ለማይ ፡ ጥዑም ፡ መሪረ ፡ ወለማይኒ ፡ መሪር ፡ ዘረሰይከ ፡ ይኩን ፡ ጥዑመ[4] ፤ አንተ ፡ ውእቱ ፡ ዘይቄድሰከ ፡ መዓልት ፤ አንተ ፡ ውእቱ ፡ ዘይቄድሰከ ፡ ሌሊት ፤ አንተ ፡ ውእቱ ፡ ዘይቄድሰከ ፡ ጽልመት ፡ ወብርሀ ፤ አንተ ፡ ውእቱ ፡ ዘከለልከ ፡ ለሰማይ ፡ በከዋክብት ፤ አንተ ፡ ውእቱ ፡ ዘለከ ፡ ይሰግዱ ፡ መላእክት ፡ ወሊቃነ ፡ መላእክት ፡ ወስልጣናት ፡ ወአጋዕዝት ፡ ሚካኤል ፡ ኪያከ ፡ ይሴብሕ ፡ ወገብርኤል ፡ ወኵሎሙ ፡ ሰራዊተ ፡ መላእክት ፡ ለከ ፡ ይሰግዱ ። ወይእዜኒ ፡ እግዚእነ ፡ ኢየሱስ ፡ ክርስቶስ ፡ ንስእለከ ፡ ወናስተበቍዐከ ፡ ንሕነ ፡ አግብርቲከ ፡ ትሑታን ፡ ከመ ፡ ትፈኑ ፡ ረድኤተከ ፡ እምሰማይ ፡ ወኅይለከ ፡ ልዕልተ ፡ እምጽርሐ ፡ መቅደስከ ፡ ላዕለ ፡ ዝንቱ ፡ አርዌ ፡ ርጉም ፡ ዘያስሕት ፡ ሰብአ ፡ ሀገርከ ፡ ቅድስት ፡ ወቤተ ፡ ክርስቲያን ፡ እንተ ፡ አድኅንከ ፡ በመስቀልከ ፡ ወተማህልከ ፡ በሞትከ ፡ ወቀደስከ ፡ በደምከ ፡ ዘአስተርአይከ ፡ በስልጣንከ ፡ ዘለከ ፡ ወበኀይልከ ፡ ላዕለ ፡ ፈርዖን ፡ ዕልው ፥ ወአስጠምከ ፡ ውስተ ፡ ባሕር ፡ ከመ ፡ ዐረር[5] ። ወከማሁ ፡ እግዚኦ ፡ ቀጥቅጥ ፡ ርእሶ ፡ ለዝንቱ ፡ አርዌ ፡ ርጉም ፡ ወረስዮ ፡ እግዚኦ ፡ ከመ ፡ አርዮስ[6] ፡ ወእንባሬስ ፡ በሐቅለ ፡ ሲሳራ[7] ፡ ወከመ ፡ ኢያቢስ[8] ፡ በፈለገ ፡ ቂሶን ፡ በመዐትከ ። እግዚኦ ፡ ቅሥፎ ፡ በመቅሠፍትከ ፡ ገስጾ ፡ በበሊሕ ፡ አሕፃከ ፡ ድጉጸ ፡ አውርድ ፡ ላዕሌሁ ፡ መቅሠፍተከ ፡ ከመ ፡ ይትዐወቅ ፡ ዕበየ ፡ ስብሓቲከ[9] ፡ በኵሉ ፡ ዓለም ፡ ወእስከ ፡ ለዓለመ ፡ ዓለም ፡ አሜን[10] ። ወነበሩ ፡ ከመ

(1) B add. ኢታንጐርጕሩ ፡ ይቤልዎሙ ፡ ወአንጐርጐሩ ፡ ወተነጽሑ ፡ በገዳም ፡ መብዝኅቶሙ. — (2) B add. አንተ ፡ ውእቱ ፡ ዘፈጠርከ ፡ እስተ (!) ፡ ወማየ ። አንተ ፡ ውእቱ ፡ ዘረሰይከ ፡ ለሰማይ (!) ፡ መሪረ ፡ ጥዑመ ፡ ወለማይኒ ጥዑመ ፡ መሪረ ፡ ረሰይከ ፡ በመዋዕለ ፡ ኤልሳዕ ፡ ገብርከ. — (3) B አንተ ፡ ውእቱ ፡ ዘጠጸዋዕከ ፡ ውስተ ፡ ከብከብ ፡ ወረሰይከ. — (4) B ወለማይኒ ፡ ጥዑም ፡ መሪረ ፡ ረሰይከ ፡ በመዋዕለ ፡ ኤልሳዕ ፡ ገብርከ. — (5) B add. ምስለ ፡ ኵሎሙ ፡ ሠራዊቱ ። ወአልበ ፡ ዘአትረፈ ፡ እምኔሆሙ. — (6) B ኢያቤስ. — (7) B ወሐቅለ ፡ ቃዴስ ፡ ወምድያም ፡ ወ. — (8) B > ወከ"ኢ". — (9) B add. ወያእምሩ ፡ ከመ ፡ አንተ ፡ እግዚአብሔር ፡ አምላከ ፡ ባሕቲትከ ፡ ስቡሕ ፡ በኵሉ ፡ ምድር ፡ ወ. — (10) Qui è interpolato il passo riportato in appendice.

ዝ ፡ እንዘ ፡ ይጼልዩ ፡ ፴ ፡ መዓልተ ፡ ወ፴ ፡ ሌሊተ ፡ ወኢጥዕሙ ፡ እክለ ፡ ወኢማየ ፡ ዘእንበለ ፡ በ፷ [1] ፡ ሰናብት ፡ ወውእቶንሂ ፡ ተኰለቋ ፡ ምስለ ፡ ጾም [2] ። ወእንዘ ፡ ሀለዉ ፡ ኅቢሮሙ ፡ መጽኡ ፡ ሚካኤል ፡ ወገብርኤል ፡ ሊቃነ ፡ መላእክት ፡ ተመሲሎሙ ፡ እንግዳ ፡ መነከሳት ፡ ወይቤልዎሙ ፤ አውሎግሰን ፤ ፫ ፡ ጊዜ ። ወይቤልዎሙ ፡ እሙንቱ ፡ ቅዱሳን ፤ መኑ ። ወይቤልዎሙ ፡ እሙንቱ ፡ መላእክት ፤ ንሕነ ፡ አግብርቲሁ ፡ ለአብ ፡ ወወልድ ፡ ወመንፈስ ፡ ቅዱስ ፡ ፩ ፡ አምላክ ። ወይቤልዎሙ ፤ ለእመ ፡ ክንክሙ ፡ አግብርቲሁ ፡ ለአብ ፡ ወወልድ ፡ ወመንፈስ ፡ ቅዱስ [3] ፡ ጽድቁ ፡ አኀዊነ ። ወበኡ ፡ ኀቤሆሙ ፡ ወተአምኆዎሙ ፡ በአምኃ ፡ መንፈሳዊት ፡ ወነበሩ ፡ ምስሌሆሙ ፡ ወተናገሩ ፡ ዕበያቲሁ ፡ ለእግዚአብሔር ፡ ወነገረ ፡ በቍዔት ፡ ወነገረ ፡ ሃይማኖት ፡ ወነገረ ፡ መጻሕፍት [4] ። ወእምድኅረ ፡ ፈጸሙ ፡ ተናግሮ ፡ ወይቤልዎሙ ፡ ለእሙንቱ ፡ መላእክት ፤ እምአይቴ ፡ መጻእክሙ ፡ አኀዊነ ። ወይቤልዎሙ ፤ እምርሑቅ ። ወይቤልዎሙ ፤ እምአይቴ ፡ መካን ። ወይቤልዎሙ [5] ፤ እምደብረ ፡ ሲና ። ወይቤልዎሙ ፤ ሶበ ፡ ርእየ ፡ ጻማክሙ ፡ ፈነወነ ፡ እግዚአብሔር ፡ ከመ ፡ ነሐውጸክሙ ። ወይቤልዎሙ ፤ በእስፍንቱ ፡ አውራኅ ፡ ተንሣእክሙ ፡ እምደብረ ፡ ሲና ። ወይቤልዎሙ ፤ በፈቃደ ፡ እግዚአብሔር ፡ በጻሕነ ፡ ኀቤክሙ ፡ በዛቲ ፡ ሰዓት [6] ። ወሰበ ፡ ሰምዑ ፡ እሙንቱ ፡ ቅዱሳን ፡ ተንሥኡ ፡ ወአእኰትዎ ፡ ለእግዚአብሔር ፡ ወሰገዱ ፡ ሎቱ [7] ። ወሰበ ፡ ቀርበ ፡ ጊዜ ፡ ድራር ፡ ተንሥአ ፡ ቅዱስ ፡ ይስሓቅ ፡ ወአኀዘ ፡ የኀፅብ ፡ እገሪሁ ፡ ለሚካኤል ፡ ወቅዱስኒ ፡ አባ ፡ ያጽ ፡ እገሪሁ ፡ ለገብርኤል ። ወእምድኅረ ፡ ፈጸሙ ፡ ኀፂበ ፡ እገሪሆሙ ፡ ለቅዱሳን ፡ መላእክት ፡ ወሰትዩ ፡ ጸበሎሙ ፡ ወረፈቁ ፡ በድራር ፡ ወወረደ ፡ ውእቱ ፡ መኆትው ፡ በከመ ፡ ልማዶሙ ። ወእምቅድመ ፡ ይትፈጸም ፡ ማዕድ ፡ ሰምዑ ፡ ቃለ ፡ ዘየዐውዶሙ ፡ እንዘ ፡ ይብል ፤ ሰላም ፡ ለክሙ ፡ አፍቁራንየ ። ሰማዕኩ ፡ ጸሎተክሙ ፡ ወናሁ ፡ አነ ፡ ፈነውክዎሙ ፡ ለሚካኤል ፡ ወገብርኤል ፡ ኀቤክሙ ፡ ወሀለዉ ፡ ውስተ ፡ ማዕድክሙ ፡ ኵሎ ፡ ዘፈቀድክሙ ፡ ይግበሩ ፡ ለክሙ ። ወሰበ ፡ ሰምዑ ፡ ቅዱሳን ፡ ዘንተ ፡ ኅደጉ ፡ ማዕዶሙ ፡ ወሰገዱ ፡ ለእግዚአሙ ፡ ወአእኰትዎ ፡ ለመንክራቲሁ ፡ ወይቤልዎሙ ፡ እሙንቱ ፡ ቅዱሳን ፡ ለእሙንቱ ፡ መላእክት ፤ መዐልከሙኒ ፡ ሰብአ ፡ ዘከማነ ፡ አጋዕዝቲነ ። ወይቤሉ ፡ እሙንቱ ፡ መላእክት ፤ ፈነወነ ፡ ክርስቶስ ፡ ሶበ ፡ ርእየ ፡ ጻማክሙ ፡ ወሥነ ፡ ትዕግሥትክሙ ። ወይእዜኒ ፡ እስመ [8] ፡ ትሬእዩ ፡ ተአምራቲሁ ፡ ለእግዚአብሔር ። ወይእዜኒ ፡ አኀዊነ ፡ ሰላ

(1) B በ፸. — (2) B add. ወኢይጥዕሙ ፡ በውእቶን ፡ መዋዕል ፡ ዘእንበለ ፡ ይቡስ ፡ ኅብስት ፡ ወኢይሰትዩ ፡ ወይነ ፡ ወኢይበልዑ ፡ ጼዋ ፡ ወጸብሐ ። ወእምድኅረ ፡ ፴ማዓልተ (!) ፡ ወ፴ሌሊተ (!) ፡ ወእንዘ ፡ ሀለዉ ፡ ነቢሮሙ. — (3) A > da ለእ". — (4) A > da ወነ"በ". — (5) A > da እምር". — (6) B ዕለት. — (7) B add. ወይቤሉ ፡ ንስግድ (!) ፡ ክርስቶስ ፡ ዘለከ ፡ ይሰግዱ ፡ ኵሉ ፡ ብርክ (*sic*) ፡ ምስለ ፡ አቡከ ፡ ሰማያዊ ፡ ወ[መ]ንፈስ ፡ ቅዱስ ፡ ማሕየዊ ፡ ለዓለመ ፡ ዓለም ፡ አሜን. — (8) A ሰቤሁ.

ም ፡ ለክሙ ። ወዘንተ ፡ ብሂሎሙ ፡ ተሰወሩ ፡ እምኔሆሙ ፡ ወዐርጉ ፡ ውስተ ፡ ሰማይ ። ወአንከሩ ፡ ወተደሙ ፡ ወአስተዐጸቡ ፡ ተአምራቲሁ ፡ ለእግዚአብሔር ፡ እስከ ፡ ይጸብሕ ፡ ኵላ ፡ ሌሊተ ፡ ወኢኖሙ ፡ ወኢደቀሱ ፡ ወኢምንተኒ[1] ። ወእምዝ ፡ አውረደ ፡ እግዚአብሔር ፡ ዐቢየ ፡ መብረቀ ፡ እምሰማይ ፡ ላዕለ ፡ ውእቱ ፡ አርዌ ፡ ርጉም ፡ ወረሰዮ ፡ ፲ወ፪ ፡ ክፍለ ፡ ዘቢጠ ፡ በሰይፈ ፡ እሳት ። ወሶበ ፡ ጸብሐ ፡ ተንሥኡ ፡ ለጸሎት ፡ በጊዜ ፡ ሰዓተ ፡ ነግህ ፡ ወሶበ ፡ ሠረቀ ፡ ፀሐይ ፡ ፈጸሙ ፡ ጸሎቶሙ ፡ ወነበሩ ፡ ፲፪ ፡ አኀው ፡ ውስተ ፡ ፩ ፡ መካን[2] ። ወእምዝ ፡ መጽአ ፡ ኀቤሆሙ ፡ እግዚእነ ፡ ወመድኀኒነ ፡ ኢየሱስ ፡ ክርስቶስ ፡ ተመሲሎ ፡ ሰብአ ። ወይቤሎሙ ፤ ሰላም ፡ ለክሙ ፡ አኀዊየ ። ወይቤልዎ ፤ ሰላመ ፡ እግዚአብሔር ፡ የሀሉ ፡ ምስሌከ ፡ እኁየ[3] ። ወይቤሎሙ ፤ ሰምዐ ፡ እግዚአብሔር ፡ ጸሎተክሙ ፡ ወንሥሐክሙ ፡ ወቀተሎ ፡ እግዚአብሔር ፡ ለውእቱ ፡ አርዌ ፡ ምድር ። ወአነ ፡ መጻእኩ ፡ ከመ ፡ አብስርክሙ ። ወይቤልዎ ፤ ይትወከፍ ፡ እግዚአብሔር ፡ ጻማከ ። እምአይቴኑ ፡ መጻእከ ፡ ወእምአይኑ ፡ ብሔርከ ። ወይቤሎሙ ፤ ብሔርየሰ ፡ ብሔረ ፡ ብርሃን ፡ ወመጻእኩ ፡ እምቤተ ፡ ልሔም ፡ ዘይሁዳ ። ወይቤልዎ ፤ ማእዜ ፡ ተንሣእከ ። ወይቤሎሙ ፤ ጸሎትክሙ ፡ አብጽሐተኒ ፡ በዛቲ ፡ ዕለት ። ወይቤልዎ ፤ አየ ፡ ጊዜ ፡ ተንሣእከ ፡ እምቤተ ፡ ልሔም ፡ ዘይሁዳ ። ወይቤሎሙ ፤ ትማልም ፡ ጊዜ ፡ ሰርክ ፡ አብጽሐተኒ ፡ ኀቤክሙ[4] ፡ እምቅድመ ፡ ፫[5] ፡ ሰዓት ። ወይቤሉ[6] ፤ ንዑ ፡ ንሑር ፡ ከመ ፡ ንርአዮ ፡ ለውእቱ ፡ ዐራዊ ። ወተንሥኡ ፡ ወሖሩ ፡ ወበጽሑ ፡ ወኢየሱስ ፡ ይቄድም ። ወእምድኅረ ፡ ሖሩ ፡ መጠነ ፡ አሐቲ ፡ ምሕዋር ፡ ወመጽአ ፡ ደመና ፡ ብሩህ ፡ ወጸሮሙ ፡ ወአስተራሐቆሙ ፡ ወይቤሎሙ ፤ ኢታአምሩኒኑ ። ወይቤልዎ ፤ መኑ ፡ አንተ ፡ እግዚኦ ። ወይቤሎሙ ፤ አነ ፡ ውእቱ ፡ ክርስቶስ ፡ አምላክክሙ ። ወሶበ ፡ ርኢኩ ፡ ኂሩተክሙ ፡ ወሥነ ፡ ትዕግሥትክሙ ፡ መጻእኩ ፡ ከመ ፡ አሐውጻክሙ ፡ ወአነ ፡ ቀተልክዎ ፡ ለውእቱ ፡ አርዌ ፡ ርጉም ፡ ወእንግሥ ፡ ብእሴ ፡ ጻድቀ ፡ ሀየንቴሁ ፡ ዘስሙ ፡ ካሌብ ፡ ዘእምትውልደ ፡ አንበሳ ፡ ርቱዐ ፡ ሃይማኖት ፡ ዘየሐንጽ ፡ ዐቢየ ፡ ቤተ ፡ ክርስቲያን ፡ ውስተ ፡ ዛቲ ፡ ሀገር ፡ በስመ ፡ ማርያም ፡ እምየ[7] ። ወአንትሙሂ ፡ ኢትነብሩ ፡ ጉብኣኒክሙ ፡ አላ ፡ ትትፈለጡ[8] ፡ ወትነብሩ ፡ በበመካንክሙ ፡ ወይከውን ፡ ዐቢይ ፡ ተአምር ፡ በእደዊክሙ ። ወሶበ ፡ ሰምዑ ፡ እሙንቱ ፡ ቅዱሳን ፡ ሰገዱ ፡ ሎቱ ፡ ወይቤልዎ ፤ ስረይ ፡ ለነ ፡ እግዚኦ ፡ ሰብአ ፡ ዘአስተማሰልናከ ፡ በኢያእምሮትነ ፡ እግዚኦ ፡ ምስሌከ ፡ ዘተዋሣእነ ፡ እንዘ ፡ መሬት ፡

(1) A > da ወአን". — (2) B add. እንዘ ፡ ይነቡ ፡ ዕበያቲሁ ፡ ለእግዚአብሔር ፡ ወእንዘ ፡ ይብሉ ፡ ምንተ ፡ ነዐስዮ ፡ ለእግዚአብሔር ፡ በእንተ ፡ ኵሉ ፡ ዘገብረ ፡ ሊተ ፡ በከመ ፡ ይቤ ፡ ዳዊት ፡ ምንትኑ ፡ አዓስዮ ፡ ለእግዚአብሔር ፡ በእንተ ፡ ኵሉ ፡ ዘገብረ ፡ ሊተ ፡ ወእንዘ ፡ ሀለዉ ፡ ከመዝ ፡ መጽአ. — (3) A < da ወይ". — (4) A < da ወይቤልዎ. B ha — ዎሙ. — (5) B ፯. — (6) A ወይእዜን (!). — (7) B add. ወየሐንጽ ፡ ኀበ ፡ መቃብሪክሙ ፡ እከ ፡ ዘትነብሩ. — (8) B አላ ፡ ፍጡነ ፡ ትዘረዉ ፡ ኵልክሙ ፡ ወትነብሩ.

ንሕነ ፡ ምስለ ፡ እሳት ፡ ዘተናገርነ ፡ ወእንዘ ፡ ኃጥኣን ፡ ንሕነ ፡ ምስለ ፡ ጻድቅ ፡ ዘተዋሣእነ ፡ ወእንዘ ፡ መሬታውያን ፡ ንሕነ ፡ ምስለ ፡ ሰማያዊ ፡ ዘተናገርነ[1] ። ወይእዜኒ ፡ እግዚኦ ፡ ስረይ ፡ ለነ ፡ ዘገበርነ ፡ በዕበድነ ፡ ዘእንበለ ፡ ፈቃድነ[2] ። መኑ ፡ ሰብእ ፡ ዘኢይኤብስ ፡ ወአይኑ ፡ ዕፅ ፡ ዘኢይጠይስ ፡ ወንሕነሰ ፡ አባስያን ፡ ንሕነ[3] ። ወይቤሎሙ ፡ መድኅን ፤ ኢሰማዕክሙኑ ፡ ዘእቤ[4] ፡ በወንጌል ፤ ኢ-መጻእኩ ፡ ከመ ፡ እኲንኖ ፡ ለዓለም ፡ ዘእንበለ ፡ ከመ ፡ አሕይዎ ። ወለክሙኒ ፡ ስረይኩ ፡ ለክሙ ፡ ወኢይዘከር ፡ ኵሉ ፡ አበሳክሙ ፡ ዘገበርክሙ ። ወይእዜኒ ፡ ተንሥኡ ፡ ወሑሩ ፡ ውስተ ፡ መካንክሙ[5] ፡ ወአነ ፡ እሄሉ ፡ ምስሌክሙ ፡ በኵሉ ፡ ጊዜ ። ወሰላም ፡ ለክሙ ፡ አኀውየ ። ወባረከ ፡ ላዕሌሆሙ[6] ፡ ወዐርገ ፡ ውስተ ፡ ሰማያት ፡ በዐቢይ ፡ ስብሓት ። ወእምዝ ፡ ሰገዱ ፡ ሎቱ ። ወአብጽሐቶሙ ፡ ይእቲ ፡ ደመና ፡ ኀበ ፡ ሀሎ ፡ በድኑ ፡ ለውእቱ ፡ መንፈስ ፡ ርኩስ ፡ ወርእዮሙ ፡ እንከሩ ፡ ወአስተዐጸቡ ፡ ወሰብሑ ፡ እግዚአብሔርሃ ፡ እንዘ ፡ ይብሉ ፤ ስብሐት ፡ በመንግሥትከ ፡ ምስለ ፡ አቡከ ፡ ሰማያዊ ፡ ወመንፈስ ፡ ቅዱስ ፡ ማሕየዊ ፡ እስከ ፡ ለዓለመ ፡ ዓለም ፡ አሜን ። ወእምዝ ፡ ሰገዱ ፡ ሎቱ ፡ ወተመይጡ ፡ እምኀበ ፡ በድኑ ፡ ለውእቱ ፡ ከይሲ ፡ ወገብኡ ፡ ውስተ ፡ ማኅደሮሙ ፡ እንዘ ፡ ይትናገሩ ፡ በበይናቲሆሙ ፡ መንክራቲሁ ፡ ለእግዚአብሔር ።

ወከነ ፡ በውእቱ ፡ መዋዕል ፡ ዐቢይ ፡ ሀከክ ፡ ወጽልእ ፡ ወቀትል ፡ ሰበ ፡ ሞተ ፡ ውእቱ ፡ ዕልው ፡ ንጉሥክሙ[7] ። ወሰበ ፡ ርእየ ፡ እግዚአብሔር ፡ ርትዕተ ፡ ሃይማኖታ ፡ ለኢትዮጵያ ፡ ፈነወ ፡ ብእሴ ፡ ጽኑዐ ፡ ወኀያለ ፡ ዘስሙ ፡ ካሌብ ፡ ወአንገሦ ፡ ላዕለ ፡ ኢትዮጵያ ። ወነበሩ ፡ ፱ ፡ አኀው ፡ ፫ ፡ ዓመተ ፡ እንዘ ፡ ይገብሩ ፡ ተአምራተ ፡ ወመንከራተ ፡ ወመላእክተ ፡ እግዚአብሔር ፡ ወትረ ፡ ይሔውጽዎሙ ፡ ወመድኀኒነሂ ፡ ይትራእዮሙ ፡ ምውታነ ፡ እስከ ፡ ሰበ ፡ ያነሥኡ ፡ ወእለ ፡ ለምጽ ፡ ያነጽሑ ፡ በጸሎቶሙ ፡ ወዕዉራን ፡ ይሬእዩ ፡ ወሐንካሳን ፡ ይረውጹ ፡ ወጽሙማን ፡ ይሰምዑ ፡ ወብዙኀ ፡ ተአምረ ፡ ይገብሩ ፡ ወመኃትው ፡ ይወርድ ፡ ላዕለ ፡ ማዕዶሙ ፡ እምሰማይ ። ወነበሩ ፡ ከመዝ ፡ ፲ወ፫ ፡ ዓመተ ።

ወመጽአ ፡ ፩ ፡ መነኮስ ፡ ዘስሙ ፡ ምልኪያኖስ ፡ ወኢየአምር ፡ ካልአ ፡ ግብረ ፡ ዘእንበለ ፡ ዘይፀፍር ፡ ሥዕርቶን ፡ ለአንስት ፡ ወይበልዕ ፡ ሤጠ ፡ ወኢይነብር ፡

[1] A በኢያእም" ንሕነ ፡ ዘተዛዋዕነ ፡ እንዘ ፡ መሬት ፡ ንሕነ ፡ ምስለ ፡ ሰ" ዘተና". — [2] B add. ወኢትባእ ፡ ውስተ ፡ ቀሥት ፡ ምስለ ፡ ገብርከ ፡ እስመ ፡ ንጹሕ ፡ ወሕያወ (!) ፡ በቅድሜከ. — [3] A > da ወንሕ". — [4] A ዘይቤ. — [5] B add. ዘገበርክሙ ፡ ዘትካት ፡ ሰአሉ ፡ ዘትፈቅዱ ፡ ወአነ ፡ እሰምዐክሙ ፡ ወእገብር ፡ ኵሎ ፡ ዘውስተ ፡ ልብክሙ ። ወተንሥኡ ፡ ወሖሩ ፡ ፍጡነ ፡ እምኃበ ፡ በድኖ (!) ፡ ለውእቱ ፡ ከይሲ ፡ ርኩስ ። ወተንሥኡ ፡ ወበጽሑ ፡ ኀበ ፡ መካንክሙ ። — [6] B ምስሌክሙ ፡ ወኢያኃድገክሙ ። ወይእዜኒ ፡ ሰላም ፡ ለክሙ ፡ ወሰገዱ ፡ አግብርተ ፡ እግዚአብሔር ፡ ለእግዚኦሙ ፡ ወአንሥአ ፡ እደዊሁ ፡ ላዕሌሆሙ ፡ ወባረከሙ ፡ ወወሀበሙ ፡ ሰላመ. — [7] B ንጉሦሙ.

ምስሌሆሙ ፡ ወይበልዕ ፡ ኅብስቶ ፡ ባሕቲቱ ። ወአኀዙ ፡ ሐመይዎ ፡ ለውእቱ ፡ መነኮስ[1] ። ወእምዝ ፡ ተሰወረ ፡ ውእቱ ፡ መኃትው ፡ ወአብርሀ ፡ ኀበ ፡ ውእቱ ፡ መነኮስ ፡ ወይቤሉ ፡ እሙንቱ ፡ ቅዱሳን ፤ አይቴ ፡ ሀሎ ፡ መኃትዊነ ፡ ዘይወርድ ፡ ኀበ ፡ ማዕድ ፤ በእንተ ፡ ምንት ፡ ተሰወረ ፡ እምኔነ ። ወይቤሎሙ ፡ መነኮስ ፤ ዮምሰ ፡ አጋዕዝትየ ፡ ያበርህ ፡ ሊተ ፡ ውእቱ ፡ ብርሃን ። ወበእንተዝ ፡ ተዘከሩ ፡ ወይቤሉ ፤ በእንተ ፡ ዘሐመይናሁ ፡ ለውእቱ ፡ መነኮስ ። ወተሐቀፉ ፡ በበይናቲሆሙ ፡ ወበከዩ ፡ ብካየ ፡ መሪረ[2] ፡ ወነበሩ ፡ እንዘ ፡ የኀዝኑ ፡ ፵ ፡ መዓልተ ፡ ወ፵ ፡ ሌሊተ ፡ ወኢጥዕሙ ፡ እክለ ፡ ወማየ ፡ ዘእንበለ ፡ በ፪ ፡ ሰናብት ።

ወእምድኅረ ፡ እማንቱ ፡ መዋዕል ፡ ተባሀሉ ፡ በበይናቲሆሙ ፤ ንትፈለጥ ፡ ወንትሴለይ ፡ በዘዚአነ ። ወበከዩ ፡ ብካየ ፡ መሪረ ፡ ወተሴለዩ ፡ በበይናቲሆሙ ። ወሖረ ፡ ቅዱስ ፡ ይስሐቅ ፡ መካነ ፡ እንተ ፡ ትሰመይ ፡ መደራ ፡ ወነበረ ፡ ህየ ፡ ብዙኀ ፡ መዋዕለ ፡ እንዘ ፡ ይገብር ፡ ተአምረ ፡ ወመንክረ ። ጸሎቱ ፡ ወበረከቱ ፡ የሀሉ ፡ ምስሌነ ። አሜን ፡ ወአሜን[3] ።

፭ ፡ ተአምር[4] ። ወረከበ ፡ ቅዱስ ፡ ይስሐቅ ፡ ብእሴ ፡ ዘጋኔን ፡ ፳ወ፫ ፡ ዓመተ ፡ ዘነበረ ፡ እንዘ ፡ የዐውድ ፡ መቃብረ ፡ ወየዐወዩ ፡ ወይጐድእ ፡ እንግዳሁ ፡ በአእባን ። ወአኀዝዎ ፡ አዝማዲሁ ፡ አሲሮሙ ፡ በሰናስል ፡ ወሰድዎ ፡ እንዘ ፡ ይስሕብዎ ፡ ከመ ፡ ዕቡድ ፡ ከልብ[5] ። ወሶበ ፡ አብጽሕዎ ፡ ኀበ ፡ ቅዱስ ፡ ይስሐቅ ፡ ወርእዮ[6] ፡ ውእቱ ፡ ጋኔን ፡ ከልሐ ፡ ወይቤ ፤ ኦቅዱሱ ፡ ለእግዚአብሔር ፡ መጻእከኑ ፡ ከመ ፡ ታጥፍአነ ፡ በጸሎትከ ። ወዐተበ ፡ በትእምርተ ፡ መስቀል ፡ ወይቤሎ ፤ አርምም ። ወአርመመ ፡ ሶቤሃ ። ወተፈፀመ ፡ ወወፅአ ፡ እምኔሁ ፡ ወነዕኀ ፡ ወአስተራገፀ ፡ ማእከለ ፡ ጉቡኣን ፡ ወአግዐሮ ፡ ሥልሰ[7] ፡ እስከ ፡ ይብሉ ፡ ብዙኃን ፤ ሞተ ። ወበከዩ ፡ አዝማዲሁ ፡ ብካየ ፡ መሪረ ። ወይቤሎሙ ፡ ቅዱስ ፤ ኢትብክዩ ፡ እስከ ፡ ትሬእዩ ፡ ኀይሎ ፡ ለክርስቶስ ። ወተንሥአ ፡ ቅዱስ ፡ ወአኀዞ ፡ በእዴሁ ፡ ወአንሥአ ፡ ርእሶ ፡ ወይቤሎ ፤ ተንሥእ ፡ በኀይለ ፡ እግዚአብሔር ። ወተንሥአ ፡ ሶቤሃ ፡ ወሰገደ ፡ ኀበ ፡ እገሪሁ ፡ ለቅዱስ ፡ ይስሐቅ ። ወይቤሎ ፤ ተንሥእ ፡ ኦወልድየ ፤ ወአንሥኦ ፡ ቅዱስ[8] ፡ ወዐተበ ፡ በትእምርተ ፡ መስቀል ፡ ወአርመመ ፡ ኵሉ ፡ አባሉ[9] ። ወሶበ ፡ ነጸሩ ፡ ኵሉ ፡ ሕዝብ ፡ እለ ፡ ተጋብኡ ፡ ህየ ፡ ሰብሕዎ ፡ ለእግዚአብሔር ፡ ወ[10]ሰገዱ ፡ ሎቱ ፡ ለቅዱስ ፡ ይስሐቅ ፡ በጸሎቱ ፡ ይምሐረነ ፡ አሜን[11] ።

[1] B add. እንዘ ፡ ይብሉ ፡ እንዘ ፡ መነኮስ ፡ ውእቱ ፡ ወይውዕል ፡ እንዘ ፡ ይጸፍር ፡ ስዕርተ ፡ ርእሶን ፡ ለአንስት ፡ ወይቤልዕ (*sic*) ፡ ሤጠ ፡ ወውእቱ ፡ ሰ (*sic*) ፡ ኢይነብር ፡ ምስሌሆሙ ። ባሕቲቱ ፡ ይነብር ፡ ወይበልዕ ፡ ኅብስቶ ፡ ባሕቲቱ ። ወእምድኅረ ፡ ሐመይዎ ፡ ለውእቱ ፡ መነኮስ ፡ ተሰወረ ecc. — [2] B add. እንዘ ፡ ይብሉ ፡ አሌለነ ፡ አሌለነ ፡ ተሐጕልነ ፡ ዘቀዲሙ ፡ ሕይወትነ. — [3] B > da ጸሎ". — [4] B > da ፭. — [5] A ወሰድዎ ፡ ኀበ ፡ ቅዱስ ፡ ይስሐቅ. — [6] A ወሶበ ፡ ርእየ. — [7] A ወአስተራ" ሥልሰ. — [8] A > da ወይ". B ወትቤሎ. — [9] B add. ወገደፈ ፡ ነፍሶ ፡ ኀበ ፡ እገሪሁ ፡ ለቅዱስ ፡ ወኵሎሙ ፡ ጉቡኣን (!). — [10] B > da ወሶበ. — [11] B > da ለቅ".

፪[1] ፡ ወዓዲ ፡ መጽአት ፡ አሐቲ ፡ ብእሲት ፡ እንተ ፡ ደም ፡ ይውኅዛ ፡ መጠነ ፡ ፴ ፡ ዓመት ፡ ወኢየዐርፍ ፡ ደማ ፡ መዓልተ ፡ ወሌሊተ[2] ። ወሰገደት ፡ ታሕተ ፡ እገሪሁ ፡ ለቅዱስ ፡ ይስሓቅ ፡ ወይቤላ ፦ ምንተ ፡ ትብሊ ። ወትቤሎ ፦ ርድአኒ ፡ ለአመትከ ። ወይቤላ ፦ ምንተ ፡ እግበር ፡ ለኪ ፡ ኦወለትየ ። ወትቤሎ ፦ እስመ ፡ ሕምምት ፡ አነ ፡ እም፴ ፡ ዓመት ፡ ወአኀፍር ፡ እምሰብእ ፡ ወይውኅዝ ፡ ደም ፡ እምአባልየ ፡ ወኢየዐርፍ ፡ መዓልተ ፡ ወሌሊተ ፤ ወይእዜኒ ፡ ሰሚዕየ ፡ ዜናከ ፡ መጻእኩ ፡ ኀቤከ ። ወይቤላ ፦ ተዐገሢ ፡ እስከ ፡ ፫ ፡ ዕለት ፡ ወእምዝ ፡ እልእከ ፡ ኀቤኪ ። ወሖረት ፡ ይእቲ ፡ ብእሲት ። ወእምድኅረ ፡ ሖረት ፡ እምነ ፡ ቅዱስ[3] ፡ ቆመ ፡ ደማ ። ወእምድኅረ ፡ ፭[4] ፡ ዕለት ፡ ለአከ ፡ ኀቤሃ ፡ ቅዱስ ፡ ወሖረት ኀቤሁ ፡ ወሰገደት ፡ ቅድሜሁ[5] ። ወይቤላ ፦ ዳኅንኑ ፡ ወለትየ ። ወትቤሎ ፦ እወ ፡ እግዚእየ ፤ እምአመ ፡ ሖርኩ ፡ እምኔከ ፡ ዐቀበተኒ ፡ ጸሎትከ ፡ ቅድስት ፡ ወቆመ ፡ ውኅዘተ ፡ ደምየ[6] ፤ ደመ ፡ ትክቶሃ ። ወይቤላ ፦ እግዚእ ፡ ይሣህል ፡ ላዕሌኪ ። ወአፍቅርዮ ፡ ለእግዚአብሔር ፡ በኵሉ ፡ ልብኪ ፡ ወበኵሉ ፡ ኃሊናኪ ። ወትቤሎ ፦ እወ ፡ ኦሆ ፡ አባ ፡ ክቡር ። ወነሥአ ፡ ቅዱስ ፡ ማየ ፡ ጸሎት ፡ ወአጥመቃ ፡ በስመ ፡ አብ ፡ ወወልድ ፡ ወመንፈስ ፡ ቅዱስ ፡ ወፈነዋ ፡ ትእቱ ፡ ቤታ ። ወእምድኅረ ፡ እማንቱ ፡ መዋዕል ፡ ወለደት ፡ ደቂቀ ፡ ተባዕተ ። ወለቅዱስሰ ፡ ይስሓቅ ፡ ሤምዎ ፡ ሊቀ ፡ በካህናት ፡ ዘመደራ ፡ ወነበረ ፡ ህየ ፡ እንዘ ፡ ይገብር ፡ ተአምረ ፡ ወመንክረ ፡ እንዘ ፡ ያወፅእ ፡ አጋንንተ ፡ ወእለ ፡ ለምጽ ፡ ያነጽሕ ፡ ወሙታነ ፡ ያነሥእ ፡ ወነበረ ፡ ከመዝ ፡ ፲ወ፯[7] ዓመተ ። ጸሎቱ ፡ የሀሉ ፡ ምስሌነ ፤ አሜን[8] ።

፫[9] ፡ ወኮነ ፡ አሐተ ፡ ዕለተ ፡ ነሥአ ፡ መሣይምተ ፡ ሰርናይ ፡ ወሖረ ፡ ወዘርአ ፡ እምጊዜ ፡ ፫ ፡ ሰዓተ ፡ ነግህ ፡ እስከ ፡ ጊዜ ፡ ፫ ፡ ሰዓተ ፡ መዓልት[10] ፡ ወገብሩ ፡ ፴ወ፬ ፡ አትላመ ፡ ወበቈለ ፡ በጊዜሃ ፡ ወኮነ ፡ ሠዊተ ፡ በጊዜ ፡ ፲ወ፭ ፡ ሰዓት ፡ ወነሥአ ፡ እምውእቱ ፡ ሰርናይ ፡ ወአዕረገ ፡ መሥዋዕተ ፡ በጊዜ ፡ ፲ወ፪ ፡ ሰዓት[11] ፡ ወበባኒታ ፡ አዕረገ ፡ በላዕለ ፡ ዕፀ ፡ ጕንድ ፡ ወአዕረገ ፡ ዲቤሃ ፡ ፫ ፡ ብዕራየ ፡ ወአኬደ ፡ ውእተ ፡ ሰርናየ ፡ ወኮነ ፡ ውእቱ ፡ ሰርናይ ፡ ፳ወ፯ ፡ መሳፍረ ። ወአልበ ፡ ዘአትረፈ ፡ እምውእቱ ፡ ሰርናይ ፡ ወወሀበ ፡ ኵሎ ፡ ለነዳያን ፡ ወለምስኪናን ። ወረሰየ ፡ ጥሪቶ ፡ ፍቅረ ፡ እግዚአብሔር ። ወአልበ ፡ ዘአጥረየ ፡ ዘእንበለ ፡ መልበስ ፡ ወቆብዕ ፡ ወሐሜላት ። በጸሎቱ ፡ ይምሐረነ ፡ እግዚአብሔር ፡ ለዓለመ ፡ ዓለም ፡ አሜን[12] ።

፬[13] ፡ ወኮነ ፡ በአሐቲ ፡ ዕለት ፡ ወነሥአ ፡ መጽሐፈ ፡ ወቀለመ ፡ ወወጠነ ፡

(1) > B. — (2) B add. ወዓዲ ፡ ሰሚዐ ፡ ዜናሁ ፡ መጽአት ፡ ኀበ ፡ ቅዱስ ፡ ይስሐቅ; queste ultime parole mancano appresso. — (3) A > da ወእም. — (4) B ፫. — (5) A > da ኀቤሁ. — (6) A እምኔከ ፡ ወእምአሜሃ ፡ ቆ″ውኅ″ ደማ. — (7) B ፲. — (8) B > da ጸ″. — (9) > B. — (10) B ነግህ ፡ እስከ ፡ ፫ ፡ ሰዓት ፡ ማዓልት (!). — (11) B add. ማዓልት. — (12) B > da በጸ″. — (13) > B.

IMPRIMERIE NATIONALE.

ይጽሐፍ ። ወተንሥአ ፡ ለጸሎት ፡ በሰርክ ። ወጸሐፉ ፡ ሎቱ ፡ መላእክት ፡ ወንጌለ ፡ በ፬[1] ፡ ሰዓት ፡ ወትርጓሜሁ ። ወመላእክተ ፡ እግዚአብሔር ፡ ወትረ ፡ ይትለአክዎ ፡ ወእግዚእነ ፡ ክርስቶስ ፡ ያንሶሱ ፡ ምስሌሁ ። ወተሰምዐ ፡ ዜናሁ ፡ ውስተ ፡ ኵሉ ፡ ሀገር ። ጸሎቱ ፡ ወበረከቱ ፡ የሀሉ ፡ ምስሌነ[2] ።

፳[3] ፡ ወሀለወት ፡ አሐቲ ፡ ብእሲት ፡ ዘባቲ ፡ ወለት ፡ ሠናይ ፡ ላህያ ፡ ወመንክር ፡ ራእያ[4] ፡ ወብዙኃን ፡ ሐፀይዋ ፡ ወትቤ ፤ አግባእኩ ፡ ርእስየ ፡ ለከብካበ ፡ ክርስቶስ ፡ መርዓዊ ፡ ሰማያዊ[5] ፡ ወአሐዚ ፡ ንፍስየ ፡ ለክርስቶስ ፡ ወይኄይሰኒ ፡ ከብካብ ፡ ዘበሰማያት ፡ ዘኢይትኀልፍ ። ወ፲ ፡ ክረምታ[6] ፡ ለይእቲ ፡ ወለት ፡ ወኢትወፅእ ፡ እምቤት ፡ እመሂ ፡ በሌሊት ፡ ወእመሂ ፡ በመዓልት[7] ፡ ዘእንበለ ፡ ትዕትብ ፡ ገጻ ፡ በትእምርተ ፡ መስቀል ። ወከነ ፡ ፩ ፡ ዕለተ ፡ ረስዐት[8] ፡ ዐቲበ ፡ ገጻ ፡ ወብሂለ ፤ በስመ ፡ አብ ፡ ወወልድ ፡ ወመንፈስ ፡ ቅዱስ[9] ። ወእንዘ ፡ ትወፅእ ፡ እመድረከ ፡ ቤታ ፡ ተራከባ ፡ ሰይጣን ፡ በአምሳለ ፡ ወሬዛ ፡ ወሠናይ ፡ ራእዩ ። ወትቤሎ ፤ ኦጸሊም ፡ ጸላኤ ፡ ሠናያት ፡ መኑ ፡ አምጽአከ ፡ ዝየ ። ወኢተናገራ ፡ ወኢምንተኒ ፡ ወነሥኣ ፡ ወአጽደፋ ፡ ላዕለ ፡ ዐቢይ ፡ እብን ፡ ወነበረት ፡ በአምሳለ ፡ ምውት ፡ ፬ ፡ ዕለተ ፡ እንዘ ፡ ኢትበልዕ ፡ ወኢትሰቲ ፡ ወዐብደት ፡ ወኮነት ፡ ትገድፍ ፡ አልባሲሃ ፡ ወትቀውም ፡ ዕራቃ ፡ ማእከለ ፡ ወራዙት ፡ ወረሰይዋ[10] ፡ ከመ ፡ ዘአልባ ፡ ልብ ፡ ወአሰርዋ ፡ በሰናስል ፡ ወመዋቅሕተኒ ፡ ትሰብር ፡ ከመ ፡ ብርዕ ፡ ወተፀውድ ፡ መቃብረ ፡ ወትሰርር ፡ ከመ ፡ ሐጽ ፡ ንዳፌ ፡ ወከመ ፡ ወይጠል ፡ ወአልቦ ፡ ዘይበድራ ፡ እምወራዙት ። ወነበረት ፡ ከመዝ ፡ መጠነ ፡ ፫ ፡ ዓመት ፡ ወአማሰነ ፡ ስነ ፡ ራእያ ። ወሰሚዓ ፡ [እማ ፡] እምዜናሁ ፡ ለቅዱስ ፡ ይስሐቅ ፡ ሖረት ፡ ኀቤሁ ፡ ወበጽሐት ፡ መደረ ፡ ወቆመት ፡ ቅድሜሁ ፡ ወሰገደት ። ወይቤላ ፤ ምንተ ፡ ትብሊ ፡ ብእሲቶ ፡ ዘትስዕመኒ ፡ እገሪየ ። ወትቤሎ ፤ አልብየ ፡ ውሉድ ፡ እስከ ፡ እልህክ ፡ ዘእንበለ ፡ አሐቲ ፡ ወለት ፡ ወኪያሃኒ ፡ ጋኔን ፡ አኀዛ ፡ ወኀጣእኩ ፡ ዘእሬሲ ፡ በእንቲአሃ ። ወፈድፋደሰ ፡ አሐዝን ፡ በእንተ ፡ ንፍስየ ። ኦአባ ፡ ሰበ ፡ አሐምም ፡ አልቦ ፡ ዘያነሥአኒ ፡ ወአልቦ ፡ ዘይቀብረኒ ። ወበከየት ፡ ቅድሜሁ ፡ ብካየ ፡ መሪረ ። ወሶበ ፡ ርእያ ፡ እንዘ ፡ ትበኪ ፡ ውእቱ ፡ ጻድቅ ፡ በከየ ፡ ምስሌሃ ፡ ወይቤላ ፤ ተአምኒኑ ፡ በአብ ፡ ወወልድ ፡ ወመንፈስ ፡ ቅዱስ ። ወትቤሎ ፤ እወ ፡ አአምን ፡ ቀዲሙ ፡ ነበርኩ ፡ በአሚነ ፡ አብ ፡ ወወልድ ፡ ወመንፈስ ፡ ቅዱስ ፤ ወወለትየኒ ፡ ነበረት ፡ እንዘ ፡ ትትሔፈዎ[11] ፡ ለክርስቶስ ፤ ወለሊሃ ፡ ሐፀየት ፡ ርእሳ ፡ ለመንግሥተ ፡ ሰማያት ። ወይቤላ ፤ አማንኑ ፡ ዘትብሊ ። ወትቤሎ ፤ እወ ፡ አማን ፡ እግዚእየ ። ወይቤላ ፤ አይቴ ፡ ሀለወት ፡ ወለትኪ ፤ ውስተ ፡

(1) B በ፲ወ፩. — (2) B ሀገር ፡ ወይመጽኡ ፡ ኀቤሁ ፡ ድውያነ (!) ፡ በዐራቃት ፡ ወዕውራን ፡ ወኀንካስን (!) ፡ ይገድፍዎሙ ፡ ታሕተ ፡ እገሪሁ ፡ ለቅዱስ ፡ ወይትፌወሱ ፡ በጊዜሃ. — (3) > B. — (4) B add. ወዐቢይ ፡ ስነ ፡ ራዕያ ፡ ወአልበ ፡ ዘይመስሎ ፡ ለአርእያሃ. — (5) A ርእስየ ፡ ለመንግሥተ ፡ ሰማያት. — (6) B ወ፲ወ፪ዓመታቲሃ. — (7) A > da እመሂ. — (8) A ወረሰየት. — (9) A > da ወብሂለ. — (10) A ወረሲያ. — (11) Mss. ትሔፍዎ.

ብሔርኪኑ ፡ አው ፡ ዝየኑ ፡ ሀለወት ። ወትቤሎ ፤ ኢትክል ፡ መጺአ ፡ ዝየ ፤ ወመኑ ፡ ይክል ፡ አምጽኦታ ። መዋቅሕተኒ ፡ ትሰብር ፡ ወትሬሲ ፡ ከመ ፡ ሣዕር[1] ። ወይቤላ ፡ ቅዱስ ፡ ይስሐቅ ፤ ተገሐሢ ፡ እስከ ፡ እጼውዐኪ ። ወወፅአት ፡ ይእቲ ፡ ብእሲት ፡ ወውእቱሰ ፡ ተንሥአ ፡ ወሰፍሐ ፡ እዴሁ ፡ ውስተ ፡ ሰማይ ፡ ወሜጠ ፡ ገጸ ፡ መንገለ ፡ ምሥራቅ ፡ ወጸለየ ፡ እንዘ ፡ ይብል ፤ እግዚእየ ፡ ኢየሱስ ፡ ክርስቶስ ፡ እስእለከ ፡ ወእስተበቍዐከ ፡ አነ ፡ ገብርከ ፡ ኃጥእ ፤ ስምዐኒ ፡ እግዚኦ ፡ ጸሎትየ ፡ ወስእለትየ ፡ ዘሰማዕከ ፡ ጸሎቶ ፡ ለጴጥሮስ ፡ በሀገረ ፡ ልዳ ፡ ሶበ ፡ ረከበ ፡ ለኤንያ ፡ እንዘ ፡ ይሰክብ ፡ ውስተ ፡ ዐራት ፡ መፃጕዕ[2] ፡ ወይቤሎ ፤ ተንሥእ ፡ ኤንያ ፡ ተሣሀለከ ፡ እግዚአብሔር ፡ ተንሥእ ፡ ወንሣእ ፡ ወጾር ፡ ዐራተከ ። ወተንሥአ ፡ ስቤሃ ፡ ወነሥአ ፡ ዐራቶ ፡ ወሖረ[3] ። ወበከመ ፡ ሰማዕከሙ ፡ ጸሎቶሙ ፡ ለአርዳኢከ ፡ ዘሰበኩ ፡ ለብሔሮሙ ፡ ወሊተኒ ፡ ለገብርከ ፡ ስምዐኒ ፡ ጸሎትየ ፡ ዘሰአልኩ ፡ ኀቤከ ፡ ስድድ ፡ እግዚኦ ፡ እምላዕሌሃ ፡ መንፈሰ ፡ ድያብሎስ ፡ ወምላእ ፡ ላዕሌሃ ፡ መንፈስ ፡ ቅዱስ ፡ ዘበልዐት ፡ ሥጋከ ፡ ወሰትየት ፡ ደመከ ፡ እስመ ፡ ለከ ፡ ስብሓት ፡ ወአኰቴት ፡ ወሰጊድ ፡ ወተጋንዮ ፡ ምስለ ፡ አቡከ ፡ ሰማያዊ ፡ ወመንፈስ ፡ ቅዱስ ፡ ማሕየዊ ፡ ለዓለመ ፡ ዓለም ፡ አሜን[4] ። ወእንዘ ፡ ይጼሊ ፡ ቅዱስ ፡ ከመዝ ፡ አስተርአዮ ፡ እግዚእነ ፡ ኢየሱስ ፡ ክርስቶስ ፡ በአምሳለ ፡ ወሬዛ ፡ ዘሠናይ ፡ ራእዩ ፡ ወይቤሎ ፤ ሰላም ፡ ለከ ፡ አፍቁርየ ፡ ይስሓቅ ፤ ተሰምዐ ፡ ጸሎትከ ፡ ወስእለትከ ፡ ምንተ ፡ እግበር ፡ ለከ ፡ ትፈቅድ ። ወይቤሎ ፤ እግዚእየ ፡ እርኢ ፡ ኀይለከ ፡ ላዕለ ፡ ዲያብሎስ ፡ ዘአሕመማ ፡ ለአመትከ ፡ ወፈንዎ ፡ ለሚካኤል ፡ ከመ ፡ ያምጽኣ ፡ ለይእቲ ፡ ወለት ፡ እምሀገራ ። ወእንዘ ፡ ይትናገር ፡ ምስለ ፡ መድኅን ፡ አምጽኣ ፡ ለይእቲ ፡ ወለት ፡ ሚካኤል ፡ ወጸውዓ ፡ ቅዱስ ፡ ለይእቲ ፡ ወለት ፡ ወሖረት ፡ ወቦአት ፡ ኀቤሁ ፡ ወእግዚእሰ ፡ ምስለ ፡ ሚካኤል ፡ ተሰወሩ ፡ እምኔሆሙ ፡ ወረከበታ ፡ ይእቲ ፡ ብእሲት ፡ ለወለታ ፡ ቀዊማ ፡ ቅድሜሁ ፡ ለቅዱስ ፡ ይስሐቅ ። ወሶበ ፡ ርእየታ ፡ ለወለታ ፡ አንከረት ፡ ወተደመት ፡ ወአስተዐጸበት ፡ ወሰገደት ፡ ኀበ ፡ እገሪሁ ፡ ለቅዱስ ፡ ይስሐቅ[5] ፡ ወትቤሎ ፤ እግዚአብሔርኑ ፡ አንተ ፡ ወሚመ ፡ ወልዱ ፡ ለእግዚአብሔር ፡ ወጸራቅሊጦስኑ ፡ አንተ ፤ ወእምሠለስቲሆሙ ፡ መኑ ፡ አንተ ። ወይቤላ ፡ ቅዱስ ፤ አንሰ ፡ ኢኮንኩ ፡ ኪያሆሙ ፡ አላ ፡ ገብሮሙ ፡ ለ፫ ፡ አስማት ። ወተመይጠ ፡ ኀበ ፡ ይእቲ ፡ ወለት ፡ ወዐተባ ፡ በትእምርተ ፡ መስቀል ፡ ወወፅአ ፡ ሰይጣን ፡ በአምሳለ ፡ ወሬዛ ፡ ጸሊም ፡ ራእዩ ፡ ወቆሙ ፡ ፴ ፡ በእመት ። ወሶበ ፡ ወፅአ ፡ ውእቱ ፡ ጋኔን ፡ እኩይ ፡ ወወድቀት ፡ ታሕተ ፡ እገሪሁ ፡ ለቅዱስ ፡ ይስሐቅ[6] ፡ ወኮነት ፡ ከመ ፡ በድን ። ወሶበ ፡ ርእየታ ፡ እማ ፡ በከየት ፡ ብካየ ፡ መሪረ ። ወይቤላ ፡

(1) B ትሰብር ፡ ከመ ፡ ብርዕ ፡ ወሶበ ፡ ሂ ፡ ትረውፅ ፡ ከመ ፡ ወይጠል ፡ ወከመ ፡ ሐፅ ፡ ትረውፅ ፡ ፍጡነ. — (2) A ውስተ ፡ ዓየራት. — (3) B add. ወክዕበ ፡ ሰማዕከ ፡ በሀገረ ፡ ኢዮጴ ፡ ሶበ ፡ ሞተት ፡ ጦቢታ ፡ ወቆመ ፡ ኃቤሃ ፡ ወይቤላ ፡ ጦቢታ ፡ ተንሥኢ ፡ ወተንሥአት ፡ ስቤሃ ፡ ወነጸረቶ ፡ ለጴጥሮስ. — (4) A > da ዘበልዐት. — (5) A > da ወአስተዐ". — (6) B add. ወሞተት.

ቅዱስ ፡ ይስሐቅ ፤ ኢትብክዩ ፡ ብእሲቶ ። ወተንሥአ ፡ ቅዱስ ፡ ይስሐቅ ፡ ወአኀዘ ፡ ርእሳ ፡ ለይእቲ ፡ ወለት ፡ ወይቤላ ፤ ጣቢታ ፡ ተንሥኢ ። ወተንሥአት ፡ ይእቲ ፡ ወለት ፡ ሰቤሃ ፡ ወከሠተት ፡ አዕይንቲሃ ፡ ወርእየቶ ፡ ለቅዱስ ፡ ይስሐቅ ፡ ወርእየታኒ ፡ ለእማኒ ፡ ወገደፈታ ፡ ነፍሳ ፡ ኀበ ፡ እገሪሁ ፡ ለቅዱስ ፡ ወይቤሎ ፡ ቅዱስ ፡ ለውእቱ ፡ ሰይጣን ፤ እምአይቴ ፡ አንተ ። ወይቤሎ ፡ ሰይጣን ፤ እምሰራዊተ ፡ ሌጌዎን ፡ አነ ። ወይቤሎ ፡ ቅዱስ ፤ በእንተ ፡ ምንት ፡ አኀዝካ ፡ ለዛቲ ፡ ወለት ። ወይቤሎ ፡ ጸላኤ ፡ ሠናያት ፤ ፀረፈት ፡ ላዕሌየ ፡ በዝ ፡ ግብር ፡ አኀዝክዋ ። ወይቤሎ ፡ ቅዱስ ፤ ምንተ ፡ ብሂላ ፡ ፀረፈት ፡ ላዕሌከ ። ወይቤሎ ፤ አአባ ፡ እንዘ ፡ አኀልፍ ፡ በየውሀትየ ፡ ወይእቲ ፡ ረከበተኒ ፡ እንዘ ፡ ትወፅእ ፡ እምቤታ ፡ ወፀረፈት ፡ ላዕሌየ ፡ እንዘ ፡ ትብል ፤ እምአይቴ ፡ መጻእከ ፡ ኦጸሊም ፡ ጸላኤ ፡ ሠናያት ፤ ወበእንተዝ ፡ ግብር ፡ አኀዝክዋ ። ወይቤሎ ፡ ቅዱስ ፡ ይስሐቅ ፤ ኦርጉም ፡ ያኅስርከ ፡ እግዚአብሔር ፤ ወሑር ፡ ውስተ ፡ ገሃነም ፡ ኀበ ፡ ሀሎ ፡ አቡከ ፡ ጸላኤ ፡ ሠናያት ፡ ኀበ ፡ ብካይ ፡ ወሐቄ ፡ ስነን ፡ ኀበ ፡ ጸፍፌ (?) ፡ ጽልመት ። ወአጥመቃ ፡ በስመ ፡ አብ ፡ ወወልድ ፡ ወመንፈስ ፡ ቅዱስ ፡ ወይቤላ ፤ ንሥኢ ፡ ወለትየ ፡ ወእትዊ ፡ ውስተ ፡ ሀገርኪ [1] ። ወትቤሎ ፤ ኢይትከሀለኒ ፡ በዊአ ፡ ውስተ ፡ ሀገርየ [2] ፡ አነ ፡ ወወለትየ ፡ ንመውት ፡ ምስሌከ ፡ ዘአሕየውከ ፡ በጸሎትከ ፡ ኢንትፈለጥ ፡ እምኔከ ። ወይቤላ ፤ ሑሪ ፡ እትዊ ፡ በሰላም ፡ ወእግዚእን ፡ ኢየሱስ ፡ ክርስቶስ ፡ የሀሉ ፡ ምስሌኪ ። ወተባረካ ፡ እምኔሁ ፡ ወሖራ ፡ ውስተ ፡ ሀገሮን ። ወኵሎሙ ፡ ሰብአ ፡ ሀገር ፡ አንከሩ ፡ ሶበ ፡ ርእይዋ ፡ ለይእቲ ፡ ወለት ። ወቅዱስኒ ፡ ይስሐቅ ፡ ነበረ ፡ እንዘ ፡ ይገብር ፡ ተአምረ ፡ ወመንክረ ። ወኵሉ ፡ ዘገብረ ፡ ተአምራተ ፡ ወመንክራተ ፡ ቅዱስ ፡ ይስሐቅ ፡ ሶበ ፡ ተጽሕፈ ፡ በበ ፡ ፭ ፡ እመ ፡ ኢያገምሮ ፡ ብዙኀ ፡ ክርታስ [3] ። በጸሎቱ ፡ ወበስእለቱ ፡ ያድኅን ፡ ለኵልነ ፡ አሜን [4] ።

፳ [5] ፡ ወኮነ ፡ አሐተ ፡ ዕለተ ፡ እንዘ ፡ ይነብር ፡ ቅዱስ ፡ ይስሐቅ ፡ ወመጽኡ ፡ ኀቤሁ ፡ ፪ [6] ፡ ቅዱሳን ፡ ወተአምኅዎ ፡ በአምኃ ፡ ቅዱሳት ፡ ወነበሩ ፡ ምስሌሁ ፡ እንዘ ፡ ይትናገሩ ፡ እምኔሁ ፡ ወነገሮሙ ፡ ነገረ ፡ በቍዔት ። ወፈጺሞሙ ፡ ትክዘሙ ፡ ተሰናአልዎ ፡ ከመ ፡ ይሑሩ ፡ ውስተ ፡ ሀገሮሙ ፡ ወይቤሎሙ ፡ ቅዱስ ፤ ጽንሑኒ ፡ ንስቲተ ። ወአብአሙ ፡ ውስተ ፡ ማኅደሩ ፡ ወነሥአ ፡ መብልዐ ፡ ወመስቴ ፡ ወወሀበሙ ፡ ወይቤልዎ ፤ በእንተ ፡ ፍቅር ፡ ንጥዕም ። ወይቤሎሙ ፤ ይኩን ፡ በከመ ፡ ትቤሉ ፡ አኀዊየ ። ወረፈቁ ፡ ወበልዑ ፡ ወሰትዩ ፡ ኅዳጠ ፡ ወወፅኡ ፡ እንዘ ፡ የአኵትዎ ፡ ለእግዚአብሔር ። ወሖሩ ፡ ውስተ ፡ ሀገሮሙ ፡ ወቅዱስሰ ፡ ይስሐቅ ፡ ኢጥዕመ ፡ እምውእቱ ፡ መብልዕ ። ወሶበ ፡ ኮነ ፡ ሰርክ ፡ ይቤሎሙ ፡ ዐቃቢ ፡ ዘቤተ ፡ ክርስቲያን ፤ ናሁ ፡ ይስሐቅ ፡ መስሐ ፡ ምስለ ፡ መነ

[1] B ሀገረ ፡ ኪ. — [2] A ወት″ ኢየኃውር. — [3] A መንክረ ፡ ወይቤሎሙ ፡ ለእመ ፡ ተጽሕፈ ፡ ተአምሪሁ ፡ በበ፭ ፡ እመ ፡ ኢያገምሮ ፡ ብዙኅ ፡ ክርታስ. — [4] B > da በጸ″. — [5] > B. — [6] B ፫.

ክሳት ። ወይቤ ፡ ፩ ፡ እምልኡካነ ፡ ቤተ ፡ ክርስቲያን ፤ ይጼውዕዎ ፡ ለይስሐቅ ፡ ከመ ፡ ይሥራዕ ፡ ቍርባነ[1] ። ወጸውዕዎ ፡ ለቅዱስ ፡ ይስሐቅ ፡ ወይቤልዎ ፤ ነዓ ፡ ኀበ ፡ ቤተ ፡ ክርስቲያን ፡ እስመ ፡ ናሁ ፡ አልቦ ፡ ዘያቄርብ ፡ ቍርባነ ። ወአኀዘ ፡ ይሥራዕ ፡ ወአውረዱ ፡ ሎቱ ፡ መላእክት ፡ እምሰማይ ፡ ልብሰኒ ፡ ወንዋየ ፡ ቅድሳትኒ ፡ ሥሩዐ ። ወፈጺሞ ፡ ቍርባነ ፡ አተወ ፡ ውስተ ፡ ማኅደሩ ። ወሖሩ ፡ ፪[2] ፡ ኀበ ፡ ቅዱስ ፡ ጳንጠሌዎን ፡ ወይቤልዎ ፤ ይስሐቅሰ ፡ መሲሐ ፡ ገብረ ፡ ቍርባነ ። ወአውሥአሙ ፡ ቅዱስ ፡ ጳንጠሌዎን ፤ አሚንኑ ፡ ከመዝ ፡ ዘትቤሉ ። ወይቤልዎ ፤ እወ ፡ አማን ። ወይቤሎሙ[3] ፤ ትምሕሉኑ ፡ በአብ ፡ ወወልድ ፡ ወመንፈስ ፡ ቅዱስ ። ወይቤልዎ ፤ እወ ፡ ንምሕል ፡ በአብ ፡ ወወልድ ፡ ወመንፈስ ፡ ቅዱስ[4] ፤ በአስኬማከኒ ፡ ቅድስት ፡ ንምሕል ። ወይቤሎሙ ፤ በሉ ፡ መሐሉ ። ወአኀዙ ፡ ይምሐሉ[5] ። ወሰበ ፡ ሰምዐ ፡ ዘንተ ፡ ሐዘነ ፡ ወበከየ ፡ ወለአከ ፡ ኀበ ፡ ቅዱስ ፡ ይስሐቅ ፡ እንዘ ፡ ይብል ፤ ኦወልድየ ፡ ነዓእ ፡ ንትራከብ ፡ እስመ ፡ ብዙኅ ፡ ነገር ፡ ዘእትናገር ፡ ምስሌከ ፡ ወንትራከብ ፡ በፍኖት ። ወበጽሑ ፡ ልኡክን[6] ፡ ወነገርዎ ፡ ለቅዱስ ፡ ይስሐቅ ፡ ወይቤሎሙ ፤ ኦሆ ። ወእምዝ ፡ በሳኒታ ፡ ተንሥአ ፡ ወሖረ ፡ ወብዙኃን ፡ ሕዝብ ፡ ወመነኮሳት ፡ ተለውዎ ። ወተራከቡ ፡ ክልኤሆሙ ፡ በፍኖት ፡ ወተአምኁ ፡ በአምኃ ፡ መንፈሳዊ ፡ ወነበሩ ፡ ክልኤሆሙ ፡ በፍኖት ፡ እንዘ ፡ ይትናገሩ ፡ ነገረ ፡ በቍዔት ፡ ወይቤሎ ፡ ቅዱስ ፡ ጳንጠሌዎን ፤ ኦወልድየ ፡ ይስሐቅ ፡ ዕጹብ ፡ ወመድምም ፡ ነገር ፡ ብየ ፡ ምስሌከ ። ወይቤሎ ፡ ቅዱስ ፡ ይስሐቅ ፤ በል ፡ አባ ፡ ክቡር ። ወይቤሎ ፡ ቅዱስ ፡ አባ ፡ ጳንጠሌዎን ፤ ይሰስሉ ፡ እምኔነ ፡ እሉ ፡ ሰብእ ። ወይቤሎ ፡ ቅዱስ ፡ ይስሐቅ ፤ አከ ፡ ሰብእ ፡ ባሕቲቶሙ ፡ አላ ፡ ዕፀወ ፡ ገዳምኒ ፡ ወአእባንኒ ፡ ይሰስሉ ፡ ለነ ። ወሰበ ፡ ይቤ ፡ ከመዝ ፡ ሰሰሉ ፡ ዕፀውኒ ፡ ወአእባንኒ ፡ እምኀበ ፡ ሀለዉ ፡ ቡሩክን ፡ መጠነ ፡ ፳ ፡ ምዕራፍ ። ወሰበ ፡ ርእየ ፡ ቅዱስ ፡ አባ ፡ ጳንጠሌዎን ፡ ተንሥአ ፡ ወሰገደ ፡ ሎቱ ፡ ወአኀዘ ፡ ርእሶ ፡ ወሰዐሞ ፡ ወይቤሎ ፤ አባ ፡ ክቡር ፡ ገረምከኒ ። ወበእንተዝ ፡ ተሰምየ ፡ ገሪማ ። ወይቤሎ ፡ ቅዱስ ፡ አባ ፡ ገሪማ ፡ አአባ ፡ ክቡር ፡ በምንት ፡ ጸዋዕከኒ ፡ ወአይዳዕከኒ ፤ ምንት ፡ ውእቱ ፡ ነገሩ ። ወይቤሎ ፡ ቅዱስ ፡ አባ ፡ ጳንጠሌዎን ፡ ለአባ ፡ ገሪማ ፤ እስመ ፡ ኀይለ ፡ እግዚአብሔር ፡ ሀሎ ፡ ምስሌከ[7] ። ሰማዕኩ ፡ ፪ ፡ ዕደወ ፡ እንዘ ፡ ያስተዋድዩከ ። ወይቤሎ ፤ አይድዐኒኬ ፡ ምንት ፡ ውእቱ ፡ ነገሩ ። ወይቤሎ ፡ አባ ፡ ጳንጠሌዎን ፤ በሊዐከአ ፡ ምስለ ፡ አኀው ፡ ቀደስከ ፡ ቍርባነ ። ወነገሮ ፡ አባ ፡ ገሪማ ፡ ኵሎ ፡ ዘኮነ ፡ ላዕሌሁ ፡ እምጥንቱ ፡ እስከ ፡ ተፍጻሜቱ ፡ ወሰበ ፡ ሰምዐ ፡ ቅዱስ ፡ ጳንጠሌዎን ፡ ረገሞሙ ፡ ለእሙንቱ ፡ ዕደው ፡ እንዘ ፡ ይብል ፤ ውጉዛነ ፡ ኩኑ ፡ በአፈ ፡ አብ ፡ ወወልድ ፡ ወመንፈስ ፡ ቅዱስ ፡ ወበአፈ ፡ እግዝእትነ ፡ ማርያም ፡ ወበአፈ ፡ ጳ

[1] B add. ወውእቱሰ ፡ እምድኅረ ፡ እሙንቱ ፡ ቅዱሳን ፡ ውእቱ ፡ (*sic*) ይስሐቅ ፡ ኃዘነ ፡ እስመ ፡ ይውሕዝ ፡ ደሙ ፡ እምጕርዔሁ. — [2] > B. — [3] > A. — [4] A > da በአብ. — [5] A > ወ" ይ". — [6] A > ወ" ል". — [7] A < da እ"ኅ".

ድቃን ፡ ወሰማዕት ። ወጻርኑ ፡ ኵሎሙ ፡ ሰማያዊያን ፡ ወምድራዊያን ፡ እንዘ ፡ ይብሉ ፤ አሜን ፡ ወአሜን ፡ ለይኩን ። ወይቤሎ ፡ አባ ፡ ጳንጠሌዎን ፡ ለአባ ፡ ገሪማ ፤ ጸሎትከ ፡ ወበረከትከ ፡ ተሀሉ ፡ ምስሌየ ። ወውእቱኒ ፡ ይቤሎ ፤ በጸሎትከ ፡ ተማኅፀንኩ ፡ አአባ ፡ ክቡር ። ወአተዉ ፡ ውስተ ፡ ማኅደሮሙ ፡ ሰላመ ፡ ተውኂበሙ ። ወበጸሎቱ ፡ ለቅዱስ ፡ አባ ፡ ገሪማ ፡ ያድኅነነ ፡ እምሲኦል ፡ ሠርም(1) ፡ ለዓለመ ፡ ዓለም ፡ አሜን ፡፤፡

፯(2) ፡ ወእምዝ ፡ ኮነ ፡ እሑተ ፡ ዕለተ ፡ እንዘ ፡ ይጽሕፍ ፡ ነቢሮ ፡ ቃለ ፡ መለኮት ፡ በጽሐ ፡ ሱላሜ ፡ ዘ፲ወ፪ ፡ ሰዓተ ፡ ዕለት ፡ አመ(3) ፡ የዐርብ ፡ ፀሓይ ፡ ተንሥአ ፡ ከመ ፡ ይጸሊ ፡ ወቀጸባ ፡ ለፀሓይ ፡ ወቆመት ፡ መጠነ ፡ ፫ ፡ ሰዓት ፡ ወፈጺሞ ፡ ጸሎቶ ፡ ዐረበት ፡ ስቤሃ ። ወአእኰቶ ፡ ለእግዚአብሔር ፡ ዘአርአየ ፡ መንክረ ፡ በላዕለ ፡ ቅዱሳኒሁ ፡፤፡

፰(4) ፡ ወሀሎ ፡ ፩ ፡ አድግ ፡ ተባዕታይ ፡ ዘይትለአክ ፡ ለአባ ፡ ገሪማ ፡ ወይጽዕን ፡ ወንጌሎ ፡ ወስርናዮ ፡ መጠነ ፡ ፲ ፡ መሳፍር(5) ፡ ወሚካኤል ፡ ወገብርኤል ፡ ይመርሕዎ ፡ ወያበጽሕዎ ፡ ኀበ ፡ መከኑ ፡ ለቅዱስ ፡ ቂርቆስ ። ወያበጽሕዎ ፡ ወትረ ፡ በበ፪ ፡ አውራኅ ፡ እምዓመት ፡ እስከ ፡ ዓመት(6) ። ወነበረ ፡ ከመዝ ፡ እንዘ ፡ ይትለአክ ፡ ፲ወ፯(7) ፡ ዓመተ ፡ ወሶበ ፡ በጽሐ ፡ ያበልዕዎ ፡ ኀብስተ ፡ ወሰመዮ ፡ ስሞ ፡ ገብረ ፡ ቂርቆስ ። ወእንዘ ፡ ሀሎ ፡ ከመዝ ፡ ይትለአክ ፡ ሐመ ፡ ዐቢየ ፡ ሕማመ ፡ ውእቱ ፡ አድግ ፡ ወሞተ ፡ እንዘ ፡ ኢያአምርዎ ፡ ወአስተርአዮ ፡ ቂርቆስ ፡ ለ፩ ፡ ቀሲስ ፡ ወይቤሎ ፤ ተንሥእ ፡ ወአብእ ፡ ወቅብሮ ፡ ለውእቱ ፡ አድግ ፡ በኀበ ፡ ሞተ(8) ። ወአብእዎ ፡ ወቀበርዎ ፡ ሀየ ፡ አመ ፡ ፳ወ፯ ፡ ለጥር ። ወሰሚዖ ፡ አባ ፡ ገሪማ ፡ ዘንተ ፡ በከየ ፡ ብካየ ፡ መሪረ ። ወዐቢይ ፡ ተአምሪሁ ፡ ለአባ ፡ ገሪማ ። ወኮነ ፡ እሑተ ፡ ዕለተ ፡ እንዘ ፡ ይጽሕፍ ፡ ነቢሮ ፡ ታሕተ ፡ ምጽላለ ፡ ዕፀው ፡ ወተፍአ ፡ ምራቅ ፡ ላዕለ ፡ ዐቢይ ፡ እብን ፡ ወኮነ ፡ ማየ ፡ ሕይወት ፡ ወብዙኃን ፡ ሕሙማን ፡ ሶበ ፡ ይትቀብኡ(9) ፡ ይትፌወሱ ። ወከማሁ ፡ ለነኒ ፡ ይፈውሰነ ፡ እምሕማመ ፡ ኀጢአት ፡ ለዓለመ ፡ ዓለም ፡ አሜን(10) ፡፤፡

፱ ፡ ስምዑ ፡ ካዕበ ፡ ተአምረ ፡ ዐቢየ(11) ። እንዘ ፡ የኀልፍ ፡ ቅዱስ ፡ አባ ፡ ገሪማ ፡ ፩ ፡ ዕለተ ፡ ርእየ ፡ እለ ፡ የሐርሱ ፡ በሰንበተ ፡ ክርስቲያን ፡ ወይቤሎሙ ፤ ኦርጉማን ፡ ሰብእ ፡ ለምንት ፡ ከመዝ ፡ ትገብሩ ፡ በሰንበተ ፡ ክርስቲያን ። ወዐረፉ ፡ ላዕሌሁ ፡ ዐቢየ ፡ ዕርፈተ ፡ ዘኢይደሉ ፡ ተናግሮ ፡ ወዘበጥዎ ፡ ዐቢየ ፡ ዝብጠተ ፡ ኀቢሮሙ ፡ ወረገምሙ ፡ እንዘ ፡ ይብል ፤ ኩኑ ፡ ርጉማነ ፡ ወውስተ ፡ ሀገርከሙ ፡ ይፍረይ ፡ ስርናይ ፡ ወኢትጥዐምዎ ፡ እምኔሁ ፡ ወኢምንተኒ ፡ ሣዕረ ፡ ጕንት ፡ ይኩን ፡ ሲሳይከሙ ፡ ወልብስክሙሂ ፡ ይኩን ፡ ልሕጸ ፡ ዕፅ ፡ ወቤተ ፡

(1) Mss. ሰርማ. — (2) > B. — (3) A ከማሁ, B ከመ. — (4) > B. — (5) A > da መጠ". — (6) A add. በበ፯ዕለት. — (7) B ፲ወ፭. — (8) B add. ወሶበ ፡ ፀብሐ ፡ ረከበ ፡ ለውእቱ ፡ አድግ ፡ ኀበ ፡ ሞተ. — (9) A ይትዐቀቡ. — (10) B > da ወከ". — (11) B > da ፱.

ክርስቲያኒክሙኒ ፡ ኢይትፈጸም ፡ ሐኒጸታ ፡ ወአዋልዲክሙኒ ፡ ኢይትሐፀያ ፡ ወኢይትዋሰባ ፡ ደናግል ፡ ወጼዋክሙኒ ፡ ይኩን ፡ በከ ፡ ወእንስሳክሙኒ ፡ ይኩኑ ፡ ለባዕድ ፡ በከመ ፡ ሰዐርክምዋ ፡ ከማሁኒ ፡ ይሰዐር ፡ መርገምክሙ ፡ እስከ ፡ ለዓለመ ፡ ዓለም ፡ ወለትውልደ ፡ ትውልድ ፡ ወኢይትፈጸም ፡ ነገርክሙ ፡ በኵሉ ፡ ጊዜ ፡ ዘእንበለ ፡ ይዕርብ ፡ ፀሓይ ፡ ኢይጥዐሙ ፡ እክለ ፡ በሰንበት ፡ ወኢይኀበር ፡ መሥዋዕትክሙ ፡ ምስለ ፡ መሥዋዕተ ፡ አግዓዚ ፡ ወይኩን ፡ መሥዋዕትክሙ ፡ ከመ ፡ መሥዋዕተ ፡ ሮም ። ወዘንተ ፡ ብሂሎ ፡ ነሥአ ፡ ማየ ፡ ወተሐጽበ ፡ እደዊሁ ፡ ወነጽሐ ፡ ውስተ ፡ ሀገሮሙ ፡ በከመ ፡ ይቤ ፡ እግዚእነ ፡ በወንጌል ፤ ጸበልክሙኒ ፡ ዘተለወኒ ፡ እምሀገርክሙ ፡ ንነግፍ ፡ ለክሙ ።

ወዘንተ ፡ ኵሎ ፡ ተአምረ ፡ ሰሚዖ ፡ ገብረ ፡ መስቀል ፡ ንጉሥ [1] ፡ ሖረ ፡ ኀቤሁ ፡ እንዘ ፡ ሀሎ ፡ ኀበ ፡ ደብረ ፡ መደራ ፡ እንተ ፡ ስማ ፡ ቤተ ፡ መስቀል ፡ ወሰገደ ፡ ታሕተ ፡ እገሪሁ ፡ ወአስተብቍዖ ፡ ከመ ፡ ይባርክ ፡ ላዕለ ፡ መንግሥቱ ፡ ወይቤሎ ፡ ቅዱስ ፤ ይባርከ ፡ ላዕሌከ ፡ ወላዕለ ፡ መንግሥትከ ፡ ዘአጽንዐ ፡ መንግሥቶ ፡ ለቈስጠንጢኖስ ፡ ዘኀሠሠ ፡ ዕፀ ፡ መስቀሉ ፡ ለክርስቶስ ፡ ወዘባረከሙ ፡ ለሕፃናት ፡ ወአንበሮሙ ፡ ውስተ ፡ ሕዕኑ ፡ ወይቤ ፤ ዘመጠነዝ ፡ ሕፃን ፡ ዘተወከፈ ፡ በስምየ ፡ ኪያየ ፡ ተወከፈ ፤ ያብዝኅ ፡ ለከ ፡ ዘርአከ ፡ እለ ፡ እምድኅሬከ ፡ ወያግርር ፡ ፀረከ ፡ ታሕተ ፡ እገሪከ ። ወወሀበ ፡ አምኃ ፡ ብዙኀ ፡ ወይቤሎ ፤ አይቴ ፡ አሐንጽ ፡ ለከ ፡ ቤተ ፡ ክርስቲያን ። ወተንሥአ ፡ ቅዱስ ፡ ወጸለየ ፡ ወርእየ ፡ እንዘ ፡ ይወርድ ፡ ብርሃን ፡ ዐቢይ ፡ ኀበ ፡ ይእቲ ፡ ምድር ። ወይቤሎ ፤ ዝየ ፡ ይደሉ ፡ ከመ ፡ ትሕንጽ ፡ ሌተ ። ወአዘዘ ፡ ንጉሥ ፡ ከመ ፡ ያምጽኡ ፡ ዕፀዊሃ ፡ ወእበኒሃ ፡ ጽኑዓነ ፡ ሐራ ። ወተጋብኡ ፡ ኀቤሃ ፡ ጠቢባን ፡ ወለባውያን ፡ እለ ፡ የአምሩ ፡ ሐኒጸ ፡ ወገብሩ ፡ ዕፀዊሃ ፡ በትእምርተ ፡ መስቀል ፡ ወውስተ ፡ መሰረታቲሃኒ ፡ ወገብሩ [2] ፡ አልባሰ ፡ ውስተ ፡ ሠረገላሃ ፡ በእንተ ፡ ዕበዩ ፡ ወከብሩ ፡ ለአባ ፡ ገሪማ ፡ ወፈጸመ ፡ ሐኒጸታ ፡ በዕፀው ፡ ወበአእባን ፡ ወኀጺን [3] ወይቤ ፡ ንጉሥ ፤ በእንተ ፡ ዕበዩ ፡ ለአባ ፡ ገሪማ ፡ ዘርሱይ ፡ በግርማ ፡ ፈጸምኩ ፡ ዘንተ ፡ ደብተራ ። ወወሀበ ፡ ምድረ ፡ ጣፋ ፡ ቈላሃ ፡ ወደጕዓሃ ፡ ዕፀዊሃ ፡ ወማዕራ ፡ ወማያ ፡ ወኵሎ ፡ ዘይትወሀብ ፡ ላቲ ፡ ለቤተ ፡ ንጋሢ [4] ፡ ከመ ፡ ይኩኖሙ ፡ ሲሳዮሙ ፡ ለመነኮሳት ፡ ምስለ ፡ አባ ፡ ምኔቶሙ ፡ ከመ ፡ ይግበሩ ፡ ተዝካሮ ፡ ለአባ ፡

[1] B ወበውእቱ ፡ መዋዕል ፡ ሰምዑ ፡ ገብረ ፡ መስቀል ፡ ንጉሥ ፡ ኂሩቶ ፡ ለአባ ፡ ገሪማ ፡ ዘከመ ፡ ይገብር ፡ ተአምራተ ፡ ወመንክራተ ፡ ወዘከመ ፡ ያነሥእ ፡ ምውታን (!) ፡ ወይከሥት ፡ አዕይንተ ፡ ዕውራን ፡ ወያረውጾሙ ፡ ለኀንካሳን ፡ ወያወጽኦሙ ፡ ለአጋንንት ፡ ወለእለ ፡ ለምጽ ፡ ይነጽሑ ፡ ወጽሙማን ፡ ይጸምዑ ፡ ሶበ ፡ ይጼሊ ፡ ዲቤሆሙ ፡ ብእሴ ፡ እግዚአብሔር ፡ በከመ ፡ ጽሑፍ ፡ ውስተ ፡ ግብሮሙ ፡ ለ፲ወ፪ሐዋርያቲሁ ፡ ለእግዚእነ ፡ ኢ" ክ" ፡ ወይመትሩ ፡ እምጽንፈ ፡ ልብሶሙ ፡ ወሰበኖሙ ፡ ያነብሩ ፡ ዲበ ፡ ዱያን ፡ ወይፈውሱ ፡ ወከማሁ ፡ ኢሐፀ ፡ ግብሩ ፡ ለአባ ፡ ገሪማ ፡ እንዘ ፡ ይገብር ፡ ተአምረ ፡ ወመንክረ ። ወዘንተ ፡ ሰበ ፡ ሰምዐ ፡ ገብረ ፡ መስቀል ፡ ንጉሥ. — [2] A > da ዕፀዊሃ. — [3] A ሠናያን. — [4] A ቤ" ክርስቲያን.

ገሪማ ፡ ወወሀበ ፡ ዐድዋሃ ፡ ኀበ ፡ አጕየየ ፡ ዕፀወ ፡ ገዳም ፡ ምሳሕ ፡ ወስብዔቶ[1] ፡ እስከ ፡ ማየ ፡ ልሕኵት ። ወአውገዘ ፡ ንጉሥ ፡ ገብረ ፡ መስቀል ፡ ከመ ፡ ኢይባእ ፡ ላዕሌሆን ፡ ኢመኰንን ፡ ወኢቃለ ፡ ንጉሥ[2] ። ወይቤ ፤ ከማሁ ፡ ይግበሩ ፡ እለ ፡ እምድኅሬየ ። ወካዕበ ፡ ይቤ ፤ አዕበይናሃ ፡ ወአክበርናሃ ፡ እምእለ ፡ ቀዳማሃ ፡ ወደኃራሃ ፡ በእንተ ፡ ዘወረደ ፡ ቃለ ፡ አብ ፡ ላዕሌሃ ፡ ወቃለ ፡ እግዚአብሔር ፡ እግዚእነ ፡ ኢየሱስ ፡ ክርስቶስ[3] ፡ ወሚካኤል ፡ ወገብርኤል ፡ ይትናገሩ ፡ ምስሌሁ ፡ ወይእቲ ፡ ደብር ፡ ተመሰለት ፡ ከመ ፡ ደብረ ፡ ሲና ፡ ወከመ ፡ ደብረ ፡ ታቦር ፡ ወከመ ፡ ፈለገ ፡ ዮርዳኖስ ፡ በእንተ ፡ ቃለ ፡ እግዚአብሔር ፡ ዘወረደ ፡ ላዕሌሃ ። በጸሎቱ ፡ ለአባ ፡ ገሪማ ፡ ይምሐረነ ፡ እግዚአብሔር ፡ ወይስረይ ፡ ኀጢአተነ ፡ ለዓለም ፡ አሜን[4] ፡ ፤ ፡

፲ ፡ ወ[5] ክነ ፡ እሑተ ፡ ዕለተ ፡ ነሥአ ፡ ሐረገ ፡ ወይን ፡ ወተከላ ፡ ታሕተ ፡ ኰኵህ ፡ ውስተ ፡ ምሥራቃ ፡ ለይእቲ ፡ ቤተ ፡ ክርስቲያን ፡ ወበቈለ ፡ ሰቤሃ ፡ በይእቲ ፡ ዕለት ፡ ወፈርየት ፡ ወአዕረጋ ፡ ለመሥዋዕት ። ወይወርድ ፡ ብርሃን ፡ በውስቴታ ፡ ወባረከ ፡ ላዕሌሃ ፡ ብእሴ ፡ እግዚአብሔር ። ወእምዝ ፡ ተጋብኡ ፡ ሰብእ ፡ ብዙኃን ፡ ሰሚዖሙ ፡ ኂሩቶ ፡ ወተምህሩ ፡ እምኔሁ ፡ ነገረ ፡ በቍዔት[6] ፡ ወያለብሶሙ ፡ አስኬማ ፡ ንጹሐ ፡ ወኮነ ፡ አባ ፡ ገሪማ ፡ ከመ ፡ እንጦንስ ፡ ወመቃርስ ፡ ከዋክብተ ፡ ብርሃን ፡ ወኮኑ ፡ ፻ ፡ ማኅበር ፡ ወለለማኅበሩ ፡ ፻ወ፶ ፡ ወሠርዐ ፡ ሎሙ ፡ ሥርዐተ ፡ ቀኖና ፡ ዘይደሉ ፡ ለምንኵስና ፡ ከመ ፡ ኢያጽርዑ[7] ፡ ጸሎተ ፡ መዓልተ ፡ ወሌሊተ[8] ፡ ፤ ፡

፲ወ፩[9] ፡ ወእሑተ ፡ ዕለተ ፡ ወረደ ፡ ውስተ ፡ ሕፅነ ፡ ደብር ፡ ወባረከ ፡ በትእምርተ ፡ መስቀል ፡ ክቡር ፡ ወአውፅአ ፡ ማየ ፡ እምኰኵህ ፡ ወበሀየ ፡ ወረቀ ፡ ምራቆ ፡ ውስተ ፡ ኰኵህ ። ወይቤ ፤ ይኩን ፡ ፈውሰ ፡ ለኵሉ ፡ ዘይትቀባእ ፡ በርትዕት ፡ ሃይማኖት ። ወኮነ[10] ፡ ካዕበ ፡ እንዘ ፡ ይጽሕፍ ፡ ወድቀ ፡ ብርዕ ፡ ወበቈለ ፡ ሰቤሃ ፡ ወአንከሩ ፡ ሕዝብ ፡ ወሰብሕዎ ፡ ለእግዚአብሔር ፡ ዘአርአየ ፡ መንክራቲሁ ፡ በላዕለ ፡ ቅዱሳኒሁ ፡ ገባርያነ ፡ ሥምረቱ ። ወነገርዎ ፡ ለንጉሥ ፡ ገብረ ፡ መስቀል ፡ ተአምረ ፡ ብፁዕ ፡ አባ ፡ ገሪማ ። አስተባረከ ፡ ንጉሥ ፡ ወሰገደ ፡ ሎቱ ፡ ወሰማ ፡ ለይእቲ ፡ ሀገር ፡ አተሬት ፡ ወወሀበ ፡ ይእተ ፡ ሀገረ ፡ ኀበ ፡ ገብረ ፡ ተአምረ ፡ ወጊባትሂ ፡ ወእለ ፡ ምስሌሃ ፡ ፯ ፡ አህጉረ ፡ ከመ ፡ ይግበሩ ፡ ተዝካሮ ፡ ለአባ ፡ ገሪማ ፡ ወለገብረ ፡ መስቀል ፡ ለመከነ ፡ መደራ ።

፲መ፪[11] ፡ ወእሑተ ፡ ዕለተ ፡ እንዘ ፡ የኀልፍ ፡ አባ ፡ ገሪማ ፡ ምስለ ፡ አባ ፡

(1) A ውብዒቶ. — (2) B ነጋሢ. — (3) A > da ወቃ" እግ". — (4) B > da በጸ. — (5) > B. — (6) A > da ተም". — (7) B ከመ ፡ ያፈቅሩ ፡ ቢጸሙ ፡ ወይትወከፉ ፡ ነግደ ፡ ወኢያጽርዑ. — (8) B >, add. ዘበበጊሁ(!) ፡ ወሀየ ፡ ይነብሩ ፡ ኄራን ፡ ወንጹሓን ፡ እለ ፡ አስመርዎ ፡ ለእግ". — (9) > B. — (10) B add. በውእቱ ፡ መዋዕል ፡ ለአከ ፡ ኀቤሁ ፡ ገብረ ፡ መስቀል ፡ ንጉሥ ፡ ከመ ፡ ይቀድስ ፡ አብያተ ፡ ክርስቲያናት ፡ ዘኀነጸ ፡ እንዘ ፡ ኵሎ ፡ ሀየ ፡ አውፅአ ፡ ማየ ፡ በትእምርተ ፡ መስቀል ፡ ወእንዘ. — (11) > B.

ይምእታ ፡ ማእከለ ፡ ፪ ፡ አድባር ፡ አጽደፈ ፡ ላዕሌሆሙ ፡ ጸላሴ ፡ ሠናያት ፡ ዐቢየ ፡ እብነ ፡ ወባረከ ፡ ሶቤሃ ፡ አባ ፡ ገሬማ ፡ ወቆመት ፡ ይእቲ ፡ እብን ፡ ወሀለወት ፡ እስከ ፡ ዮም ። ወለአከ ፡ ኀቤሁ ፡ ቅዱስ ፡ ጰንጠሌዎን ፡ እንዘ ፡ ይብል ፤ አወልድየ ፡ ነዓአ ፡ ንትራከብ ፡ እምቅድመ ፡ ትፃእ ፡ ነፍስነ ፡ እምሥጋነ ። ወሶበ ፡ ተራከቡ ፡ ክልኤሆሙ ፡ ጻድቃን ፡ ተሐቀፉ ፡ በበይናቲሆሙ ፡ ወተናገሩ ፡ ዕበያቲሁ ፡ ለእግዚአብሔር ። ወነገሮ ፡ ዘከመ ፡ ዘበጥዎ ፡ ወይቤሎ ፤ ተዐገሥ ፡ አወልድየ ፡ ኢሰማዕከኑ ፡ ዘከመ ፡ ዘበጥዎ ፡ ለክርስቶስ ፡ ወአዕረቅዎ ፡ ልብሶ ፡ ተዐገሥ ፡ አወልድየ ፡ ዝንቱ ፡ ተግሣጽ ፡ ዐቢይ ፡ ውእቱ ፡ በመንግሥተ ፡ ሰማያት ። ወተጋብኡ ፡ እሙንቱ ፡ ቅዱሳን ፡ እለ ፡ ነበሩ ፡ ቀዲሙ ፡ እመ ፡ ፳ ፡ ለየካቲት ፡ ዘውስተ ፡ ድራረ ፡ ጾም ። ወነበሩ ፡ እስከ ፡ ይትፌጸም ፡ በዓለ ፡ ፋሲክ ። ወእምዝ ፡ ተሐቀፉ ፡ በበይናቲሆሙ ፡ ወበከዩ ፡ ብካየ ፡ መሪረ ፡ እንዘ ፡ ይብሉ ፤ ኢንትራከብ ፡ ዳግመ ፡ በዝ ፡ ዓለም ፡ ዘእንበለ ፡ በመንግሥተ ፡ ሰማያት ። ወዘንተ ፡ ብሂሎሙ ፡ ገብኡ ፡ ውስተ ፡ ማኅደሮሙ ፡ እንዘ ፡ የአኵትዎ ፡ ለእግዚአብሔር ። ወለቀሲስ ፡ አባ ፡ ገሬማ ፡ ሠምረ ፡ ዕጣኖ ፡ ከመ ፡ ዕጣነ ፡ አሮን ፡ ወዘካርያስ ፡ ወመሥዋዕቶ ፡ ከመ ፡ መሥዋዕተ ፡ አቤል ፡ ጻድቅ ። ለእመ ፡ ኢያደ ፡ አባ ፡ ገሬማ ፡ ለኢትዮጵያ ፡ እምከነት ፡ ዕልውተ ።

ወእምዝ ፡ ለቅዱስ ፡ አባ ፡ ገሬማ ፡ አስተርአዮ ፡ መድኅን ፡ እመ ፡ ፲ወ፯ ፡ ለሰኔ ፡ ወይቤሎ ፤ ሰላም ፡ ለከ ፡ አፍቁርየ ፡ አባ ፡ ገሬማ ። ናሁ ፡ ተሰምዐ ፡ ጸሎትከ ፡ ወስእለትከ ፤ ወመጻእኩ ፡ ኀቤከ ፡ ከመ ፡ አስተፈሥሐከ ፡ ወይእዜኒ ፡ አፍልሰከ ፡ እምጻማ ፡ ውስተ ፡ ዕረፍት ፡ በእንተ ፡ ዘመነንከ ፡ ምድራዊተ ፡ መንግሥተ ፡ አነ ፡ እሁበከ ፡ መንግሥተ ፡ ሰማያት ፡ ዘኢይበሊ ፡ ወዘኢይማስን ። ወህየንተ ፡ ዘመነንከ ፡ ቀጠንተ ፡ አልባሰ ፡ ዘወርቅ ፡ አነ ፡ አለብሰከ ፡ አልባሰ ፡ ዘኢይበሊ ። ህየንተ ፡ ዘመነንከ ፡ ሀገረከ ፡ አነ ፡ እሁበከ ፡ ኢየሩሳሌምሃ ፡ ሰማያዊተ[1] ። ዘገብረ ፡ ተዝካረ ፡ ወዘተአመነ ፡ በጸሎትከ ፡ አነ ፡ እሁብ ፡ ሞገሰ ፡ በቅድመ ፡ ሰማያዊያን ፡ ወምድራዊያን ፡ ወአወርሶ ፡ በመንግሥተ ፡ ሰማያት[2] ። ወዘአጽሐፈ ፡ መጽሐፈ ፡ ገድልከ ፡ ወዘጸሐፎ ፡ ወዘተርጐሞ ፡ አነ ፡ እጽሕፍ ፡ ስሞሙ ፡ ውስተ ፡ መጽሐፈ ፡ ሕይወት ። ዘአብልዐ ፡ ርኁባነ ፡ ወዘአስተየ ፡ ጽሙኣነ ፡ በዕለተ ፡ ተዝካርከ[3] ፡ አነ ፡ አበልዖሙ ፡ ኅብስተ ፡ ሕይወት ፡ ወአሰትዮሙ ፡ ጽዋዐ ፡ ሕይወት ፡ ዘኢይነፅፍ[4] ፡ ወዘጸለየ ፡ በዕለተ ፡ ተዝካርከ ፡ አነ ፡ አሰምዖ ፡ ማኅሌተ ፡ ዘሊቃነ ፡ መላእክት ፡ መንፈሳዊያን ፡ ወዘአምስሐ ፡ ነዳያነ ፡ ወምስኪናነ ፡ አነ ፡ እመስሖ ፡ ውስተ ፡ ቀዳሚት ፡ ምሳሕ ፡ ዘ፲፱ ፡ ዓመት ፡ እመ ፡ እነግሥ ፡ ምስለ ፡ ጻድቃን ፡ ወሰማዕት ። ወዘያለብስ ፡ ዕሩቀ ፡ በዕለተ ፡ ተዝካርከ ፡ አነ ፡ አለብሶ ፡ ልብሰ ፡ ጽዴድ ፡ ዘኢገብሮ ፡ እደ ፡ ሰብእ[5] ። ወዘሂ ፡ ጻመ

[1] B add. ህየንተ ፡ ዘመነንከ ፡ እብያተ ፡ ዘየኃልፍ (*sic*) ፡ አነ ፡ እሁበከ ፡ እብያተ ፡ ዘኢየኃልፍ ፡ ዘሕይወት. — [2] A > da አወ″. — [3] A > በዕ″ ተ″. — [4] A > da ወአሰ″. — [5] B add. አነ ፡ አስተቄጽሎ ፡ አክሊለ ፡ ብርሃን ፡ ዘኢይጸልም ፡ ወዘኢይጠፍእ.

ወ ፡ ወጽሀቀ ፡ በእንተ ፡ መጽሐፈ ፡ ገድልከ ፡ አነ ፡ አስተፌሥሐ ፡ በመንግሥትየ ፡ አመ ፡ ትወፅእ ፡ ነፍሱ ፡ እምሥጋሁ ፡ ኢያቀርበሙ ፡ ኀቤሁ ፡ መላእክተ ፡ ጽልመት ፡ አላ ፡ እመጽእ ፡ ወአቀውም ፡ ምስሌሁ ፡ ለመላእክተ ፡ ብርሃን ። ወዘሂ ፡ ሐነጸ ፡ ቤተ ፡ ክርስቲያንከ ፡ አነ ፡ እሁብ ፡ ፲ወ፯ ፡ መካነ ፡ ብርሃን ፡ ወለዘሂ ፡ አንበሮ ፡ ውስተ ፡ ቤቱ ፡ ለገዝንቱ ፡ መጽሐፍ ፡ ኢይበውእ ፡ ሕማመ ፡ ብድብድ ፡ ወጻማ ፡ ወኢሞተ ፡ ሰብእ ፡ ወኢሞተ ፡ ላህም ፡ ወኢጥፍአተ ፡ እክል ። ወዘአንበበ ፡ ለገዝንቱ ፡ መጽሐፍ ፡ በልብ ፡ ጥቡዕ ፡ ወዘሰምዖ ፡ ዘእንበለ ፡ ሀኬት ፡ አነ ፡ አድኅኖ ፡ እምኵሉ ፡ ምንዳቤ ፡ ወሕማም ፡ ወደዌ ፡ ዕጹብ ፡ ወዘያበውእ ፡ መባአ ፡ እው ፡ ዕጣነ ፡ ወቅብአ ፡ አነ ፡ አበውኦ ፡ ውስተ ፡ መንግሥትየ ። ወንጉሥሂ ፡ ዘይሁብ ፡ ቀጠንተ ፡ አልባስ ፡ ለቤተ ፡ ክርስቲያንከ ፡ ወዘያከብር ፡ መካነከ ፡ አነ ፡ አከብሮ ፡ በመንግሥትየ ፡ ወእጼግዎ ፡ ግረተ ፡ ዐር ፡ ወዳኅና ፡ ወሰላመ ፡ ምስለ ፡ መኳንንቲሁ ። ወሰበ ፡ ተናገሮ ፡ እግዚአብሔር ፡ ለአባ ፡ ገሪማ ፡ ወይቤሎ ፡ ብእሲ ፡ ጻድቅ ፡ ለመድኅን ፤ ዘንተ ፡ ኵሎ ፡ ዘወሀብከኒ ፡ ይትኤኰት ፡ ወይሴባሕ ፡ ስምከ ፡ ዘገብረ ፡ ተዝካርየ ፡ ወዘአጽሐፈ ፡ መጽሐፈ ፡ ገድልየ ፡ ወዘአምነ ፡ በጸሎትየ ፡ እስከ ፡ አስፍንቱ ፡ ትውልድ ፡ ትምሕሮ ፡ ሎቱ ። ወይቤሎ ፡ መድኅን ፤ እስከ ፡ ፲ወ፪ ፡ ትውልድ ፡ መሐልኩ ፡ ለከ ። ወይቤሎ ፡ ጻድቅ ፡ ለመድኅን ፤ ውሉድሰ ፡ ለእመ ፡ አልቦቱ ። ወይቤሎ ፡ መድኅን ፤ ወለእመ ፡ አልቦቱ ፡ ውሉደ ፡ አነ ፡ እሁብ ፡ ፲ወ፪ ፡ ምክዕቢተ ፡ ወዓዲ ፡ ዐቢየ ፡ ብስራተ ፡ እነግረከ ፡ ወጽላሎተ ፡ ሞትሂ ፡ ኢይቀርበከ ። ወዘንተ ፡ ብሂሎ ፡ ወሀበ ፡ ሰላመ ፡ ወዐርገ ፡ ውስተ ፡ ሰማያት ፡ በዐቢይ ፡ ስብሐት ። ወቅዱስሰ ፡ አባ ፡ ገሪማ ፡ ተፈሥሐ ፡ ዐቢየ ፡ ፍሥሓ ። ወሰበ ፡ ጸብሐ ፡ ይቤሎሙ ፡ ለአኀዊሁ ፤ ሰላም ፡ ለክሙ ፡ አኀዊየ ፡ ቅዱሳን : እምይእዜሰ ፡ ኢትሬእዩኒ ፡ በሥጋ ። ወሰበ ፡ ሰምዑ ፡ አኀው ፡ በከዩ ፡ ብካየ ፡ መሪረ ። ወይቤልዎ ፤ ለመኑ ፡ ተኀድገነ ። ወይቤሎሙ ፤ አንሰ ፡ አሐውር ፡ ኀበ ፡ ክርስቶስ ፡ አምላኪየ ፡ ወለክሙኒ ፡ አኀድገክሙ ፡ ኀበ ፡ እግዚአብሔር ፡ ዑቁ ፡ ወግበሩ ፡ ዘአዘዝኩክሙ ። ወዘንተ ፡ ብሂሎ ፡ ተሰወረ ፡ እምኔሆሙ ፡ ወኢርእይዎ ፡ ዳግመ ፡ ወፈጸመ ፡ ገድሎ ፡ አመ ፡ ፲ወ፯ ፡ ለወርኀ ፡ ሰኔ ። ጸሎቱ ፡ ወበረከቱ ፡ ተሀሉ ፡ ምስሌነ ፡ ወትዕቀበነ ፡ ለኵልነ ፡ ለዓለመ ፡ ዓለም ፡ አሜን ። ወሰበ ፡ ተፈጸመ ፡ ወተሰወረ ፡ እምኔሆሙ ፡ ተዘከሩ ፡ ዘሠርዐ ፡ ሎሙ ፡ በከመ ፡ ሥርዐቱ ፡ ለአባ ፡ ሲኖዳ ፡ ኢይቀርብ ፡ ቍርባነ ፡ ዓላማዌ ፡ ወኢይቀድስ ፡ ዘእንበለ ፡ ዘተኀርየ ፡ እመነከሳት ፡ ወሐዘኑ ፡ ወበከዩ ፡ በእንተ ፡ ዘተፈልጠ ፡ እምኔሆሙ ፡ ወየአክሉ ፡ ኈልቆሙ ፡ ለእሙንቱ ፡ መነከሳት ፡ ፳፱ ። ወይቤ ፡ ፩ ፡ እምኔሆሙ ፤ ርኢኩ ፡ አንሰ ፡ አኀውየ ፡ ወአርአየኒ ፡ እግዚአብሔር ፡ ዘከመ ፡ ይቄድስ ፡ ዓመት[1] ፡ ፪ ፡ ትመሀብር ፡ መካንን ፡ ቅድስት ፡ እንተ ፡ ቀደሰ ፡ እግዚእነ ፡ ምስለ ፡ መላእክቲሁ ፡ በእንተ ፡ ፍቅሩ ፡ ለአባ ፡ ገሪማ ፡ ወይነብሩ ፡ ሀየ ፡ ሕዝበ ፡ ጠዋያን ፡ ወዐማጺያን ፡ ወይመሥጡ ፡ ነዳያነ ፡ ወምስኪናነ ፡ ወሎሙሰ ፡

[1] B ዓለማዊ.

ጽኑሕ[1] ፡ ደይኖሙ ፡፡ ወይእዜኒ ፡ ንስአሎ ፡ ለእግዚእነ ፡ ያድኅነነ ፡ እመዐቱ ፡ ወይክፍለነ ፡ እመንግሥቱ ፡ በትንብልናሃ ፡ ለእግዝእትነ ፡ ማርያም ፡ ወላዲተ ፡ አምላክ ፡ በሚካኤል ፡ ወበገብርኤል ፡ ሊቃነ ፡ መላእክት ፡ ወብፁዕ ፡ አባ ፡ ገሪማ ፡ ዘይሰድድ ፡ አጋንንተ ፡ ወአውረደ ፡ በረከቶ ፡ ውስተ ፡ ዛቲ ፡ መከን ፡ ወበጸሎተ ፡ ኵሎሙ ፡ ቅዱሳን ፡ ወሰማዕት ፡ ይክፍለነ ፡ ለኵልነ ፡ ዘበሰማያት ፡ መንግሥተ ፡ ወርስተ ፡፡

ሰብሐት ፡ ለአብ ፡ ዘኅረዮ ፡ ለአባ ፡ ገሪማ ፡ ወቀደሰ ፡ እምከርሠ ፡ እሙ ፡ ከመ ፡ ዮሐንስ ፡ ወኤርምያስ ፡ ወሰጊድ ፡ ለወልድ ፡ ዘወሀበ ፡ ስልጣነ ፡ ከመ ፡ አርዳኢሁ ፡ ቅዱሳን ፡ ወሰደዶሙ ፡ ለመናፍስተ ፡ ርኩሳን ፡ ወአኰቴት ፡ ለመንፈስ ፡ ቅዱስ ፡ ዘአውረሰ ፡ መንግሥተ ፡ ሰማያት ፡ ፩ ፡ አምላክ ፡ ይእዜኒ ፡ ወዘልፈኒ ፡ ወለዓለመ ፡ ዓለም ፡ አሜን[2] ፡፩፡ ፡፩፡ ፡፩፡ ፡፩፡

INTERPOLAZIONE AL F. 22 V. E SEGG.

del ms. Peterm. II Nachtr., 28 Kön. Bibl. Berlino.

ስማዕኬ ፡ እንግርከ ፡ ከ (f. 23 r.) ከመ (!) ፡ ትጠይቅ ፡ ወትለቡ ፡ ወታአምር ፡ ኀይሉ (!) ፡ ለዝንቱ ፡ ነገር ፡ እስመ ፡ እለ ፡ ይብሉ ፡ ኃሰት ፡ በእንተ ፡ አርዌ ፡ ዘጽሑፍ ፡ ውስተ ፡ ገድሉ ፡ ለአባ ፡ ገሪማ ፡ ኢያእማሮሙ (!) ፡ ወኢለቢዎሙ ፡ መጻሕፍት ፡ (!) ዘሀሎ ፡ ጽሑፍ ፡ ውስተ ፡ ገድሉ ፡ ለአባ ፡ ጰንጠሌዎን ፡ ዘይቤ ፡ በእንተ ፡ ቀዳማዊ ፡ አርዌ ፡ አልቦ ፡ ዘተሰምዐ ፡ ስሞሙ ፡ ለነገሥት ፡ አክሱም (!) ፡ እመንግሥተ ፡ አርዌ ፡ እስከ ፡ ባዜን ፡ ንጉሥ ፡ (v.) ዘበመንግሥተ ፡ ዚአሁ ፡ አስተርአየ ፡ ክርስቶስ ፡ ንጉሠነ (!) ፡ ውስተ ፡ ዓለም ፡ ወኮኑ ፡ ነገሥት ፡ ፳ወ፭ነገሥት ፡ እምባዜን ፡ እስከ ፡ አብርሃ ፡ ወአጽሐ (!) ፡ ክርስቲያነ ፡ ብርሃን ፡ ፲ወ፱ነገሥት ፡፡ ወኮኑ ፡ ኵሉ ፡ ድሙር ፡ እመንግሥተ ፡ አርዌ ፡ እስከ ፡ አብርሀ ፡ ወአጽብሐ ፡ ኀናጽያኒሃ ፡ ለገበዘ ፡ አክሱም ፡ ፵ወ፬ነገሥት ፡ ወዓመታት ፡ ፲፻፬፻፵፬ዓመት ፡ መሕረትሂ ፡ በምንት ፡ (!) ወ፶በውስተ ፡ ቀመር ፡ ዲዮ (f. 24 r.) ቍልጥያኖስ ፡ ንጉሥ ፡፡ ካዕበ ፡ በእንተ ፡ ዳግማዊ ፡ አርዌ ፡ በከመ ፡ ነገረቶ ፡ ማርያም ፡ ለቶማስ ፡ እንዘ ፡ ተዐርግ ፡ ሰማየ ፡ እምአመ ፡ ተሰቀለ ፡ እግዚእየ ፡ ወእግዚእከ ፡ እስከ ፡ ዮም ፡ ፲ወ፬ዓመት ፡ ፲ወርኀ ፡ ፳ወ፫ዕለት ፡ ወይቤላ ፡ እግዚእነ ፡ መሐ

(1) A ጽንሑ. — (2) A add. ለዘጸሐፎ ፡ ወለዘአጽሐፎ ፡ ወለዘአንበቦ ፡ ወለዘሰምዖ ፡ ኅቡረ ፡ ይምሐሮሙ ፡ እግዚአብሔር ፡ በእንተ ፡ ጸሎቱ ፡ ለአባ ፡ ገሪማ ፡ ወበእንተ ፡ ኵሎሙ ፡ ቅዱሳን ፡ ጻድቃን ፡ ወሰማዕት ፡ ለዓለመ ፡ ዓለም ፡ አሜን ፡ ወአሜን ፡ ለይኩን ፡ ለይኩን ፡ ወለገብረ ፡ ክርስቶስሂ ፡ ምስለ ፡ ደቂቁ ፡ ይምሐሮሙ ፡ በመንግሥቱ ፡፡ B invece add. ወእለ ፡ ሰማዕክሙ ፡ ቃለ ፡ ዝንቱ ፡ መጽሐፍ ፡ ምስለ ፡ ጸሐፊሃ (!) ፡ ወአጽሐፊሃ (!) ፡ ምስሌሆሙ ፡ ይክፍልክሙ ፡ ድርገተ ፡ ለዓለመ ፡ ዓለም ፡ አሜን ፡ ወአሜን.

ልኩ ፡ ለኪ ፡ አማርያም ፡ እምየ ፡ ኢየሱስ ፡ ቃል ፡ ዘኢይኄሉ ፡ ከመ ፡ አልበ ፡ ዘይመስለኪ ፡ ኢበሰማይ ፡ ወኢበምድር ፡ እስመ ፡ ፱አውራኀ ፡ ጾርክኒ (!) ፡ በከርሥኪ ፡ ወ፩ዓመት ፡ በዘበንኪ ፡ ሰኣ (v.) ልኒ ፡ ዘትፈቅዲ ፡ ወትቤሎ ፡ ሀበኒ ፡ አሐቲ ፡ ሀገር ፡ ዓሥራተ ፡ የ ፡ (*sic*) ወይቤላ ፡ አዜብ ፡ ይኩንኪ ፡ ወትቤሎ ፡ ክርስቲያንኑ ፡ ወይቤላ ፡ ኢ ፡ ይእዜሰ ፡ ኢኮኑ ፡ ክርስቲያን (!) ፡ አላ ፡ ከመ ፡ አእባን ፡ እሙንቱ ፡ ወይሰግዱ ፡ ለአርዌ ፡ ወእምድኅረዝ ፡ ይከውኑ ፡ ክርስቲያን (!) ፡ ወይባርክ ፡ እምነቶሙ ፡ በስምየ ፡ ከመ ፡ ፀሐይ ፡ ወያሐንጹ ፡ ቤተ ፡ ክርስቲያን ፡ ዐቢይ (!) በስምየ (*sic*) ፡ መከን ፡ ኃበ ፡ ይሰመይ ፡ አክሱም ። ወእሙንቱ ፡ ያወፍዩኒ ፡ ሃይማኖተ ፡ አመ ፡ (f. 25 r.) ምጽአትየ ፡ ወዘንተ ፡ ብሂሎ ፡ አወፈየኒ ፡ ለገብርኤል ፡ ወአብአኒ ፡ ኢየሩሳሌም ፡ ሰማያዊት (!) ። ወበሀየ ፡ ረከብኩ ፡ አስማተ ፡ ኵሎሙ ፡ ጻድቃን ፡ እምአዳም ፡ እስከ ፡ ኅልቀተ ፡ ዓለም ፡ ወመልክዐ ፡ ገጾሙ ፡ ሥዑል (!) ፡ በሀየ ፡ እለ ፡ (v.) ተወለዱሂ ፡ ወእለ ፡ ሀለዎሙ ፡ ይትወለዱ ፡ ይሴብሑ ፡ ወይብሉ ፡ ቅዱስ ፡ ቅዱስ ፡ ቅዱስ ፡ እግዚአብሔር ፡ ዘፈጠረነ ፡ ለሕይወት ፡ ዘለዓለም ። ወካዕበ ፡ እነግር ፡ ዘነገሮ ፡ መልአክ (!) ፡ በደብረ ፡ ከሬብ ፡ በእን (v.) ተ ፡ ነገሥት (!) ፡ አክሱም ፡ ወከነ ፡ ኍልቆሙ ፡ እምአብርሃ ፡ ወአጽብሐ ፡ እስከ ፡ አልዓሚድ ፡ ፱ዓመታት ፡ ዘነግሡ ፡ ፻ወ፫ዓመት ፡ ወ፲አውራኀ ፡ ወበመንግሥተ ፡ አልዓሚድ ፡ ወፀኡ ፡ እሉ ፡ ቅዱሳን ፡ ወእምአልዓሚድ ፡ እስከ ፡ ሣልስ ፡ መንግሥተ ፡ አርዌ ፡ ወከነ ፡ ዓመታቲሁ ፡ ፰ወ፯አውራኀ ፡ ወ፯ዕለት ፡ ወ፵ነገሥት ፡ ወነበሩ ፡ ከመዝ ፡ እንዘ ፡ ይጼልዩ ፡ ፵ማዓልተ ፡ ወ፵ሌሊተ ፡ ወኢይጥዕሙ ፡ እክለ ፡ ወማየ ፡ ዘእንበለ ፡ በ፲ሰናብት ፡ ወ (26 r.), ecc.

NOTE.

V. 1. — Contrariamente all' uso invalso, e come già feci nell' edizione del *Gadla Takla Hâymânot*, separo coi due punti la cifra dal vocabolo seguente, ortografia, che, se non riscontrasi nei manoscritti più recenti, nei quali, peraltro, per meglio distinguere la cifra, la si scrive in rosso o in rosso ne sono tratteggiate le lineette superiore ed inferiore, è confortata invece da ottimi codici antichi e sin dalle classiche iscrizioni aksumite. Altrettanto hanno fatto il Laurence nell' edizione del libro d'Ezra, lo Zotenberg nella edizione della cronica di Giovanni da Nikiou, e, recentemente, l'Esteves Pereira in quella della cronica di re Susenyos.

V. 4. — **ወይቤ** ፡ sottinteso (come spesso nell' arabo, del cui قال è questa una imitazione), **ጸሐፊ ፡ ዝንቱ ፡ መጽሐፍ** ፡; p. e. v. E. A. Wallis Budge, *The Life and Exploits of Alexander the Great*, vol. 1, London 1896, p. 213, 218, ecc.

V. 9. — እስዐም ፡ ታሕተ ፡, da emendare forse in እስመ ፡ ecc.?

V. 14. — መስፍያኖስ ፡, evidente corruzione, per uno scambio abbastanza frequente nella trascrizione della ξ, di (مسغيانوس) مقسميانوس, ΜΑΞΙΜΙΑΝΟC. Strano è il ritorno, come se si trattasse di una traduzione, della forma corretta መክስምያኖስ ፡ in un passo del cod. A : ma è forse emendamento dell' amanuense. — La favola della regale origine di Garimâ trovasi pur nel *Gadla Aragâwi* : l'Alvarez lo dice figlio del re di Grecia, vale a dire dell' imperatore di Bizanzio.

V. 15. — ስፍንግያ ፡ anche nel sinassario, secondo il Sapeto; እፍንጊ nel ms. Or. 702 British Museum : non saprei di qual nome veramente questo sia corruzione.

V. 44. — እስመ ፡, come anche in altri passi in seguito, è senza dubbio il ضمير القصّة ، ضمير الشأن dei grammatici arabi, cioè l'إنّ che enuncia una proposizione, specialmente nel discorso diretto.

V. 52. — Assai desiderabile è il breve *gadl* di Panṭâlêwon, conservatoci nell' antico ms. 110 della collezione d'Abbadie, e dal quale certo deriva l'articolo del sinassario pubblicato dal Sapeto, *Viaggio e missione*, ecc., p. 399-402. Secondo il sinassario, Panṭalêwon, figli di nobili della terra di Romê, رومية, ܪ̈ܗܘܡܝܐ, di quelli che stanno alla destra del re, crebbe santamente in un convento, e, ai tempi del re Al-Amêdâ, figlio di re Sal'âdobâ, unitamente con gli altri otto santi, passò nel regno di Aksum; dopo qualche tempo di vita comune, ritirossi sovra un picciol colle, e, erettavi un' angustissima cella, con grandi astinenze vi restò, continuamente in piedi, 15 anni, episodio abbastanza frequente anche nelle leggende agiografiche abissine (cf., p. e., il *Gadla Takla Hâymânot*) e certamente derivante dalla notissima storia di Simeone Stilita. A lui si rivolse, per consiglio, prima di partire contro il re di Saba (ሰባ ፡), il re Kâlêb, traendone eccitamenti alla lotta e augurio di vittoria; dalla mano di quel santo, tornato vincitore, egli ricevette l'abito monacale. Infine, Panṭalêwon morì il 6 di ṭeqemt. — Non ostante alcune discrepanze, come intorno alla visita di Kâlêb partente per la vendetta dei martiri di Nâgrân, è evidente che questo *gadl* è strettamente imparentato col *Gadla Aragâwi*. — È poi notevole come l'importanza di Panṭalêwon apparisca assai maggiore nella nostra omilia che non in tutti gli altri testi.

La menzione di Al'âmidâ verisimilmente deriva dalle iscrizioni aksumite, più che da un vero ricordo dei fatti. Il nome di quel re, 𐩱𐩡𐩱𐩲|𐩱𐩣𐩵, እለ፡ዐሚዳ፡, non par molto comune nell' onomastica sabea : cf. 𐩺𐩱𐩲𐩣𐩵 in Hal. 529, v. 1, e Glaser 281 (*CIS* IV 1, 29), v. 1, 3.

V. 69. — Non chiara mi è l'espressione አንቀጸ ፡ ሚዶ ፡ ኆኅት ፡ መንግሥት ፡, nè più chiara doveva sembrare all' autore di B, che ne dà la inammissibile correzione አንቀጽ ፡ ኆኅት ፡ መንግሥት ።

V. 72. — Anzichè ፬, si sarebbe indotti a leggere ፩; ma ፬ leggesi pure, certamente in relazione a questo passaggio, anche in seguito, al v. 81.

V. 109. — È notevole come il racconto della nostra omilia si scosti da quello del *Gadla Aragâwi*. Secondo questo ultimo, Aragâwi recasi primo in Aksum già cristiana, torna in Rom e di là guida alla corte di Al'âmidâ i suoi compagni Liqânos, Yem'âtâ, Ṣeḥmâ, Gubâ, Afṣê, Panṭalêwon e Alêf : ultimo vi arriva, invitato, Yesḥâq. Invece, secondo la narrazione di Yoḥannes, il primo a passare in Abissinia sarebbe stato Panṭalêwon; più tardi, da questo chiamato, viene Yesḥâq; infine, attratti dalla notizia della migrazione del re di Rom, vengono gli altri. — Notevole è altresì come nel novero dei nove santi l'omilia di Yoḥannes taccia il celeberrimo fondatore di Dabra Dâmmo, Aragâwi, che pur nel Tigrê doveva anche allora godere altissima fama, e Alêf, surrogandoli con Maṭâ', identico verisimilmente con Yem'âtâ, e con' Oṣ. Dell' esclusione d'Aragâwi potrebbe esser forse cagione qualche inimicizia del clero o del vescovo di Aksum contro il vicino convento di Dâmmo?

È noto come i nomi dei nove santi, i quali dovetter tutti o quasi tutti essere Siri, ricordino le città o le diocesi siriache, ove que' missionari erano nati.

V. 110. — Su Liqânos cfr. specialmente Sapeto, *op. cit.*, p. 411, Ludolf, *Hist. aethiop.*, l. III, c. 3, e Wright, *Cat. of the eth. mss.*, p. 128. Liqânos ritirossi più tardi in Dabra Quanâṣel : «No cabeço q̃ esta cõtra leuãte (presso Aksum) esta outra igreja que se chama Abbalicanos, o qual santo jaz hi, e dizem que este era confessor da Rainha Candacia. Esta igreja he como anexa da grãde de Aquaxumo, e seruese pellos coneguos della. Esta casa e igreja de Abbalicanos, he antre elles de muita deuaçã, tãbẽ vẽ a ella muita gente do lugar ouuir os officios : e tomar ha comunhã : e assi tẽ esta igreja ao pee do cabeço hũ grãde lugar q̃ he sua freguesia» (Alvarez, *Verd. inf.*, p. 41).

V. 111. — Su Yem'atâ v. Sapeto, *ibid.* Il nome della sua patria, Qosyât, sarebbe secondo il Nöldeke, *Gött. Gel. Anz.*, 1896, p. 170, corruzione di فسساط, فستات, فسطاط, la città costruita nel 642 dagli Arabi invasori presso l'antica Menfi. Non potrebbe invece ravvisarvisi *Kussâyê* ܟܘܣܝܐ, *Κοσσαῖοι*, ove predicò ed eresse chiese mar Pethiôn, martirizzato poi nel nono anno del regno di Yazdegerd II? V. Hoffmann, *Auszüge aus Syrischen Akten Persischer Märtyrer*, p. 67.

V. 111. — Intorno a Ṣeḥmâ v. Sapeto, *ibid.*, Wright, *ibid.*

V. 112. — Su Gubâ e Afṣê, v. Sapeto, *ibid.* Così, nella prima metà del secolo XVI, l'Alvarez descriveva il convento e la chiesa di Matâʿ (o Yem'atâ) nel Garʿaltâ : «Jũto deste lugar esta hũa serra muy alta : e nã largua pello pee, porq̃ tãto sera de largo em çima, como ẽ baixo, porq̃ toda he talhada como muro : de fragua direita toda calua sẽ nenhũa erua, nẽ verdura de nenhũa cousa. Em hũ dos agados. s. sobĩdo do pee pera çima : esta hũ mosteiro casa de nossa senhora, q̃ se chama Abbamata : dizẽ sere frades de boa vida... » Alvarez, *op. cit.*, p. 43.

V. 115. — ፫ ፡ ቤት ፡ በጸሎት ፡, in luogo di ቤተ ፡ ቀጢን ፡ «reggia», espressione forse non compresa da Yoḥannes : in A trovasi ቤተ ፡ ጸሎት.

V. 117. — Nei due mss. leggesi costantemente መኳትው ፡ usato con un verbo al singolare, laddove regolare sarebbe l'impiego di ማኅቶት ፡ e del singolare del verbo.

V. 121. — ኢይጥዕሙ ፡ ዘእንበለ ፡ በ፫ፍሬ ፡; abbastanza singolare è l'espressione.

Sulla leggenda di Arwê, v. Basset, *Études sur l'hist. d'Éthiopie*, p. 213; C. Conti Rossini, *Note etiopiche*, nel *Giorn. della Soc. As. It.*, 1897, p. 143; e sulla sua origine v. J. Halévy, *Traces d'influence indo-parsie en Abyssinie*, nella *Revue sémitique*, 1896, p. 261. Crede l'Halévy che questa leggenda sia derivata da quella parsi del serpente Ajis Dahâka : mi riservo di esporre altrove le ragioni che, secondo il mio avviso, potrebbero condurre ad una diversa e assai più semplice ipotesi.

V. 129. — Notinsi le espressioni ፩በእመት ፡ ecc., in luogo di ፩እመት ፡ ecc. : v. Prätorius, *Gramm. aeth.*, § 145.

Dalla presente omilia debbono essere state tratte le favolose notizie contenute nei mss. Bibl. Nat. Parigi et. 149, f. 51 v., e Brit. M. or. 494.

V. 264. — A proposito della chiesa che avrebbe edificato Kâlêb, soltanto B dice che essa sarebbe stata ውስተ ፡ ዛቲ ፡ ሀገር ፡ «in questo paese», cioè in Aksum. Non so se presso Aksum (nelle cui vicinanze, siccome a tutti è noto, mostrasi ancora una tomba che dicesi di Kâlêb) sorga o una volta sorgesse una chiesa, la cui fondazione fosse ascritta a quel re: la cattedrale di Aksum è invece attributa ai re Ella Abreha e Aṣbeha, v. le mie *Donazioni reali alla cattedrale di Aksum*, p. 6-7, estr. dall' *Oriente*, 1895, e le citate *Note etiopiche*. Ma non improbabile mi parrebbe che qui il vescovo Yoḥannes alluda alla edificazione o riedificazione della chiesa di Nağrân dopo la sconfitta di ḏû Nuwâs, edificazione che ha parte importante nelle leggende dei martiri omeriti.

V. 307. — Madarâ, a giudicarne dal nome secondo le accorte osservazioni del Glaser, dovrebbe essere località molto antica: v. infatti CIS, IV, n. 5, l. 2 : ᚦᛞ⌷H|ㄣᚦo. Anche Yebâ, che già parecchi secoli prima dell' era volgare era abitata da una colonia sabea, sarebbe poscia divenuta sede di uno dei nove santi, e precisamente di Afṣê. Del convento di Garimâ così parla l'Alvarez, p. 42 : «Tres legoas do lugar de Aquaxumo, esta outro moesteiro ẽ outro cabeço : este se chama san Joã. Mais auãte espaço de duas legoas, esta outro q̃ se chama Abbagarima dizẽ q̃ este Abbagarima q̃ foy rey de Greçia, e q̃ deixou seu reino, e se veyo fazer penitẽçia : e q̃ alli õde acabou sua uida santamẽte. Esta detras da ousia delle, hũa coua ben cõueniente pera fazer penitẽcia, e dizẽ que alli moraua. Este rey dizem que faz muitos milagres, nos fomos hi no dia de sua festa, e seriã hi mais de tres mil leijados, çegos, e gafos. Esta este moesteiro antre tres picos casi na ladera de hũ delles e parece que quer cair ha coua onde dizem que fez penitencia. Deçem a ella per escada, e tiram della terra como saibro, ou pedra mole, e leuanna e deitanna ao collo das doentes em paninhos (dizẽ q̃ algũus receberẽ saude). Preguntei polla renda deste moesteiro, dizerãme os frades q̃ tinha de renda xvj cauallos e mais outras muitas comedorias. He moesteiro pequeno e de poucos frades e pouca renda, e ao pee delle semeã muitos alhos, e ha antre os picos grandes lauouras, tẽ muitas infindas vinhas de latadas e muy boas, fazem dellas muyta passa, vẽ em muy bom tempo q̃ começã ẽ Janeiro, e acabã ẽ Março.»

V. 443. — V. questa stessa leggenda in lingua tigray, come vien ora narrata fra il popolo, nelle mie *Note*, p. 146.

V. 518. — **ጕንት ፡** manca, parmi, nel lessico del Dillmann e nel *sawâsew* di Moncullo. Probabilmente è l'amarico **ጊንጭ ፡**, specie di segala o, meglio, di cattivo orzo, che, al pari del loglio, cresce fra l'orzo buono e che, immangiabile per l'uomo, può soltanto adoperarsi per nutrire gli animali.

V. 521. — **በከመ ፡** ecc., il testo dev' essere guasto.

V. 543. — **በእንተ ፡ ዕበዩ ፡** ecc.; è questa una vera piccola strofa. Del resto, come in altri scritti etiopici dei tempi posteriori, anche in questa omilia non mancano non rari esempi di prosa rimata o سجع.

V. 573. — **ወስማ ፡ ለይእቲ ፡ ሀገር ፡** — si potrebbe anche pensare ad un emendamento quale **ወሰመየ ፡ ስማ ፡ ለይእቲ ፡ ሀገር**.

V. 579. — La chiesa di Pantalêwon trovasi anch'essa descritta dall' Alvarez : — «Mais auãte desta igreja (= chiesa di Liqànos : secondo la leggenda — v. il *Gadla Aragâwi*, ed. Guidi, p. 12 — andò **አባ ፡ ሊቃኖስ ፡ ኀበ ፡ ደብረ ፡ ቈናጽል ፡ ወአባ ፡ ጳንጠሌዎን ፡ እንጻረ ፡ ዚአሁ ፡ መጠነ ፡ ፪ምዕራፍ ፡**) sera terço de legoa, esta hũ pico delgado pello pee, q̃ parece q̃ se vai ao çeo : sobese a elle per trecentos degraos. Andãdo derredor no alto delle, esta hũa muy galãte e deuata igreja pequena de q̃ nã tẽ mais q ho pequeno corpo da igreja : e derredor hũ circuito de parede de cãtaria muy laurada : e tã alto que da pellos peitos a hũ homẽ, e hã medo os homẽs de olhar pera baixo. Nã he mais de larguєza do peitoril aho corpo da igreja q̃ quãto tres homẽs jũtos poderẽ andar per mãos. Nã tẽ mais crasta nẽ circuito, nẽ por onde se lhe posa fazer. Chamase esta igreja Abbapãtaliã e iaz ahi o seu corpo. Esta igreja he de grãde rẽda, tẽ cincoẽta coneguos ou debeteras segũdo seus nomes, e tẽ nebrete como hos de Aquaxumo. E assi como ha igreja de Aquaxumo, foy ho principio da christiandade em Ethiopia, assi esta he cercada de sepolturas de cantos, como Braga em Portugal». *Verd. inf.*, p. 41.

V. 640. — **ይቄድስ ፡ ዓመተ ፡ ፪ ፡** ecc. Forse da correggere **እቄድስ ፡** oppure **ይቄድሱ**; ma certo il passo, poco chiaro, è corrotto, e dovette esserlo *ab antiquo*, come dimostra l'inaccettabile variante del ms. B. — Mi è poi ignoto il fatto cui qui si accenna.

IMPRIMERIE NATIONALE.

CONTRIBUTION

À L'ÉTUDE DU DIALECTE NÉO-SYRIAQUE

DU TOUR-ABDÎN,

PAR

M. D. J. PARISOT.

Les documents qui suivent ont été recueillis au mois de février 1897, durant une mission scientifique en Syrie, que le Ministère de l'Instruction publique avait bien voulu me confier.

Encore que la plupart des phrases et les textes rapportés ici soient inédits, je n'ai pas, en les publiant, la prétention d'ajouter beaucoup au travail que MM. Prym et Socin ont consacré au dialecte du Tour-abdîn [1], non plus que de contrôler leur œuvre. Je livre simplement aux linguistes les matériaux que d'heureuses circonstances m'ont mis à même de collectionner auprès de Mgr Grégoire Abdallah, évêque syrien. Le travail de MM. Prym et Socin me dispense de fournir ici l'étude grammaticale de ces documents. Je me borne à les transcrire tels que je les ai reçus.

TRANSLITTÉRATION.

č = چ turc (*tch*).	*j* = ج (*dj*).
ḏ = ذ arabe (*d* aspiré).	*š* = ش (*ch*).
ǧ = *g* aspiré.	*ṣ* = ص.
ḥ = ح.	*ṯ* = ث (*t* aspiré).
ḫ = خ (*kh*).	

ē sourd (ē-ī).

ō long et ouvert.

ĕ, ĭ, semi-voyelles euphoniques de liaison.

ŭ (ë), son intermédiaire entre *ou* et *eu*.

[1] *Der neu-aramäische Dialekt des Tur'Abdîn*, von E. Prym und A. Socin. Göttingen, 1882. Cf. *Z. D. M. G.*, t. XXXV, 1881, p. 237-269. — Voir aussi R. Duval, *Les dialectes néo-araméens* dans le *Bulletin de la Société de linguistique*, t. IX, p. 125 (1896).

I

FORMES GRAMMATICALES.

A. — PRONOMS.

PRONOMS PERSONNELS.

Singulier.			Pluriel.
1re pers.	masc.	*ẽnō.*	1re pers. com. *áḥna.*
	fém..	*ŏnō.*	
2e pers. com...		*hat.*	2e pers. com. *hátū.*
3e pers.	masc.	*hī.*	3e pers. com. *hénnē.*
	fém..	*hía.*	

ARTICLE DÉTERMINATIF.

Singulier : masc. *ū* (ܗܘ) — *ū-qăšō* «le prêtre».
fém. *ī* (ܗܝ) — *ī-áṯṯō* «la femme».

Pluriel : com. *a[n]* — *aqqăšē; annéšē.*

SUFFIXES DU NOM.

Nom singulier : *kṯówō* «livre».

avec les suffixes de la :
- 1re p. c. s. *kṯowayḏī* «mon livre».
- 2e p. m. s. *kṯōwayḏōẖ.*
- 2e p. f. s. *kṯōwayḏaẖ.*
- 3e p. m. s. *kṯōwayḏē.*
- 3e p. f. s. *kṯōwayḏa.*

avec les suffixes de la :
- 1re p. c. pl. *kṯōwayḏan* «notre livre».
- 2e p. m. pl. *kṯōwayẖūn, -ẖū.*
- 2e p. f. pl. *kṯōwayẖēn.*
- 3e p. pl. *kṯōwaṯṯē, kṯōwō dăṯṯē.*

Nom pluriel : *kṯówē.*

avec les suffixes de la :
- 1re p. *a-kṯōwē dīḏi* «mes livres».
- 2e p. *akṯōwē deḏẖū[n], — ēn.*
- 3e p. *kṯōwē dīḏē.*

POSSESSIFS.

Singulier	1re p.	*gáb* (ܓܒܝ)	*èli* (ܠܝ)	*ʿămi* (ܥܡܝ)	*did̲i* (ܕܝܕܝ)
	2e m.	*găbōẖ*	*lōẖ*	*ʿămōẖ*	*did̲ōẖ*
	2e f.	*găbaẖ*	*laẖ*	*ʿămaẖ*	*did̲aẖ*
	3e m.	*găbē*	*lē*	*ʿămē*	*did̲ē*
	3e f.	*gába*	*la*	*ʿăma*	*did̲a*, *did̲ō*
Pluriel	1re p.	*găbayna*	*èlan*	*ʿămayna*	*did̲an*
	2e	*găbayẖū*	*alẖū*	*ʿămayẖū*	*did̲ẖū*
	3e	*găbayē*	*allē*	*ʿămayē*	*dit̲t̲ē*
		găbat̲ō			

DÉMONSTRATIFS.

Forme séparée :

	Singulier.		Pluriel.
I.	masc. *hānō*	fém. *hăt̲i*	com. *hănē*
II.	masc. *hăwō*	fém. *hăyō*	com. *hănik*

Forme unie :

ġawrănō «cet homme». *hanē aġġawrē* «ces hommes».
ī-attăti «cette femme». *hănē annĕšē* ou *hannĕšē* «ces femmes».

RELATIFS.

baytō d-ū-qāšō «la maison du curé».
báẖša d-ū-malkō «le jardin du roi».
ar-rumōyē d-ū-šulṭōnō «les soldats du sultan».

INTERROGATIFS.

mánū hānō? ou *man hānō?* «qui est-ce?»
mēnyō hānō? «quoi?»
hat manū? «qui es-tu?»
man mállē lōẖ? «qui te l'a dit?»
mĕn kŭbʿat? «que veux-tu?»
išmōẖ mēnyō? «quel est ton nom?» (m.)
ešmaẖ mēnyō? «quel est ton nom?» (f.)

mĕ ksaymat? «que fais-tu?»
mĕn kit? «qu'y a-t-il?»
mĕn kit biḏōḫ? «qu'as-tu dans la main?»
mĕn laīt? «qu'est-ce?»
kmō hawē ʿamōr diḏōḫ? «quel âge as-tu?»
hat m-áynō dukṯō? «de quel pays es-tu?»
bar man hat? «de qui es-tu fils?»
brā d-man hatū? «de qui êtes-vous fils?»
hadyawma mēnyō? «quel jour est-ce?»
mŭn kummat? «que dis-tu?»
— *lo kōmarnō mēdē, lo mellī mēdē* «je ne dis rien».
hānō lajen man? «à quoi cela sert-il?»
ay darbō ūháwa yawma? «comment est le temps aujourd'hui?»
aykōyō ū-kahya? «où est le scheykh?»
qay lō kmajĕġlat ʿāmi? «pourquoi ne me réponds-tu pas?»
aykōya? «où est-elle?»
aykō hat? «où es-tu?»
m-aykō koṭet? «d'où viens-tu?»
l-aykō kŭzzoḫ? «où vas-tu?»

INDÉFINIS.

kŭlnōš «tout homme, quiconque».
kŭlyáwmē «tous les jours».
ḫ-ḫa yawmō «quelque jour».
mēdē déšqŭlḫū balaš, háwwē balaš, ou *mēdē déšqŭlḫū d-lō-mēdē, háwwē d-lō-mēdē* «ce que vous avez reçu gratis, donnez-le gratis».

DEGRÉS DE COMPARAISON.

hānō rab mĕ hāwō «celui-ci est plus grand que celui-là».
baġdad rab mĕ bayrut, ēlō bayrut táwtōyō mĕ baġdad. «Bagdad est plus grand que Beyrout, mais Beyrout plus beau que Bagdad.»
sbahīṭĕr mē baġdad (kurde) «plus beau que Bagdad».
ī-wardō sbahi ḫī (ou *ḫū*) *banafsaj* «la rose est aussi belle que la violette». (*ḫ-ū*, *ḫ-ī* «comme»).
baytaydan rābōyō ḫed baytadḫū «notre maison est aussi grande que la vôtre».

hat faqīro zit mĕ jardeṯẖōẖ «tu es plus pauvre que ton voisin».
ġalaba sbahīyō «très joli».
ī-wardō sbahīṭĕr mĕ küllē abbaybūnē «la rose est la plus belle de toutes les fleurs».

NUMÉRATION.

	NOMBRES CARDINAUX.		ORDINAUX.
1	*ḥa*	fém. *ḥdō*	*i- awwali* ou *qamōyō* ܩ[ܕ]ܡܝܐ.
2	*trē*	— *tartē*	*tráyōnō.*
3	*tlṓṯō*	— *tlōṯ*	*tlíṯōyō.*
4	*árbʿō*	— *arbaʿ*	*d-ánnarbʿō.*
5	*ḥámšō*		*d-á-ḥamšō.*
6	*éštō*		*d-éštō.*
7	*šáwʿō*		*d-á-sawʿō.*
8	*tmṓnyō*		*d-á-tmṓnyō.*
9	*tḗšʿō*		*d-á-tešʿō.*
10	*ʿásrō*		*dʿásrō.*

NOMBRES CARDINAUX (suite).

11	*ḥdaʿasar.*	40	*árbʿi.*
12	*traʿasar.*	50	*ḥamši.*
13	*tlōṯaʿasar.*	60	*išti.*
14	*arbaʿsar.*	70	*šawʿi.*
15	*ḥamšaʿsar.*	80	*tmōni.*
16	*štaʿsar.*	90	*tišʿi.*
17	*šwaʿsar.*	100	*mō.*
18	*tmōnēʿasar.*	200	*māṯi.*
19	*tšaʿasar*	300	*tlōṯ-mō.*
20	*ʿésri.*	1000	*álfo.*
21	— *ḥa w-ʿésri.*	2000	*trēlfāyō.*
22	— *trē w-ʿésri.*	3000	*tlōṯ-alfāyō.*
23	— *tlōṯ u-ʿesri.*	4000	*arbʿālfāyō.*
30	*tlōṯi.*		

falgō «moitié».
falgē d-līlyō «minuit».
falgō d-šaʿa «demi-heure».

B. — VERBES.

1. — *twírlē* « il a brisé ».

PRÉTÉRIT.		FUTUR.	
Singulier.		**Singulier.**	
3e pers.. masc. :	*twírlē.*	3e pers.. masc. :	*ktōwar.*
3e pers.. fém. :	*twirla.*	3e pers.. fém. :	*ktōwrat.*
2e pers.. masc. :	*twirlōẖ.*	2e pers.. masc. :	*ktōwrat.*
2e pers.. fém. :	*twirlaẖ.*	2e pers.. fém. :	*ktōwrat.*
1re pers. com. :	*twirli.*	1re pers. com. :	*ktōwarnō.*
Pluriel.		**Pluriel.**	
3e pers. com. :	*twirrē.*	3e pers. com. :	*ktōwrē.*
2e pers. com. :	*twirẖū.*	2e pers. com. :	*ktōwrītu.*
1re pers. com. :	*twirlan.*	1re pers. com. :	*ktōwrīna.*

IMPÉRATIF.

2e pers. singulier : *twar*, pluriel : *twarē.*

PARTICIPE.

Masc.	Plur.		Fém.	Plur.
twīrō, plur. :	*ē*	« brisé ».	Fém. : *twīrtō*; plur. :	*twīrōṯō.*
rḥīmō —	*ē*	« aimé ».	*rḥēmtō*	*rḥīmōṯō.*
kaīsō —	*ē*	« beau, bon ».	*kaīstō*	*kaīsōṯō.*

2. — *yalēf* « il a appris ».

PRÉTÉRIT.		FUTUR.	
Singulier.		**Singulier.**	
3e pers.. masc. :	*yalēf.*	3e pers.. masc. :	*kyōlaf.*
3e pers.. fém. :	*yalīfō.*	3e pers.. fém. :	*kyōlfō.*
2e pers. com. :	*yalīfat.*	2e pers. com. :	*kyōlfat.*
1re pers. com. :	*yalēfnō.*	1re pers. masc. :	*kyōlēfnō.*
		1re pers. fém. :	*kyōlfōnō.*
Pluriel.		**Pluriel.**	
3e pers. com. :	*yalīfē.*	3e pers. com. :	*kyōlfē, kyulfē.*
2e pers. com. :	*yalīfītu.*	2e pers. com. :	*kyōlfītū.*
1re pers. com. :	*yalīfīna.*	1re pers. com. :	*kyōlfīna.*

IMPÉRATIF.

2e pers. sing. : *īlāf.* Plur. : *īlāfū.*

3. — *méllē* « il a dit »; *domar* « il a admiré ».

PRÉTÉRIT.		FUTUR.	
Singulier.		Singulier.	
3e pers. masc. :	*méllē* (*ll* dur).	3e pers. masc. :	*kdōmar.*
3e pers. fém. :	*mélla.*	3e pers. fém. :	*kdommō.*
2e pers. masc. :	*méllōḥ.*	2e pers. com. :	*kdummat.*
2e pers. fém. :	*méllaḥ.*		
1re pers. com. :	*èli méllī.*	1re pers. masc. :	*kdōmarnō.*
		1re pers. fém. :	*kdōmrōnō.*
Pluriel.		Pluriel.	
3e pers. com. :	*merrē.*	3e pers. com. :	*kdummē.*
2e pers. com. :	*merḥū.*	2e pers. com. :	*kdummītū.*
1re pers. com. :	*mellan.*	1re pers. com. :	*kdummīna.*

IMPÉRATIF.

2e pers. singulier : *mar;* pluriel : *marū.*

SUFFIXES.

marli « dis-moi ».
mar-lan « dis-nous ».
mar-lē « dis-lui » (masc.).
mar-la « dis-lui » (fém.).
mar-ellē « dis-leur ».
mĕn kummat? « que dis-tu ? »
lo kōmarno mĕdē, lō mellī mĕdē « je ne dis rien ».

4. — *ḥōzē* « il a vu »; *kŭbá* « il a voulu »; *qodar* « il a pu ».

PRÉSENT.

Singulier.

3e pers. com. :	*kḥōzē* « il voit ».	*kŭbaᶜ* « il veut ».	*lō kqōdar* « il ne peut ».
2e pers. com. :	*kḥōzat.*	*kŭbᶜat.*	*lō kqōdrat.*
1re pers. com. :	*kḥōzēnō.*	*kŭbaᶜnō.*	*lō kqōdarnō.*

Pluriel.

3e pers. com. :	*kḥōzēn.*	*kŭbʿēn.*	*lō kqōdrēn.*
2e pers. com. :	*kḥōzītū.*	*kŭbʿītū.*	*lō kqōdrītū.*
1re pers. com. :	*kḥōzīna.*	*kŭbʿīna.*	*lō kqōdrīna.*

5. — *mṣalē* « il a prié ».

PRÉSENT.		FUTUR.	
Singulier.		Singulier.	
3e pers. com. : *hī mṣalēlē* « il prie ».	3e pers.	masc. : *kmṣālē* « il priera ».	fém. : *kmṣālyō.*
2e pers. com. : *hat mṣalēlōḫ.*	2e pers.	masc. : *kmṣālet.*	fém. : *kmṣalyat.*
1re pers. com. : *èli mṣalēli.*	1re pers.	masc. : *kmṣalēnō.*	fém. : *kmṣalyōnō.*
Pluriel.		Pluriel.	
3e pers. com. : *mṣaléllē.*	3e pers. com. :	*kmṣālēn.*	
2e pers. com. : *mṣalélḫū.*	2e pers. com. :	*kmṣalētū.*	
1re pers. com. : *mṣalēlan.*	1re pers. com. :	*kmṣalēna.*	

6. — *mzābéllē* « il a vendu ».

Prétérit : *hīa mzābéllē* (*ll = nl*) « il a vendu ». — Fém. : *mzabnóla.*
Présent : *znéllē* « il vend ». — Fém. *znélla.*

7. — *naqaślē* « il a brodé ».

Participe passé : masc. : *mnaqšo;* emphat. affirmatif : *mnaqšōyō.*
fém. : *mnaqaštō.*

8. — *sōyēm* « il a fait ».

FUTUR.

Singulier.			Pluriel.
3e pers.	masc. :	*ksōyēm* « je ferai » ou « je fais ».	3e pers. com. : *ksaymē.*
	fém. :	*ksōymō.*	
2e pers. com. :		*ksōymat.*	2e pers. com. : *ksōymītū.*
1re pers.	masc. :	*ēnō ksōyēmnō.*	1re pers. com. : *ksōymīna.*
	fém. :	*ōnō ksōyēmnō.*	

ʿadō sōyēmnō ou *ʿadō ksōyēmnō* «je vais faire».
ʿadō sōymat «tu vas faire».

9. — *máyiṯ* «il est mort».

PRÉTÉRIT.

Singulier.

3e pers. { masc. : *máyiṯ* «il est mort». / fém. : *mayīṯō*.
2e pers. com. : *mayīṯat*.
1re pers. { masc. : *mayēṯno*. / fém. : *mayṯōnō*.

Pluriel.

3e pers. masc. : *mayēṯi*.
2e pers. com. : *mayēṯīlu*.
1re pers. com. : *mayīṯina*.

FUTUR.

Singulier.

3e pers. { masc. : *kmōaṯ*. / fém. : *kmōyṯō*.
2e pers. com. : *kmōyṯat*.
1re pers. { masc. : *kmoyēṯnō*. / fém. : *kmōyṯōnō*.

Pluriel.

3e pers. masc. : *kmoyṯi*.
2e pers. com. : *kmōyṯilū*.
1re pers. com. : *kmōyṯina*.

IMPÉRATIF : sing. : *mŭṯ*. — Plur. : *mūṯū*.
PARTICIPE PASSÉ : *maīṯ*; fém. : *maīṯō*.

10. *qōyēm* — «il s'est levé».

PRÉSENT - FUTUR.

Singulier.

3e pers. { masc. : *qōyēm* «il se lève». ou «il se lèvera». / fém. : *qōymō*.
2e pers. com. : *qōymat*.
1re pers. { masc. : *qōyēmnō*. / fém. : *qoymōnō*.

Pluriel.

3e pers. com. : *qōymē*.
2e pers. com. : *qōymitū*.
1re pers. com. : *qōymīna*.

PASSÉ.

Singulier.

3e pers. { masc. : *qaīm*. / fém. : *qaīmō*.
2e pers. com. : *qaīmat*.
1re pers. { masc. : *qaīmnō*. / fém. : *qaīmōnō*.

Pluriel.

3e pers. com. : *qaīmē*.
2e pers. com. : *qaīmītū*.
1re pers. com. : *qaīmīna*.

OPTATIF.

trō qōyēm «qu'il se lève». — Pluriel : *trō qōymē*.

trō majǵel «qu'il parle». — Féminin : *hīa trō májǵēlō.* (*jǵōlō* [kurde] «parole»).

trō majǵēlē kmō ḫabrē «laissez-le dire quelques mots».

trō-wē «que cela soit!», «comme il vous plaira».

šukur-mene d-álōhō d-lèttōḫ dišman dīḏi «Plaise à Dieu que vous ne soyez pas mon ennemi!»

11. — Verbe «être».

PRÉSENT.

ēnō naḫwōšnō (kurde) «je [suis] malade».
ēnō kwōš (kurde) «je [suis] bien portant».
ēnō máfsaḥnō ou *fsiḥōnō* «je [suis] content».

PASSÉ.

atmōl mafsaḥ wáynō «hier j'étais content».
mafsiḥō waynō «j'étais contente».
wayt «tu étais».
wō «il était».
mafsīḥē wayna «nous étions».
waytū «vous étiez».
waynē «ils étaient».

FUTUR.

ēnō kmafsaḥ waynō «je serai content».

PARTICIPE.

ēnō ḫōzēm ĕl rūḥi, daem ṭōwō b-kŭl duḫtō «étant partout à l'aise, je suis toujours content».

SUFFIXES DE RÉGIME.

ēnō krōḥēmnō lē, w-hī krōḥem li stē «je l'aime et il m'aime encore».
hat krōḥmat lan «tu nous aimes».
hī krōḥēm allé «il les aime».
hīa krōḥmō allē «elle les aime».
rḥam lē «aime-le»; *rḥam la* «aime-la».

rḥāmu laḥdōdē «aimez-vous les uns les autres».
naqašlēlē «il l'a brodée».
kōmarnōḫ (*k-ōmar-nō-lōḫ*) «je te dis».
kĭmsaʿarnōḫ «je t'insulte».

C. — PARTICULES ET INTERJECTIONS.

naʿam (arabe) «oui».
lō «non».
maʿlūmyō (arabe) «certes».
yakjar (kurde) «jamais».
lō kōwē «jamais» (= «cela ne sera pas»).
way lōḫ «malheur à toi».
daywōnō «imbécile».
ēnō raḏīnō «j'y consens».
ḫed kūbʿat «comme tu veux».
qūm «lève-toi»; fém. : *qūmi*; plur. : *qūmu*.
tōḫ «viens».
ḥalēḫ «marche, va-t-en».
šmaʿ «écoute».
ăṣēṯ «écoute».
hwi šyat (kurde) «fais attention».
štuq «silence».
klī «silence, attends».
fehem lōḫ? «compris?»
rhat «hâte-toi».
tōḫ baṯi «suis-moi».
šqūl «prends».
lō gayšat «ne touche pas».
kmašarnō «je crois».
ḥūr «regarde, vois».

fayēḥ lē «pardonne-lui».
samēḥ «pardonne».
fayēḥ-li «pardonne-moi».
samēḥ-li lájen ajurḥē da-mšīḥō «pardonne-moi par les plaies du Christ».

II

VOCABULAIRE.

alōhō «Dieu».
šmāyō «ciel».
málaḫō, pl. *ē* «ange».
ġáwrō, pl. *ē* «homme».
áttō, pl. *nĕšē* «femme».
ăbrō «fils», *abrayḏi* «mon fils».
bartō «fille».
abō «père», *bābayḏi* «mon père», pl. *abbābē*.
ēmō «mère», *ēmayḏi*, pl. *an-n-ēmē*.
áḫō «frère», *aḫūnayḏi*, pl. *annāḫē*.
ḥōṯō «sœur», *ḥōṯayḏi*, pl. *annaḥwōṯē*.

gušmō « corps ».
rīšō « tête ».
ʿaynō « œil ».
ĕnḫīrō « nez ».
fūmō « bouche ».
édnō « oreille ».
lešōnō « langue ».
ḏrōʿō « bras ».
īḏō « main »; plur. *annīdē.*
trēn iḏāyō « les deux mains ».
šōqō « jambe ».
reġlō « pied ».
galdō « peau ».
édmō « sang ».
šēnē « dents ».
ʿarsē « molaires ».
fōṯō « visage ».
saʿrō « chevelure ».
daknō « barbe ».

ḥásyō « évêque ».
qāšō « prêtre ».
šamōšō « diacre ».
ḏayrōyō « moine ».
ḏayrōytō « nonne ».

ḥušōbō ܚ[ܕ ܒ]ܫܒܐ « dimanche ».
yáwmō datrē « lundi ».
— *datlōṯō* « mardi ».
— *darbʿō* « mercredi ».
yáwmō dḥamšō « jeudi ».
— *daʿarūtō* « vendredi ».
— *d-šabṯō* « samedi ».

zawnō d-ū-sátwō « le temps de l'hiver ».
čaġ (kurde) *d-ū-satwō* (idem).
ayyawmōṯō d-ū-rabīʿa « les jours de printemps ».
zawnō (*čaġ*) *d-ū-qaytō* « le temps de l'été ».
ayyawmōṯō d-ī-bayzīat (kurde) « les jours de l'automne ».
abbayzīat « l'automne ».

---

dahwō « or ».
sīmō « argent ».
farzlō « fer ».
sōfōr « cuivre ».

šēnō « rocher ».
kīfō « pierre ».
bōġrō « caillou, balle de fusil ».
rámlē « sable ».
toz (turc) « poussière ».
ṭīnō « boue ».

māyō « eau ».
bahr « mer ».
yāmō « mer ».
sáhel « rivage ».

---

háwa « air ».
ḥōmō « chaleur ».
karbō « grande chaleur ».
kūrō « froid ».
barqō « éclair ».
gŭrgŭrē (kurde) « tonnerre ».
láhab « flamme ».
setwō « pluie ».
meṭro « pluie ».
talgō « neige ».
hĕmsra « grêle ».
buz (turc) « gelée ».
ṭalō « rosée ».
ʿaymō « nuage ».
rūḥō « vent ».
nūrō « feu ».
nuhrō « lumière ».
qawṣ-qadaḥ « arc-en-ciel ».

---

rañg « couleur ».
ḥewōrō « blanc ».
kūmō « noir ».
semōqō « rouge ».
yarūqō « vert ».
šaʿūṭō « jaune ».
kóḥli « bleu ».
swōʿō d-ū-nīlo « bleu foncé ».

qĕmestō sumōqtō « chemise rouge ».
šūqō sumōqō « étoffe rouge ».
sarʿō ukōmō « chevelure noire ».
ʿaynē ukōmē « yeux noirs ».
šēnē ḥewōrē « dents blanches ».
fōṭō šaʿūṭō « visage jaune ».
daknō šaʿūṭō « barbe rousse ».

baybūnē ḥewōrē šaʿūṭē semōqē ukōmē u-rañg d-ū-nīlo « fleurs blanches, jaunes, rouges, noires et bleues ».

šūqō mnaqšō b-ġalaba rañgat « étoffe brodée de diverses couleurs ».

---

gišrō « pont ».
kupri (turc) « pont ».
qawrō « tombe ».
aqqawrē « cimetière ».
darġō « escalier ».
raḥyō « moulin à eau ».
gōristō « moulin à main ».
šurō « mur ».
badan « muraille ».
tarʿō « porte ».

qlīdō « clef ».
nĕjrō « verrou de bois ».
franjīē d-ū-tarʿō « serrure de la porte ».
dōšama (turc) « pavé ».
durtō « cour ».
darġō « escalier ».
ūḏa « chambre »; plur. *ūdawat.*
qelóytō « cellule »; plur. *qeloyōṭō.*
kawṯō « fenêtre »; plur. *kawē.*
šubbak « fenêtre »; plur. *šabōkē.*
agōrō « terrasse ».
ktōrō « voûte ».
gišrō « poutre ».
ʿosīrō « natte ».
tajīa « tapis ».
frōsō « tapis ».
kúrsyō « chaise ».
mḥaddē « coussin ».
diwān « divan ».
fánar, fánūs « lanterne ».
šrōgō « lampe ».
šámʿō « chandelle ».
kaġet (turc) « papier »; pl. (arabe) *kweġet.*
qalam « plume »; pl. (ar.) *qalamat.*
makṯūwo « lettre ».
sakīnō « couteau, coutelas ».
salfō « petit couteau ».
ḫanjar « poignard » (arabe vulg.).
kāsō « verre à boire ».
kōsō « calice ».

---

mūklō « mets ».
bšōlō « mets cuit ».
basrō « viande ».
laḥmō « pain ».
ḥalwō « lait ».
malḥō « sel ».
zaytō « huile ».
beʿtō « œufs »; pl. *bōʿē.*
dawšō « miel ».
tēnō « figue ».
ʿénwē « raisin ».
dibīs « raisiné ».
šuġlō d-ʿenwē « grappe de raisin ».
karmō « vigne ».
lūzē « amandes ».
gawzē « noix ».
abšōṭē « raisins secs ».
mišimšē « abricots ».
ḥabušē « pommes ».
ḫawḫē « prunes ».
ḫass « laitue ».
šulkat (kurde) « haricots ».
tūmō « ail ».
báslē « oignons ».
fistqē « pistache ».
balūṭo « chêne ».
dáwmō « arbre ».
wārōqē « feuilles ».
qāysē « bois ».
affirē « fruits ».

árʿō « terre ».
ṭūrō « montagne ».
náhrō « fleuve ».
dárbō « chemin ».

šūqō «rue».
ū-šūḥāqō ḏō «la rue neuve».
bājar (kurde) «ville».
qrīṯō «village».
baytō «maison».

ʿītō «église».
haykal «autel, sanctuaire».
madbḥō «autel».
qĕrōwō «messe».
maʿmūdītō «baptême».
šqōlō d-faġrō «communion».

šōqlat faġrō? «veux-tu communier?»
šqīli faġrō «j'ai communié».
šqīlōḥ faġrō «tu as communié».
ašĕr m-zawnō lō sqīli faġrō «il y a longtemps que je n'ai communié».
mestaʿraf lōḥ? «t'es-tu confessé?»
maṣlaw lōḥ ʿal rāšoḥ? «t'es-tu confessé?» (a-t-on prié sur ta tête).
mṣalēli ʿal rāši «je me suis confessé».
mṣalaw laḥ ʿal rišaḥ «tu t'es confessée».

---

mardē «Mardin».
diarbekr «Diarbekir».
ṭūrō d-ʿabdīn «Tour-abdin».
ū-qodĕš «Jérusalem».
iššam «Damas».
irōha «Édesse».

---

yešūʿa (ou *yejūʿa*) *mšīḥō* «Jésus-Christ».
maryam «Marie».
btultō yaldat ălōhō «la Vierge mère de Dieu».
gáwria «Gabriel».
mḥayēl «Michel».
ḥanūn «Jean».
yawsēf «Joseph».
fatrōs «Pierre».
fawlōs «Paul».

III

TEXTES.

hat kŭbʿat d-ŭ-zzōḥ l-ū-ṭūrō? «veux-tu aller à Tour-abdin?»

— *ajer kŭzzēnō u-metmanēnō d-ŭzzē l-ṭāmō* «certes j'irai et je désire y aller».

IMPRIMERIE NATIONALE.

— *qay kzōḥ el-tāmō?* «pourquoi y vas-tu?»

— *d-ḥōzēnō an-nōšattē w-ann-atrawattē* «pour voir les hommes et les contrées».

— *d-ḥōzēnō mĕnkit u-layt* «pour voir ce qu'il y a et ce qu'il n'y a pas».

— *mal-ava! mĕnki tāmō?* «mon ami[1], qu'y a-t-il là?»

inkan kraḥmat ālōhō, haw-li šmō d-māyō «si tu aimes Dieu, donne-moi un peu d'eau».

falkō d-basrō «un morceau de viande».

nuqsō d-basrō «un morceau de viande».

inkan kit gabayḫū laḥmō, haw-li tlamtō «si vous avez dû pain, donnez-m'en un morceau».

ālōhō mkaṯar ḫayr dīdōḥ[2] «Dieu augmente ton bien».

ajer sumloḥ ʿámi ṭōwūṯō rabtō «en vérité, vous m'avez fait une grande faveur».

šubḥō l-ālōhō «Dieu soit loué».

ēnō kūbaʿnō mēdēnē «j'ai besoin de quelque chose».

layt lan lō laḥmō u-lō mēdē «nous n'avons plus ni pain ni rien d'autre».

aḥna faqīrē balañgaznē «nous sommes pauvres et n'ayant rien».

— *aqšaʿ mĕ fōṯi* «éloigne-toi de ma face».

qay men sūmli d-maqšaʿnō mĕ fōtoḥ? «qu'ai-je fait pour que je m'éloigne de ta face?»

— *kōmarnoḥ : lō kōleṯ harkē* «je te dis : ne reste pas ici».

ḫaīfō, dī zōḥ, kalbō bīšō «tout de suite, va-t-en vite, mauvais chien».

wārōḥ? «tu n'as pas honte?»

lō kmĭnakfat ʿal daknē d-bābōḥ «tu n'as pas honte, sur la barbe de ton père?»

— *mṣaʿarlē* «il l'a injurié».

— *qay kĭmsaʿrat li?* «pourquoi m'injuries-tu?»

— *kĭmsaʿarnōḥ; mū k-ʾōṯē menōḥ súm* «je t'injurie; et tout ce qui est en ton pouvoir (en tes mains), fais-le».

[1] Expression kurde : «maison habitée».

[2] Arabe vulgaire : *katter ḫayrak*.

— *ʿadō kmaḥwenōḫ mū ksōēmnō* «maintenant je te ferai voir ce que je veux faire».

— *qay kmašket ʿāli?* «pourquoi m'accuses-tu?»

— *kmaškēno ʿālōḫ : kōsānō ʿaynōḫ uʿaynē d-bābōḫ stē* «je t'accuse et je te crève l'œil, et encore les yeux de ton père».

— *kit gābōḫ laḥmō?* «as-tu du pain?».

— *kit* «il y en a».

— *kimzábnat?* «veux-tu [en] vendre?»

— *kĭmzabennō* «je vends».

kšōqlat? «en prends-tu?»

— *kšōqalnō* «je prends».

— *mēnqas kŭbʿat?* «combien en veux-tu?»

— *kŭbaʿnō raṭlō* «j'en veux une livre».

— *trō-wē* «comme il vous plaira».

— *ŭ-raṭlō menqas?* «combien la livre?»

— *bi-tlōṭō qrušat* «à trois piastres».

kali tāmō kĭmzawnē ŭ-raṭlō b-kalbi «voyez là-bas : on vend la livre une piastre et demie».

— *lō kōbēnō trōwē trē qrušat* «je ne veux pas, si ce n'est à trois piastres».

— *trē u-falgē* «deux [piastres] et demie».

— *lajan ḥāter diḏōḫ kdōbennōḫ* «par honneur pour toi, je te le laisse».

— *tqal* «pèse».

— *mĕnqas ktōqalnō?* «combien en pèserai-je?»

— *tqalli raṭlō u-falgē* «pèse-m'en une livre et demie».

— *hānō raṭlō u-falgē* «voici une livre et demie».

— *tqalli arbaʿ qyōsē ḥrōnē* «pèse-moi quatre autres onces».

kit ʿāmōḫ kállawat fārūḏē? «avez-vous de l'argent [en] petites pièces?»

— *kit ʿāmi medjidi saḥēḥō* «j'ai une pièce d'un mejidi».

kibōḫ mṣarfat lē? «peux-tu la changer?»

— *ay darbō kmṣaraf lē* «comment la changerai-je?»

— *sūmē fārūḏē* «fais-en de la petite monnaie».

— *mū k-dōbat li ʿālē kŭnṣarafnē?* «combien me donnes-tu pour la changer?»

— *kŭbʿat mēdē ḥrnō?* «demandes-tu autre chose?»

— *kit gābōḥ baṣlē?* «as-tu des oignons?»

— *mēdē ḥrīnō?* «autre chose?»

— *kit gābōḥ tlawḥē?* «as-tu des lentilles?»

— *kit gābi tlawḥē, ū ḥemṣē, was'ōrē, u-ḥēṭē, u-barġal* «j'ai des lentilles, des pois, de l'orge, du blé et du borghol (blé grillé)».

u-rēzō, abšōṭē wa'ēnwē, waraq u-hamrō «du riz, des raisins secs, des raisins, de l'eau-de-vie, du vin».

nūnē (sing. *nuntō*) «des poissons».

ḥemṣē mkalyē, u-zeytō, u-mešḥō da-'ōnē, u-mešḥō da-túrtē «des pois chiches, de l'huile, du beurre de brebis et du beurre de vache».

u-kit gābi 'amrō u-mar'ēzē «j'ai aussi de la laine et du tissu de poil de chèvre».

kētōnō, kĕttān, abbrīsam «du coton, du lin, de la soie».

hānē kŭlli gābenē u-mĕnkŭb'at kibi d-maytēnō «j'ai tout cela, et tout ce que tu veux, je puis te le donner».

— *kit gābōḥ lūzē, u-gāwzē, u-tēnē, mšimšat, ḥawḥē?* «as-tu des amandes, des noix, des figues, des abricots, des prunes?»

kit gābōḥ šuqē sbahē u-tōwēnē? «as-tu des toiles belles et bonnes?»

kmō drō'ō kŭb'at? «combien d'aunes en veux-tu?»

kŭb'ānō ḥa ṭawlō kamīlō «j'en veux une pièce entière».

djuḥē mēdē, zra'lē, qiṭan? «quelques morceaux de drap, des boutons, des passepoils?»

---

1. *kit li aḥūnō, azzē l-amerika.*
2. *kōba'nō d-kōṭawnō lē ḥa maktūbat.* — *kibōḥ kōṭwat lē?*
3. — *b-áynō lešōnō d-kotáwnō?*
4. — *b-áynō lešōnō kōd'at?*
5. — *kōda'nō b-lešōnō d-ī-'arabi* (*d-ū-'arabī*).
6. — *ēnō kŭba'nō b-lešōnō d-affrangōyē.*
7. — *kŭb'at b-lešōnō d-ann-anglizōyē?*
8. — *lō, ēnō koda'nō b-lešōnō d-affrensāwi.*
9. — *ktaw ay darbō d-kŭb'at.*
10. — *zōḥ mtē-li dáwaya u-qalam u-wāroqō; d-hōwēn kaisē.*
11. — *kli šawtō hul d-ōṭēnō.*
12. — *dī zōḥ u-tōḥ ḥaifō.*

13. — *mṭēlē ammēdōnē d-melloẖ.*

14. — *itaw huld-qōṭaʿnō u-qalam.* — *qṭĕʿali ū-qalam mĕn kŭbʿat d-kōṭawnō?*

15. — *kṭawlē :*

16. — *met-šaʿ dŭzzōẖ markē, lō mṭarasloẖ lan ẖábrō, d-ŭzzīna ay darbō hawi bōẖ. aḥna faīšīna mḥáyrē harkē. lō kit lan ʿawōdō u-lō šōġlō. inkan šġīloẖ aw ʿawidlōẖ mēdē, ṭāres lan kmō kalláwat aw kmō qrušat d-maṣărfīna* [var. *d-maḥărjīna*] *ʿal rūḥayna.*

17. *faīšīna kafīnē u zaltōnē. u-ḥmōrō mayīṭ, wa-ʿezē mawblillē aččalkōyē, wa-qṭallē ŭ-bābaydoẖ. faīšīna balañgaznē. álōhō mhấwēn ʿaleyna.*

1. J'ai un frère [qui] est allé en Amérique.
2. Je veux lui écrire une lettre. — Veux-tu l'écrire?
3. — En quelle langue lui écrirai-je?
4. — En quelle langue peux-tu [écrire]?
5. — Je puis en langue arabe.
6. — Je veux (voudrais) dans la langue des Français.
7. — Veux-tu dans la langue des Anglais?
8. — Non; je [ne] puis [qu'] en langue française.
9. — Écris comme tu veux.
10. — Va, apporte de l'encre, une plume et du papier; qu'ils soient bons.
11. — Attends un instant, que je revienne.
12. — Va vite, et reviens promptement.
13. — J'ai apporté les choses que tu as dites.
14. — Reste (attends), que je taille la plume. — J'ai taillé la plume. Que veux-tu que j'écrive?
15. — Écris :
16. Depuis que tu es parti d'ici, tu ne nous as pas envoyé un mot, afin que nous sussions ce que [comment] il t'arrive. Nous sommes troublés ici. Nous n'avons ni affaires ni travail. Si tu as travaillé ou fait quelque chose, envoie-nous quelque argent ou quelques piastres que nous dépensions pour nous-mêmes.
17. Nous sommes affamés et dépouillés. L'âne est mort, et les chèvres, les Yézidis les ont prises, et ils ont tué ton père. Nous sommes dans le dénuement. Que Dieu nous aide!

eqtaʿli tlōṯ wárdē «j'ai cueilli trois roses».
mṣawarlē ṣurtō «il a peint un tableau».
ēnō kmantenōḫ l-bōli «je me souviendrai de toi».
ī-áryō ḫellē ū-karkūrō «le loup a mangé nos brebis».
karkūrōydan aḫellē ū-áryō «nos brebis ont été mangées par le loup» (nos brebis, le loup [les] a mangées).
u-ḫṯōwānō ḫṯīw m-ēmō šnāyō «ce livre a été écrit depuis cent ans».
ī-ʿīṯāṯi maʿmérrē ū-ḥásyō «cette église a été bâtie par l'évêque» (cette église, l'évêque l'a bâtie).
ū-darbō raḥēqō markē li qrīṯō? «le chemin est-il long d'ici au village?»
msakarlē ū-darbō «il s'est trompé de chemin».

Les citations araméennes de l'Évangile n'ont pas de correspondance dans le dialecte du Tour-abdin :

ō mōr! qay trēlōḫ-li? «ô Seigneur! pourquoi m'as-tu abandonné?» (Matth., XXVII, 46.)
ō juan barṯō, qūmi «ô jeune fille! lève-toi» (masc. *juan abrō* «jeune garçon»). (Marc, V, 41.)
trō mafiēḥ «qu'il s'ouvre!» (Marc, VII, 34.)

---

sōm iqōrō el-bābaydōḫ u-l-emaydōḫ, ktowēn yawmaydōḫ ġalabō b-ī-arʿō.	Honore ton père et ta mère, afin que tes jours soient nombreux sur la terre.
lájen d-mūryō alohaydōḫ hewlē lōḫ.	... parce que le Seigneur ton Dieu te l'a donné.
lō seymat qátlō.	Tu ne commettras point de meurtre.
lō gōyrat.	Tu ne commettras point d'adultère.
lō gōwwat.	Tu ne voleras point.
lō seymat sohdūṯō ʿal ḥawraydōḫ dagolūṯō.	Tu ne feras point de faux témoignage contre ton prochain.
lō mištahet baytē d-ḥawraydōḫ.	Tu ne désireras point la maison de ton prochain. (Exode, XX, 12-17.)

LA MEGHILLATH TAANITH

OU «ANNIVERSAIRES HISTORIQUES»,

PAR

M. MOÏSE SCHWAB.

Peu de temps avant sa mort, M. F. de Saulcy nous avait exprimé le désir de voir étudier la liste ci-jointe d'anniversaires historiques. Par déférence pour ce vœu, les notes suivantes ont été compulsées, après avoir hésité longuement, vu qu'elles n'offrent pas d'arguments nouveaux à ceux qui connaissent l'histoire juive à fond. Mais combien sont-ils?

On sait que les peuples de l'antiquité avaient le souci de transmettre à la postérité le souvenir de leurs hauts faits par des monuments qui devaient défier le temps. Dans ce but, on avait recours soit à l'érection d'arcs de triomphe, soit à la gravure d'inscriptions sur le marbre ou le bronze, soit enfin aux récits ou aux écrits. Cette dernière série d'attestations a été spécialement conservée par les petites peuplades, qui ont lutté pour leurs foyers, pour leurs convictions et leurs opinions, en un mot pour leur indépendance : tel fut le sort des Hébreux.

Les moindres phases glorieuses de leurs luttes pénibles contre Rome ont été soigneusement enregistrées comme autant de journées heureuses, dignes d'être conservées dans les annales d'une nation!

Sous le titre de *Meghillath Taanith*, l'ensemble de ces journées constitue donc un document intéressant, succinct par la forme, quoique embrassant un cadre étendu par le nombre des faits.

Et ces faits se reproduisirent depuis l'époque de Xerxès, au commencement du IVe siècle avant J.-C., jusqu'à l'empereur Antonin le Pieux, en 138 de l'ère vulgaire. Ce texte a aussi un intérêt littéraire : sans être aussi vieux que la Bible, il vient quelque temps après elle; il est un intermédiaire entre celle-ci et les premières compositions talmudiques. Le premier, — selon le rabbin français Raschi [1], — il a été mis par écrit pour être préservé de l'oubli, à l'abri des variations auxquelles les traditions orales sont trop souvent sujettes.

Il ne contient pas de faits nouveaux, inconnus; mais l'exposé complète ou rectifie maintes données. Rappelons aussi que cet ouvrage a déjà été étudié, soit isolément [2], soit subsidiairement, dans des notes détachées, écrites par Joseph Derenbourg après Grætz. Ce sont d'excellents guides à suivre, et dont nous allons profiter.

I. — ORIGINE.

Notre petit traité se nomme מגלת תענית, *livre* (ou plus littéralement «rouleau») *de jeûne*. La petite chronique connue sous le nom de «rouleau du jeûne», dit M. Joseph Derenbourg [3], et qui à la vérité énumère les jours de l'année juive où il est *défendu* de jeûner, est le plus ancien monument post-biblique en araméen qui nous ait été conservé. Cette chronique est

(1) Sur le Talmud B., tr. *Sabbat,* f. 13 *b.*; tr. *Eroubin,* f. 62 *b.*; tr. *Taanith,* f. 15 *b.*

(2) Au dernier siècle par P. Ens, *De Karæis in Megillath Taanith memoria* (Harderov., 1726, in-4°); le texte avec vers. lat. a été donné par Joh. Meyer, à la suite de son tr. *De temporibus* (1724, in-fol.); de nos jours, par Schmilg, «Ueber die Entstehung u. den histor. Werth der *Megillath Taanith.* Dissert. inauguralis» (Leipzig, 1874, in-8°); Brann, *Monatschrift für Geschichte u. Wissen. d. Judenthums,* 1876, p. 375-384, 410-418, et 445-460.

(3) *Essai sur l'histoire de la Palestine,* p. 439.

déjà citée dans le Mischna[1]; elle est l'œuvre « des compagnons de R. Eleazar ou de Ḥanania ben Ḥiskia ben Goran[2] »; ou bien, comme s'exprime une autre source, « des anciens sages, disciples de Schammaï et de Hillel, l'écrivirent dans la chambre dudit Eleazar, lorsqu'ils allèrent lui rendre visite[3] ».

C'est chez ce docteur aussi que, peu de temps avant la destruction du Temple de Jérusalem, on discuta et adopta certaines mesures pour empêcher tout commerce intime avec les païens. Il est donc permis de faire remonter à cette époque le plan fondamental, les notes essentielles de cette petite chronique. Cependant on ne saurait nier que des additions aient été faites plus tard, puisqu'on annonce au paragraphe 29 le souvenir de la mort de Trajan, arrivée l'an 118 après J.-C.

Il existe, comme on sait, peu de manuscrits de cette chronique[4], et même les éditions de cet opuscule, bien petit pour être imprimé à part, sont fort rares[5].

Ainsi, la mémoire de trente-cinq événements glorieux, qui concernent soit la nation entière, soit quelques-uns de leurs

(1) Section II, tr. *Taanith*, ch. II, § 8.

(2) Glose de notre *Meghilla*, et B., tr. *Sabbat*, f. 13 *b*.

(3) *Halakhôth guedôloth*, *Hilkhôth Soferim* (édit. Zolkiew, f. 82 *c*).

(4) Autant que l'on sait, il n'y en a qu'à la Bodléienne : n°s 641, 3° (ch. I), 867, 2° (entier), 882 (commenc.), 902 (entier), et n° 2421, 10 *b* (fragments).

(5) Il a été publié pour la première fois avec le *Séder 'ôlam rabba* « grande chronologie » de José ben Halafta, le *Séder 'ôlam zouta* « petite chronologie », et la *Kabbalah* « livre de la tradition » d'Abraham ben David (Mantoue, 1514, in-4°). D'après cette édition, Ambroise Froben en a publié une autre à Bâle (1580, in-8°). D'autres éditions ont paru, mais la meilleure est celle de Hambourg (1757, in-8°), accompagnée de notes par Jacob-Israël Emden. De nos jours, Juda Löb en a donné une édition critique (Varsovie, 1874, in-8°), qu'il a publiée sous la forme et l'aspect d'un texte talmudique, entouré de nombreuses gloses hébraïques, que l'éditeur a tirées d'une foule d'écrits; il a joint des renvois aux passages parallèles des compilations rabbiniques. Enfin il a paru dans les *Mediæval jewish Chronicles*, t. II, à Oxford, 1895, in-4°. Nous avons suivi l'édit. d'Amsterdam, 1760, in-12, amendée par Grætz.

représentants, est conservée à l'état de souvenirs par ces journées commémoratives, de même que d'autres jours étaient consacrés à de tristes circonstances. A l'anniversaire des uns, on se réjouit; pour les autres, au contraire, on jeûne. L'historien Josèphe parle aussi de ces jours et les nomme νικητήρια. Longtemps on les a tenus en honneur, à défaut de tablettes historiques. Il est d'usage antique que les membres de la nation conservaient intacts, par écrit, les principaux faits de l'histoire; on se les transmettait de bouche en bouche, sans se faire scrupule de les amplifier par quelques additions verbales, d'y ajouter quelques détails plus ou moins authentiques et d'accorder une place à la légende. L'imagination aime à se reporter à ces hauts faits de l'antiquité; la postérité se plaît à rappeler ce qui a été accompli par les ancêtres. Elle brode, sans hésiter, sur le canevas primitif, pour compléter ce qui aurait été oublié ou laissé de côté par l'un des narrateurs.

Ici, pour la chronique qui nous occupe, ce n'est pas précisément le cas : l'historien et l'instigateur n'auront pas à s'occuper d'amplifications, de superfétations, de détails hétérogènes que la critique devra élaguer. Au contraire, au lieu d'éliminer, il y aura des lacunes à combler, des espaces restés vides à remplir, parce que cette suite de faits est plutôt un résumé qu'un exposé historique. Le style elliptique dont s'est servi le narrateur, lorsqu'il a jugé opportun de transcrire les faits pour ne pas les laisser exposés à la destruction et à l'oubli, les rend semblables à ces inscriptions que l'on trouve gravées sur des pierres, contenant le nom du héros d'une action, la mention du fait et la date, en caractères abrégés et lapidaires, mais sans explications, sans antécédents, ni conséquences, ni synchronismes.

Il en résulte un texte archaïque, à peine déchiffrable; et, comme il ne porte pas la date de sa composition, il faut essayer de la deviner à toutes sortes d'indices presque étrangers : au style, au langage, à quelques expressions bizarres. Ce sont là les divers caractères qui doivent mettre sur la voie et permettre de fixer approximativement l'année de la rédaction de ce document.

Il importe d'insister sur ces incidents pour pouvoir établir l'acte de naissance du texte essentiel, du noyau de cette *Meghilla*, auquel se sont joints plus tard des développements ou des commentaires, soit à l'époque de la rédaction du Talmud, soit encore plus tard. Mais il est aisé de distinguer ces appendices qui datent d'une autre époque, parce qu'ils sont conçus dans la langue hébraïque, faisant contraste avec le noyau de la *Meghilla*, écrit en araméen ou chaldéen, cette langue vulgaire dont les Juifs se servaient avant la destruction du Temple de Jérusalem, tout au commencement de l'ère vulgaire[1].

La chronique se compose en effet de trois parties distinctes, quant à leur origine; ce sont : 1° le texte; 2° les scolies ou additions; 3° les gloses ou explications. Ces deux dernières parties se confondent parfois, et n'en forment qu'une comme contexte.

La première partie remonte à une haute époque, puisque l'on cite déjà ces jours de demi-fête, de victoire ou de joie, non seulement dans les récits anciens du Talmud, mais encore dans le livre de Judith (VIII, 6). « Celle-ci jeûnait tous les jours, est-il dit, pendant la durée de son veuvage, à l'exception des jours de sabbat, des veilles de sabbat, des néoménies, des fêtes et des jours de réjouissance de la maison d'Israël », *καὶ χαρμοσυνῶν οἴκου Ἰσραήλ*. Il est fort probable que, par ces derniers jours, l'auteur du livre apocryphe de Judith faisait allusion aux jours mémorables « pendant lesquels il était défendu de jeûner », et dont il est question ici.

[1] Renan, *Histoire des langues sémitiques*, 4e édit., p. 159.

Très probablement, le recueil original de ces notes chronologiques ne contenait que les inscriptions des titres, et en général la *Meghillath Taanith*, telle qu'elle est citée dans le Talmud, n'avait pas l'aspect qu'elle a aujourd'hui. Les preuves de cette opinion sont nombreuses. Ainsi, au Talmud de Babylone[1], on trouve cités d'un trait les deux premiers jours de demi-fête compris dans le mois de Nissan; tandis que, dans nos éditions de la *Meghilla*, ils sont interrompus par une discussion et par de longues démonstrations à l'appui.

A la section II (§ 4), il s'est glissé une controverse qui ne sert même pas de considérant : c'est une simple réminiscence empruntée au Talmud[2], car c'est la seule journée plutôt religieuse qu'historique. — A la section III, on a introduit une explication que R. Abahou a établie le premier comme une opinion individuelle, à savoir que *Migdal-schour* est identique avec Césarée[3]. — On remarquera de semblables interpolations et additions dans les sections suivantes.

De même, il faut présenter avant tout une observation générale : c'est que la série des jours mémorables ne suit pas l'ordre chronologique, mais l'ordre mensuel; on a pris à chaque mois les jours les plus dignes d'être notés tour à tour, sans vouloir prétendre par là que l'ordre de succession soit rigoureusement exact, ni que le fait énoncé en premier lieu ne soit pas survenu après le second. On n'a eu égard dans chaque mois qu'à l'ordre des quantièmes, sans craindre de rétrograder de bien des années, le cas échéant. Par suite, il y a un critérium à appliquer. Il arrive fréquemment aux documents anciens, ou sources primitives en histoire, de confondre ensemble des fragments de récits divers dont les éléments sont emprun-

(1) Tr. *Taanith*, f. 17 *b*.
(2) Tr. *Houllin*, f. 129 *b*.
(3) Comp. au texte en question B., tr. *Meghilla*, f. 6 *a*.

tés à des époques diverses et à des faits que l'on peut appeler *multiples*, parce qu'ils se sont renouvelés plusieurs fois avec des détails presque semblables, sans être cependant les mêmes. Aussi n'est-il pas difficile de retrouver la cause première de bien des confusions : la mort d'un prince, par exemple, peut offrir les mêmes circonstances que la mort de tel autre, et pourtant ce sont deux personnes différentes. D'autres fois, des faits analogues se rapporteront au même jour et au même mois, mais non à la même année. Voilà ce qu'il s'agira de démêler, en examinant un à un les jours inscrits au tableau en question.

Il est un autre point digne d'être relevé, comme on le verra plus loin en détail : c'est l'indice, que présente parfois ce tableau, d'une main étrangère, souvent ignorante des faits principaux, qui à coup sûr ont été commentés après de longs intervalles de temps. Une singulière étymologie, aussi curieuse qu'inexacte, est celle du mot חקרא « Acra », tirée par le commentateur du terme הקראים « les Caraïtes »[1] ! Quelle suite de fautes d'orthographe et d'anachronismes dans une seule expression !

Pour juger de la valeur des commentaires ou scolies, il faut commencer par voir s'ils se rapportent bien au texte chaldaïque, à la suite duquel ils se trouvent placés, et s'ils lui servent d'explication. On observera, avec peine et regret, que souvent la prétendue explication donnée par le scoliaste est complètement défectueuse. Parfois il s'y rattache incidemment un fait intéressant, qui paraît puisé à des sources antiques; mais rarement la critique historique trouve un enchaînement solide et bien fondé entre la mention primitive et la scolie qui l'accompagne. Il s'agira donc d'expliquer les unes et les autres, et, en passant, de développer, d'expliquer, d'éclaircir

[1] Cf. *Monatschrift, etc.*, 1875, p. 44-45; *Revue des études juives*, t. V, p. 210.

bien des détails sur l'histoire des Juifs postérieurement au canon ou cycle biblique, pour une période de temps qui s'étend depuis la captivité de Babylone jusqu'à l'asservissement définitif de la Judée par la puissance militaire de Rome.

En somme, on peut tirer de ces diverses remarques la conclusion suivante :

Ce «rouleau du livre des jeûnes»[1] est un petit traité composite, comprenant : 1° un texte fort ancien, puisque l'on prétend qu'il a été écrit avant la destruction du deuxième temple de Jérusalem; 2° un commentaire beaucoup plus moderne; le rédacteur a certainement puisé à des sources perdues pour nous, mais il n'a pas toujours réussi à pénétrer le sens obscur du texte. Contrairement au libellé du titre, c'est une suite de jours disposés dans l'ordre du calendrier, pendant lesquels il est *défendu* de jeûner ou d'être en deuil, à cause d'un événement arrivé ce jour. La langue est chaldéenne; celle du commentaire est un mélange d'hébreu et d'araméen, comme celle du Talmud.

A la fin du livre cependant, on trouve aussi un certain nombre de jours où le jeûne est recommandé; mais cette dernière série ne paraît pas faire partie de l'ouvrage primitif. Elle n'est pas citée dans le Talmud, et n'a pas été commentée. La langue n'est pas non plus la même que celle de la précédente série : ce tableau est tout entier en hébreu. Ceci dit, passons au texte, qui sera traduit ensuite selon l'ordre de la rédaction, par mois; puis l'ordre chronologique sera rétabli avec justifications à l'appui.

[1] Jos. Derenbourg, *ibid.*, p. 2, note 1.

II. — TEXTE PRIMITIF.

A l'origine, comme on verra bientôt, le texte de notre *Meghillah* ne contenait pas de commentaire; aussi ce dernier n'a-t-il pas été reproduit ici.

אלין יומיא דלא להתענאה בהון ומקצתהון דלא למספד בהון.
(ניסן) מן ריש ירחא דניסן ועד תמניא ביה אתוקם תמידא דלא למספד.
ומתמניא ביה ועד סוף מועדא איתותב חגא דשבועיא דלא למספד.
אייר[1]. בשבעה באייר חנוכת שור ירושלם דלא למספד.
בארבעסר[2] ביה נכיסת פסחא זעירא דלא למספד.
בעשרין ותלתא ביה נפקו בני חקרא מירושלם.
בעסרין ושבעה ביה אתנטילו כלילאי מיהודה ומירושלם.
סיון. בשבעסר בסיון אחידת מגדל צור. (שור)
בחמש עסר ביה ובשיתא עסר ביה גלו אנשי בית שאן ואנשי בקעתה.
בעסרין וחמשה ביה אתנטילו דימוסנאי מיהודה ומירושלם.
תמוז. בארבעסר בתמוז עדא ספר גזירתא דלא למספד.
אב. בחמשעסר באב זמן אעי כהניא דלא למספד.
בעסרין וארבעה בית תבנא לדיננא.
אלול. בשבעה באלול יום חנוכת ירושלם דלא למספד.
בשבעסר ביה איתנטילו רומאי מיהודה ומירושלם.
בעסרין ותרין ביה תבנא לקטלא משמדיא[3].
תשרי. בתלתא בתשרי אנטילת ארכרתא מן שטריא.
מרחשון. בעסרין ותלתא במרחשון איסתתר סוריגה מן עזרתא.
בעסרין וחמשא ביה אחידת שור שומרון.
בעסרין ושבעה ביה תבת סולתא למיסק על מדבחא.
כסלו. בתלתא בכסלו איתנטלו סימואתא מן דרתא. — בשבעה ביה יום טוב.
בעסרין וחד ביה יום הר גריזים דלא למספד.

[1] L'éditeur a, de son chef, ajouté à chaque section mensuelle le nom du mois respectif, sauf le premier mois, celui de Nissan.

[2] Var. בארבעת עשר.

[3] Var. רשיעייא.

בעסרין וחמשא ביה יום חנוכה תמניא יומין דלא למספד·

טבת. בעסרין ותמניא בטבת יתיבא כנישתא על דינא·

שבט· בשנים בשבט יום טוב דלא למספד·

בעסרין ותרין ביה בטילת עבידתא דאמר סנאה להיתאה להיכלא דלא למספד·

בעסרין ותמניא ביה אינטיל אנטיוכס מלכא מן ירושלם·

אדר· בתמניא ובתשעה באדר יום תרועת מטרא·

בתרין עסר ביה יום טורינוס·

בתליסר ביה יום נקנור·

בארבעסר ביה ובחמשעסר ביה יומא פוריא אינן דלא למספד·

בשיתא עסר ביה שריו למבנא שור ירושלים דלא למספד·

בשבעסר ביה קמו עממיא על פליטת ספריא במדינת כליקוס ובית זבדאי והוה פורקן לבית ישראל·

בעסרין ביה צמו עמא למטרא ונחת להון·

בעסרין ותמניא ביה אתת בשורתא טבא ליהודאי דלא יעידון מפתגמי אוריתא דלא למספד·

Voici les jours pendant lesquels il est défendu de jeûner; pendant quelques-uns d'entre eux, le deuil aussi est interdit[1].

Nissan. I. — 1. Depuis le 1er jusqu'au 8 Nissan, le sacrifice quotidien devait être payé aux frais du Temple; le deuil y est interdit.

2. Du 8 jusqu'à la fin de la fête de Pâques (le 22), on rétablit la fête des Semaines (Pentecôte); le deuil y est interdit.

Iyar. II. — 3. Le 7 Iyar eut lieu l'inauguration du mur de Jérusalem; le deuil y est interdit.

[1] On entend par deuil officiel une série de cérémonies funèbres établies en l'honneur des morts. Voir par exemple Maïmoni, *Yad ḥazakah* «règles du deuil», ch. XII. — Cette leçon du titre initial doit être la plus exacte; elle est conforme à deux passages du Talmud de Babylone (tr. *Taanith*, f. 17 *b*; tr. *Menaḥôth*, f. 65 *a*). Mais, d'après un autre texte (Talmud de Jérusalem, tr. *Taanith*, ch. II, § 14, f. 66 *a*), il faudrait lire à l'inverse : «Pendant ces jours, le deuil n'est jamais permis, et pendant quelques-uns il est défendu aussi de jeûner». Cette leçon serait contraire à l'opinion de R. Méir; car, d'après lui, l'interdiction du deuil implique celle du jeûne, tandis que le jeûne peut, d'autre part, être défendu sans que le deuil le soit. La nuance est sensible.

4. Le 14 est le jour du sacrifice de l'agneau pascal (Nombres, XI, 1); le deuil y est interdit.

5. Le 23, les fils de l'Acra sortirent de Jérusalem.

6. Le 27, les impôts du fisc furent retirés de Juda et de Jérusalem.

Siwan. III. — 7. Le 17 Siwan, la tour de Sour fut prise.

8. Le 15 et le 16, les habitants de Bethsean et de la plaine furent exilés.

9. Le 25, les publicains furent retirés de Juda et de Jérusalem.

Tamouz. IV. — 10. Le 14 Tamouz, le livre des décisions fut abrogé; le deuil y est interdit.

Ab. V. — 11. Le 15 Ab est le jour des offres de bois aux prêtres; le deuil y est interdit.

12. Le 24, nous revînmes à notre Loi.

Éloul. VI. — 13. Le 7 Éloul est le jour de l'inauguration du mur de Jérusalem; le deuil y est interdit.

14. Le 17, les Romains se retirèrent de Juda et de Jérusalem.

15. Le 22, nous revînmes pour tuer les renégats.

Tisri. VII. — 16. Le 3 Tisri, le nom divin fut enlevé des actes.

Ḥesvan. VIII. — 17. Le 23 Marḥeschwan, on enfouit la *Sôréga* pour la faire disparaître dans la cour du Temple.

18. Le 25, Samarie fut prise.

19. Le 27, on offrit de nouveau la farine sur l'autel.

Kislew. IX. — 20. Le 3 Kislew, les *Simót* furent enlevées de la Cour.

21. Le 7 est un jour de fête.

22. Le 21 est le jour du mont Garizim; le deuil y est interdit.

23. Le 25, commencent les huit jours de l'inauguration du Temple (Ḥanoucah); le deuil est interdit.

Tébet. X. — 24. Le 28 Tébet, la réunion fut rétablie d'après la Loi.

Schebat. XI. — 25. Le 2 Schebat est un jour de fête; le deuil est interdit.

26. Le 22, on détruisit l'œuvre que l'ennemi avait ordonné de porter au Temple; le deuil est interdit.

27. Le 28, le roi Antiochus fut enlevé de Jérusalem.

IMPRIMERIE NATIONALE.

Adar. XII. — 28. Les 8 et 9 Adar furent des jours d'allégresse, à cause de la pluie.

29. Le 12 est le jour de Trajan.

30. Le 13 est le jour [commémoratif de la défaite] de Nicanor.

31. Le 14 et le 15 sont les jours de *Pourim* (fête d'Esther); le deuil est interdit.

32. Le 16, on commença la construction du mur de Jérusalem; le deuil est interdit.

33. Le 17, les païens s'étaient levés contre les règles des scribes dans le pays de Chalcis et des Zabédéens, et Israël fut délivré.

34. Le 20, le peuple jeûna pour obtenir de la pluie, et la pluie tomba.

35. Le 28, les Juifs reçurent la bonne mouvelle qu'ils ne seraient plus empêchés de suivre les prescriptions de la Loi; le deuil y est interdit.

Mais tout homme qui auparavant avait fait vœu de jeûner se liera par la prière [1].

Il n'est plus nécessaire de s'arrêter spécialement aux trois questions suivantes, clairement et amplement résolues par M. Brann [2] :

1° Ces journées ont-elles été instituées comme fêtes nationales, successivement par la suite des temps, ou en une fois?

2° Quand le texte et quand le commentaire ont-ils reçu leur forme actuelle?

3° Quelles sources ce dernier a-t-il utilisées?

C'est incidemment, en passant, que ces diverses questions sont traitées ici. Toutefois rappelons que le point capital du travail de M. Brann consiste dans la démonstration que le scoliaste a utilisé le Midrasch *Bereschit rabba*, et qu'en consé-

[1] Le sens de cette dernière phrase est très obscur, et il n'était déjà plus bien compris par le Talmud lui-même. On en trouve la traduction hébraïque dans le recueil *Beth ha Midrasch*, t. I, p. 145.

[2] Dans l'article précité de la *Monatschrift*.

quence la scolie n'est pas antérieure au VIIe siècle de l'ère vulgaire.

En notant les diverses dates du tableau qui précède, on a fait la remarque que l'on ne trouve aucune fête pour dix quantièmes, savoir les 4, 5, 6, 10, 11, 18, 19, 26, 29, 30, dans aucun mois.

III. — COMMENTAIRE ET APERÇUS HISTORIQUES.

On peut diviser en cinq rubriques cette succession de 35 journées mémorables. La 1re série comprend trois jours; la 2e, quinze; la 3e, dix, la 4e, quatre; la 5e, deux. — La première époque, antérieure à celle des Macchabées ou des Hasmonéens, comprend : 1° la mention de «l'inauguration des murailles de Jérusalem», sous Néhémie, le 7 Éloul (VI, 1, § 13); 2° la fête de Pourim, les 14 et 15 Adar (XII, 4, § 31); 3° la fête des bois, le 15 Ab (V, 1, § 11).

A. — A la mention de la solennité du 7 Éloul (VI, 1), le commentateur ajoute : «Les murs de Jérusalem avaient été renversés par les païens (Syriens). Lorsqu'Israël reconquit la suprématie, il reconstruisit ces murailles, ainsi qu'il est dit (dans Néhémie, VI, 15) : *le mur fut achevé*, etc.[1]». A ce propos, le commentaire donne des détails de topographie sur la montagne sainte, et il expose les destinations religieuses des chambres et cellules sacrées.

Sur la fête de Pourim[2], la glose rapporte l'opinion suivante de R. Josué b. Korḥa : «A partir de la mort de Moïse, il ne s'est plus levé de prophète qui ait prescrit aux Israélites quelque

[1] Il faut observer que l'achèvement définitif a eu lieu le 25 Éloul; sans doute, dès le 7 Éloul, cette construction était fort avancée.

[2] B., tr. *Meghilla*, f. 5 *b*.

nouveau commandement, hormis celui d'observer la fête de Pourim. Il y a seulement une distinction à établir entre les fêtes établies par prescription mosaïque et cette dernière fête : la délivrance de l'Égypte, par exemple, se célèbre pendant sept jours, tandis que la fête de Mardochée et d'Esther n'a lieu qu'un jour. De plus, si nous fêtons la sortie d'Égypte, de ce pays où la vie des garçons avait été seule mise en péril, à bien plus forte raison devons-nous être joyeux au jour anniversaire du miracle accompli sous Mardochée et Esther, qui ont tiré du danger les hommes et les femmes, les enfants et les vieillards. » Du reste, les récits divers de l'histoire d'Esther sont assez nombreux pour dispenser d'insister.

La fête des bois, selon le commentaire, a pour origine le retour de la captivité de Babylone [1]. Par ordre des Sages (docteurs de la Loi), les Israélites affranchis durent apporter du bois, au lieu de sacrifices, pour l'usage du Temple. Cette journée a été instituée comme fête commémorative, parce qu'à diverses reprises les ennemis de la Palestine avaient tenté inutilement d'abolir cet usage.

Comme ces trois journées sont amplement connues, il est inutile de s'y arrêter davantage. L'histoire n'a rien à revendiquer de ce récit.

B. — A la seconde époque, contemporaine des Hasmonéens, se rapportent quinze des journées mémorables mentionnées dans notre petite chronique. Les unes rappellent des victoires remportées sur les Syriens et les Grecs; les autres sont des souvenirs d'heureux événements survenus à la suite des premiers faits; enfin il y a commémoration d'entreprises émanant des Hasmonéens. Toutes ces journées sont circonscrites entre les règnes

[1] Tr. *Taanith*, f. 26 *a*.

des trois premiers Hasmonéens : Juda Macchabée, Jonathan et Simon, d'une part, et le règne de leur successeur immédiat, Jean Hyrcan, d'autre part.

1re journée. — « Le 3 Kislew, on enleva les *Simôt* de la Cour » (IX, 1, § 20), comme, le 23 Marḥeschwan, on renversa la *Sôréga*. — A l'autorité de Juda Macchabée se rattache le souvenir des préparatifs faits pour la nouvelle consécration du Temple, comme celui d'éloigner du sanctuaire les statues d'idoles[1] et d'enlever l'autel impur.

Pour ce passage, le scoliaste offre par hasard une explication exacte : les Grecs avaient érigé des statues dans la cour antérieure ou parvis public; et, 22 jours avant la consécration du Temple, les Hasmonéens avaient enlevé ces idoles. De même, le Ier livre des Macchabées (IV, 43) parle de « pierres impures » que les purificateurs du Temple transportèrent dans quelque lieu écarté, et le rédacteur de ce livre a soin d'établir une distinction entre ces grandes pierres impures et les morceaux impurs de l'autel[2]. A l'égard de ces derniers, un conseil fut tenu pour savoir ce que l'on en ferait, et il fut décidé de ne pas les placer dans le même endroit impur, où ils seraient confondus avec les pierres des idoles, mais de les conserver à part, jusqu'à l'arrivée du prophète[3]. Les pierres impures n'étaient donc que des fragments d'idole, que la domination tyrannique des Syriens fit placer dans l'antichambre du Temple.

« Les païens, dit le commentateur, avaient bâti plusieurs

(1) Voir Josèphe, *Antiquit.*, l. XVIII, ch. III, § 1; *De Bello*, II, IX, 2, où cet historien emploie en ce sens le mot σημαῖαι = *simôt*.

(2) Dans le Talmud B., tr. *Abôda zara*, f. 53 *b*, R. Yoḥanan donne la définition des termes : *Bimos*, dit-il, signifie « une pierre », et *Mizbeaḥ* « autel », « l'ensemble de plusieurs pierres ».

(3) I Macchab., IV, 44-46; Mischna, 5e partie, tr. *Middoth*, ch. I, § 6; cf. Grætz, t. III, p. 116 et 423-424.

Simôt dans la cour du Temple, et lorsque les Hasmonéens remportèrent la victoire, ils firent démolir les *Simôt* que l'on retira de cette cour, événement célébré par une fête.»

Les mots *sirouga* et *simôt,* selon M. Derenbourg (*ibid.*, p. 60), sont d'une signification incertaine; seulement il s'agit, comme on a pu le voir, de deux sortes d'objets en pierre, dont les uns commandaient quelque respect, tandis que les autres étaient jetés sans hésitation. Les deux livres des Macchabées mentionnent une double purification qui précéda l'inauguration du Temple.

Voici en quels termes s'exprime le Ier livre (IV, 43-46) : «Ils purifièrent le sanctuaire et enlevèrent les pierres de souillure qu'ils emportèrent à un endroit impur, et ils délibérèrent au sujet de l'autel d'holocauste, qui avait été souillé (ne sachant pas) ce qu'ils devaient faire, et ils prirent la bonne résolution de le démolir, de peur qu'il ne devînt pour eux un objet de scandale, puisque les païens l'avaient souillé. Ils démolirent donc l'autel et en déposèrent les pierres dans un coin du Temple, à un endroit convenable, jusqu'à l'apparition du prophète, qui pourrait décider de leur sort.» Le IIe livre des Macchabées est moins explicite; il parle cependant (X, 2 et 3) des autels élevés sur la place par des étrangers, démolis plus tard, puis d'un autel d'holocauste, que l'on construisit après avoir purifié le Temple (comme ci-après, 5e jour).

A ce fait se rattache aussi le commentaire sur le § 17 (VIII, 1), qui par erreur avait été déplacé et se trouvait égaré loin de là. Après quelques corrections dans les termes, on voit parfaitement qu'il est question du même fait dont parle le livre des Macchabées; car voici ce passage : «Dans un endroit de l'avant-cour, les Grecs (Syriens) avaient construit un emplacement où se trouvaient des pierres bonnes; on les enleva de là. Quant aux fragments de l'autel, on les laissa déposés là jusqu'au retour du prophète Élie, afin de savoir par lui s'il fallait les considérer comme impurs ou non. Un vote eut lieu, et il fut décidé qu'ils seraient enfouis sur place. En souvenir de cette décision, cette journée fut consacrée et fêtée. »

Frænkel[1] rapporte cette mention mémorable à un autre fait, bien postérieur. Selon lui, il s'agirait là des images de l'empereur sur les étendards des légions que Ponce-Pilate fit apporter à Jésusalem, et dont il ordonna ensuite l'enlèvement. — Quelque ingénieuse que soit cette explication, dit Grætz à ce sujet[2], elle est réfutée par deux objections : la première repose sur une divergence de lectures hypothétiques des textes, détails philologiques dans lesquels il serait trop long d'entrer ici; la seconde a pour base une rectification chronologique, savoir que la date du 3 Kislew ne concorde pas avec l'érection des étendards sous Pilate. Ce dernier fait, selon Josèphe[3], a eu lieu au commencement de l'automne, probablement vers l'époque de la fête des Tabernacles, lorsque Pilate envoya les troupes munies des images impériales en garnison d'hiver à Jérusalem. Mais les troupes prirent leurs quartiers d'hiver au commencement de la saison des pluies, laquelle commence régulièrement avec la nouvelle lune de Marḥeschwan. Entre le placement des étendards et leur retrait, il ne s'est passé que peu de jours, au dire de Josèphe. Il s'agit donc d'un fait arrivé encore en Tischri (mois précédent), et il ne saurait être reculé au 3 Kislew. D'après la conjecture de Grætz, au contraire, la date s'accorde sans effort avec les événements, si la demi-fête du 3 Kislew sert de préliminaire à celle de *Hanouca*, qui suit.

[1] *Monatschrift*, t. III, 1854, p. 444.

[2] *Geschichte*, t. III, p. 424.

[3] *Antiquités*, l. XVIII, ch. 3, § 1.

2e journée. — Inauguration du Temple (IX, 4, § 23).

A ce propos, il y a lieu d'observer en général que le commentateur révèle là, d'une façon très notoire, son caractère de compilateur, puisqu'il réunit sans distinction ce qui a été dit de cette demi-fête comme histoire doctrinale, *Halakhah*, et comme légende, *Hagadah*. En passant, il donne un renseignement qui dénote une bonne source primitive : c'est que cette fête dure huit jours, parce qu'il a fallu un temps égal pour l'inauguration [1]. Il ne met pas même en doute une autre raison empruntée à la tradition, d'après laquelle on trouva une fiole d'huile pure intacte, qui par miracle suffit pendant huit jours à entretenir le luminaire.

Toutefois, après les souvenirs historiques ou dramatiques auxquels cet épisode a donné naissance, on peut s'arrêter à quelques détails philologiques [2]. Au dire de Josèphe [3], la fête de *Hanouca* reçut le nom de «fête des lumières», τὰ φῶτα. Ewald pense [4] que cette dénomination a pour but de rappeler «son origine ou sa raison politique, motif qui rendrait cette fête d'autant plus stable». Ainsi, en principe, cette fête aurait été celle de la rotation du soleil, c'est-à-dire la célébration de l'arrivée de la lumière nouvelle pour l'année. A ce moment seulement, les Israélites lui auraient donné une haute signification historique, et elle aurait été transformée en solennité commémorative de l'inauguration du Temple.

En conséquence, le point de départ de cette fête serait une fête païenne, puisque la fête du soleil était célébrée en l'honneur de Jupiter, et l'historien Ewald est d'avis que, pendant les per-

[1] Dans le Talm. B., tr. *Schabbath*, f. 21 *b*, on ajoute la défense de jeûner en ces jours. Cf. I Macchab., IV, 18; IIe, l. X, 5.

[2] Selon le travail précité de Schmilg, p. 6, note 2.

[3] *Antiquités*, XII, VII, 7.

[4] *Geschichte des Volkes Israel*, t. III, 2e partie, p. 357, note 1.

sécutions, les Juifs furent contraints par leurs adversaires de solenniser cette coutume. Mais les Macchabées et leurs contemporains, qui s'opposèrent avec beaucoup de zèle à toute pratique de paganisme et s'efforcèrent d'anéantir en Judée toute trace d'idolâtrie, n'auraient certes pas consenti à établir une fête païenne, si même elle devait servir à un but plus moral, en obtenant un cachet juif. Aussi la fête de Ḥanouca reçut formellement le nom de «fête des lumières», parce qu'en ces jours on allume des lumières. Ce détail essentiel de la cérémonie doit être fort ancien, quoiqu'il n'en soit pas question dans les deux livres des Macchabées; car, déjà avant l'ère vulgaire, les disciples des écoles de Hillel et de Schammaï se livrent à des discussions minutieuses sur la façon dont ces lumières doivent être allumées chaque soir [1].

Il ne reste qu'à élucider la question de savoir quelle est la cause originelle de cette cérémonie. Pour résoudre ce point douteux, il suffira d'admettre l'avis de Josèphe : il indique comme cause fondamentale de cette désignation le fait qu'en ce jour solennel il s'éleva pour les Juifs une lumière inattendue, de même qu'il est dit dans l'histoire d'Esther (VIII, 16) : «Pour les Israélites, il y eut de la lumière, de la joie, etc.» Il est également loisible de supposer qu'il y eut un acte extraordinaire, lors de l'inauguration du Temple, en corrélation étroite avec l'acte d'allumer les lampes au Temple, fait dont la relation est restée peu claire ou confuse. En effet, au IIe livre des Macchabées (x, 3), on fait ressortir tout particulièrement la charge d'allumer les lampes au Temple, dévolue aux purificateurs de ces lieux saints. C'est la base historique d'où émane la tradition d'une trouvaille d'huile pure [2].

[1] Talm. B., tr. *Schabbath*, f. 21 *b*.

[2] *Revue des études juives*, t. XXX, p. 24-48 et 204-231.

3e journée. — Anniversaire de la mort d'Antiochus Épiphane, le 28 Schebat (XI, 3, § 27).

Dans le texte primitif, il y a : «Le roi Antiochus fut enlevé de Jérusalem». Ces termes ont fait supposer à Herzfeld (I, 280-286) qu'il s'agissait du départ subit de Lysias avec le jeune Antiochus, fils du roi, et, à ce propos, Herzfeld réunit les fables répandues sur la fin du roi.

Le commentaire de la *Meghilla* fournit une explication exacte : c'est que la mort de ce tyran parut avoir un caractère merveilleux, en ce qu'il succomba loin de son pays, étant parti à la suite des mauvaises nouvelles qu'il reçut. Ce départ se rapporte à la marche militaire d'Antiochus contre les Parthes, campagne dans laquelle ce roi succomba honteusement [1]. Cette indication historique, quelqu'obscure qu'elle soit en général, ne relate pas la vieille légende d'après laquelle Antiochus se serait repenti de sa cruauté envers les Israélites, de ses blasphèmes contre Dieu, et se serait proposé de se convertir au judaïsme. Cette légende se retrouve au IIe livre des Macchabées (chap. IX), encore amplifiée par quelques formes oratoires. Le Ier livre connaît aussi cette légende des regrets d'Antiochus; mais il n'en parle qu'à titre de fable rejetée (VI, 12-19).

Aussi, selon une autre explication, la demi-fête a été établie parce que ce roi fut obligé de s'éloigner de Jérusalem après une défaite. En effet, selon la glose, le roi syrien avait voulu ruiner la capitale et anéantir les Juifs, qui ne pouvaient y entrer ou en sortir que la nuit. Il reçut de mauvaises nouvelles qui l'obligèrent à s'éloigner et à rentrer dans ses états [2]. Comme on sait, le jeune roi Antiochus Eupator, fils d'Antiochus Épiphane, après avoir pénétré jusqu'à Jérusalem et l'avoir longtemps assiégée, apprit que Philippe, à la mort d'Épiphane,

[1] Grætz, *Geschichte*, t. III, p. 419.

[2] Livre Ier des Macchabées, ch. VI, v. 51-63.

cherchait à s'emparer du pouvoir royal en Syrie. Cette nouvelle contraignit Eupator à conclure la paix avec les Juifs, à se retirer et à se rendre dans Antioche, sa résidence. Cette retraite, inespérée pour les assiégés, fut célébrée par eux périodiquement.

4e journée. — Jour de Nicanor, en souvenir de sa défaite, le 13 Adar (XII, 3, § 30.)

On sait que cette journée mémorable est aussi mentionnée dans les deux livres des Macchabées (Ier livre, VII, 49; IIe livre, XV, 36). Le récit des circonstances secondaires, ou comment les vainqueurs se conduisirent avec le cadavre de Nicanor, a donné lieu à de nombreuses additions imaginaires, parmi lesquelles ressortent le plus le IIe livre des Macchabées et le commentaire de notre *Meghilla*. Les narrateurs les plus simples, et par conséquent les plus véridiques, sont le Ier livre des Macchabées (VIII, 47) et les deux Talmuds[1]. Selon eux, Nicanor ayant insulté Dieu et le Temple par paroles et gestes, on le renversa de son char, et on lui coupa la tête et les mains que l'on suspendit aux portes de Jérusalem en effigie. Le IIe livre des Macchabées y joint déjà cette addition légendaire, que l'on a suspendu les doigts isolés de la main de Nicanor en face du Temple (XV, 33). Cette assertion a donné lieu, bien plus tard, à une erreur d'étymologie : l'historien Josipon, du Ve siècle, ou le pseudo-Josèphe, prétend que, depuis ce fait, on a donné à une porte du Temple le nom de porte Nicanor. C'est évidemment une interprétation fausse, puisque déjà le Talmud donne une autre explication. Tout l'extrait tiré de Jason de Cyrène, au IIe livre des Macchabées, semble fait en vue de cette fête, qui termine ce livre.

[1] Jérus., tr. *Taanith*, ch. II, § 4; B., même tr., f. 18 *b*; Josèphe, *Antiq.*, XII, X, 5. Cf. Munk, *Palestine*, p. 552 *b*.

D'autre part, le commentateur de notre chronique avait bien sous les yeux le même texte que le Talmud de Jérusalem, au sujet de la victoire remportée sur Nicanor; mais il n'a pas compris l'une des expressions employées. Le Talmud de Jérusalem raconte qu'un Hasmonéen a renversé Nicanor de son *char* de guerre, קרוכין; au lieu de ce dernier mot, dont le commentateur n'a pas deviné le sens, il a pensé qu'il s'agissait de ses *parents*, קרובין, et il ajoute de son chef que l'on est allé jusqu'à s'emparer des parents de Nicanor, et qu'on leur coupa la tête, ainsi que les doigts des mains et des pieds. En présence de telles confusions, il ne faut accueillir ces données qu'avec la plus grande circonspection.

A la suite vient un fait accompli sous le principat de l'Hasmonéen Jonathan.

5e journée. — Renversement de la muraille intérieure du Temple par le grand-prêtre Alcimos, et sa restauration le 23 Marḥeschwan (viii, 1, § 17).

Il s'agit d'une séparation en bois, située entre l'avant-cour des païens et celle des femmes [1], et elle a reçu le nom de *soréga* ou *sirouga*, parce qu'elle se composait de lattes superposées, en grillage. La journée commémorative a été instituée en souvenir de ce fait que le grand-prêtre Alcimos avait voulu renverser la clôture de séparation, sanctifiée par les prophètes eux-mêmes. Pour son châtiment, il fut frappé de paralysie, et il mourut bientôt après. C'est cette intervention providentielle, entravant une aussi funeste entreprise, que l'on solennisa plus tard.

Le Ier livre des Macchabées (ix, 54-56) nomme ce mur τὸ τεῖχος τῆς αὐλῆς τῶν ἁγίων τῆς ἐσωτέρας, et il le désigne ἔργα

[1] V. Mischna, ve partie, tr. *Middoth*, II, 3; vie partie, tr. *Kélim*, I, 2.

τῶν προφητῶν. Le projet d'Alcimos apparaît comme un acte d'autant plus coupable, dont il a été puni par le Ciel, que son entreprise n'a pas abouti. De ce prêtre proviennent les 13 brèches à ce mur, que la Mischna attribue aux satellites du roi Antiochus, par l'expression vague de «rois grecs». Elle raconte qu'en l'honneur des 13 ruptures, réparées plus tard, on établit dans le service divin 13 génuflexions.

Le commentateur, qui n'a pas compris de quoi il s'agissait, a confondu cette date avec celle du 1er Nissan; il a ainsi obscurci plutôt qu'éclairé la question (comme Græetz le fait ressortir). Les païens, dit le commentateur, avaient élevé sur une place de cette cour une construction, à laquelle ils avaient aussi employé de bonnes pierres. On décida donc de laisser les pierres jusqu'à l'arrivée d'Élie (c'est-à-dire jusqu'à la fin des jours), pour que ce prophète témoignât de la pureté des unes et de l'impureté des autres. Après en avoir délibéré, on les enfouit.

Aussi, M. Derenbourg (p. 61) traduit ainsi le texte relatif à cette date : «On enfouit le *sirouga* (pour le faire disparaître) de la cour du Temple», et il ajoute, à l'appui de sa version, l'argumentation suivante : «Il suffit d'avoir comparé les passages de notre petite chronique avec ceux du Ier livre des Macchabées, pour reconnaître que le *sirouga* devait être la portion de l'autel d'holocauste qui avait été souillée, ou bien un assemblage à claire-voie en pierres, élevé au-dessus de l'autel et sur lequel les païens avaient sacrifié. On était incertain sur le parti à prendre à l'égard de ces pierres, soit parce qu'elles avaient été saintes à l'origine, soit parce qu'on ne savait pas distinguer entre les matériaux apportés du dehors et ceux pris sur l'ancien autel. La décision à laquelle on s'arrête est la même dans le Ier livre des Macchabées et dans la *Meghillat Taanith*. De plus, on en retrouve un indice dans la Mischna[1] : elle in-

[1] Tr. *Middoth*, I, 6.

dique l'endroit «où les Hasmonéens ont enfoui les pierres de l'autel, que les rois de la Grèce avaient souillés». Quant aux *simôt* ou *bimôt*, comme il faudrait peut-être lire, ce sont probablement les Βωμοί, *autels*, ou les pierres de souillure, *οἱ λίθοι τοῦ μιασμοῦ*, que l'on avait dressées en dehors de l'ancien autel, afin d'y immoler des victimes, et que, sans hésiter, on jeta hors de l'enceinte du Temple.» Cette interprétation est trop plausible pour ne pas être admise.

Les quatre mentions suivantes se rapportent au règne du prince Simon.

6e journée. — Prise d'Acra (fort) et expulsion des Syriens, le 23 Iyar (II, 3, § 5.)

Dans le texte, il y a «les fils de l'Acra», comme dans I Macchabées, IV, 2 : *Οἱ υἱοὶ τῆς ἄκρας*, pour désigner les défenseurs de l'Acra. C'est cette expression qui a donné lieu à une grave erreur d'étymologie (déjà signalée ci-dessus, chap. Ier), supposant à tort qu'il s'agit des Karaïtes. — Le mois et le jour de cet événement important sont attestés par le Ier livre des Macchabées (XIII, 51). Il est curieux de voir qu'ailleurs (I, 13), ce livre historique identifie Acra avec Sion, la ville de David, et le commentateur en prend texte pour établir, à propos de ce fait, la même identification avec Acra[1], citée deux fois dans ce seul passage de notre chronique.

7e journée. — Prise de la forteresse de Betsour, le 17 Siwan (III, 1, § 7).

R. Abahou (à la fin du IIIe siècle) comprend sous le nom de cette forteresse «Césarée, fille d'Édom, ville établie dans les sables, qui était un point malheureux pour Israël pendant la

[1] Sur la position exacte de ce château-fort, voir *Zeitschrift der deutschen morgenl. Gesellschaft*, 1861, p. 185.

domination grecque ». Cependant il identifie ces deux villes avec Ekron, ou « la ruine future [1] ». Toutefois, on ne saurait trouver nulle part la moindre allusion à une prise aussi importante et aussi grave de conséquence que celle de Césarée, pour qu'il y ait eu lieu d'en consacrer la mémoire par un jour de solennité. Cette ville, au contraire, avait toujours été habitée par des Grecs et des Syriens, et elle n'a reçu d'habitants juifs que sous le règne d'Hérode. Mais l'expulsion des Hellénistes de Betsour a dû être grave, autant que celle des habitants d'Acra, et c'est évidemment à cette victoire que se rapporte la demi-fête commémorative dont il s'agit ici.

Le Ier livre des Macchabées (xiv, 33) ne fait mention de la prise de Betsour qu'incidemment; c'était une conquête, אחיד [2], des Syriens. Aussi, M. Oppenheim [3] s'était efforcé de démontrer qu'il s'agit là de la prise de la tour de Straton à Jérusalem : hypothèse peu fondée, dit Græetz, car ce n'était qu'un passage insignifiant, menant vers la tour d'Antonia (*Antiquités*, XIII, xi, 3). Il a donc pensé avec raison à la ville de Bet-sour au sud de Jérusalem, sur la route de Hébron, appelée par la Peschito *Bit Souro*, et encore aujourd'hui nommée Bourdj-Sour [4]. On connait, en effet, l'importance de cette ville pendant les guerres des Hasmonéens; et depuis que, sous Juda Macchabée, elle était tombée au pouvoir d'Antiochus Épiphane [5], elle conserva, comme l'Acra de Jérusalem, une forte garnison de Syriens, jusqu'à la prise de possession par Simon (I Macchab., xiv, 33).

[1] B., tr. *Meghilla*, f. 6 *a*. Selon l'*Aruch.*, rappelé par la glose de l'édit. Juda Löb, il s'agit de la « Tour des démons ».

[2] Voir la note sur ce terme, ci-après, 11e journée.

[3] *Monatschrift*, 1860, p. 195.

[4] F. de Saulcy, *Voyage en Terre-Sainte*, t. Ier, p. 419.

[5] Josèphe, *Antiquités*, XII, ix, 5.

8e journée. — Extermination des renégats, le 22 Éloul (vi, 3, § 15).

Le commentaire à ce sujet donne une explication exacte, puisée probablement à une bonne source ancienne; la voici : Sous l'autorité païenne, les Juifs n'avaient pas d'action sur les impies; mais une fois libres, ils avisèrent les mécréants, leur accordèrent trois jours pour réfléchir sur leur conduite, leur laissant le temps de se repentir, de revenir à des sentiments plus religieux. Comme les infidèles ne tinrent pas compte de l'avertissement, le peuple se rua sur eux et les extermina.

Une indication du Ier livre des Macchabées semble, il est vrai, contredire ce fait, puisque ce livre raconte que Simon, lors de la reddition de l'Acra, accorda aux renégats hellénisants le passage libre, sans coup férir. Mais la même source laisse deviner, par d'autres versets (xiv, 14 et 36), qu'au moins une partie de ces gens fut anéantie[1]. Le prince fut sans doute forcé plus tard d'agir avec plus de sévérité. En effet, le commentaire cite à ce propos des exemples[2], où la législation rabbinique s'est montrée très sévère dans le prononcé des pénalités, en vue de frapper les masses attentives.

Au lieu d'« hellénisants », Cassel[3] traduit משמדיא « les apostats », *ἄνομοι*.

9e journée. — Cessation de l'impôt de la couronne pour les rois de Syrie, le 27 Iyar (ii, 4, § 6).

Le commentaire donne une signification impropre au mot essentiel de cette phrase du texte : *kelilâ* « l'impôt ». Cependant le sujet ne saurait être mis en doute et se rapporte à un fait,

(1) Grætz, *ibid.*, t. III, p. 49.

(2) Ils sont tirés du Talmud B., tr. *Yebamoth*, f. 20 *b*; tr. *Sanhédrin*, f. 46 *b*.

(3) *Messianische Stellen d. alten Testaments* II. *Angehängt sind Anmerkungen über Megillat Taanith* (Berlin, 1885, 8°).

raconté au Ier livre des Macchabées (XIII, 39), à savoir qu'en général Démétrius II avait imposé au peuple juif des tributs à payer au trésor d'Antioche, et qu'il y renonça.

Le texte primitif — il faut bien le reconnaître pourtant — dit littéralement : «On a enlevé les couronnes» *kelilâ*. Ce terme avait fait supposer au commentateur qu'il s'agissait d'un ornement idolâtre, enlevé par les soins des Hasmonéens; car il se réfère à un passage analogue du Midrasch [1]. Aussi, selon Cassel (*ibid.*, p. 90-93), les gens «couronnés» sont ainsi nommés par allusion aux adorateurs de Bacchus, couronnés de pampre et de lierre.

Les cinq ou six faits suivants se rapportent à la domination de Jean Hyrcan.

10e journée. — Destruction du temple samaritain sur le mont Garizim, le 21 Kislew (IX, 7, § 22).

L'addition jointe à cette mention de fête fait savoir qu'il ne peut y avoir aucun deuil public le jour de Garizim. C'est dire la grande importance de cette victoire sur le temple voisin, celui des idolâtres samaritains, remportée par Jean Hyrcan.

Tous les témoignages rabbiniques semblent affirmer qu'Alexandre le Grand, lors de la conquête de Tyr et de Gaza, s'est éloigné de la côte pour s'avancer dans l'intérieur du pays. Est-il allé à Jérusalem? Le glossateur de la *Meghillath Taanith* le soutient à propos du texte de notre journée commémorative; car il ajoute le récit suivant :

Il s'agit du jour où les Cuthéens demandèrent à Alexandre de Macédoine l'autorisation de détruire la maison de notre Dieu. Accorde-nous, lui dirent-ils, cinq *kours* (mesures) de terrain sur le mont Moriya. Le roi

[1] *Bereschith rabba*, ch. 62; *Tanhouma*, section *tazria*.

IMPRIMERIE NATIONALE.

les leur donna. Instruit de ce fait, Siméon le juste endossa ses vêtements sacerdotaux, et se fit accompagner par la noblesse de Jérusalem, par mille conseillers habillés de blanc et par les jeunes prêtres qui faisaient retentir les vases sacrés (les instruments de musique). Toute la nuit, précédés de flambeaux, ils marchèrent sur deux rangs. «Quels sont ces hommes?» demanda Alexandre (en les voyant de loin). «Ce sont, répondirent des délateurs, les Juifs qui ont méconnu ton autorité.» Au moment où le soleil se leva, on arriva au premier poste, à Antipatris. A ce point de rencontre, on dit aux Juifs: «Qui êtes-vous?»

— «Des habitants de Jérusalem, fut la réponse; nous sommes venus pour être admis en présence du roi.» Alexandre, apercevant le visage de Siméon le juste, descendit aussitôt de son siège et se prosterna devant lui: «Quoi, dirent ses courtisans, un grand roi comme toi se prosterne-t-il devant les Juifs?»

— «Oui, leur répliqua-t-il, parce que cette figure m'apparaît toutes les fois que j'entreprends une guerre d'où je sors victorieux.» Puis, s'adressant aux Juifs, il leur dit: «Quelle cause vous amène?»

— «Ce peuple (de délateurs) te trompe, répondit Siméon, lorsqu'il réclame pour lui le lieu où nous prions Dieu pour toi et pour la durée de ton règne.»

— «Et quel est ce peuple?»

— «Ce sont les Cuthéens qui sont debout devant toi.»

— «Leur sort est entre vos mains», dit Alexandre. Aussitôt, on fit des trous aux talons des Cuthéens, que l'on attacha aux queues des chevaux, et ils furent ainsi traînés sur des ronces et des épines, jusqu'à l'arrivée au mont Garizim. Là, les Juifs passèrent la charrue sur l'emplacement du temple (de leurs ennemis) et y semèrent des fèves, comme les Cuthéens avaient eu l'intention de le faire pour le temple de notre Dieu. Ce jour est donc institué comme une fête.»

Le fond de ce récit, qui se rencontre encore ailleurs[1], est d'accord avec celui de Josèphe. (*Antiquités*, XII, VIII, 3-6; XIII, IX, 1.)

[1] B., tr. *Yôma*, f. 69 *a*, où il y a la date du 25 Tébet. Cf. *Vayikra rabba*, ch. XVI fin. Toutefois Græetz (*ibid.*) traite cette explication de légendaire, ce temple ayant subsisté jusqu'au temps de Jean Hyrcan.

11e journée. — Prise et destruction de Samarie, le 25 Marḥeschwan (VIII, 2, § 18).

Le commentaire à ce sujet contient une explication empruntée à un document antique, et cela avec d'autant plus de certitude, qu'il s'accorde d'une façon étonnante avec l'historien Josèphe pour des détails secondaires, sauf quelques variantes de termes. — Selon Josèphe, Hyrcan n'a pas seulement détruit la ville de Samarie, mais il la fit encore inonder par des canaux et des cours d'eau, au point qu'elle ressemblait à un fleuve débordé, n'offrant plus de traces d'habitations (*Ant.* XII, 10, 3). C'est pourquoi, ajoute le commentateur, on l'appelait « la ville changée en canaux »; et, à ce propos, il raconte aussi l'origine de cette ville, appelée parfois Sébasté, née de l'agglomération des maisons bâties successivement par les premiers arrivants, puis entourée d'une muraille[1].

Une autre remarque est à faire sur une expression du commentaire : certaines éditions ont ici les mots לים בוסטי, qui n'ont aucun sens. Ils proviennent de ce que, par erreur, on a coupé en deux la transcription du mot Sébasté, autrement dit Samarie. Du reste, Cassel (*ibid.*, p. 100) traduit ainsi ce passage du commentaire : « Ils vinrent à Sébasté-Samarie, et ils eurent des villes סמרתנא, Samaratna. »

12e journée. — Incorporation de la ville de Bethséan et de la vallée de Jezreél, dans la Judée, les 15 et 16 Siwan (III, 2, § 8.)

Comme date approximative, Grætz (t. III, p. 68, et note 1) indique : Juin 110 avant l'ère vulgaire.

Cette circonstance, si importante pour l'extension du terri-

[1] Dans le texte primitif, une curiosité philologique est à noter pour l'histoire des langues sémitiques; c'est évidemment là que nous possédons le premier exemple d'emploi de la racine אחד dans le sens de « prendre », comme en arabe اخذ, tandis qu'en hébreu ce mot signifie invariablement « un ».

toire de la Judée sous Hyrcan, est confirmée par Josèphe (*De Bello jud.*, I, 2, 7, quoique brièvement) : Antiochus de Cyzique avait reçu de Latyre des troupes auxiliaires, tournées contre Hyrcan, placées sous le commandement des généraux Calimandre et Épicrates, pour continuer la guerre. Après que le premier fut battu, le second livra contre argent, aux fils d'Hyrcan, la ville de Scythopolis avec ses environs s'étendant jusqu'au mont Carmel, c'est-à-dire toute la vallée de Jezreél. — La glose, toujours vague, n'indique pas qu'il s'agit en même temps, dans cette journée mémorable, de l'expulsion des païens de Scythopolis.

13e journée. — « Au 3 Kislew, dit notre texte, on supprima la *mention* dans les documents officiels » (VII, 1, § 16).

La glose ajoute : Après leur victoire, les Hasmonéens adoptèrent l'usage de placer le nom divin dans les pièces et contrats, de sorte que l'on prit par exemple l'habitude d'écrire « l'an tel du grand-prêtre Iohanan, qui sert l'*être suprême* ». En l'apprenant, les sages le désapprouvèrent : ils firent la remarque que mainte pièce pour dette, étant déchirée après ce payement, pouvait être jetée à terre. Pour éviter cette profanation, on supprima ledit usage, et le jour de l'adoption de cette règle fut célébré comme fête.

Cette glose, évidemment, est mal fondée. Il est inadmissible que l'on ait voulu glorifier une règle aussi peu importante, faite en prévision d'une exception fâcheuse. La raison est plutôt celle-ci : Sous le règne de Simon, on supprima l'usage forcé de l'ère des Séleucides, dans les pièces officielles. Cette ère, dite aussi « des contrats » מנין שטרות, imposée par les Syriens aux Juifs, leur était odieuse, et l'on s'explique la joie de l'avoir vu supprimer. — Ewald s'imagine à tort[1] que, malgré l'in-

[1] *Histoire du peuple d'Israël*, t. III, 2e partie, p. 385.

troduction d'un comput selon les années du règne des princes hasmonéens, l'ère des Séleucides ait été maintenue chez les Juifs dans la vie ordinaire, jusqu'au moyen âge. Or, ni pendant l'existence du Temple de Jérusalem, ni sous la domination romaine, les Juifs palestiniens ne se sont servis de l'ère des Séleucides, et l'emploi de cette ère annulait au contraire l'acte de divorce qui portait une telle date [1]. On n'attribue cet usage qu'aux Juifs de Babylone [2], et le moyen âge en offre des exemples épars.

Un autre historien explique différemment la demi-fête qui célèbre l'introduction de l'usage de supprimer la mention du tétragramme divin dans les actes officiels et publics. Selon lui, cette journée mémorable n'appartient qu'indirectement au temps des Hasmonéens. Le Talmud [3] ajoute ce commentaire, qu'en raison de l'abus du nom divin employé dans les actes d'obligation et autres pièces analogues, on a introduit la désignation nominale, jointe au nom du grand-prêtre hasmonéen. Si cette explication est exacte, ce fait se trouve partiellement en contradiction avec la relation du Ier livre des Macchabées, d'après laquelle on aurait simplement écrit la date en ces termes : « En l'an du grand-prêtre Simon », sans ajouter les mots *du dieu élevé*. Il faut donc croire que le rédacteur ultérieur du livre des Macchabées a modifié la formule originale, en se conformant à ladite prescription.

Aussi, Cassel (*ibid.*, p. 97) propose de traduire ainsi : « Le 3 Tissri, on supprima des contrats les images, אנדרנתא, ἀνδριάντα », sous-entendu « des Syriens » (cf. 1 Macchab., XIII, 41), sauf qu'au lieu de fêter à cet effet les deux premiers jours de

(1) Tr. *Guittin*, f. 80 *a*.

(2) *Seder 'olam rabba*, fin.

(3) Tr. *Rosch ha-schana*, f. 18 *b*. Au lieu d'*Intilat* « enlevé », le Talmud a : *Btélat* « détruit ».

ce mois qui constituent le nouvel an, on a adopté le troisième jour de Tissri.

14e et 15e journées. — Au temps des Macchabées, il faut encore placer deux journées mémorables pour la reconstruction des murs de Jérusalem. Le 16 Adar (xii, 5), ce travail fut commencé [1], et il a été achevé le 7 Iyar (ii, 1), jour de l'inauguration de ces murailles. — On ne saurait préciser l'époque de ce second *Ḥanouca*, ni dire sous quel règne des princes hasmonéens la consécration de ces journées a eu lieu, puisque cette restauration occupe toute la période d'ensemble des quatre premiers hasmonéens depuis Juda jusqu'à Jean Hyrcan. Par confusion, le commentaire fait remonter cette restauration jusqu'à Néhémie (il faut réunir ici le § 32 au § 3).

C. — Après que l'indépendance de la Judée fut assurée à l'extérieur, commence une série de dissensions à l'intérieur, entre les deux sectes des Pharisiens et des Sadducéens, jusqu'après la mort d'Alexandre Jannée. Sous la reine Salomé Alexandra, le principe pharisien l'emporta, et les Pharisiens solennisèrent tous les jours où ils eurent des victoires partielles sur leurs adversaires.

Mais, avant d'aller plus loin, il convient de dire quelles sectes religieuses dominaient à cette époque en Judée, et en quoi elles influèrent sur les destinées politiques de ce malheureux petit pays [2]. L'histoire nous a conservé le nom et les doctrines des sectes les plus importantes. Qui ne connaît, au moins sous leur dénomination générale, les Pharisiens, les Sadducéens, les Esséniens, ces trois grandes sections du judaïsme, depuis le retour de la captivité de Babylone?

[1] Premier exemple de l'emploi du mot שרא, avec le sens de «commencer».

[2] Voir l'Introduction à la traduction du Talmud de Jérusalem, I, p. LXXII.

De nombreuses écoles existaient, en outre, sous ces appellations générales. On connaît moins les discussions intérieures des Sadducéens et des Esséniens que celles des Pharisiens, dont le Talmud nous a conservé avec tant de soins les doctrines diverses; mais, d'après le grand nombre de leurs écoles, il faut croire que les autres grandes sectes n'étaient pas moins divisées que le pharisaïsme sur leurs doctrines générales. Il est inutile d'étudier ici les caractères particuliers à chacune de ces grandes sectes. On sait que les Sadducéens, qui d'ailleurs étaient en réalité plutôt un parti politique qu'une secte religieuse et qui disputaient aux Pharisiens le pouvoir populaire, s'en tenaient rigoureusement au texte biblique, n'admettant pas l'autorité de la loi orale et traditionnelle, renfermant obstinément tous les progrès de l'esprit humain dans la lettre de la loi écrite. Tout ce qui n'était pas clairement et positivement écrit dans les livres sacrés était impitoyablement repoussé par eux. A leurs yeux, il n'y avait d'autre être immatériel que Dieu: ils n'admettaient ni la doctrine des anges, ni l'immortalité de l'âme, ni les peines et les récompenses de la vie future.

Au point de vue social et pratique, c'étaient, si l'on peut parler ainsi, des conservateurs opiniâtres; tandis que les Pharisiens étaient les libéraux et les progressistes du Judaïsme, vivifiant la lettre par l'esprit, proclamant la liberté de la pensée, donnant aux décisions de la majorité une puissance d'obligation, marchant, suivant les mœurs et les époques, dans une voie indéfiniment progressive, qui a sauvé le Judaïsme de l'immobilité et de la mort. A côté d'eux, les Esséniens étaient des espèces d'ascètes, des mystiques, qui faisaient de la pureté absolue, de la vertu sans tache, le but de la vie humaine.

Il est impossible de passer sous silence une autre grande secte, que l'on peut nommer l'hellénisme, et qui avait tenté jusqu'à un certain point de concilier le mosaïsme avec la philosophie; école puissante dont Philon a été l'expression et Alexandrie le foyer, école qui a frayé évidemment la voie au triomphe des apôtres chrétiens. Alexandrie avait un temple à l'exemple de Jérusalem; mais la langue grecque et les mœurs grecques avaient envahi la population juive de ce grand centre intellectuel, et le Judaïsme pur y avait beaucoup dévié de sa rigidité primitive.

Ceci dit, continuons la série d'éphémérides, que désormais l'on comprendra mieux.

16e journée. — «Le 28 Tébet, dit le texte, la réunion fut rétablie d'après la Loi» (x, 1, § 24).

A ce texte la glose ajoute: Le *Sanhédrin* (tribunal suprême), depuis qu'Hyrcan eut abandonné le Pharisaïsme, n'avait été composé que de membres sadducéens, parce que les Pharisiens ne pouvaient ou n'osaient être en fonctions à côté des Sadducéens. Seul Simon ben Schetaḥ a surmonté ce scrupule, en se laissant recevoir comme membre de cette magistrature. Mais, dans les séances auxquelles le roi Jannée et son épouse Salomé avaient l'habitude d'assister, les Sadducéens ne savaient pas donner de réponses basées sur les termes de l'écriture sainte, pour les questions qui étaient présentées. Simon ben Schetaḥ fit alors la remarque que nul ne méritait d'occuper un siège dans ce tribunal s'il ne savait baser toutes ses assertions sur un terme de la Bible (conformément au principe des Sadducéens de respecter la lettre). Sur ce, il arriva, pour une question de droit, qu'aucun membre sadducéen ne pouvait trouver de solution légale basée sur la Bible. Tous se turent. Seul un vieillard dit en murmurant (à l'oreille de Simon ben Schetaḥ): «Donne-moi trois jours de temps pour réfléchir». Mais comme, après cet espace de temps, il n'avait pas trouvé de réponse à donner, il fut si honteux qu'il ne retourna plus au Sanhédrin;

et Simon ben Schetaḥ, prouvant par des textes que le nombre des membres du Sanhédrin devait être de 71, y introduisit un pharisien. Ainsi, il réussit successivement à écarter les Sadducéens et à leur substituer des Pharisiens. C'est le jour où cette substitution fut complète, qui fut institué comme anniversaire de fête. — Telle est la glose.

Or, malgré la sagesse notoire et l'influence de ce Simon à la cour du roi Jannée [1], il est peu probable qu'il ait pu éliminer ainsi tous les Sadducéens et opérer un aussi brusque changement. Il vaut mieux admettre que cette journée a pour but de rappeler la reprise de la haute juridiction par le grand conseil, après le triomphe des Hasmonéens sur les Syriens. On a voulu célébrer ce fait spécial, d'une importance capitale pour la vie intime des Juifs.

Pour Grætz au contraire [2], le récit du commentateur n'est pas inventé : il s'adapte bien au texte primitif, à l'énoncé du fait. Il en résulterait, selon lui, que, déjà sous le règne de Jannée, les Pharisiens ont dû former un Sanhédrin, et que par conséquent ce roi était en bonnes relations avec eux.

17e journée. — Anniversaire de la mort d'Alexandre Jannée, le 7 Kislew (IX, 2, § 21).

Dans cet énoncé, on n'a pas indiqué le motif de cette journée mémorable, ce qui est singulier. Le commentaire seul rapporte ce jour à l'anniversaire de la mort d'Hérode; mais comme Hérode est mort au commencement du printemps, l'on ne peut attribuer à ce décès que le jour mémorable mentionné comme tel au mois de Schebat; tandis que la journée du 7 Kislew peut plutôt se rapporter à Alexandre Jannée. Le commen-

(1) Comp. Talmud de Jérus., tr. *Berakhôth*, ch. v, § 2 (traduction, I, p. 130); B., *ibid.*, f. 48 *a*.

(2) Grætz, *Geschichte*, t. III, p. 111 et note 1.

tateur semble avoir confondu ces deux faits, si même l'on admet que son explication pour les deux jours de demi-fête soit la vraie; et ce qui prouve la confusion, c'est qu'à la date du 2 Schebat, le commentaire parle des deux morts.

Il existe aussi une autre hypothèse, celle de Cassel (*ibid.*, p. 79): «Le 7 Kislew, dit-il, ne peut pas être l'anniversaire de la mort d'Hérode[1], comme l'insinue le commentaire, mais celui de la mort d'Antiochus Eupator, aussi haïssable que son père.»

18e journée. — Suppression[2] du code pénal sadducéen, le 14 Tamouz (IV, 1, § 10).

Le commentaire donne la raison de cette solennité, qui paraît puiser son importance spéciale dans une cause rattachée à une bonne source. Les Sadducéens avaient leur propre code, en dehors des prescriptions pénales de la loi mosaïque, pour prononcer les peines en cas de crime. Les Pharisiens, après leur victoire, rejetèrent ce code particulier, par la simple raison que «les lois traditionnelles ne doivent pas être mises par écrit». La suprématie que les Pharisiens avaient acquise, par la sympathie de la reine Salomé Alexandra en faveur de leur propre parti, a dû leur rendre possible le rejet du code pénal sadducéen, pour y substituer leurs propres règles. Il se peut aussi que les Pharisiens aient voulu repousser, non la mise par écrit des lois, mais la grande sévérité de l'exercice de la justice selon les Sadducéens. On sait par Josèphe[3] que les Sadducéens agissaient avec la plus grande rigueur dans les procès

(1) Cf. Josèphe, *Antiquités*, l. XVII, c. VI 8, § 1, et c. 9, § 1; *De Bello*, l. II, c. 1, § 2 et 3.

(2) Premier emploi du mot עדא, avec le sens de «perdition».

(3) *Antiquités*, l. XIII, ch. X, § 6; l. XX, ch. X, § 1.

Pharisiens ont attaché à ce principe tant de gravité, qu'ils ont émis la loi suivante : si la Pentecôte se trouve être un samedi, le lendemain dimanche après la fête, le grand-prêtre ne devait pas porter ses ornements pour opérer la combustion des restes de sacrifices, afin que le peuple ne soit pas enclin à adopter ce lendemain comme jour réel de la fête.

Bien entendu, depuis la fixation du calendrier hébreu, Pâques n'est jamais un vendredi, ni (par suite) Pentecôte un samedi, et par conséquent ladite hypothèse est nulle.

Il faut croire que, pendant un certain temps, lors de la suprématie des Sadducéens ou des *Baithusiens* (selon les termes du glossateur), la fête de Pentecôte a été célébrée conformément à leur enseignement, c'est-à-dire toujours un « lendemain de samedi » (le dimanche). Le commentateur rapporte la discussion subtile des expressions bibliques, entamée à ce sujet entre R. Yoḥanan b. Zaccaï, R. Eliézer, R. Ismaël et R. Juda b. Betéra [1]. Lorsque les Pharisiens prédominèrent, ils remirent la fête au 50e jour, compté depuis le second jour de Pâques. En souvenir de cette victoire de doctrines et d'enseignement, on célèbre toute la quinzaine, du 8 au 23 Nissan, pendant laquelle on suppose que les débats ont eu lieu.

Le commentateur semble reporter à l'époque de l'existence de ces sectes les interprétations variées émises à ce sujet entre les docteurs ou rabbins, qui notoirement ont vécu deux siècles plus tard. Quel anachronisme !

22e *journée*. — Souvenir de l'adoption de l'avis pharisien, le 27 Marḥeschwan, savoir que le sacrifice de farine ne devait pas être consommé par les cohanim (prêtres), mais brûlé sur l'autel (VIII, 3, § 19).

[1] B., tr. *Taanith*, f. 17 *b*; *Rosch haschanah*, f. 5 *a*.

Le commentaire indique que les Sadducéens avaient suivi l'avis contraire. — De cette journée il faut rapprocher la 16e (§ 24) qui traite du même sujet: il semble que ce soit aussi le rétablissement de la prépondérance des Pharisiens, sous Simon ben Schetaḥ, qui en est cause[1].

23e *journée.* — Les législateurs pharisiens, persécutés, sont délivrés le 17 Adar (XII, 6, § 33).

Cassel (*ibid.*, p. 105) traduit: «Le 17 Adar, le peuple vint délivrer les écrivains, ספריא, dans la province de Seleucia, סלקס, et la maison de Zebedaï devint un refuge pour Israël.»

D'après les termes employés pour cette date, on ne saurait reconnaître si la persécution provenait de Jannée, ou d'un autre roi. Seulement, le commentaire rapporte à ce roi le fait en question. Il doit avoir pour cela de bonnes raisons[2], puisqu'il cite des autorités et des documents historiques. Voici son explication pour cette journée mémorable:

«Lorsque Jannée persécuta les docteurs de la loi, ils se réfugièrent en Syrie et séjournèrent dans la contrée[3] de Kouslikos (Séleucie).» — Josèphe (*Antiquit.*, l. XIII, c. XIV, 2) atteste la fuite des Pharisiens, au nombre de 8,000, et il ajoute ce détail que la nuit, après la mise en croix de 800 Pharisiens, le reste se sauva et partit en exil jusqu'à la fin de ce règne.

De plus, cette journée mémorable ne doit pas seulement rappeler la délivrance «du reste des scribes» échappant aux fureurs de Jannée, mais bien aussi les persécutions des païens. Le commentateur explique ainsi cette circonstance: Les sages,

[1] Græetz, t. III, p. 125.

[2] *Ibid.*, p. 115, 119 et 425.

[3] M. Neubauer (*Géographie du Talmud*, p. 296) a pris le mot מדינה, employé à ce propos, comme en arabe dans le sens de «ville», au lieu du sens de «province», qui cadre bien avec la Séleucie.

dans leur premier lieu de refuge, furent attaqués, et une partie d'entre eux s'enfuit de là pour se sauver à Bet-Zabdaï. Il ajoute d'autres détails aussi peu clairs : les fuyards ont trompé leurs ennemis en plaçant devant leur porte, le jour du sabbat, des chevaux tout harnachés, comme s'ils étaient des voyageurs, afin de détourner d'eux le danger, en écartant les apparences de pratiques religieuses; puis, grâce à la nuit obscure, ils se seraient mis en route; ou bien encore, au moment de la persécution, une grande inondation dévasta le pays.

Comme passage parallèle, utile à l'intelligence de ce texte et des noms de localités, il faut noter une ligne du Talmud de Jérusalem [1]. Il manque le nombre *dix* à la date (ce qui donne le 7 Adar, au lieu du 17); mais on retrouve ailleurs le nombre complet [2]. — Dans un passage du Midrasch Rabba sur la Genèse (ch. 98), on lit que Bet-Zebid est près de Sidon.

A l'époque du règne des deux derniers princes hasmonéens, Hyrcan II et Aristobule II, se rapportent deux autres journées mémorables. Les voici :

24ᵉ *journée.* — Arrivée miraculeuse de la pluie après une longue sécheresse, le 20 Adar (XII, 7, § 34).

Le Talmud de Jérusalem [3] établit une corrélation entre cet événement et le récit de la Mischnâ, au sujet de la prière d'Onias, pour obtenir de la pluie. Ce récit, dans toutes ses circonstances, est confirmé par Josèphe (*Antiquit.*, l. XIV, ch. II, § 1) : « Onias, dit-il, homme pieux et aimé de Dieu, invoqua l'Éternel au moment d'une grande sécheresse, afin de détourner une grande calamité publique, et sa prière a été exaucée. Ce fait parut tellement digne de remarque, que l'on institua une fête en son

(1) Tr. *Taanith*, ch. II, § 4 (8), f. 66 *a* (trad., t. VI, p. 163).
(2) Tr. *Meghilla*, ch. I, § 6, f. 70 *c*.
(3) Tr. *Taanith*, III, 9 (trad., t. VI, p. 172).

honneur.» Le commentaire rapporte la source historique qu'offre le Talmud, mais s'en écarte sur un point, la question de durée : d'après le Talmud, le manque de pluie ne persista qu'en hiver; tandis que, selon notre document, la pluie fit défaut pendant trois ans, ce qui provoqua une grande famine[1]. Ceci mérite un examen plus détaillé.

«Le 20 Adar, dit le texte (§ 34), le peuple jeûna pour obtenir de la pluie, et la pluie tomba.» Comme cette date précède de quelques semaines seulement la fête de Pâques, on s'explique comment les «fours en plein air» étaient déjà établis pour les étrangers faisant le pèlerinage à Jérusalem, afin d'y rôtir l'agneau pascal. Notre chronique seule parle des trois ans de famine; par suite, les dates du 8 et du 9 Adar ci-après, également notées (§ 28) comme fêtes à cause de la pluie survenue après une grande sécheresse, pourraient bien se rapporter aux deux premières années de cette période de stérilité.

Voici à quoi se rattache cette fête commémorative : La fertilité paraît avoir été extraordinaire du temps de Salomé. Selon une tradition, sous Simon b. Schetaḥ et la reine Salomé, la pluie tombait la veille du Sabbat. Or, en cette nuit, — lorsque, grâce à la solennité sabbatique, aucun voyageur ne peut se trouver en route, — la pluie est regardée comme opportune[2]. Aussi, le froment devenait gros comme des rognons, l'orge comme des noyaux d'olive, et les lentilles comme des dinars d'or. Les docteurs ramassèrent de ces grains et en conservèrent des échantillons, pour montrer aux générations futures moins bien dotées où mène le péché[3]. Le souvenir de cette fertilité se grava d'autant plus profondément dans la mémoire des contemporains, que, peu de temps après la mort de la reine, cette

[1] Grætz, *ibid.*, p. 134 et 425; J. Derenbourg, *Essai, etc.*, p. 112.
[2] Voir *Commentaires sur Lévitique*, XXVI, 4, et *Deutéronome*, XI, 14.
[3] Tal. B., tr. *Taanith*, f. 23 *a*.

abondance fut suivie de trois années de stéritité et de disette. On dit alors à Ḥoni (Onias) le faiseur de cercles, selon le récit de la Mischnâ : «Prie pour qu'il y ait de la pluie!» Onias recommanda alors au peuple de rentrer d'abord les *fours en terre* (que l'on avait déjà établis en plein air, pour y rôtir les victimes de Pâques), de peur qu'ils ne pourrissent. Il pria, mais la pluie ne tomba pas. Il traça un cercle, et y étant entré : «Seigneur du monde, dit-il, tes enfants se sont adressés à moi, parce que je suis devant toi comme un fils de la maison; je jure par ton grand nom de ne pas sortir d'ici avant que tu n'aies eu pitié de tes enfants.» Quelques gouttes commencèrent à tomber. «Ce n'est pas, reprit Onias, ce que j'ai demandé, mais une pluie qui remplit les citernes, les puits et les cavernes.» Aussitôt il y eut une averse terrible. «Ce n'est pas, répéta Onias, ce que j'ai demandé, mais une pluie qui montre ta bienveillance, ta bénédiction et ta bonté.» La pluie devint régulière, mais se prolongea jusqu'à ce que les Israélites, pour y échapper, montassent de Jérusalem à la montagne du Temple. «Comme tu as prié, lui dit-on, pour que l'eau tombe, fais d'autres prières pour qu'elle cesse. — Allez voir, dit-il, si la pierre des égarés est submergée.» Mais Simon b. Schetaḥ lui dit : «Tu joues devant Dieu, comme un enfant gâté devant son père, qui fait toutes ses volontés.»

Cette histoire, sans doute embellie et dont il y a des versions encore plus ornées, est rappelée par Josèphe [1]. Grâce au nom de Simon b. Schetaḥ qu'elle contient, on sait qu'elle se place aux premiers temps de la guerre fratricide qui éclata alors entre Hyrcan et Aristobule, les fils de Salomé. Aussi n'est-il pas étonnant que la prospérité et l'abondance, qui n'avaient pas cessé de régner sous la pieuse princesse, aient été regardées

[1] *Antiquit.*, l. XIV, ch. II, § 1.

IMPRIMERIE NATIONALE.

comme une juste récompense du Ciel, et que le fléau de la famine qui sévit au début de ces luttes ait été considéré comme un juste châtiment de Dieu!

25e *journée.* — Rappel des prières publiques pour la pluie, les 8 et 9 Adar (XII, 1, § 28).

Cette journée est la plus étonnante de toutes, puisque l'on n'y observe pas que les prières aient été exaucées, et le commentaire n'ajoute pas de tradition pour l'expliquer. Celui-ci ne s'arrête pas non plus à la difficulté que nulle mention n'est faite du secours divin probable; il se demande seulement comment l'on a pu instituer deux jours successifs de prières et de jeûnes publics. Il résoud la question en se disant que la première journée peut se rapporter à une année, et la seconde à une autre année. Il y a bien plutôt lieu de croire que ces deux journées sont en corrélation intime avec celle du 20 Adar (citée précédemment). En ces jours, l'on avait institué sans doute la procession d'usage pour le manque de pluie, et lorsque plus tard la pluie tomba, on se rappela que cette prière n'avait pas été vaine, et l'on transforma les deux jours de pénitence en demi-fêtes [1].

D. — Les quelques journées qui restent à être fixées forment la quatrième période, ou l'époque romaine. Elles sont de beaucoup moins nombreuses que les souvenirs de victoires remportées à l'époque syrienne. Elles offrent le témoignage de la vive participation des représentants du judaïsme et de la nation aux heureux événements de ce temps. On peut placer également dans ce groupe, mais en tête, la journée suivante; car, au fond, il s'agit d'un élément romain, haï comme tel par Israël.

[1] C'est à ce propos que le commentateur rappelle comment cette *Meghilla* suit l'ordre des mois, non celui des années.

26e *journée.* — Anniversaire de la mort d'Hérode, le 2 Schebat (XI, 1, § 25).

Ni dans la mention de cette journée, ni dans celle du 7 Kislew (plus haut, § 17), on n'indique en toutes lettres la véritable raison; le commentateur seul s'est chargé d'ajouter les causes de ces réjouissances, en disant qu'il s'agit de la mort d'Hérode. Or, c'était un sujet de joie au point de vue politique, comme la mort de Jannée a satisfait les aspirations religieuses du parti pharisien.

Toutefois il importe de rétablir l'ordre des faits et de ne pas s'en référer trop aux indications du commentateur, qui ne sont exactes qu'en partie. D'après les calculs établis par les chronologistes, Hérode n'est pas mort au mois de Kislew, mais en Schebat (à l'inverse de l'avis du commentateur). Le point de départ le plus certain pour démêler la vérité dans ces confusions est offert par Josèphe (*Antiquit.*, XVII, 6, 4) : il mentionne une éclipse de lune qui a eu lieu quelques jours avant la mort d'Hérode. Or, cette éclipse, selon le calcul de Scaliger[1], a eu lieu au mois de Schebat.

Cette date, dit F. de Saulcy[2], ne doit être exacte qu'approximativement; car Schebat correspond à peu près à février, et la date de l'éclipse rapportée plus haut prouve que la mort d'Hérode arriva bien après la fin de février. — D'autre part, au lieu de בשנים י"ט «au deux, c'est fête», Cassel (*ibid.*, p. 77-78 et 108) est d'avis de lire בשנים י', *le douze*, en se basant sur ce que la différence entre les «1290 jours» et les «1335 jours» dont parle Daniel (XII, 11, 12) est de 45 jours. Or, ce dernier nombre équivaut juste au temps écoulé depuis l'inauguration du Temple, le 25 Kislew, jusqu'au 12 Schebat, date de la mort d'Antiochus Épiphane. Et le 23 Adar, vint la «bonne

[1] *De emendatione temporum*, V, 463; Noldius, *De vita et gestis Herodum*, p. 70.
[2] *Sept siècles de l'histoire judaïque*, p. 265.

nouvelle» que son successeur se montrait tolérant envers les Juifs (II Macchab., XI, 15).

Voici, sans doute, par suite de quelle confusion est née l'erreur de date en question : On raconte que l'ordre avait été donné d'exécuter, au jour du décès du roi, les docteurs de la Loi en Israël, et qu'une femme, nommée *Salominon,* laissa cet ordre inexécuté, n'ayant pas la cruauté de l'accomplir, tout comme le rapporte Josèphe (*De Bello*, I, 33, 6). Mais comme le scoliaste ne connaissait sous ce nom que la reine femme de Jannée, il l'a confondue avec la sœur d'Hérode; puis il a attribué au roi Jannée l'ordre sanguinaire d'une exécution générale, plaçant par conséquent aussi la mort de ce souverain en Schebat. — Josèphe, de même, semble avoir connu l'existence de la demi-fête célébrant l'anniversaire de la mort d'Hérode, puisque, en racontant les derniers instants de la vie de ce roi, il lui fait dire : «Je sais que les Juifs se réjouiront au jour de ma mort comme à une demi-fête.»

27e *journée.* — Mort de l'empereur Caius Caligula, et inexécution du décret qui ordonne de placer au Temple la statue de cet empereur, le 22 Schebat (XI, 2, § 26).

Dans notre chronique, la mort de Caligula est inscrite comme un événement heureux en ces termes : «Le 22 Schebat, on interrompit l'ouvrage que l'ennemi avait ordonné de porter au Temple. Le deuil est interdit.» Il s'agit de la folle passion qui domina Caligula, de se voir adoré comme un dieu dans tout son empire. Pétrone, qui gouvernait alors la Syrie, reçut l'ordre de faire placer la statue de l'empereur dans le Temple. Mais aucune menace ne put fléchir la résistance inébranlable des Juifs, et Pétrone était dans un cruel embarras entre les ordres précis qui lui venaient de Rome, et la volonté ferme qu'on lui opposait à Jérusalem. Heureusement, Agrippa, qui était alors à Rome, obtint de Caligula de renoncer à cette extravagance, en faveur des Juifs. Cependant Pétrone n'échappa au châtiment, dont il était menacé pour avoir été trop indulgent envers la nation juive, que par la mort violente du tyran[1].

Le commentateur ajoute : «La nouvelle que Caius Caligula avait envoyé ses statues pour les faire placer dans le sanctuaire se répandit dans Jérusalem la veille du premier jour de la fête des Tabernacles. Mais Siméon le Juste dit aux siens : «Célébrez «votre fête avec joie; de tous ces bruits que vous avez entendus, «il ne sera rien. Celui dont la Majesté habite cette maison nous «fera encore des prodiges en ce temps, comme il en a fait de «tout temps pour nos ancêtres.» Aussitôt une voix se fit entendre de l'intérieur du Saint des saints et dit : «Il ne sera pas «achevé, cet ouvrage que l'ennemi a ordonné de porter au «Temple. Caius Caligula a été tué, et ses ordres ne seront pas «exécutés.» L'heure fut notée exactement. Siméon, voyant que l'on tardait à venir, dit : «Allez à la rencontre des Romains.» Aussitôt tous les hommes considérables de Jérusalem sortirent avec lui de la ville, en déclarant : «Nous mourrons tous plutôt «que d'admettre une chose semblable (l'idole).» Ils adressèrent des supplications au légat (Pétrone); mais Siméon leur dit : «Au lieu de supplier le légat, suppliez et priez votre Dieu au «ciel, pour qu'il vous accorde son secours.» Arrivé près des châteaux forts, le légat vit la foule s'avancer de tous côtés. Cet aspect l'étonna. «Quelle multitude!» dit-il. — «Ce sont, ré«pondirent les espions, des Juifs qui viennent à ta rencontre «de partout.» Dans une ville, il aperçut les habitants couchés sur les places publiques, en cilice et couverts de cendres; mais avant d'atteindre Antipatris, une lettre lui annonça la mort violente de Caligula et l'annulation de ses ordres[2]. Les Juifs

[1] Grætz, *Geschichte*, t. III, p. 271; Derenbourg, *Essai, etc.*, p. 207.

[2] L'analogie avec la 10e journée ci-dessus est frappante.

jetèrent bas les statues et les traînèrent par les villes. Ce jour fut donc institué comme fête.»

On trouve la mention de ces faits dans un *midrasch*, mais entourée d'une auréole légendaire. Après avoir reproduit la formule d'oracle que Siméon le Juste entendit à l'intérieur du Saint des saints[1], le Midrasch du Cantique des cantiques (VIII, 9) ajoute ces mots : «Et Caius Loukis (Caligula) a été tué, et ses ordres ont été abolis.» Cette interprétation est confirmée par un passage du Talmud de Jérusalem (tr. *Sôta*, IX, 13), où on lit le nom de *Goulikos*, mieux approprié au nom du troisième empereur et justifiant la glose sur ce paragraphe. On sait par Philon[2] que Pétrone, pour gagner du temps, avait engagé les statuaires à mettre autant de lenteur que possible dans l'exécution de l'ouvrage qui leur avait été commandé. On l'interrompit complètement lorsque les ordres de Caligula furent retirés.

Toute autre est la version, plus originale que fondée, de Cassel (*ibid.*, p. 87) : «Le 22 Schebat, fut empêchée l'œuvre dont l'ennemi avait dit qu'elle aurait lieu au Temple», et il s'agirait de la mort du grand-prêtre Alcim le traître (I Macchab., IX, 1). On a vu l'histoire de ce prêtre plus haut, à la 5e journée.

28e *journée*. — On cesse de payer les impôts aux Romains, le 25 Siwan (III, 3, § 9).

C'est ainsi que Græz explique cette journée, tenant compte des termes du texte primitif et de l'emploi de l'expression «douaniers», ou percepteurs, publicains[3]. En effet, Josèphe (*De Bello*, II, 16, 5) raconte que le premier acte de la rébel-

[1] Talmud B., tr. *Sôta*, f. 33 *a*.

[2] *Legatio ad Caium*, édit. Mangey, t. II, p. 582.

[3] Grætz, t. III, p. 344 et 427; Herzfeld, t. I, p. 374, note.

lion ouverte consista dans le refus de l'impôt. Le roi Agrippa le reprocha au peuple, et qualifia cet acte de « défection envers Rome ». On peut même déterminer approximativement le jour du refus de ce payement : il doit avoir eu lieu entre le départ de Florus, le 16 ou 18 Iyar, et le moment où Agrippa engagea le peuple à se soumettre. Ce dernier fait s'accomplit avant le commencement de la lutte des partis à Jérusalem, donc avant le mois d'Ab. Par conséquent, le payement des impôts a dû être interrompu entre les mois d'Iyar et d'Ab, et plus près d'Iyar que d'Ab; car, après le départ d'Agrippa, commença la cessation du sacrifice offert pour l'empereur, l'envoi de députés auprès de Florus et d'Agrippa, enfin l'entrée des troupes. Aussi la date du 25 Siwan peut parfaitement s'adapter à l'expulsion des percepteurs, et dès lors la perception de l'impôt passa des mains de l'étranger à celles de Joseph le Receveur. — Les passages parallèles du Talmud (B. *Sanhédrin,* f. 91 *b*) et du Midrasch (*Rabba* sur Genèse, ch. LXI) n'offrent pas de ressources pour l'explication. Seulement, d'après *Sanhédrin,* la date serait le 24 Nissan, et non le 25 Siwan.

D'autre part, Cassel (*ibid.,* p. 94) traduit : « les *douaniers* furent écartés... »; car, dit-il, דמסנאי équivaut à δημοσιώνης, « publicain », comme le mot rabbinique דמוסיא égale δημόσια.

29e journée. — Expulsion des Romains de Jérusalem et de la Judée, le 17 Eloul (VI, 2, § 14).

Au lieu de *Romains,* Cassel (p. 96) traduit « ...les traîtres ». Il lit : רמאי, invoquant le livre I des Macchabées (VI, 22; VII, 5 et 22), auquel on peut comparer Josèphe (XII, 6, 4, et 9, 7). Effectivement, comme le raconte ce dernier, le 6 Eloul, les troupes d'Agrippa tirèrent les armes devant les chefs des zélateurs, Elazar ben Ḥanania et Menaḥem. La garnison romaine, sous la conduite de Metilius, continua encore quelque temps la lutte, jusqu'à ce qu'elle fût également forcée de se rendre à la merci de ses ennemis. Donc, le 17 Eloul, il n'y avait plus de Romains dans la vraie Judée[1]. En souvenir de cette heureuse journée, la fête commémorative a été instituée.

Le commentateur attribue cette délivrance à Matathias, fils de Joḥanan, grand-prêtre, l'exaspération des habitants ayant été portée au paroxysme par les violences de ces étrangers sur les jeunes fiancées; mais l'on sait que cette opinion a pour base une simple légende[2].

E. — Les événements postérieurs à la destruction du Temple de Jérusalem et de l'indépendance d'Israël ne constituent plus ici que deux journées[3] :

30e journée. — Jour de Trajan, le 12 Adar (XII, 2, § 29).

31e journée. — Fin de la persécution sous Adrien, le 28 Adar (XII, 8, § 35).

Une glose sur le premier de ces faits nous donne un exemple de l'administration de Quietus : « Les deux frères Julien et Pappos, dit le glossateur, furent faits prisonniers à Laodicée. « Si vous êtes de la nation de Ḥanania, Michael et Azaria, dit « le général, que votre Dieu vienne et vous sauve de mes « mains, comme il a sauvé ces trois hommes de la main de Na- « bucodonozor. » — « Ḥanania, Michael et Azaria, répondirent « les frères, étaient de vrais justes; Nabucodonozor était un roi « parfait, qui méritait d'être l'occasion d'un pareil miracle. Mais « toi, tu es un tyran, indigne de devenir la cause d'un miracle.

(1) Græetz, t. III, p. 347.
(2) *Revue d'études juives*, t. XXXII, p. 39-50.
(3) Voir Græetz, t. IV (2e édition), p. 137 et 185.

« Si nous avons mérité la mort devant le Ciel et que tu ne nous « tues pas, Dieu a bien des moyens à sa disposition, des ours, « des lions, des serpents et des scorpions en grand nombre, pour « nous atteindre. Si tu nous tues, Dieu te demandera un jour « compte de notre sang que tu auras versé. » On raconte qu'à peine le général eut quitté cet endroit que, sur un décret[1] arrivé de Rome, on lui fendit le crâne à coups de pierres. »

Julien et Pappos étaient d'Alexandrie, aux termes d'un commentaire biblique[2]. Fugitifs en Palestine, ils avaient peut-être excité les soupçons de Quietus, qui avait été à la tête des légions en Égypte et à Chypre; ils n'échappèrent à la mort que par l'arrêt qui frappa le général lui-même. En effet, la nomination en Palestine d'un homme du rang de Quietus avait été faite par Trajan au détriment d'Adrien, le gouverneur de la Syrie, qui, selon Dion, en conçut un vif ressentiment contre son rival. Or, l'empereur, à ce que raconte Dion, n'avait adopté aucun successeur; il semble avoir hésité entre Quietus et Adrien. Devenu empereur, Adrien se débarrassa de Quietus en le faisant tuer.

Enfin le glossateur de la *Meghilla* avait rattaché le récit concernant les deux frères alexandrins à la journée du 12 Adar, appelée par le chroniqueur *iom Tyrion* « jour de Trajan ». Si le *Polemos* de Quietus a fourni un prétexte pour supposer une « guerre » en Judée, le *jour* de Trajan inscrit dans la Chronique a donné un autre motif pour inventer une victoire, que les Juifs auraient remportée sur les Romains dans les derniers jours de Trajan. Les historiens, qui ne parlent pas de la guerre,

(1) La glose emploie ici le terme ריופלה dérivé de *δύο βουλαῖοι*, *duumviri*, selon l'usage fréquent à cette époque.

(2) *Sifra* sur Lévitique, XXVI, 19 : « *Je briserai l'orgueil de votre force*, c'est-à-dire : les hommes fiers qui sont l'orgueil d'Israël, tels que Pappos et Julien d'Alexandrie, avec ses compagnons. »

ne peuvent parler de victoire. Selon quelques savants[1], le livre apocryphe de Judith suppléerait à ce silence. Le peuple juif serait figuré par Judith, Trajan par Nabucodonozor, Quietus par Holopherne. Le livre de Judith, comme celui d'Esther, serait écrit en souvenir d'un triomphe sur un autre Haman. Mais rien n'est moins certain.

C'est peut-être par un motif analogue que Cassel (*ibid.*, p. 85) introduit une légère variante dans le texte, qu'il traduit ainsi : « 12 Adar, jour de Seron, סרון » (au lieu de טריון), ou victoire sur ce général syrien battu par Juda Macchabée (I Macchab., III, 26).

Passons maintenant au dernier de ces anniversaires (§ 35). « Le 28 du mois d'Adar, une bonne nouvelle arriva aux Juifs, savoir qu'ils ne seraient plus empêchés de suivre les prescriptions de la Loi ». La fin inattendue de la persécution et l'ère de la liberté de conscience rappela les fugitifs dans leur patrie.

Le commentateur rapporte ce paragraphe au retrait des édits d'Adrien, qui mit fin à la persécution[2]. « Les gouvernements étrangers, dit-il, avaient défendu aux Israélites de s'occuper de la Loi, de faire circoncire leurs enfants, d'observer le repos sabbatique, et ordonné de pratiquer l'idolâtrie. Cependant, en vertu de plusieurs versets bibliques, une alliance avait été conclue avec Israël, promettant l'inamovibilité de la Tôra. Que firent donc Juda ben Schamoua et ses compagnons ? Ils se levèrent et allèrent chez une matrone, auprès de laquelle se rendaient tous les grands de Rome, et la consultèrent. « Revenez la nuit, leur dit-elle, et implorez-moi alors »; ce qu'ils firent. « Par les cieux, s'écrièrent-ils, ne sommes-nous pas vos

[1] Volkmar et Hilgenfeld.

[2] Grætz, t. III, p. 428; t. IV, p. 185.

« frères ? Ne sommes-nous pas les enfants d'un même père, d'une « même mère ? En quoi différons-nous des autres nations, pour « que vous nous imposiez des interdictions pénibles ? » — Ils ne quittèrent pas leurs places jusqu'à ce que l'autorisation leur fût de nouveau accordée de remplir les trois préceptes de la circoncision, de l'étude de la Loi et du Sabbat, outre la suppression de l'idolâtrie. Ce jour-là fut institué comme fête. »

En raison de la similitude de cette persécution avec celle d'Antiochus, M. Derenbourg (p. 59) voit dans la glose une allusion à une lettre de ce roi, qui, sur les instances de Lysias, retira les interdictions prononcées contre la circoncision, l'observation du Sabbat et l'étude de la Loi (II Macchab., XI, 16-32). En effet, le commentateur peut aussi bien parler de Grecs ou chrétiens que des Romains : le terme est le même.

Toutes ces journées, riches en précieux souvenirs, étaient encore pieusement observées au IIIe siècle de l'ère vulgaire; des passages talmudiques le prouvent[1]. On les retrouve encore dans la première moitié du IVe siècle, à propos de R. Zeira; il est dit qu'il jeûna en pénitence 300 jours de l'année, ne s'abstenant de jeûner qu'aux susdits jours de demi-fêtes. Au IVe siècle seulement, fut établie la distinction entre les jours de *Pourim* et de *Ḥanouca* d'une part, et tout le reste des demi-fêtes d'autre part : les premiers furent seuls maintenus, et les autres tombèrent en désuétude.

Un seul de tous ces paragraphes, le paragraphe 4, relatif au sacrifice de l'agneau pascal le 14 Iyar, ne comporte pas de renseignement historique et ne se rattache pas à une journée commémorative spéciale. On sait bien par le Pentateuque (Nombres, XI, 1), que, si un obstacle matériel empêche un

[1] Talmud Jérus., tr. *Taanith*, II, 13, f. 15 *b*; B. tr. *Rosch ha-schâna*, f. 10 *b* et 19 *a*; tr. *Taanith*, f. 18 *a*.

israélite d'offrir le sacrifice de la Pâque au 14 Nissan, le fidèle l'accomplira le 14 Iyar. Le souvenir de cette demi-fête rétrospective était probablement de provenance sadducéenne, puisqu'il s'agissait de rendre hommage aux termes mêmes du texte. Le commentateur de notre chronique n'ajoute à ce paragraphe qu'une réminiscence talmudique (B. tr. *Ḥoullin,* f. 129 *b*), où cette Pâque secondaire est mentionnée comme jour de demi-fête; mais elle n'explique pas son origine, et la controverse rabbinique jointe au texte n'est que la reproduction de ce passage du Talmud.

En résumé, abstraction faite de ce § 4 et des trois journées (période A) comprises dans le canon biblique, qui correspondent aux § 13, 11 et 31 de notre liste chronologique, on peut établir la concordance suivante :

1re journée		= § 20, ou 3 Kislew.	17e journée		= § 21, ou 7 Kisslew.
2e	—	= § 23, ou 25 Kislew.	18e	—	= § 10, ou 14 Tamouz.
3e	—	= § 27, ou 28 Schebat.	19e	—	= § 12, ou 24 Ab.
4e	—	= § 30, ou 13 Adar.	20e	—	= § 1, ou 1er Nissan.
5e	—	= § 17, ou 23 Heschwan.	21e	—	= § 2, ou 8 Nissan.
6e	—	= § 5, ou 23 Iyar.	22e	—	= § 19, ou 27 Heschwan.
7e	—	= § 7, ou 17 Siwan.	23e	—	= § 33, ou 17 Tamouz.
8e	—	= § 15, ou 22 Eloul.	24e	—	= § 34, ou 20 Adar.
9e	—	= § 6, ou 27 Iyar.	25e	—	= § 28, ou 8 Tébet.
10e	—	= § 22, ou 21 Kislew.	26e	—	= § 25, ou 20 Schebat.
11e	—	= § 18, ou 25 Heschwan.	27e	—	= § 26, ou 22 Schebat.
12e	—	= § 8, ou 13 Siwan.	28e	—	= § 9, ou 26 Siwan.
13e	—	= § 16, ou 3 Tissri.	29e	—	= § 14, ou 17 Eloul.
14e	—	= § 32, ou 16 Adar.	30e	—	= § 29, ou 12 Adar.
15e	—	= § 3, ou 7 Iyar.	31e	—	= § 35, ou 28 Adar.
16e	—	= § 24, ou 28 Tébet.			

On n'admet plus, comme autrefois, que toutes les journées célèbres ont été érigées en solennités au fur et à mesure que des faits heureux sont survenus, ni qu'elles ont été célébrées à partir de ce moment d'une manière fixe, de façon à constituer plus tard un ensemble, telles qu'elles avaient subsisté « depuis les temps les plus anciens[1] ». Trois raisons s'opposent à l'admission de cette hypothèse :

1° Dans le livre des Macchabées, où il est bien question de certains événements importants lors de l'institution des fêtes qui en furent la conséquence, il ne s'agit pas des autres journées commémoratives qui se rapportent à la même époque, telles que les journées 6, 7, 15, 20 et 27 de la présente liste;

2° Quel eût été, en ce cas, l'instigateur, le metteur en œuvre de ces jours de fête, au même titre que les Macchabées établirent la solennité qui porte leur nom? Le peuple, il est vrai, a bien pu conserver spontanément le souvenir joyeux des victoires remportées; mais, pour interdire en ces anniversaires soit le deuil, soit les jeûnes publics, soit une démonstration d'affliction, il a fallu une autorité judiciaire supérieure, celle d'un collège ou d'un tribunal;

3° La constitution de ce calendrier est attribuée aux disciples des écoles de Hillel et de Schammaï, acte auquel les hommes les plus éminents de l'époque prirent une part active. Ce sont donc ces derniers qui furent les auteurs de la *Meghilla;* ils n'ont pas seulement rédigé la liste des jours, mais ils ont encore institué légalement la plupart d'entre eux, en les entourant de règles déterminées, qui n'avaient pas existé auparavant, en leur assignant enfin un caractère religieux nouveau, que ne comportaient pas de simples souvenirs populaires. A neuf solennités, il a suffi de donner la consécration religieuse, parce qu'elles étaient célébrées depuis longtemps. Ce sont : les deux jours de *Pourim,* les huit jours de *Ḥanouca,* le jour de l'érection des murs de Jérusalem, le jour de Nicanor, celui de Garizim, les anniversaires de la mort de Jannée et de celle d'Hérode, le

[1] Voir Herzfeld, t. I, p. 266; t. II, 2e partie, p. 127.

sacrifice ou offrande des bois, et les deux jours de prières pour la pluie.

Ce qui vient d'être dit, en vue de déterminer qui a rédigé la chronique, confirme du même coup l'époque de sa rédaction. La constitution du calendrier des victoires n'a eu lieu ni après la destruction du Temple au collège scolaire de Iamnia [1], entre l'an 80 et l'an 118 après J.-C., ni pendant la période des quatre années de révolution qui ont précédé la ruine de Jérusalem [2], après le triomphe passager des zélateurs sur les Romains, mais bien avant cette époque, du vivant de Hillel et de Schammaï, en vertu d'une tradition écrite qui est confirmée par deux sources rabbiniques [3]. Elles présument une époque où les patriotes se sentaient soulevés par les événements, pour ranimer partout dans le peuple l'étincelle de la liberté, pour atteindre en quelque sorte un effort libérateur proposé d'avance comme but.

En indiquant les nombreux dangers qu'autrefois l'on avait surmontés victorieusement, le narrateur, tout en se proposant un but liturgique, a voulu relever le courage faiblissant de la nation, lui inspirer plus de confiance en elle-même et en Dieu. Peut-être aussi a-t-on recherché des règles préventives contre ce qu'Israël supposait être la source de tous ses maux actuels (la lutte des Pharisiens et des Sadducéens), afin de donner aux esprits et aux hommes d'action une autre direction. Le moment où Hillel et Schammaï, très avancés en âge, pouvaient encore présider leurs écoles si florissantes, fut celui où la Judée venait d'être transformée en province romaine, avec l'introduction du cens. Les esprits avaient été gravement affectés; un mouvement

[1] Hypothèse de Zunz, *Gottesdienstliche Vorträge*, p. 128.

[2] Comme le voulait Herzfeld, *ibid.*

[3] Talmud de Jérus., tr. *Schabbath*, ch. 1, § 4 (trad., t. IV, p. 17); B., *même traité*, f. 13 *b*.

profond en était résulté, et l'amertume de la population s'était élevée à un degré tel, que l'on pouvait craindre un acte de désespoir. Il fallut une énergie supérieure, au moins égale à celle des temps passés, pour résister à l'oppression des Romains, après avoir supporté toutes les brutalités despotiques de l'iduméen Hérode et de son successeur Archélaüs. Ce fut un puissant adoucissement aux maux présents, de se reporter par le souvenir à la période des souffrances passées.

Donc, la rédaction de ce calendrier et son introduction a dû avoir lieu l'an 1 ou 2 du consulat de Capionius en Judée, c'est-à-dire l'an 7 ou 8 de J.-C., ou 62-63 ans avant la destruction du Temple de Jérusalem.

Les commentaires hébreux mis à la suite du texte araméen sont, cela va de soi, d'une rédaction bien postérieure au texte fondamental. Les avis ne diffèrent que sur la question de savoir si ces gloses, au moins la plupart d'entre elles, remontent à l'époque de la rédaction du Talmud et de celle qui l'a suivie de près, comme le pense Grætz [1], ou s'il faut descendre pour ces gloses jusqu'au temps des Gaônim, au IXe siècle. Cette dernière opinion est professée par Rappoport et Zunz [2]. Selon eux, un écrivain de ce siècle ou du suivant a réuni les explications de ces journées commémoratives. Le principal élément de cette hypothèse consiste dans la fameuse interprétation de la journée du 23 Iyar, § 5 : il y est dit que « les fils (habitants) de l'Acra », חקרא, sortirent alors de Jérusalem. Le scoliaste, pour expliquer la reprise de la forteresse juive par les Macchabées sur les païens, ajoute ces mots : « Comme il est déjà dit que David conquit la forteresse de Sion, ce qui est la ville de David (II Samuel, V, 7; I Chron., XI, 5), cette localité est celle qu'habitent maintenant les Karaïtes. » L'auteur de cette glose, dit Rap-

[1] Grætz, *Geschichte*, t. III, appendice, note 1.

[2] *Erech Millin*, p. 189 et 278; Zunz, *Ritus*, p. 125 et suiv.

poport pour conclure, n'a donc pas compris le mot *Acra*, et, au lieu de lire «les fils de l'Acra», il a entendu par là les Karaïtes, secte qui lui était très familière, et dont la fondation remonte seulement au milieu du VIIIe siècle.

En raison de l'anachronisme énorme, Schmilg (p. 37) s'est refusé à le porter au compte du scoliaste anonyme, lui attribuant de préférence le désir d'avoir voulu susciter une coïncidence fortuite, ou laissant supposer des erreurs de copiste, faciles à commettre. Il en a tiré une conséquence pour la date; et, se basant sur une sorte d'indépendance du scoliaste à l'égard du Talmud, il conclut que ces gloses ne sont pas du temps des Gaônim, mais antérieures. Ce seraient de vieilles traditions, transmises longtemps dans les écoles par la voie orale, puis recueillies, à l'instar des *boraïthas*, par les premiers Amoraïm ou rédacteurs de la *Guemara*, au commencement du IIIe siècle, qui les revisèrent, les coordonnèrent et finalement les mirent par écrit. Cet avis, comme on a vu ci-dessus chap. II, a été combattu par Brann, qui est resté sans réplique.

IV. — JOURS DE JEÛNE (APPENDICE).

La chronique se termine par une série rapide de 26 jours néfastes, sans détails, pour lesquels le jeûne est recommandé. Le langage est hébraïque et trop correct pour être de la même époque que ce qui précède. Il n'y a pas de commentaire explicatif, donnant des développements sur l'origine de ces journées, et l'on n'en trouve que peu de traces dans le Talmud. La série a été reproduite par Joseph Caro (*Tour Oraḥ Ḥayim*, n° 580), ou Jacob ben Ascher.

Aux jours suivants, dit la Chronique, il est prescrit par la Tôra de jeûner (ce sont des jeûnes graves), et, en ces jours, on ne doit ni manger, ni boire jusqu'à la nuit.

Le 1er Nissan, moururent les fils d'Aron (Lévitique, X, 2).

Le 20, est morte Miriam la prophétesse (sœur de Moïse), et le puits fut clos[1].

Le 26, mourut Josué, fils de Noun (Josué, XXIV, 29).

Le 20 Iyar, mourut le grand-prêtre Elie avec ses deux fils (I Samuel, IV, 11); l'arche de l'Alliance fut prise (par suite de la guerre avec les Philistins).

Le 29, mourut le prophète Samuel (I Samuel, XXV, 1, et XXVIII, 3), que tout Israël pleura. (Au lieu du 29, la *Chronologie orientale* d'Al-Beruni indique le 28, date qui se retrouve chez Jacob ben Ascher[2].)

Le 23 Siwan, on cessa d'apporter des prémices à Jérusalem, par suite des obstacles que Jéroboam ben Nebat y opposa (I Rois, XII, 15).

Le 25, on fit mourir (par le supplice des Romains) R. Simon b. Gamaliel, R. Ismaël b. Elischa et R. Ḥanina[3], le chef du service sacerdotal (fin du 1er siècle).

Le 27, on brûla (par les ordres des mêmes tyrans) R. Ḥanina b. Tradion, ayant avec lui un rouleau sacré [de la Loi].

Le 17 Tamouz, les premières tables de la Loi furent brisées (Exode, XXXII, 19); l'offrande du sacrifice quotidien fut interrompue; Apostomos brûla la Loi et plaça une idole au sanctuaire[4].

Le 1er Ab, mourut le grand-prêtre Aron (Nombres, XXXIII, 38).

Le 9, il fut interdit à nos ancêtres d'entrer en Palestine (Nombres, XIV, 23); le premier temple fut détruit, et (lors de la destruction du second temple) la ville de Bethar fut prise, puis Jérusalem ravagée et rasée[5].

Le 18, la lumière placée à l'ouest du temple s'éteignit, sous le règne d'Aḥaz (II Rois, XVI; II Chron., XXVIII, 24).

Le 7 Eloul, les explorateurs (au temps de Moïse) ayant dit du mal de la Palestine moururent de la peste au désert (Nombres, XIV, 37). (D'après Jacob b. Ascher, ce fut le 17.)

Le 3 Tissri, mourut assassiné Ghedalia b. Aḥiqam ben Schafan, ainsi que les Juifs qui se trouvaient avec lui à Miçpah (II Rois, XXV, 25). (En

(1) C'est ici la seule source historique, à défaut de la Bible, qui mentionne ce fait sans le dater.

(2) *Tour, ibid.* Cf. Martin Schreiner, *Revue d'études juives*, XII, 265.

(3) Un collègue de Iohanan b. Zaccaï : Graetz, t. IV, 4e édition, p. 20.

(4) B., tr. *Taanith*, f. 26 *b*; tr. *Yôma*, f. 4 *b*.

(5) Tr. *Rosch ha-schâna*, f. 18 *b*.

IMPRIMERIE NATIONALE.

réalité, l'assassinat a eu lieu le 1er Tissri. Mais, par suite de la coïncidence de cette date avec la fête du nouvel an, qui dure deux jours, le jeûne a été ajourné au 3 Tissri [1].

Le 5, moururent vingt personnes notables en Israël; R. Akiba b. Joseph fut jeté en prison où il mourut.

Le 7 et le 10, la famine et le fer sévirent contre Israël, à cause du veau d'or (Exode, XXXII, 33).

Le 6 Marḥeswan, on creva les yeux de Sédecias, roi de Juda, après avoir égorgé ses fils devant lui (II Rois, XXV, 7).

Le 7 Kislew, Ioiakim brûla le rouleau qu'avait écrit Baruch b. Neria, sous la dictée de Jérémie (XXXVI, 23).

Le 8 Tebeth, la Tôra fut traduite en grec sous le roi Tolmaï (version des Septante sous les Ptolémée); pendant trois jours, l'obscurité régna sur le monde.

Le 9, il y a un jeûne dont les rabbins n'écrivirent pas le motif. (L'auteur ne s'explique pas davantage, et c'est dans les mêmes termes que s'exprime Alberuni, *The Chronology of ancient nations or vestiges of the Past*, édit. C.-Ed. Sachau [London, 1879, in-8°], c. xiv, p. 272. A cette date, on a attribué ultérieurement l'anniversaire de la mort d'Ezra [2].)

Le 10, le roi de Babylone appesantit sa main sur Jérusalem (l'assiégea), pour la détruire (II Rois, XXV, 1; Tal. B., *Rosch ha-schâna*, f. 11 b).

Le 8 Schebat, les justes qui avaient survécu à Josué b. Noun moururent à leur tour.

Le 23, tous les Israélites indignés se ruèrent sur la tribu de Benjamin, au sujet de l'affaire de la concubine à Gabaa (Juges, XX, 1), et s'opposèrent à l'idole de Micha (*ibid.*, XVII, 4).

Le 7 Adar, mourut Moïse, notre divin maître (Deutéron., XXXIV, 5; *B. Meghilla*, 13 *b*; *Kiddouschin*, 38 *b*).

Le 9, on institua un jeûne pour rappeler l'origine des luttes fâcheuses entre Schammaï et Hillel.

Tels sont les jours de jeûne acceptés par Israël, légalement. En outre, nos Sages ont prescrit des demi-jeûnes : le lundi et le jeudi qui suivent les jours de grandes fêtes, en souvenir de la destruction du Temple, de la combustion de la Loi et des blasphèmes contre la Divinité. Mais *les jours*

[1] Tr. *Rosch ha-schâna*, f. 12 *b*.

[2] Cf. S. Landauer, *Götting. gelehrte Anzeigen*, 1880, p. 781.

de deuil seront changés en jours de joie, dit l'Éternel (Jérémie, XXXI, 13). Amen.

Il est à remarquer qu'il en est de ces jeûnes comme des demi-fêtes : de même que l'on a maintenu seulement les fêtes de *Ḥanouca* et de *Pourim*, de même les Israélites zélés ne jeûnent plus qu'aux quatre jours suivants : le 17 Tamouz, le 9 Ab, le 3 Tissri et le 10 Tebeth (outre la veille de Pourim).

DER AUFBAU DES DEBORA-LIEDES,

VON

D. H. MÜLLER.

Das Debora-Lied nimmt in der althebräischen Litteratur einen ganz besonderen Rang ein. Die radicalste Kritik vermochte die Echtheit nicht zu bezweifeln und es wird fast allgemein als eine Dichtung angesehen, welche die Ereignisse und die Dinge nach Augenschein schildert und beschreibt. Das Lied, welches etwa aus dem 13ten Jahrhundert v. Ch. stammt, ist auch dadurch merkwürdig, dass uns der Kanon die alte und ursprüngliche Zeileneintheilung erhalten hat. Trotz dieser günstigen Umstände ist mir der Versuch die strophische Gliederung des Liedes zu finden bei wiederholten Ansätzen nicht gelungen. Erst in allerjüngster Zeit glaube ich den Schlüssel zu dem allerdings sehr kunstreichen Strophenbau gefunden zu haben. Es ist vielleicht nicht uninteressant die Art, wie ich zur Erkentniss des Baues gelangt bin, kennen zu lernen. Von der Voraussetzung ausgehend, dass strenge Gedankenscheidung das Kennzeichen eines strophischen Absatzes sein muss und dass bei aufeinanderfolgenden Absätzen Parallelismus oder Antithese Strophe und Gegenstrophe mit einander verbinden, erkannte ich zuerst in den Versen 24-27 und 28-30 solche zwei Absätze, von denen der este den tragischen Untergang Sisera's im Zelte der Iaël schildert, wo er Gastfreundschaft gesucht und den Tod gefunden hat, wogegen der andere das bangende Harren der Mutter beschreibt, die über das Ausbleiben des Sohnes schwere Sorge empfindet und so gut es geht sich zu trösten sucht. Zwei sachlich und gedanklich verschiedenere und dennoch eng zusammenhängende Situationen kann eine dichterische Phantasie kaum erfinden. Ein Blick auf den Text überzeugte mich dass nach der Ueberlieferung, die vollkommen mit dem Rhythmus in Einklang ist, die Strophen 12 beziehungsweise 11 Zeilen zählen, worin ich zunächst die Spur eines fallenden Strophenbaues erkennen durfte. Abgesehen von der gedanklichen Responsion zeigen die je drei letzten Zeilen durch Wiederholung desselben Gedankens in ähnlichen Wendungen eine gewisse Gleichmässigkeit im Baue.

Aus einer weiteren Prüfung des Liedes ergab sich, dass die Verse 12-15^{ab} und 15^{cd}-18 ein ähnliches Strophenpaar bilden. In der einen Strophe wird die Bereitwilligkeit zum Kampfe und der Opfermuth der am Kriege theilnehmenden Stämme gepriesen, in der anderen, das Vorherrschen selbstsüchtiger Zwecke und das Hintansetzen der gemeinschaftlichen öffentlichen Sache verspottet und getadelt. Die beiden Strophen zeigen wieder 12 + 11 Zeilen und verschiedene Spuren von Sach- und Wortresponsion und erweisen sich hierdurch als Gegenstück zu dem letzten Strophenpaare.

Zwischen den beiden Strophenpaaren stehen die Verse 19-23, welche in äusserst prägnanter Weise den Kampf, den Sieg (bezw. die Niederlage) und die Flucht schildern.

Dieses mittlere Stück, eine Art Entrefilet zwischen den beiden Strophenpaaren, zeigt einen eigenthümlichen Bau. Es zerfällt nämlich sinn- und sachgemäss in drei Absätze (4+7+4). Der *erste* kleine Absatz gibt ein Bild des Angriffes, welchen die vereinigten Heere ausgeführt haben, die nicht feige wie Miethlinge gekämpft, sondern todesmuthig, aber vergeblich, weil, wie es in der *zweiten* Strophe heisst, die Naturgewalten gegen sie sich verbunden hatten : die Sterne des Himmels von ihren Bahnen kämpften gegen sie und der alte Kischonbach. Dass hier eine Trennung beabsichtigt war, zeigt schon die doppelte Responsion in den je beiden ersten Zeilen der beiden Absätze

(נלחמו). Beide Absätze zusammen zählen 11 Zeilen; da aber die Grundzahl 11 in 4 + 7 zerlegt worden war, so forderte die Ebenmässigkeit einen weitern Vierzeiler, der in der That in V. 23 geliefert ist. Darin werden die Bewohner einer anliegenden Ortschaft getadelt, weil sie sich am Kampfe und an der Verfolgung des fliehenden Feindes nicht betheiligt haben. Die kleine Schlussstrophe ist wiederum durch eine doppelte antithetische Responsion in den je zwei ersten Zeilen mit der folgenden Strophe verbunden (אורו und תברך). Demgemäss ergibt sich ein vollkommen ebenmässiger Aufbau :

$$(12 + 11) + (4 + 7 + 4) + (12 + 11).$$

Es bleibt noch übrig die Einleitung des Liedes zu betrachten, welche in den Versen 2-11 gegeben ist. Sie zerfällt inhaltlich eingetheilt in drei Absätze.

Der *erste* Absatz (V. 2-5) enthält die Anrede, den Preis Jahweh's und die Erinnerung an sein machtvolles und gewaltiges Auftreten in der Vorzeit.

Der *zweite* gedenkt der traurigen Zustände vor der nationalen Erhebung unter Debora, wo die Stämme, durch gemeinsamen Cultus nicht geeint, den Angriff der Feinde nicht abzuwehren vermochten.

Der *dritte* Absatz, der durch die zwei ersten Zeilen auf den ersten respondirt, schildert endlich die opferwillige Erhebung und Einigung der Stämme, infolge deren das Volk den Kampf aufnehmen konnte. Metrisch bildet die Einleitung ein fallendes Strophengebilde (11 + 10 + 9), wobei 11 wieder als Grundzahl auftritt.

Das Lied schliesst mit einem Zweizeiler ab, der das Facit zieht und möglicher Weise vom Dichter selbst, höchstwahrscheinlich aber von einem spätern Sammler hinzugefügt worden ist.

Nach diesen einleitenden Bemerkungen lasse ich Text und Uebersetzung in der strophischen Gliederung folgen.

ותשר דבורה וברק בן אבינעם ביום ההוא לאמר

2 בפרע פרעות בישראל
בהתנדב עם ברכו יהוה
3 שמעו מלכים האזינו רזנים
אנכי ליהוה אנכי אשירה
אזמר ליהוה אלהי ישראל
4 יהוה בצאתך משעיר
בצעדך משדי ארום
ארץ רעשה גם שמים נטפו
גם עבים נטפו מים
5 הרים נזלו מפני יהוה
זה סיני מפני (יהוה) אלהי ישראל

6 בימי שמגר בן ענת
בימי יעל חדלו ארחות
והלכי נתיבות ילכו (ארחות) עקלקלות
7 חדלו פרזון בישראל חדלו
עד שקמתי דבורה
שקמתי אם בישראל
8 יבחר אלהים חדשים
מגן אם יראה ורמח
בארבעים אלף בישראל
אז לחם שערים

9 לבי לחקקי ישראל
המתנדבים בעם ברכו יהוה
10 רכבי אתנות צחרות
ישבי על מדין
והלכי על דרך שיחו
11 מקול מחצצים בין משאבים
שם יתנו צדקות יהוה
צדקות פרזונו בישראל
אז ירדו לשערים עם יהוה

12 עורי עורי דבורה
עורי עורי דברי שיר
קום ברק ושבה שביך (בן אבינעם)
13 אז ירד שריד לאדירים
עם יהוה ירד לי בגבורים
14 מני אפרים שרשם בע(מ)לק
אחריךְ בנימין בעממיך

מני מכיר ירדו מחקקים
ומזבולן משכים בשבט ספר
ושרי יששכר עם דברה
15 [ונפתלי] כן ברק
בעמק שלח ברגליו

בפלגות ראובן
גדלים חקקי לב
16 למה ישבת בין המשפתים
לשמע שריקות עדרים
לפלגות ראובן (גדלים) חקרי לב
17 גלעד בעבר הירדן שכן
ודן למה יגור אניות
אשר ישב לחוף ימים
ועל מפרציו ישכון
18 זבלון עם חרף נפשו למות
ונפתלי על מרומי שדה

---

19 באו מלכים נלחמו
אז נלחמו מלכי כנען
בתענך על מי מגדו
בצע כסף לא לקחו

20 מן שמים נלחמו הכוכבים
ממסלותם נלחמו עם סיסרא
21 נחל קישון גרפם
נחל קדומים נחל קישון
תדרכי נפשי עז

22 אז הלמו עקבי סוס
מדהרות דהרות אביריו

23 אורו מרוז אמר מלאך יהוה
אורו ארור יושביה
כי לא באו לעזרת יהוה
לעזרת יהוה בגבורים

---

24 תברך מנשים יעל
מנשים באהל תברך
אשת חבר הקיני
25 מים שאל חלב נתנה
בספל אדירים הקריבה חמאה
26 ידה ליתד תשלחנה
וימינה להלמות עמלים
והלמה סיסרא מחקה ראשו
ומחצה וחלפה רקתו
27 בין רגליה כרע (נפל) שכב
בין רגליה כרע נפל
באשר כרע שם נפל שדוד

28 בעד החלון נשקפה ותיבב
אם סיסרא בעד האשנב
מדוע בשש רכבו לבוא
מדוע אחרו פעמי מרכבותיו
29 חכמות שרותיה תענינה לה
אף היא תשיב אמריה לה
30 הלא ימצאו יחלקו שלל
רחם רחמתים לראש גבר
שלל צבעים לסיסרא
שלל צבעים רקמה
צבע רקמתים לצוארי שלל

---

31 כן יאבדו כל אויבך יהוה
ואוהביו כצאת השמש בגבורתו

2 Da *Führer* sich erhoben *in Israel*,
Da willig sich stellte das Volk — preiset Jahweh!
3 Höret's Könige! vernehmt's Fürsten!
Ich will Jahweh, will ihm singen.
Preisen will ich Jahweh, den Gott Israels.
4 Jahweh! als du auszogest aus Seïr,
Als du herschrittest von den Gefilden Edoms,
Bebte die Erde, auch die Himmel troffen,
Auch die Wolken troffen Wasser.
5 Berge zerflossen vor Jahweh,
(dieser Sinaï) vor Jahweh, dem Gott Israels.

6 In den Tagen Schamgars, des Anatsohnes,
In den Tagen Jaëls feierten die Strassen
Und die Wanderer suchten krumme Pfade.
7 Es ward öde das offene Land in Israël, ward öde
Bis ich auferstand Debora,
Ich auferstand als eine Mutter in Israel.
8 Es wählte (das Volk) neue Götter,
Aber weder Schild noch Lanze war zu sehen
Unter vier Myriaden in Israel.
Da (pochte) der *Kampf an die Thore!*

9 Mein Herz den *Führern in Israel*,
Die willig sich stellten unter dem Volke — preiset Jahweh!
10 Die auf röthlichweissen Eselinnen reiten,
Die auf Teppichen ruhen,
Die des Weges wandern — (ihr alle) verkündet es!
11 Lauter als die Stimme der Kiestreter zwischen den Trankrinnen
Preisen sie dort die Heilsthaten Jahweh's,
Seine Heilsthaten gegen das offene Land in Israel,
Als sich versammelt *an den Thoren* das Volk Jahweh's.

---

12 Wach auf, wach auf, Debora!
Wach auf, wach auf, sag ein Lied!
Steh auf, Barak, hol dir die Beute, Abinoams Sohn!

13 Da stieg herab die kleine Schaar der Gewaltigen,
Jahweh's Volk stieg mir herab unter Helden.
14 Aus Ephraïm (kommen sie) deren Ursprung [das Thal] ist,
Hinter dir (folgt) Benjamin mit deinen Schaaren,
Von Machir (*Manasse*) steigen die Anführer herab
Und von Zebulun die den Commandostab schwingen.
15 Und die Fürsten in Issachar (sind) mit Debora
Und die von *Naftali* ebenso mit Barak.
Ins *Thal* stürzen sie sich zu Fuss.

In den Gauen Rubens —
Waren grosse Herzensbeschlüsse.
16 Warum bliebest du zwischen den Hürden,
Zu hören das Flöten bei den Herden? —
In den Gauen Rubens waren (grosse) Herzensbeschlüsse.
17 Gilead (*Manasse*) wohnt jenseits des Jordans,
Und Dan — warum weilt er auf Schiffen?
Ascher sitzt an der Küste des Meeres
Und ruht an seinen Buchten.
18 *Zebulon* (aber ist) ein Volk, das sich preisgibt dem Tode
Und *Naftali* auf den *Höhen* des Feldes,

---

19 Es kamen die Könige und *kämpften*,
Es *kämpften* die Könige Kanaans
In Taanak, an den Wässern Megiddo's,
Ein Stückchen Silber kriegten sie nicht.

20 Vom Himmel *kämpften* die Sterne,
Aus ihren Bahnen *kämpften* sie mit Sisera.
21 Der Kischonbach raffte sie fort,
Der uralte Bach, der Kischonbach.
Tritt sie nieder, meine Seele, mit Macht!
22 Da stampften die Hufe der Rosse
Von dem Jagen, dem Jagen ihrer Helden.

23 *Fluchet* Meroz, spricht Jahweh's Bote,

Fluchet, fluchet seinen Bewohnern;
Denn sie sind nicht gekommen zur Heilthat Jahweh's;
Zur Heilthat Jahweh's unter den Helden.

---

24 *Gesegnet* unter den Weibern sei Jaël,
Vor Weibern im Zelte sei *gesegnet*
Das Weib Chebers des Kênîten.
25 Wasser begehrte er, Milch gab sie (ihm),
Im Ehrenbecher reichte sie (ihm) Rahm.
26 Ihre Hand streckte sie nach dem (Zelt-)Pflock
Und ihre Rechte zum Hammer der Werkleute.
Und sie hämmert auf Sisera, zerschlägt sein Haupt,
Zerschlägt und durchbohrt seine Schläfe.
27 *Zu ihren Füssen sank er, lag er,*
Zu ihren Füssen sank er, fiel er,
Wo er sank, dort fiel er zerschmettert.

28 Durch das Fenster spähte sie aus und jammerte
Die Mutter Siseras durch das Gitter:
«Warum zögert sein Wagen zu kommen?
Warum zaudern die Füsse seiner Gespanne?»
29 Die Klügsten ihrer Edelfrauen antworteten ihr,
Auch sie selbst gibt sich die Antwort:
30 «Sie werden Beute finden, vertheilen;
Ein, zwei Mädchen für jeden Mann,
Beute von gefärbtem Zeuge für Sisera,
Beute von gefärbtem Zeuge, buntgewirktem,
Farbiges, doppeltgewirktes am Halse der *Erbeuteten.*

---

31 So mögen zu Grunde gehen alle deine Feinde, Jahweh,
Aber die [dich] lieben, sind wie die Sonne, die machtvoll aufgeht.

Meine strophische Gliederung des Debora-Lieds ist allerdings sehr kunstreich, — Gegner derselben werden sagen gekünstelt, — aber weder der gedanklichen noch auch des Verseintheilung ist irgendwie Gewalt angethan. Der gedankliche Aufbau kann kaum anders gedacht werden und stimmt vielfach z. B. mit der Gliederung Budde's überein[1], die Verseintheilung ist überliefert, und ich habe nichts oder nur sehr wenig daran geändert.

Aber gerade dieser Umstand, dass so wenig geändert wurde, muss bei manchen Kritikern den grössten Verdacht gegen meine Hypothese erwecken, und es ist daher nothwendig noch einige Bemerkungen darüber zu machen. Wenn z. B. Budde die Verse 2-3 für durchwegs spätern Sprachgebrauch erklärt und glaubt, dass «ein vollständigerer Beweis späterer Abfassung kaum denkbar ist», so erlaube ich mir gegen diese so sicher auftretende Behauptung einige Skepsis, weil uns aus dieser alten Zeit viel zu wenig erhalten ist, als dass wir ein sicheres Urtheil über spätern Sprachgebrauch fällen dürften[2]. Dazu kommt dass Budde auch V. 9^{b} als spätern Einschub betrachten muss, welche Stelle mit V. 2 correspondirt, die Correspondenz aber bei der Annahme eines spätern Zusatzes kaum erklärt werden kann.

Ebensowenig ist es begründet V. 7^{bc} als spätern Einschub wegen des ש relativum anzusehen, das sich im Buche der Richter ja auch sonst findet (aber von Budde u. A. als Glossen betracht wird). In derlei Dingen bewegt man sich oft in einem Circulus vitiosus. Wo ש vorkommt, ist Glosse, ש muss daher spät sein.

(1) K. Budde's Commentar ist erst längere Zeit nach dem Congresse erschienen, war aber in diesen Theilen gewiss schon gedruckt.

(2) Man bedenke z. B. dass das seltsame Wort אשוח «Réservoir» der Mesa-Inschrift jetzt im hebr. Texte des Sirach Cap. 50, 3 erscheint und wage daraus zu schliessen, dass das Wort alt oder jung ist!

Mir scheint, dass ש in alter Zeit neben אשר im Sprachgebrauch gewesen sein muss, wie phön. אש und keilschriftliches *ša* beweisen. Der spätere Gebrauch des ש lässt sich kaum anders erklären. Aber selbst zugegeben, dass die zwei Stichen unecht sind, so sind sie, wie Budde sagt, « entweder an Stelle der verlorenen Worte eingesetzt oder aus ihren Resten entziffert und entwickelt worden », d. h. es standen eben zwei andere Stichen dafür.

Der schwierige Vers 8 kann nur heissen, dass die Stämme vom alten Gotte abgefallen und sich *neue Götter gewählt* haben, wodurch ihnen das Gefühl der Zusammengehörigkeit und die Widerstandskraft abhanden gekommen waren. Für יבחר lese man בחר und das überschüssige י setze man zu לחם aus dem nun יִלָּחֵם wird; dadurch sind alle Schwierigkeiten und Unmöglichkeiten beseitigt.

In allen Fällen ist שְׁעָרִים aufrecht zu erhalten, wie die Responsion 11[d] zeigt, nur muss אז לחם שערים an das Ende der Strophe gestellt werden. Der Sinn ist klar : man konnte sich in offenen Dörfern und Flecken nicht halten und flüchtete sich in die Burgen und Schlösser, aber der Feind wurde immer frecher, und der Kampf pochte an die Thore der Festungen, ohne dass man sich vertheidigen konnte.

Die Conjectur ונפתלי כן ברק (für וישׂשכר), welche von verschiedenen Exegeten mit Recht vorgeschlagen worden ist, wird durch die Responsion (V. 18) bestätigt. Auffallend est die Wiederholung der Worte בפלגות ראובן גדלים חקקי (חקרי) לב (V. 15 und 16) und noch auffallender ist die Thatsache, dass die Ueberlieferung an erster Stelle zwei Stichen daraus macht, an zweiter Stelle die Worte als ein Stichos gibt. Ist einer der beiden zu streichen, so stand an dessen Stelle ein anderer Stichos.

V. 19. בצע כסף לא לקחו fasse ich abweichend von allen Commentaren nicht als «Beute», sondern als «Mietlingssold». Vor der Entscheidung der Schlacht kann ohnehin von Beute nicht die Rede sein, und בצע כסף heisst auch nicht «Beute», sondern «Gewinn an Silber», hier «Sold». Der Sinn ist : sie kämpften nicht als Söldlinge für Geld, sondern muthig mit voller Hingabe an die Sache.

V. 24. אשת חבר הקיני wird als Glosse von Bickell und August Müller gestrichen. In der That hinkt das Epitheton sehr ungeschickt nach. Stellt man es aber um (an dritte Stelle), so klingt die ganze Stelle sehr poetisch und ausserdem tritt in beiden ersten Zeilen die doppelte Responsion תברך (Gegensatz zum doppelten אורו) scharf hervor.

V. 26. להלמות עמלים ist vielleicht «den Schlägel der Müden» zu übersetzen und hierin eine Anspielung auf 4, 21 ויעף וימת zu erkennen.

V. 27 ist im ersten Stichos נפל zu streichen.

Der Sinn der letzten drei Stichen ist :
Ihr zu Füssen sank er (vor Ermüdung) und lag da (schlafend).
Ihr zu Füssen sank er (vom Schlage getroffen) und fiel.
Dort wo er sank, da fiel er zerschmettert.

LES
INSCRIPTIONS DE CONSTANTINE
AU MUSÉE DU LOUVRE,

PAR

M. PHILIPPE BERGER.

Vous avez peut-être remarqué, en parcourant les salles orientales du Musée du Louvre, la collection d'ex-voto de Constantine qui occupe la dernière salle du rez-de-chaussée à droite. Ces ex-voto, qui ont plus que triplé le nombre des inscriptions puniques de Constantine, proviennent de fouilles faites, principalement à Coudiat-Ati, de 1878 à 1880, par M. Lazare Costa. M. Costa en avait envoyé à la commission du *Corpus Inscriptionum Semiticarum*, au fur et à mesure des découvertes, des estampages, numérotés de 1 à 110. Si l'on décompte 4 numéros qui ne répondent à aucun monument, les envois successifs de M. Costa comprenaient 106 estampages.

A la mort de M. Costa, M. Héron de Villefosse, aidé du Dr Reboud, dont le nom restera attaché à l'épigraphie de Constantine, négocia l'acquisition de toutes les stèles de Costa pour le Musée du Louvre. Un certain nombre d'entre elles, sans doute déjà dispersées auparavant, ne sont pas parvenues au Musée du Louvre. D'autre part, la collection du Louvre s'est enrichie de quelques stèles qui ne figurent pas parmi les estampages de M. Costa, et d'une vingtaine d'autres provenant du moulin Carbonel et données par le Dr Reboud[1].

[1] Dans le classement de ces inscriptions, j'ai suivi l'ordre des numéros qu'elles portent dans la collection d'estampages envoyée par Costa et qui répond à l'ordre même de leur découverte. Pour celles qui ne figurent pas parmi les estampages de

IMPRIMERIE NATIONALE.

Telle qu'elle est, la collection des inscriptions de Constantine, qui ne comprend pas moins de 150 numéros, forme, après Carthage et Maktar, la série la plus complète des inscriptions phéniciennes d'Afrique. Ces inscriptions paraîtront à leur place dans le *Corpus;* je voudrais dès à présent appeler l'attention sur quelques particularités communes à cette série épigraphique, l'une des plus intéressantes par son unité, comme aussi par certains caractères qui lui assignent une place à part dans l'épigraphie punique.

I

Les inscriptions de Constantine se distinguent à première vue, par leur aspect général, des autres monuments analogues que nous trouvons sur les différents points de l'Afrique punique. Elles sont tracées en caractères assez grands, en général profondément incisés et d'une écriture rude et anguleuse, sur des stèles de calcaire dur, le plus souvent grisâtre. Les stèles, assez bien conservées, se terminent par un fronton pyramidal. Peu ou pas d'ornements architectoniques, de ces oves, de ces lignes de perles, de ces rosaces qui décorent les stèles de Carthage. On n'y trouve pas non plus de ces personnages sculptés en haut

Costa, j'ai adopté les numéros que leur a donnés M. de Villefosse sur la série d'estampages qu'il a fait faire pour nous au moment de l'acquisition de la collection par le Musée du Louvre. Ce classement ne saurait d'ailleurs être que provisoire et, dans une publication définitive des inscriptions de Constantine, il faudrait tenir compte, d'une part, des inscriptions connues antérieurement aux fouilles de Costa, de l'autre, des numéros d'ordre que portent les inscriptions de la collection Costa au Musée du Louvre.

Au moment de livrer cette lecture à l'impression, j'apprends que M. Ledrain va publier les inscriptions de Constantine dans son nouveau Catalogue des inscriptions sémitiques du Musée du Louvre. Il faut s'applaudir de cette publication, qui frayera la voie à la publication du *Corpus* et contribuera à élucider les points encore obscurs de nos inscriptions.

relief que présentent si souvent les monuments d'époque romaine. La figure conique, munie de grands bras, tenant souvent en main un caducée, çà et là un symbole plus grossier, parfois, mais rarement, des figures d'animaux : voilà tout ce qui en compose la décoration. En un mot, elles tiennent le milieu, pour la forme comme pour le fonds, entre les inscriptions puniques, telles que Carthage nous les fait connaître, et les inscriptions néo-puniques que l'on trouve en grand nombre dans l'Algérie et la Tunisie, et qui correspondent à l'époque de la domination romaine. Elles paraissent ainsi correspondre à cette civilisation numide, qui a succédé à la civilisation proprement punique après la chute de Carthage, et s'est maintenue dans une indépendance relative pendant deux siècles, durant lesquels elle n'a pas été sans briller d'un certain éclat.

L'examen paléographique de ces inscriptions est particulièrement instructif à cet égard. Il suffit de jeter les yeux sur les inscriptions de Constantine pour y reconnaître une écriture intermédiaire entre le punique et le néo-punique. On peut même y suivre la marche progressive des altérations qui marquent le passage de l'un de ces alphabets à l'autre. Tandis que certaines inscriptions sont encore franchement puniques, d'autres sont déjà presque néo-puniques; mais la plupart appartiennent à une écriture de transition, très instructive pour l'histoire de la paléographie sémitique. Elles se rapprochent par là de la deuxième inscription d'Altiburos, ainsi que les inscriptions peintes sur vases que l'on trouve dans les vieilles nécropoles de Tunisie, notamment dans la nécropole d'Hadrumète.

Les représentations figures suivent une dégradation parallèle. Certaines stèles, celles surtout qui sont écrites en caractères puniques, portent des figures tracées avec un certain sentiment artistique; on remarquera en particulier les deux chevaux tracés sur les stèles Costa 25 et 93[1], d'autant plus intéressants que le cheval, qui est un des thèmes fondamentaux de la numismatique carthaginoise, ne paraît que très rarement sur les ex-voto à Tanit. D'autres stèles, au contraire, présentent un laisser-aller de plus en plus accentué et ce retour à la barbarie qui est un des traits distinctifs des monuments néo-puniques.

Si, de la paléographie de ces textes, nous passons aux considérations tirées de leur orthographe et jusqu'à un certain point de leur langue, elles nous conduiront au même résultat. Les lettres quiescentes commencent à y faire leur apparition, sans qu'elles atteignent jamais le développement qu'elles prennent dans l'écriture néo-punique. Cela se remarque surtout aux mots autres que les noms d'hommes; c'est ainsi que, פן dans פן בעל «face de Baal», est orthographié, comme déjà quelquefois à Carthage, פען ou même פענא, ce qui semblerait indiquer une prononciation Phanou-Baal, analogue à Phanou-El, le ע répondant en néo-punique au son *a*, l'א, dans bon nombre de cas, aux sons *o* et *ou*. De même la conjonction כ = כי s'écrit כא et quelquefois כח; il semble toutefois qu'il faille voir dans cette dernière orthographe le résultat d'une prononciation dialectale, et non un simple caprice orthographique. Les inscriptions de Constantine font en effet un abus du *heth* qui semble indiquer une prédilection pour les gutturales fortes; c'est ainsi que nous trouvons (Costa 75) שמח à côté de שמא et de שמע, et, sur la même inscription, לחדן = לאדן et בחרכא = ברכא[2].

[1] Voir la planche, p. 288, n° 2.

[2] לחדן לבעל חמן אש נדר יעל[כש]
בן חמלכת בן מ[ת]ן בחרכא
ושמח קלה

Au seigneur Baal Hammon, ce qu'a voué Ial[cos],
fils d'Hamilcat, fils de Ma[t]an; il l'a béni
et il a entendu sa voix.

Ligne 1. לחדן. On serait tenté de lire מחזת, comme sur la grande inscription

On remarquera, à la fin de cette inscription, l'orthographe קלה «sa voix», par un ה, au lieu de la forme קלא universellement employée en phénicien. Dans d'autres cas, il semble que nous ayons le י à la place de l'א, comme pronom suffixe de la troisième personne : למלכי «de son règne» (Costa, n°s 18 et 98; Villefosse, 69)[1]. Dans le même ordre d'idées, il faut signaler le nom de Tanit, qui est écrit à deux reprises תינת, correspondant à une forme Taïnit ou Tênet, plutôt que Tanit[2], et la forme ברכיא = ברכא «il l'a béni». On rencontre enfin le pronom relatif ש pour אשר = phénicien אש. C'est ainsi que nous lisons (Costa, 58) נדר ש מגן = «votum quod Magonis», et, au début de l'inscription Costa 32 : ש עבדאשמן = «Quod Abdesmuni».

II

Ces quelques indications suffisent pour marquer la place des inscriptions de Constantine parmi les inscriptions phéniciennes d'Afrique. Je voudrais m'arrêter un peu plus longuement sur deux autres ordres d'observations qui tiennent, non plus à la

du temple de Maktar, col. 1, l. 2; un examen attentif de l'inscription prouve que la barre perpendiculaire qui coupe la première lettre est un trait accidentel.

' *Ibidem*, יעל[כש]. La fin du mot est douteuse. Le premier élément est certainement formé du nom divin יעל que nous avons déjà rencontré sous la forme יאל dans le nom théophore יאלפעל = Iolpaal (Ph. Berger, *Note sur la grande inscription néo-punique et sur une autre inscription d'Altiburos*, dans *Journ. asiatique*, avril-juin 1887, p. 465-471).

Ligne 2. מ[ת]ן, ou peut-être מ[ג]ן. — *Ibid.*, בחרכא = ברכא.

[1] On est surpris de trouver מלכי «son règne» à côté de קלא «sa voix» et de ברכא «il l'a béni», et cela sur les mêmes inscriptions. Peut-être sera-t-on tenté de traduire «de mon règne», par un changement de personne fréquent dans les langues sémitiques. Comparez pourtant בשארי יברכי, sur un ex-voto de Carthage dédié sans doute par un habitant de Constantine (*C. I. S.*, n° 296 et p. 366).

[2] Comp. la forme grecque ΤΑΙΝΤΙΔΑ, *Corpus inscr. Sem.*, t. I, p. 287-288.

forme, mais au contenu de ces inscriptions et par où elles sortent de la monotonie habituelle des ex-voto puniques.

La première de ces observations a trait à la dédicace. Un des faits les plus singuliers de l'épigraphie punique est l'uniformité absolue des ex-voto carthaginois. Tous sans exception débutent par la même formule: לרבת לתנת פן בעל ולארן לבעל חמן = «A la Grande Tanit Penê-Benal et au Seigneur Baal Hammon», sans que, sur deux mille cinq cents ex-voto, il y ait pour ainsi dire une seule variante, ni dans les noms de ces dieux, ni dans leurs titres et dans l'ordre où ils se succèdent. A Constantine, nous retrouvons les deux mêmes divinités, mais leur ordre est renversé. C'est Baal Hammon qui est invoqué en première ligne, et Tanit passe à l'arrière-plan. En outre, au lieu d'être qualifiée de *Rabbat* «la Grande Dame», elle est le plus souvent appelée «Tanit Penê-Baal», sans aucun titre honorifique. Parfois même, elle est entièrement passée sous silence, et l'ex-voto est dédié à Baal Hammon seul. On peut donc conclure que Baal Hammon était le grand dieu de Constantine, comme Tanit la grande déesse de Carthage; mais, d'autre part, le culte de Tanit s'était étendu jusqu'à Constantine, et la Tanit qui y était adorée était Tanit Penê-Baal, la déesse des ex-voto de Carthage.

Le dieu Baal Hammon lui-même ne présente pas à Constantine la même fixité d'appellations qu'à Carthage. Quelquefois le titre d'*adôn* = «seigneur» lui fait défaut. Une fois même (Costa 24) nous le trouvons, fait presque unique dans l'épigraphie phénicienne, appelé Baal sans aucun qualificatif :

נדר אש נדר עבדשחר	Vœu qu'a voué Abdsahar[1],
בן מלקרתחלץ לבעל	fils de Melqarthilleç à Baal;
שמע קלא ברכא	il a entendu sa voix, l'a béni.

Dans ces divers cas, on ne peut avoir de doute sur l'identité

[1] Comp. la déesse hittite Sakhroï, sur le traité de Ramsès II.

du dieu qui est invoqué; mais, parmi les inscriptions trouvées par Lazare Costa, il en est quatre sur lesquelles le nom divin subit des modifications beaucoup plus considérables, à tel point que l'on peut se demander, du moins pour deux d'entre elles, si nous ne nous trouverions pas en présence d'autres divinités. Nous donnons ci-après ces quatre inscriptions, en les faisant suivre des remarques qu'elles comportent :

Costa 31.

לאדן לאלן אקדש בעל חמן מתנת
אש נדר חנא בן מגן בשרם בת־
ם כשמע קלא ברכא

Au seigneur, au dieu [du sanctuaire] à Baal Hammon, offrande qu'a vouée Hannon, fils de Magon [de Sarim Bati-m]; parce qu'il a entendu sa voix, l'a béni.

Nous reviendrons plus loin sur le nom de Sarim Batim[1]. Il nous faut signaler ici l'expression nouvelle אלן אקדש, qui peut se traduire «le dieu du sanctuaire» ou le «dieu saint». Comparez בעלת החדרת = «la Baalat de l'enceinte sacrée», *C. I. S.*, I, 177. Mais, ici, il ne saurait y avoir de doute à ce sujet, le dieu du sanctuaire et Baal Hammon sont un seul et même dieu.

Il en est de même pour l'inscription suivante :

Costa 16.

לאדן לאלן	Au Seigneur, au Dieu,
לבעל חמן נד־	à Baal Hammon, vœu
ר אש נדר ארשא	qu'a voué Orsa,
....	... .

Ici encore, c'est Baal Hammon qui est appelé des titres de Adôn et de Elôn.

[1] Voir plus loin, p. 285-293.

On peut éprouver plus d'hésitation au sujet de l'inscription suivante :

Costa 33.

לארן לבעל ארן ולבעל
חמן מתנת עש נדר
. . . .

A l'Adôn, au Baal Adôn et à Baal
Hammon, offrande qu'a vouée
. . . .

J'ai gardé sa forme phénicienne au titre *adôn* «seigneur», qui précède toujours le nom de Baal Hammon, parce qu'il est répété ici avec une insistance qui lui donne presque la valeur d'un nom propre. Voici donc la question qui se pose : ce Baal Adôn est-il distinct de Baal Hammon, ou bien les deux ne sont-ils qu'un seul et même dieu? A traduire littéralement, d'après nos idées modernes, on serait amené à la conclusion que nous sommes en présence d'une dédicace à deux divinités, et que Baal Adôn et Baal Hammon jouent sur cette inscription le même rôle que Tanit et Baal Hammon sur les autres ex-voto.

Cette solution est la plus séduisante; il serait agréable d'avoir à ajouter un nom nouveau à la liste des dieux mentionnés sur les inscriptions phéniciennes, et le nom d'Adonis plus que tout autre. Peut-être est-ce celle à laquelle il faut s'arrêter. On pourrait même être tenté de voir dans ces deux divinités le père et le fils, si nous n'avions que cette seule inscription; mais, sur la précédente (Costa 16), qui présente avec la nôtre, à l'exception de la conjonction «et», un parallélisme remarquable, Elôn, qui n'est qu'une épithète de Baal Hammon, joue le même rôle que Baal Adôn sur l'inscription qui nous occupe. En outre, ces noms divins sont précédés du titre d'*adôn* «seigneur», qui est appliqué dans un des cas à Baal Hammon, dans l'autre à Baal

Adôn, ou plutôt qui semble les commander tous les deux, si bien qu'il est possible que nous n'ayons à faire qu'à une seule et même divinité, ou, si l'on veut, — ce qui revient au même, — à deux divinités identifiées par la piété des fidèles, et qu'il faille traduire « à l'Adôn, au Baal Adôn qui est aussi Baal Hammon ».

Au fond, c'est le même problème qui se pose pour l'inscription du *Corpus* n° 177, dédiée à deux déesses appelées *Rabbat Amma*, c'est-à-dire « la Grande Mère », et *Rabbat Baalat ha-hedrat* « la grande Déesse du Sanctuaire ». M. Clermont-Ganneau a émis l'idée très ingénieuse que nous aurions là la mère et la fille, Cérès et la Proserpine africaine, Tanit, la déesse poliade de Carthage. Cette hypothèse semble confirmée dans une certaine mesure par la découverte de la dédicace du sanctuaire d'Astarté et Tanit[1], qui joueraient respectivement le même rôle que la Grande Mère et la Déesse du Sanctuaire; et pourtant on se demande parfois s'il ne faut pas voir, sur l'inscription n° 177 du *Corpus*, une même divinité adorée sous deux noms différents? Telle est, en tous cas, l'idée qui paraît ressortir de nos inscriptions pour Baal Adôn et Baal Hammon. Si l'on avait demandé à un Africain son sentiment à ce sujet, peut-être aurait-il été embarrassé de la précision de cette question, et aurait-il répondu : « Le seigneur, c'est l'un ou c'est l'autre », ou même : « C'est l'un et l'autre à la fois, les deux reviennent au même ».

La dernière inscription[2] ne présente qu'un seul nom divin, et ce nom divin n'est pas Baal Hammon, mais Baal Addir.

Costa 22 *bis*.

לאדן לבעל אדר	Au seigneur Baal Addir
ולרבת לתינת	et à la Grande Tainet
פן בעל נדר אש נ־	Pené-Baal, vœu qu'a
דר..........	voué..............

[1] Ph. Berger, *Revue d'Assyriologie*, t. V, 1898, p. 11 et suiv.
[2] Voir la planche, p. 288, n° 1.

Adar ou *addir* signifie «puissant»; *Baal addir* est donc le «dieu puissant». Mais il ne faut pas oublier qu'Adar était le nom propre d'un dieu parfaitement défini, le dieu de la planète Saturne. Si l'on rencontrait cette dédicace isolée, on n'hésiterait pas à y voir un dieu distinct de Baal Hammon, et à traduire: «à Baal Adar», c'est-à-dire «à Saturne». Le parallélisme ne le permet guère. En effet, Baal Adar tient la place qu'occupe sur les autres descriptions de Constantine Baal Hammon, et il est dans la même relation que lui avec Tanit-Penê-Baal. Il ne faut pas oublier d'ailleurs que Baal Hammon a été assimilé par les Romains à Saturne. Peut-être en donnant le titre de Baal Adar ou Baal Addir au Saturne africain, c'est-à-dire à Baal Hammon, les habitants de Cirta songeaient-ils au lien qui unissait les deux divinités.

En somme, Elôn, Baal Adôn, Baal Addir ne sont pas autant de divinités différentes qui auraient été adorées simultanément à Cirta à côté de Baal Hammon; mais, d'autre part, nous avons là plus que de simples épithètes; ce sont de véritables noms divins considérés comme les équivalents de Baal Hammon et qui sont employés comme synonymes de ce dernier. Leur présence sur les inscriptions de Constantine est d'un haut intérêt, non seulement à cause des vues que ces inscriptions nous ouvrent sur les conceptions religieuses des populations phéniciennes d'Afrique, mais parce qu'elles enrichissent notre panthéon phénicien, en nous livrant des noms divins que nous n'avions pas rencontrés jusqu'à présent sur les inscriptions.

Les formules de bénédiction qui occupent la fin de l'inscription et forment le complément de la dédicace méritent aussi d'attirer un instant notre attention. Le plus souvent, elles se réduisent à la formule banale qui termine la plupart des ex-voto : «parce qu'il a entendu sa voix et l'a béni». Mais, à deux reprises, cette formule est suivie d'une addition qui la complète et la précise. C'est ainsi qu'à la fin de l'inscription Costa 92, nous lisons : עזרא יתן לא נעם = «il l'a secouru, lui a fait du bien». L'autre (Costa 6) est encore plus intéressante. Il ne sera pas inutile de reproduire ici l'inscription dans son entier :

לאדן לבעל עמן נדר אש
נדר בדמלקרת בן מגן [ק]-
נזם כשמע קלא ברכא בי-
ם נעם [אש]בים ברך

Au Seigneur Baal Hammon, vœu qu'a voué Bodmelqart, fils de Magon [Q]-nzm][1]; parce qu'il a entendu sa voix, l'a béni, au jour de la faveur, . . . au jour de la bénédiction.

La lecture de la formule finale n'est pas exempte de difficultés. A la ligne 4, le mot נעם est suivi d'un groupe de lettres que nous avons transcrit [אש]; il faut avouer que la première lettre ne ressemble guère aux autres א de l'inscription, et l'on serait plutôt tenté de la réunir au signe suivant et de voir dans ce groupe un ס un peu allongé. La lecture נעם, qui est commandée par l'inscription précédente (Costa 92), ne le permet guère; on ne saurait que faire de ce ס qu'on ne peut rattacher ni à ce qui précède, ni à ce qui suit. Force nous est donc de renoncer à cette leçon et de lire, ou bien ו = «et», en ne tenant pas compte du signe très indistinct qui le suit, ou bien אש,

[1] Aux lignes 2-3, je lis [ק]נזם. La première lettre est douteuse et on pourrait la prendre pour un ת; la hampe se continue trop haut pour un *qof;* mais, d'autre part, elle présente en bas une courbure qui vient rejoindre et fermer la boucle du ק. Si cette lecture est la bonne, ce mot, d'ailleurs tout à fait obscur, venant immédiatement après le nom de Magon, doit être rapproché du mot קנז qui est associé de la même manière au nom d'Abd-Melqart sur la ligne 1 de la grande inscription d'Altiburos; il faudrait alors renoncer à l'expliquer, comme l'a proposé récemment M. Clermont-Ganneau, par le mot latin *Censor* écrit en abrégé.

ainsi que nous l'avons fait; j'avoue pourtant que ni l'un ni l'autre n'est pleinement satisfaisant. En tous cas, la répétition du mot בים ne laisse guère de doute sur la construction générale, et je crois qu'il faut traduire: «au jour propice, ... au jour de la bénédiction»[1]. L'explication de cette formule nous est, je crois, donnée par un passage d'Isaïe[2], qui porte ce qui suit: בעת רצון עניתיך וביום ישועה עורתיך = «Je t'ai exaucé au jour favorable, et je t'ai secouru au jour du salut». Ici, nous avons la même idée exprimée presque dans les mêmes termes, et sans doute même le passage d'Isaïe n'est-il que la transcription assez fidèle d'une formule usitée par les Juifs sur leurs ex-voto.

Ces formules si caractéristiques prouvent que nous sommes bien en présence d'ex-voto proprement dits, et, à moins que les mots ne soient absolument détournés de leur sens naturel, elles battent en brèche l'hypothèse, si satisfaisante à bien des égards[3], d'après laquelle tous les ex-voto à Tanit seraient des ex-voto funéraires.

L'ex-voto lui-même est désigné à Constantine soit par le mot נדר «vœu», soit par l'expression מתנת «offrande», qui tan-

[1] Littéralement «au jour où il a béni». La bénédiction devrait se dire ברכת, si l'on suit l'analogie de l'hébreu.

[2] Isaïe, XLIX, v. 8.

[3] On ne peut s'empêcher d'être surpris de cette quantité énorme d'ex-voto ayant la forme de petites stèles funéraires, destinées à être fichées en terre, tandis que nous ne trouvons à Carthage pour ainsi dire pas d'inscriptions funéraires. La monotonie de la dédicace ne mérite pas moins d'appeler l'attention. S'il s'agissait d'ex-voto proprement dits, on devrait s'attendre à les trouver dédiés à toutes les divinités dont les auteurs de ces ex-voto avaient éprouvé les bienfaits. Au lieu de cela, toujours Tanit et Baal Hammon et rien qu'eux seuls; on dirait deux divinités funéraires, ce qui s'accorderait assez bien avec le caractère de Baal Hammon = Saturne et de Tanit = Proserpine. Si ce sont des ex-voto faits par des vivants, il faut admettre qu'ils appartiennent à une époque où le culte de Tanit et de Baal Hammon avait supplanté tous les autres à Carthage.

tôt remplace le mot נדר (Costa 23, 31, 63; Villefosse 89), tantôt lui est accollé : מתנת נדר אש נדר (Costa 100). Enfin, sur l'une de nos inscriptions (Costa 105), il est encore précisé davantage par le mot זבח « sacrifice » :

לאדן לבעל חמן ולתנת פענא בעל
נדר אש נדר ארש המישטר
בן כנתא זבח שמע קלא
ברכא

Au Seigneur Baal Hammon et à Tanit Phanou-Baal,
Vœu qu'a voué Arès, le . . . . . ,
fils de [Conto], sacrifice. Il a entendu sa voix,
l'a béni.

Je passe sur le terme המישטר, ainsi que sur un certain nombre d'autres titres honorifiques ou de noms de métiers qui devront faire l'objet d'une étude spéciale.

III

Le dernier point sur lequel je voudrais appeler l'attention du Congrès a trait à l'expression *Besarim-Batim* que nous avons déjà rencontrée, et qui reparaît à plusieurs reprises sur les inscriptions de Constantine, tantôt seule, tantôt précédée des mots *Melek-adam*, qui lui sont étroitement associés.

Outre l'inscription (Costa 31) que nous avons donnée plus haut[1], ce terme revient dans divers agencements sur quatre autres inscriptions. Nous reproduisons, pour la clarté de la discussion, ces différents textes. Sur une autre, que l'on trouvera

[1] Voir plus haut, p. 279.

plus loin[1], au contraire, c'est le terme *Melek-adam* qui figure seul, sans l'adjonction de *Besarim-Batim.* Enfin, à ces inscriptions il faut en joindre deux autres[2], qui ne présentent pas la même formule, mais qui appartiennent au même ordre de textes, et ne seront peut-être pas inutiles pour élucider le problème qui nous occupe.

Costa 17.

נדר אש נדר חנבעל בן בעלחנא
לבעל חמן בשרם בתם כא
ברכא שמע קלא

Vœu qu'a voué Hannibal, fils de Baalhannon
à Baal Hammon [de Sarim-Batim]; car
il l'a béni, il a entendu sa voix.

Costa 8.

לאדן לבעל חמן ולרבת לתנת פען בעל
נדר אש נדר חמלכת בן בעשתרת
בן נבל מלך אדם בשערם בתם
כשמע קלא ברכיא

Au seigneur Baal Hammon et à la grande Tanit Phanou-Baal
vœu qu'a voué Hamilcat, fils de Boastart,
fils de Nabal, [*Melek-adam* à Sarim-Batim],
parce qu'il a entendu sa voix, l'a béni.

Costa 100.

לאדן לבעל חמן מתנת	Au seigneur Baal Hammon, offrande;
נדר אש נדר מגן בן עבדא-	vœu qu'a voué Magon, fils d'Abde-
שמן מלך ארם בשערם	smoun, [*Melek-adam* à Sarim]
. . . .	. . . .

(1) Voir p. 290 (Costa 93).

(2) P. 287 (Costa 18 et 98).

Villefosse 69.

לאדן לבעל חמן ולתנת פן	Au seigneur Baal Hammon et à Tanit [Penè-
בעל מלך אדם בשרם בתם	Baal, [*Melek-adam* à Sarim-Batim],
אש נדר ברעשתרת בן שנד-	ce qu'a voué Bodastart, fils de Sênda-
גא באסר ואחד לזיב	gon, au onze de Ziv,
[א]רבעת ארבעם שת לטלכי כא שם	en l'année quarante-quatre de son règne;
קלא ברכא	parce qu'il a entendu sa voix, l'a béni.

Costa 18.

לאדן לבעל חמן נדר אש נדר	Au seigneur Baal Hammon, vœu qu'a voué
מתנבעל בן ענזר תשמח קלא	Matanbaal, fils d'Anzar. Entends sa voix,
ברכא בחמש למלכי	bénis-le. En (l'an) cinq de son règne.

Costa 98.

לאדן לבעל חמן	Au seigneur Baal Hammon,
אש נדר עזרבעל בן ב-	ce qu'a voué Azrubaal, fils de Ba-
עלחנא בחטשם [שנת]	alhanno, en la cinquantième [année]
לטלכי כשמע קלא ברך	de son règne; parce qu'il a entendu sa voix, a béni.

Le problème que soulèvent ces inscriptions a déjà été abordé dans le *Corpus* (n° 294), à propos d'un certain nombre d'ex-voto carthaginois où le nom du votant est suivi du mot *besar* ou *besarim*, sous les diverses orthographes בשער, בשערם, בשארי, בשרם, בשר. Ce mot a tout l'air d'un ethnique : = « de Sar, Sarim, ou Saraïm ». On ne saurait guère douter que le Sarim des inscriptions de Carthage et le Sarim-Batim de celles de Constantine ne désignent une seule et même chose. On trouvera dans le *Corpus* les diverses raisons qui militent en faveur de cette identification. Il faut donc, suivant toutes les vraisemblances, ajouter aux inscriptions de Constantine portant la mention de

Sarim-Batim celles de Carthage où se trouve le mot Sar ou Sarim.

Quelle est la ville qui se cache sous ce nom de Sarim, ou, sous sa forme complète, Sarim-Batim? La mention répétée de cette ville sur les inscriptions de Constantine porte à croire que ce devait être sinon Cirta même, du moins l'une des villes dépendant de son ressort. Cette conjecture trouve sa confirmation dans l'inscription Costa 17. Là, en effet, ce n'est plus le votant, qui pouvait à la rigueur être originaire d'une autre ville plus ou moins éloignée, mais le dieu lui-même qui est appelé Baal Hammon de Sarim-Batim, de même que, sur la grande inscription d'Altiburos, Baal Hammon est appelé Baal Hammon d'Altiburos = באלתכרש [1]. Sarim-Batim était donc le nom de la localité où était adoré le dieu auquel s'adressait cet ex-voto, et comme rien ne nous permet de croire que ce Baal Hammon ne soit pas celui qui est mentionné sur nos autres ex-voto, il faut conclure que Baal Hammon de Sarim-Batim était celui qui avait son sanctuaire aux portes mêmes de Constantine.

S'il pouvait y avoir encore quelques doutes à ce sujet, ils seraient levés par les cinq inscriptions royales que nous avons réunies plus haut. En effet, sur les deux premières, le nom de celui qui a fait l'ex-voto est suivi non plus simplement de l'ethnique *be-Sarim Batim*, «de Sarim-Batim», mais du titre *Melek-adam be-Sarim Batim* (Costa 8) ou *Melek-adam be Sarim* (Costa 100). Le mot *melek* signifie «roi», quelle que soit d'ailleurs la valeur qu'il faille attribuer à ce titre honorifique, qui a pu s'appliquer à des personnages de rang et de qualités très diverses. On le donnait même à la divinité. *Melek-adam* signifierait alors «le roi du peuple». Sans doute, une pareille formule a quelque chose de banal et de redondant qui ne nous satisfait

(1) *Journ. asiat.*, avril-juin 1887, p. 457 et suiv.

1

2

guère; mais, d'autre part, il ne faut pas perdre de vue que l'on rencontre à plusieurs reprises, sur les inscriptions phéniciennes, le mot *adam* employé collectivement pour désigner le peuple, par opposition au terme *melek* ou *mamleket*, qui désigne les personnes royales[1]. Il est possible que nous ayons là un titre ayant une valeur spéciale, dont la signification propre nous échappe. Quoi qu'il en soit, il s'agit d'un personnage ayant exercé des fonctions royales à Sarim-Batim.

L'inscription suivante (Villefosse 69) paraît contredire cette manière de voir. Sur cette inscription, le titre *Melek-adam be-Sarim Batim* est placé immédiatement après le nom divin et avant le nom du votant, dont il est séparé par la formule אש נדר «ce qu'a voué», si bien que l'on est conduit presque forcément à rapporter ce titre à Baal Hammon. Nous aurions donc le même titre honorifique appliqué tantôt à un dieu, tantôt à un personnage royal. Cette hypothèse se heurte pourtant à deux objections. La première est que le titre de *Melek-adam* fait suite à deux noms divins, Baal Hammon et Tanit; or, si l'on conçoit à la rigueur que Baal Hammon ait pu être appelé Roi de Sarim-Batim, cela se conçoit moins d'une déesse et, à plus forte raison, du dieu et de la déesse réunis.

La seconde objection nous est suggérée par la fin de l'inscription. En effet, après le nom du votant nous lisons les mots «au onze du (mois de) Ziv, en l'année quarante-quatre de son règne». Il s'agit donc, sur cette inscription, d'un roi qui a fait un ex-voto en l'année 44 de son règne, et il y a tout lieu de croire, malgré ce que la tournure a d'insolite, que le titre du commencement de l'inscription est bien le titre du personnage royal qui avait régné quarante-quatre ans.

Je n'hésiterais pas à adopter cette solution, n'étaient deux

(1) Comparez l'expression כל ממלכת וכל אדם, qui désigne sur l'inscription d'Esmounazar (*C. I. S.*, n° 3) la royauté et le peuple.

inscriptions qui nous restent à examiner. L'une est l'inscription de Constantine (Costa 93) qui est aujourd'hui au Musée du Louvre[(1)]. En voici le texte :

לאדן לבעל המן מלך
אדם נדר אש נדר בעלפדא
בן מגן שמא קלא
ברכא

Au seigneur Baal Hammon *Melek*
adam, vœu qu'a voué Baalpada,
fils de Magon; il a entendu sa voix,
l'a béni.

Ici plus de mention de Sarim-Batim, mais le titre de Melek-adam est placé, comme sur l'inscription précédente, immédiatement après le nom du dieu, sans que rien dans le contexte nous autorise à le rattacher au nom de celui qui a fait l'ex-voto.

La même particularité se retrouve sur la seconde inscription d'Altiburos, dont il a déjà été question plus haut[(2)]. Cette inscription, qui, par son caractère épigraphique, ressemble beaucoup aux inscriptions de Constantine, présente en effet une formule qu'il convient d'en rapprocher. Malheureusement elle est mutilée et, dans l'état où elle nous est parvenue, au lieu d'éclaircir le problème, elle ne fait qu'ajouter aux obscurités que nous avons signalées. Voici comment j'ai cru pouvoir la lire[(3)] :

.....[לאדן ל]בעל מלך א[ד]ם אש נ[ד]-
[ר]........[בן ב]עלחן בן יאלפעל
[ו].........[בן ע]בדאדם בשנם לירח
..............[כשמ]ח קלם ברכם

(1) Voir la planche, p. 288, n° 2.
(2) Voir plus haut, p. 275.
(3) *Journal asiatique*, avril-juin 1887, p. 465-471.

.......[Au seigneur] Baal Melek-A[d]am, ce qu'ont vou-
[é].......,[fils de Ba]alhên, fils de Iolpaal,
[et]........[, fils d'A]bdadam[1], au deux du mois
..........[, parce qu'il a enten]du leur voix, les a bénis.

A ne considérer que cette inscription, il faudrait lire *Melek-Aram;* mais la comparaison des inscriptions de Constantine ne laisse guère de doutes sur la véritable lecture. Il faut lire *Melek-adam.* Voici donc encore une inscription qui présente, comme la précédente, le titre de *Melek-adam* après le nom du dieu et avant la formule votive. Mais ici il est encore plus difficile de rapporter ce titre à l'auteur de l'ex-voto, parce qu'ils sont deux, ainsi que l'indique la formule finale : «Il a entendu leur voix, les a bénis»; l'absence de toute autre épithète après le nom de Baal appelle même un titre divin à cette place.

Je ne vois guère qu'un moyen de faire disparaître la difficulté : ce serait d'admettre que Baal Hammon se confondait avec le roi, divinisé après sa mort; alors *Melek-adam* exprimerait peut-être cette idée. Sinon, il faut donner un sens tout autre aux expressions *besarim*, *besarim-batim*, *melek-adam besarim-batim*, et y chercher, non pas un titre divin, ni un titre royal, ni un ethnique, mais la désignation de l'objet offert en sacrifice, objet qui pouvait être mentionné indifféremment au commencement ou à la fin de l'inscription. Ce ne sont pas les explications qui manqueraient, et le rapprochement des mots *melek*, *melek-adam*, *besarim*, ouvrirait la voie à bien des hypothèses; mais, en épigraphie, les difficultés doivent être résolues par la comparaison, et les analogies signalées plus haut me paraissent militer en faveur de la traduction que j'ai proposée.

Elle se trouve confirmée par les deux dernières des inscriptions que nous avons publiées[2]. Sur ces deux inscriptions, nous ne

[1] Comp. Obededom, *II Sam.*, 6, v. 11.
[2] Costa, 18 et 98; plus haut, p. 287.

trouvons plus le titre de Melek-adam, ni la mention de Sarim-Batim, mais un nom propre suivi des mots : « en (l'an) cinq de son règne », « en la cinquantième année de son règne ».

Ainsi donc, les inscriptions de Constantine nous offrent cinq personnages royaux qui viennent faire, ou pour qui l'on fait des ex-voto à Cirta. Trois d'entre eux s'intitulent « Rois. . . de Sarim-Batim »; les deux autres ne prennent pas ce titre, mais l'argument *ex silentio* est encore plus fort, car, s'ils avaient été faire leur vœu en dehors de leur domaine, ils n'auraient pas manqué de dire de quel pays ou de quelle ville ils étaient rois. Cirta faisait donc partie de leur domaine, si elle n'en était pas la capitale. Si l'on en rapproche ce fait que Baal Hammon est appelé, sur une de ces inscriptions, Baal Hammon de Sarim-Batim, et que, sur deux autres, les noms des votants sont suivis du même ethnique, il sera difficile d'échapper à la conclusion que Sarim-Batim était dans la région de Cirta, si ce n'était pas, à l'époque où ces inscriptions ont été écrites, le nom même de Cirta.

Cette conclusion se heurte à une objection, c'est que nulle part nous ne trouvons trace d'un nom analogue porté par Cirta. Non seulement l'explication traditionnelle qui le rattache au mot *qart* « ville » lui est contraire, mais ni la table de Peutinger, ni les auteurs anciens ne nous donnent aucune indication qui puisse nous permettre de croire à l'existence de ce nom. Le nom de *Colonia Sarnensis* porté par l'une des colonies de Cirta, Milev, à l'époque romaine, pourrait conduire à une lecture analogue; mais elle devait son nom à P. Sittius qui était originaire de Nucérie, près du Sarno [1], et il est très douteux que l'on ait retraduit en punique un nom latin, au lieu de conserver le nom indigène suivant l'usage constant de ces peuples.

[1] *C. I. L.*, t. VIII, Cirta. *Prœmium.*

D'ailleurs nous trouvons le nom de Sarim, ainsi qu'il a été dit plus haut[(1)], à Carthage, sur des monuments antérieurs à la domination romaine.

On ne saurait guère songer non plus à Zaraï[(2)], ni au Ksar Seriana[(3)], qui faisaient tous deux partie de la Numidie. Sertei[(4)], qui faisait partie de la *Mauretania Sitifensis* et qui a été le siège de *principes gentis Numidarum*[(5)], pourrait en être rapproché avec plus de vraisemblance, mais il n'y a dans tout cela rien de probant[(6)].

On remarquera que, de ces rois, l'un a régné au moins quarante-quatre ans, et un autre au moins cinquante.

Une dernière observation que suggère l'examen de ces inscriptions royales, c'est que tous les personnages qui y sont mentionnés portent des noms puniques, et non, comme on aurait pu s'y attendre, des noms numides. Il n'en est pas un, dans le nombre, qui rappelle les noms rendus célèbres par les démêlés des princes numides avec Rome et avec Carthage. Ce fait est d'ailleurs commun jusqu'à un certain point à toutes les inscrip-

(1) Voir p. 287-288.

(2) *C. I. L.*, t. VIII, nos 4508 et suiv. — Müller, *Numism.*, t. III. p. 69.

(3) *C. I. L.*, t. VIII, nos 4372 et suiv.

(4) *C. I. L.*, t. VIII, nos 8813, 8814, 8826.

(5) Voir 8826. *Præmium.*

(6) M. Mommsen m'écrit à ce sujet : «Si j'avais été assez heureux pour vous suggérer quelque éclaircissement à l'énigme que vous me proposez, je l'aurais fait depuis longtemps. Puis la confession du *quanta sunt quæ nescimus* a toujours quelque chose d'attristant. Cirta a été une ancienne résidence royale. Je ne sais pas s'il est permis de rattacher son origine à la légende d'Apollodore; mais il est probable que les ancêtres de Syphax déjà y ont résidé. En Afrique, où le culte des rois morts était répandu, le souvenir de ces temps et des noms qui s'y rattachaient a pu durer longtemps. Mais, comme je viens de le dire, je ne trouve rien de particulier qui y ait rapport, et M. Dessau, bon connaisseur des antiquités de l'Afrique romaine, n'en sait rien lui non plus. Espérons que l'avenir nous éclaircira le passé.»

tions de Constantine, et c'est à peine si on y trouve, sur cent cinquante ex-voto, quelques noms numides et deux ou trois noms latins.

Ce sont autant de problèmes que je désirais soumettre aux savants réunis à ce Congrès; mais ce que nous avons pu déchiffrer de ces inscriptions suffit déjà à en montrer le haut intérêt et à faire entrevoir les lumières qu'elles sont destinées à apporter à l'histoire de la civilisation punique dans le nord de l'Afrique.

LA LETTRE
DU CATHOLICOS MAR-ABA II
AUX MEMBRES DE L'ÉCOLE PATRIARCALE DE SÉLEUCIE,

PAR

M. J.-B. CHABOT.

Les historiens des églises orientales nous ont transmis peu de renseignements sur le pontificat du catholicos Mar-Aba II, qui dirigea l'église nestorienne pendant dix ans, de 741 à 751. — Bar Hébréus lui consacre une vingtaine de lignes dans sa *Chronique ecclésiastique*[1]. Après avoir loué son érudition, il ajoute : «Les clercs (de la ville patriarcale) s'étant emparés de la direction et des biens de l'École, et y ayant aboli l'autorité du patriarche, celui-ci, contrarié par leurs vexations, quitta Séleucie et s'en alla habiter un monastère près de Kaškar. Alors ces clercs supprimèrent sa proclamation (en faisant disparaître son nom des diptyques); mais, les ayant apaisés *par des lettres*, il revint auprès d'eux, et ceux-ci le reçurent de nouveau... Après avoir exercé ses fonctions pendant dix ans, il mourut âgé de plus de cent dix ans et fut enseveli à Séleucie.»

C'est précisément la lettre dont parle Bar Hébréus que j'ai retrouvée, à Rome, dans un ms. syriaque du Musée Borgia (K, VI, 4), le même qui contient la Collection des Synodes nestoriens que je publie en ce moment dans les *Notices et extraits des manuscrits*. La lettre occupe les pages 561-577 de ce volume. Le style en est très défectueux et la construction des phrases est parfois difficile à saisir. Des fautes de copiste et des lacunes ajoutent encore à la difficulté. Néanmoins le sens général en est clair, et, comme elle contient plusieurs renseignements relatifs à une période de l'histoire de l'Église nestorienne, pour laquelle nous avons peu de documents, il nous a paru vraiment utile d'en faire connaître le contenu.

Mar-Aba nous y apprend les circonstances de son élévation au patriarcat, qui se fit contre son gré. Il nous met au courant des difficultés qu'il avait eues avec Cyprien, métropolitain de Nisibe, qui fut déposé

[1] *Chron. eccl.*, II, 154.

tant pour avoir voulu établir un évêque de sa propre autorité et sans le consentement du patriarche, à la place de Sisin, son suffragant, dont la cause n'était pas encore jugée, qu'à cause des plaintes de plusieurs évêques de sa province. Mar-Aba, sans approuver définitivement l'élection de Surin qui avait été choisi pour remplacer Cyprien, justifie néanmoins la déposition de celui-ci. Il cite plusieurs exemples tirés de l'histoire ecclésiastique et rapporte certains faits dont les historiens ne nous ont pas gardé le souvenir. Il mentionne des évêques dont le nom ne nous est pas connu par ailleurs. Voilà ce qui constitue l'intérêt de sa lettre et ce qui nous a engagé à la publier.

A cause même de la difficulté de ce texte, nous reproduisons scrupuleusement le manuscrit avec ses anomalies et sa ponctuation défectueuse. Quelques fautes grossières du copiste ont été corrigées; mais la chose est toujours indiquée en note. Il aurait été facile de multiplier ces restitutions pour rendre le texte plus correct en maints passages; mais ces sortes de corrections sont toujours plus ou moins arbitraires. — A la suite du texte, nous donnons un essai de traduction dans lequel nous nous sommes efforcé de rendre la pensée de l'auteur aussi fidèlement que le permettent l'originalité et les anomalies du style. Il ne faut point y chercher toute la rigueur et la précision désirables; nous nous bornons à donner le sens général, laissant à de plus habiles le soin de faire une traduction définitive.

Nous avons ajouté quelques notes, pour rappeler ou faire connaître les faits ou les personnes dont il est question, de manière à constituer, à l'aide de ce petit commentaire, une courte monographie du patriarcat de Mar-Aba II.

ܬܘܒ ܒܗܠܝܢ ܚܢܢ ܐܓܪܬܐ ܕܢܝܚܐ ܕܐܠܗܐ
ܡܪܝ ܐܒܐ ܩܬܘܠܝܩܐ ܦܛܪܝܪܟܘܣ ܕܡܕܢܚܐ
ܥܡ ܐܒ̈ܗܐ ܡܬܕܪ̈ܫܢܐ ܕܒܡܕܝܢܬܐ ܩܬܘܠܝܩܘܣ ܀

ܐܒܐ ܐܒܗ̈ܝܐ ܕܒܪ̈ܚܡܘܗܝ ܕܐܠܗܐ ܡܢܝܚܝܢ ܠܒܒܕܐ ܘܡܫܡܫܢܐ ܕܥܕܬܐ ܩܬܘܠܝ̈ܩܐ ܕܡܕܢܚܐ: ܠܐܚ̈ܝܢ ܢܨܝ̈ܚܐ ܦܬܠܘܢ ܡܦܫܩܢܐ ܘܗܘܢ ܘܒܘܕܐܡܘܗܝ ܘܐܠܝܐ ܒܪܘ̈ܡܐ: ܘܫܪܟܐ ܕܐܚ̈ܐ ܕܒܢܘܫܢܐ ܩܕܝܫܐ ܕܐܘܪܫܠܡ: ܫܠܡܗ ܕܡܪܢ ܀

ܩܪܢܬ ܠܡܬܡܟܘܢ ܕܠܘܬܝ ܐܚܝ. ܘܡܛܠ ܐܦܝ̈ ܚܘܠܡܢܝ̈ܟܘܢ ܠܐܠܗܐ ܐܘܕܝܬ. ܘܐܠܘ ܬܒܥܠ ܗܘܝܬ ܬܫܪ ܠܟܘܢ ܢ̈ܒܝܐ ܐܡܪ: ܕܡܢ ܒܐܒܐ ܡܬܕܒܪܢܐ ܕܡܢ ܢܘܟܪ̈ܝܐ ܡܟܝܟܐ ܗܘܝܬ: ܠܝܒܒܗ ܘܡܢ ܦܘܡܐ ܘܠܐܕ̈ܢܐ: ܠܡܦܩ ܒܪܘܚܐ ܕܠܘܬܟܘܢ ܓܒܪܐ ܗܘܝܬ. ܡܢ ܟܠܗ ܕܝܢ ܬܘܟܠܢܐ ܕܗܘܐ:. ܘܐܦ ܒܬܟܐ ܕܫܒܬܐ ܦܘܩ̈ܕܬܐ ܠܟܘܢ ܪܘܚܐ ܐܦܩܬ ܐܬܐܠܨܬ. ܘܐܝܟ ܡܢܪܝܐ ‖ ܢܝܟܐ. ܒܐܘܪ̈ܚܬܐ ܠܝܒܒܗ ܕܡܢ ܦܘܡܐ ܘܠܐܕ̈ܢܐ ܀ ܡܦܫܝܢ P. 56a.
ܐܚܝܢ ܡܢ ܠܒܪ̈ܐ ܐܢ̈ܫܐ: ܕܠܟܐ ܢܛܘܦܐ ܢܫܒܚܬܗ ܡ̇ܢ ܢܦܫ̈ܢ: ܫܘܒܚܢܐ ܕܟܠܗܘܢ ܪܒܐ ܐܚܝܐ. ܘܠܘ ܗܕܐ ܐܡܪ̈ܢ ܐܢܐ: ܕܠܟܐ ܗ̇ܘܐ ܢܛܘܦܐ ܫܘܒܚܢܐ. ܠܘ ܓܝܪ ܒܠܚܘܕ ܢܛܘܦܐ ܠܫܘܒܚܢܐ ܢܚܬ ܐܢܐ: ܕܐܦ ܢܛܘܦܐ ܕܡܢ ܢܛܘܦ̈ܐ ܒܠܚܘܕܘܗܝ ܘܠܟܠ: ܠܫܠܝ̈ܚܐ ܕܝܢ ܒܪܘܚ. ܠܕܡܬܕܒܪܝܢ ܒܗܘܢܐ: ܠܢܩ̈ܠܐ ܕܝܢ ܘܠܦ̈ܐ ܘܢ̈ܫܒܐ ܕܐܒܗ̈ܬܝ: ܐܪܦܐ ܢܛܘܦܐ ܠܫܘܒܚܢܐ ܠܐ ܗ̇ܘܬ ܢܦܩܐ. ܕܐܦ ܡܐܢܝܐ ܕܠܓܒܪ ܫܘܒܚܢܐ: ܘܡܛܠ ܕܢܚܕ ܡܢ ܢܩ̈ܠܐ ܕܠܐ ܐܡܪ ܪܫܐ ܕܟܠܗܘܢ ܐܢܐ ܠܘ ܡܫܟܚ ܗܘܝܬ. ܒܐܝܕܬ ܒܕܠܗܘܢ. ܠܐ ܒܠܚܘܕ ܢܛܘܦܐ ܠܫܘܒܚܢܐ ܠܐ ܢܫܒܚܬܗ. ܕܐܝܟ ܕܡܢ ܢܘܪܐ ܕܡܩܕܐ ܘܡܒܪܝܬܐ: ܡܢ ܗܢܐ ܗܘܝܬ ܡܫܡܗܬܪ: ܘܕܐܪ̈ܦܐ ܕܫܒܬܐ ܠܗܘ ܡܢܐ ܕܒܢܝܢܐ ܕܢܝܚܐ ܕܡܕܝܢܬܐ ܡܪܝ ܦܛܪܝܪܟܐ ܩܬܘܠܝܩܐ ܐܬܦܪܝܣ: ܡܢ ܚܘܒܬ ܕܠܐ ܒܬܟܐ ܡܢ ܠܒܫܐ ܕܐܓܪܬܐ ܢܦܩܘ ܘܠܟܠ: ܠܗܕܐ ܕܚܘܒܐ ܐܬܬ ܐܢܐ. ܐܬܬܚܝܫ ܢܦܫܐ ܕܡܕܝܢܬܐ ܡܪܝ ܦܛܪܝܪܟܐ ܘܒܬܟ̈ܐ (1)

(1) *Sic* ms.; lire : ܘܡܢ ܒܬܟ̈ܐ.

ܕܒܢܝܢܗ ܗܘ ܕܐܦ ܠܒܫܐ ܦܓܪ ܗܘܐ. ܠܬܠܬܝܢ ܐܬܦܪܢܣܬ. ܕܒܗܘܬ ܕܠܐܒܗ̈ܘܬܐ ܐܘܪܚܐ[1] ܠܒܘܫܝܐ. ܘܡܢ ܕܬܠܬ̈ܐ ܚܕܪܬ ܘܠܒܘܫܝ ܕܘܟܝ ܐܢܫܝܢ ܐܢܫܝܢ ܡܥܪܪܬ: ܠܐܬܪܐ ܒܪܝܦܬ: ܒܪ ܡܬܒܥܝܢ ܐܟܡܐ: ܠܐ ܫܦܪ ܠܗ ܡܫܡܫܢܐ: ܡܛܠ ܒܥܠܠܐ ܕܠܐ ܦܫܝܩܐ ܠܡܬܪܓܡܘ. ܒܒܥܬܐ ܕܝܢ ܒܝܘܡܐ ܠܡܫܡܫܐ ܐܬܝܬ. ܡܢ ܐܢܫܝ̈ ܐܦܝܣܩܘܦܐ ܕܡܘܦܪܕܝܐ ܕܒܠ ܒܒܒܗܘܢ ܬܐܠܦܘܢ ܒܝܘܡܐ: ܐܝܟ ܐܝܢ ܘܐܝܬ ܒܒܗܘܢ ܕܗܠܝܢ ܡܢ ܗܘܝܢ ܠܐ ܡܬܠܦ. ܠܘ ܒܪ ܒܡܢ ܒܗܘܐ ܠܫܘܕ: ܐܢܫܝܢ ܐܦܝܣܩܘܦܐ ܕܡܘܦܪܕܝܢܐ ܒܬܒܘ ܠܗ ܘܢܦܩܘܢ: ܕܐܦ ܗܘܝܢ ܬܘܒ ܡܢܗܘܢ ܘܠܗܘܢ ܒܪ[2] ܐܦܠܐ ܒܐܝܕܐ ܕܗܘ: ܠܬܠܒܘܢ ܐܬܦܪܣܘ ܕܢܫܬܪܘܢ: ܕܐܦ ܒܐܝܕܐ ܕܐܦܝܣܩܘܦܐ ܐܝܢܘܢ ܢܬܦܪܫܘܢ. ܠܐ ܪܫܝܗ ܕܝܢ ܕܬܠܬܐ[3] ܕܫܢܬܐ ܠܐ ܡܦܪܫܐ: ܡܛܠ ܕܠܐ ܪܫܝܢ ܡܫܘܚܢܐ ܐܬܦܪܢܣ: ܦܫܝܩܘܬܐ ܡܢ ܒܠܗ ܒܬܠܬܐ ܗܘ ܒܗܬܬ. ܘܡܢܐ ܕܡܢ ܕܒܬܗ ܒܐܘܪܚܐ ܐܘܦܬ: ܡܛܠ ܕܠܐ ܘܠܐܦܝܣܩܘܦܐ
P. 563. ܕܐܬܐ ‖ ܒܬܪ ܐܓܪܐ[4]. ܡܢ ܕܝܢ ܕܡܕܝܢ̈ܬܐ ܠܠܡܕܝܢܬܐ ܒܗܬ ܫܦܝܪܐ ܕܘܫܓ ܡܢܝܢ: ܚܢܢ ܠܗ ܠܒܢ. ܠܡܫܝܚܐ ܫܡܗܐ ܡܪܐ ܐܝܢܐ. ܘܠܐܝܢܘܢ ܐܦܝܣܩܘܦܐ: ܒܠ ܚܢܢ ܠܡܐܢܐ ܐܪܦܝܬ ܘܠܐܝܢܐ ܕܒܒܝ ܒܢܝܗ ܘܠܡܛܪ ܐܚܪܝܢܬ. ܘܡܛܠ ܚܘܫܒܐ ܗܘ ܚܢ ܗܠܝܢ ܬܠܠܬ: ܘܕܠܐ ܚܕܪ ܠܗ ܡܫܡܫܢܐ. ܠܐ ܕܝܢ ܐܬܦܪܫܘ ܗܠܝܢ: ܘܫܠܡܬ ܒܦܫܝܩܘܬܐ ܕܠܐ ܐܘܪܚܝ. ܡܢ ܕܝܢ ܕܠܠܡܐܢܐ ܕܗܘܝܢ ܒܢܝܬ: ܐܢܫܝ̈ ܡܢ ܐܦܝܣܩܘܦܐ ܘܡܢܒܗܘܢ ܐܢܫܝ̈ ܠܗܘ ܐܬܘ: ܘܡܢܫܪܐ ܐܚܘܠ ܢܦܩܘܢ. ܡܛܠ ܕܡܢ ܕܠܠܡܐܢܐ ܫܡܚܬ: ܗܘ ܡܢܐ ܕܐܢܫܝܢ ܗܘܐ ܗܘܝܢ: ܘܐܦ ܠܗ ܐܬܒܥܝ ܪܘܫܐ ܢܨܒܬܗ ܕܚܕܪ ܠܗ ܡܢ ܒܠ ܦܪܘܫ. ܘܠܐܢ̈ܫܐ ܐܦܝܣܩܘܦܐ ܘܠܐܢ̈ܫܐ ܕܒܢܝܗܘܢ ܒܡܫܒܪܐ ܫܪܝܬ: ܕܒܢܘܒܐ ܒܟܠ ܐܢܫܐ. ܘܒܢ ܡܠܬ̈ܐ ܡܠܠܬ ܗܘܝܢ ܒܪ ܗܘܝܢ ܕܐܒܛܠܦ: ܘܐܢ ܬܫܡܫܬܐ ܢܒܘܢ ܕܐܓܪܬܐ. ܡܛܠ ܕܒܗ ܒܪ ܒܗ ܒܒܢܝܐ ܠܡܠܬ̈ܐ ܠܡܒܛܠ ܠܐ ܫܦܪ. ܠܬܠܬܝܐ ܦܩܕܬ ܡܢܐ ܕܦܩܕܬ. ܘܐܢܐ ܒܪ ܠܠܝܗ ܠܒܫܬܪ ܐܘܦܬ. ܐܝܟܢ ܕܝܢ ܐܬܬܥܝܪܬ ܒܬܪ ܗܕܐ ܘܐܬܦܢܝܬ ܠܒܦܘܠܝܐ: ܘܒܒܒܐ

(1) Ms. : ܐܝܘܪܚܐ. — (2) Ms. : ܒܪ ܒܪ. — (3) Ms. : ܠܐ ܕܫܘܚܕܝܢ ܕܬܠܬܐ. — (4) Ms. : ܒܬܪܐܬܐ ܐܓܪܐ.

ܐܝܟܢܐ ܘܒܐܝܕܐ ܬܢܘܗܝ ܘܡܢܟܐ܆ ܐܝܟ ܗܢܘܢ ܕܒܕܐܡܗܘܢ ܕܠܒܗܘܢ ܘܕܠܝܬ ܢܬܬܐܠ ܒܕܘܟܐ ܕܠܐ ܐܘܣܦܐ. ܐܦ ܡܢ ܒܬܪ ܕܐܬܬܢܝܬ: ܠܐܝܠܝܢ ܡܣܬܦܩ̈ܢܐ ܐܫܬܠܛܬ܆ ܠܝܠܕ̈ܬܝ ܘܐܝܬܒܟ̈ܝ: ܒܡܣܬ ܕܐܦܬܐ ܠܓܢܣܐ ܠܘ ܠܐ ܬܗܘܐ܆ ܗܢܘܢ ܡܣܬܦܩ̈ܢܐ ܢܬܬܕܒܪܘܢ܆ ܐܝܟ ܘܐܦ ܒܢܟܝܐ ܕܠܐ ܙܟܝܐ܆ ܒܡܣܬܦܩ̈ܢܐ ܫܡܥܘ ܠܝ. ܘܗܠܝܢ ܟܕ ܡܐܟܠ ܐܢܐ܆ ܒܡܣܬ ܕܟܠ ܒܠܒܗܘܢ ܬܡܝܗܝܢ: ܢܝܐ ܕܡܣܒܪ̈ܢܐ ܕܚܝܠ ܘܡܪܝܬܐ܆ ܗܘܐ ܒܗܘܢ ܕܗܘܐ ܘܐܬܦܪ̈ܢܣܘ. ܗܘ ܕܐܦ ܠܒܣܡܒܗ ܒܡܬܕܪ ܐܢܐ܀ ܩܘܡܬ ܥܠ ܠܒܒܗܘܢ ܒܢ ܕܦܩܬ܆ ܘܠܬܪܒܐ ܕܫܠܝܛܐ ܘܠܫܠܒܘܗܝ[1] ܢܚܘܬ. ܘܠܘܬܗܘܢ ܡܦܚܬ. ܢܦܩܬ ܒܕܒܐܪ̈ܒܘܢ. ܘܠܒܬܪܗܘܢ ܠܐܬܪܐ ܢܚܬܬ. ܒܛܠ ܕܠܠܬܐ ܡܪܝܚܬܐ. ܠܢܒܗ ܠܬܪܒ ܫܠܝܛܐ ܢܚܬܬ. ܒܡܣܬ ܕܐܦ ܒܢ ܬܒܢ ܠܘܬܗܘܢ ܐܬܦܢܝܐ. ܒܕܒܪܢ ܒܢ ܗܕܐ ܒܡܫܟܐ ܕܢܦܫܗ̈. ܒܒܘܪܗܢܐ ܕܝܢ ܒܛܠܠܐ ܒܬܚܝܐ ܕܪ̈ܢܝܐ ܢܒܟܝܐ: ܡܪܬܒܝܢ ܐܬܬܢܝܪܬ. ܗܘ ܕܐܣܩܘ̈ܦܬܐ ܦܣܩܘ ܡܩܪܒܢ: P. 564. ܟܢ ܐܣܟܝܐ ܕܓܠܐ ܒܫܝܢܐ ܠܐ ܦܩܕ ܠܝ. ܘܗܕ ܓܒ ܒܢ ܦܣܩ ܡܩܒܪܐ ܗܘ ܠܐ ܒܢܘܪ ܡܦܩܬ ܒܕܒܪ܆ ܐܣܠܩܬ ܥܠ ܦܣܩ ܡܩܒܪܐ ܘܒܓܣܝܒܐ ܒܡܬܐ ܒܢܝܪ ܘܠܝܠ ܠܘܬܗܘܢ ܒܢܝܢܬ܆ ܗܘ ܕܐܦ ܒܢܒܗܘܢ ܒܬܘܬܗܘܢ ܐܣܬܬܗܪܬ. ܒܒܢܪܬ ܥܠ ܠܒܒܗܘܢ ܢܝ ܒܢܬ ܙܒܢܐ ܠܐ ܙܒܘܪ. ܫܒܠܝܬ ܒܕܒܐܪ̈ܒܘܢ. ܐܬܦܢܝܬ ܕܢ ܠܡܢܒܐ ܕܡܪܐ: ܠܒܫܝܢܘܬܐ ܕܩܢܘܢܐ ܕܐܪܒܝܠ. ܗܘ ܕܒܠܠܝܐ ܕܫܡܪܗ ܠܒܫܝܢܐ ܡܣܡܕܗܐ ܩܪܐ ܐܢܐ ܠܐ ܒܠܝܢܕ ܘܢܟܝܐ ܐܬܕܘܕܘ ܕܐܦ ܬ̈ܓܪܐ ܒܛܠܠܗ ܗܘ ܒܠܗ ܒܕܟܐ ܕܦܢܝܐ ܢܫܒܬܗ ܫܡܪܐ ܢܒܛܠ ܐܘ ܕܠܝܢ ܠܡܐ ܐܦܠ ܒܗ ܙܐܪ ܐܢܐ. ܪ̈ܢܝܐ ܕܝܢ ܡܨ̈ܒܪܐ ܒܪ ܠܠܝܗ ܒܢܒܘܢܝ ܒܟܡ ܙܠܘܬܐ: ܠܝ ܒܬܕܒܢܝܐ ܓ̈ܒܪܐ ܕܡܢܒܢܝ ܠܡܢܒܐ ܡܢܐ ܗܘܐ: ܘܐܦ ܒܐܕܐ ܒܒܐ ܐܫܬܒܠܝ. ܐܦܩܬܗܘܢ ܒܬܪ ܗܕܐ܆ ܘܠܐܬܪܐ ܢܚܬܬ. ܢ̈ܪܢܝܐ ܬܪܝܢ ܒܕܒܫ ܠܐ ܡܣܒܗ ܠܝ ܐܘܒܕܬ ܬܠܬܐ܆ ܘܓ̈ܒܪܐ ܗܢܝܐ ܦܬܓܡܐ ܗܘ ܕܡܦܝܢ ܡܢ ܠܘܬܗܘܢ ܢܕ ܒܬܪ ܢܕ ܒܩܒܡܝܢ ܗܘܗܘ. ܗܢܘܢ ܕܐܝܬܘܗܝ ܬܕܒܗܘܢ ܠܗ ܐܢܐ: ܘܠܗܘܢ ܘܠܠܠܬܐ ܕܠܗܘܢ ܒܒܘܕܐ. ܒܐܒܠܘܬܢܐ ܕܠܐ ܪ̈ܢܝܐ ܘܐܓ̈ܒܪܐ ܒܫܬܠܡ

[1] Ms. : ܘܠܫܠܒܘܗ.

ܐܢܐ. ܗܢܘܢ ܕܠܐ ܟܠܝܘܡ ܡܬܒܪܢܘܬܗܘܢ. ܠܐ ܚܫܫ ܐܢܐ܆ ܕܐܦܠܐ ܒܚܫܚܐ ܕܝܠܗܘܢ. ܥܠ ܟܠܠܐ. ܡܕܡ ܕܦܬܟ̈ܪܐ ܐܬܚܫܒܬܘ ܠܒܝ: ܘܡܢ ܒܬܪ ܕܗܢܐ ܘܕܐܪܐ ܘܠܡܦܛܪ: ܘܐܬܬܘܪܬ ܘܐܬܬܕܝܢܬ ܘܐܬܬܚܫܒܬܘܢ ܠܗ ܒܪܢܫܐ. ܘܠܐ ܒܟܠܝܘܡ ܕܐܦ ܗܘܦܟܝܢܟܐ ܡܛܠ ܐܠܗ̈ܐ ܒܬܟܘ ܘܫܬܩܘ: ܡܬܪܗܒܝܢ ܗܘ ܕܐܫܬܡܐ ܠܟܘܢ܆ ܗ̈ܘܟܢܐ ܡܛܠ̈ܐܐ ܒܗ ܬܚܘܡܗ ܐܢܐ ܢܦܩܬ ܥܠ ܗܕܐ. ܠܒܬܪܟ ܕܝܢ ܠܐܠܗܐ ܠܥܠܡܝܢ ܐܬܟܠܬ: ܗܘ ܕܗܢܐ ܕܡ̈ܠܐ ܕܟܘܐ ܘܕܟ̈ܢܐ. ܒܗ ܕܝܢ ܒܢܬ ܫܢ̈ܝܐ ܗܠܝܢ ܒܬܘܬܪܐ ܒܬܟܐ ܡܒܐܐܫܐ (1) ܒܫܡܗܘܢ ܕܡܢ ܡܛܠ̈ܐܝܐ ܦܘܢ̈ܫܝܐ: ܗܘ ܕܗܘܢ ܒܬܘܟܝܗ (2) ܦܬܓܡܗ ܢܬܠܘܢ. ܗܢܐ ܕܒܗ ܒܠܗܘܢ ܕܝܠܗ ܠܦܘܡܝ ܡܫܠܡ ܐܢܐ. ܢܚܐ ܘܟܠܝܘܡ ܒܗܘ ܐܢܐ. ܒܬܟܘ ܟܝܪ ܕܠܒܬܐ ܕܒܝܬܐ ܗܢܐ ܗܘܐ ܠܪܦܬܗ ܘܥܫܝܬ. ܘܒܗ ܡܫܒܚ ܗܘܫܐ ܪܘܚܐ ܠܟܦܘܢ܆ ܗܘ ܕܐܦ ܡܪܝܐ ܢܝܚܐ ܘܚܝܐ ܠܒܢܝܗ
P. 565. ܢܦܩ ܐܢܐ. ܕܫܒܬܐ ܠܒܪܬܐ ܕܗܕܐ. ܡܘܕܝܢܐ ܠܒܝܬܐ ܠܡܦܪܫ ܕܡܥܕܪܢܐ ܢܚܘܬ. ܕܡܒܐ ܫܪܝܪܐ ܡܛܠ̈ܐܝܐ ܘܐܦܐ ܢܬܓܠܐ ܕܒܕܓܗ ܠܗ ܠܐܠܗܝܢ ܕܗܒܘܢ. ܡܘܕܝܢܐ ܠܡܦܪܫ ܐܬܬܝ: ܗܠܝܢ ܕܝܒܬܗܘܢ ܒܐܠܗܝܢ̈ܐ ܒܕܘܝ ܬܬܚܫܐ ܘܐܦ̈ܣܓܐ ܗܘܬ ܒܬܚܫܝܐ: ܠܐܦܣܩܘܦܐ ܕܝܢ ܕܠܗ ܕܗܘܦܪܒܐ. ܐܦܣܩܘܦܐ ܬܪܝܢ. ܒܗܕ ܗܠܝܢ ܟܝܪ ܐܘ ܐܘܒܐ ܠܒܢܝܗ ܒܚܫܒܐ ܗܘܝܬ ܐܘ ܐܫܘܒ. ܠܐ ܒܚܬܘܡ ܥܠ ܟܠܐ ܐܫܘܝܬ: ܕܗܘܕܡ ܕܒܢܐ ܢܐܬܒ ܐܢܐ ܘܒܬܬܚܫܡ ܠܗ ܒܪܢܫܐ܆ ܗܘ ܒܬܐ ܕܒܬܒܒܘܢ ܐܡܪ. ܕ...ܒܗܘܢ: ܐܫܐܠ ܡ̈ܠܐ ܐܢܐ ܘܬܬܦܫܐ: ܒܡܛܠ ܒܠܬܐ ܕܘܒܐ. ܡܛܠ ܕܐܢܬܘܢ ܡܢ ܒܬܪ ܫܠܝܐ ܕܒܘܬܒܘܢ ܘܒܐ ܢܦܠ ܠܗܘܢ ܗܠܝܢ ܐܟܪܝܢ. ܠܐ ܕܝܢ ܘܡܛܠ ܒܗܢܐ ܘܒܐ: ܗܝ ܕܐܘܪܫܐ ܕܒܦܡ ܒܪܘܚܐ ܒܒܗܘܢ ܠܒܕܒܪ ܒܫܒܝܚ ܗܘܝܬ. ܘܡܛܠ ܕܝܢ ܒܠܬܐ ܕܘܒܐ ܗܘ: ܘܒܐ ܗܘ ܕܗܘܐ: ܒܬܪ ܘܒܐ ܒܫܒܚܗܐ ܒܗ ܡܠܝܚ ܐܢܐ܆ ܗܘܝܢ ܗܘܐ ܒܠܬܐ ܒܕܘܡܐ ܕܡܕܝܢܬܐ ܘܬܪܒܝܬܐ. ܕܐܫܐܠ ܡ̈ܠܐ ܐܢܐ ܘܢܦܫܝܗܘܢ ܠܗ. ܠܐ ܟܝܪ ܗܘܦܐ ܠܪܝܫܬܐ ܒܒܪܝܬܐ ܗܝ ܕܗܘܝܢ ܒܪܬܠ ܒܠܬܐ ܗܘܐ. ܥܠ ܬܘܦܣܬܐ ܟܝܪ ܒܒܝܘܪܢܝܬܐ ܘܗܘܐ

(1) Ms. : ܒܒܐܫܐ ܐܐ. — (2) *Sic* ms.

ܚܣܝܐ: ܗܘ̇ ܕܠܘܬ ܟܦܢܐ ܐܦܘܪܢܣܘܣ ܠܒܢ̈ܝ ܐܒܠܐ
ܐܬܚܙܝܬ ܦܠܣܘܦܐ. ܒܟܠ ܕܣܘܦܪܢܐ[1] ܐܫܬܪܝ، ܘܗܒܐ ܗܘ̇ܐ.
ܐܘ ܒܟܠ ܕܝܠܦܘܗܝ ܣܦܪ̈ܝ ܐܬܬܣܝܡ: ܠܝܕܥܐ ܗܘ̇ ܒܥܪ ܒܝ̈ܢ
ܗܠܝܢ ܘܗܒܐ ܒܬܕܝܪܐ ܠܐ ܠܬ̈ܬܝܗܘܢ. ܐܝܟ ܒܟܠ ܕܣܘܦܪܢܐ
ܐܫܬܪܝ. ܠܐ ܗܘܬ ܗܕܐ ܕܠܗܘܢ. ܘܩܕ̇ܡܝܢ ܒܠ ܗܕܐ ܘܒܢ̈ܝܐ
ܕܒܒܪܘ. ܐܫܬܪܝܘ ܒܪ ܐܢܫܐ ܒܡܕܒܪ̈ܢܐ ܗܘ̇ܐ ܐܟܠܬ.
ܘܡܕܒܪܢܘܬܐ ܠܗܕܐ ܠܐ ܐܬܩܪܝ: ܐܝܟ ܒܪ ܐܢܫܐ ܗܕܐ ܗܘ̇ ܙܒ̣ܢܐ
ܐܢܐ: ܕܐܦ ܡܗܝ̈ܡܢܐ ܡܢܐ ܕܗܘܝܢ ܒܒܠܗܘܢ ܕܠܐ ܐܫܬܘܦ.
ܐܠܐ ܠܐ ܗܘܬ ܘܙܒܢܐ ܗܕܐ. ܐܝܟ ܗܟܢܐ ܒܟܠ ܕܣܘܦܪܢܐ
ܐܫܬܪܝ: ܘܗܒܐ ܠܗܠܝܢ ܐܝܟ. ܐܠܝܨܐ ܠܝ ܒܬܕܒܪܢܐ ܕܪܘܚܢܐ
ܠܗܠܝܢ ܐܦܣܡ. ܒܡܛܠ ܕܐܝܟ ܒܢܘ ܒܝ ܠܐ ܢܬܬܟܠܘܢ. ܐܬܝܐ
ܣܘܦܪܢܐ ܐܝܟ ܕܐܬܝܐ ܐܫܬܘܦ ܠܐ ܐܬܝܐ. ܠܐ ܒܬܪܗ
ܒܕܬܝܢܘܬܐ[2] ܘܒܦܠܣܘܦܐ. ܬܘܒ || ܒܪ ܒܕܬܝܢܘܬܐ ܗܕܐ ܗܘ̇ ܠܗ̇ P. 566.
ܘܦܠܣܘܦܐ: ܕܦܪ̈ܘܦܐ ܬܪܝܢ ܐܘ ܬܠܬܐ ܐܘ ܒܗ ܣܓܝ ܐܪܒܥܐ:
ܡܢ ܒܢ̈ܝ ܩܢܘܡܐ ܘܡܢ ܡܗܝ̈ܡܢܐ ܒܬܟܐ ܕܫܠܡܘܬܐ ܕܒܠ
ܦܪ̈ܘܦܐ ܒܗܠܝܢ. ܦܪ̈ܘܦܐ ܕܝܢ ܕܐܬܦܠܓܘ: ܠܐ ܠܡܬܬܚܕܘ ܒܫܠܡܘܬܗ
ܠܐ ܠܘܩܐ. ܕܐܦܠܐ ܕܐܝܟܘ ܡܢ ܐܝܟܐ ܕܒܠܝܬܗ ܒܡܬܝܕܥܐ.
ܘܗܕܐ ܠܐ ܒܠܝܘܕ ܡܢ ܒܬܪ̈ܐ ܬܝܘܒܬܐ ܘܡܢ ܒܝܬ̈ܕܐ ܠܒܣܡܒ.
ܐܘ[3] ܫܪ̈ܒ ܒܠܒܢ ܕܫܪ̈ܒ. ܘܢܘܒ ܡܢ ܕܒܬܗ ܘܬܬܒܣܐ ܕܐܦ
ܡܢ ܫܐܘܠ ܒܝܫ ܒܢܘܗ. ܐܝܟܢ ܒܪ ܗܢܐ ܒܝܒܝܢܐ ܕܡܪܝܬܗ
ܘܡܢ ܢܒܝܐ ܐܬܦܪܫܘ. ܗܐ ܠܟ ܗܘ̇ ܒܬܦܫܐ ܒܝܬ ܒܐܢ̈ܐ.
ܢܒܗܬܘܢ ܒܟܠܐ ܒܪܒܪ̈ܢܐ ܢܫ̈ܬܐ ܘܢܬܒܥܘܢ ܒܗ ܦܓ̈ܪܝܢ ܢܚܒܐ.
ܫܐܘܠ ܒܟܝܢܐ ܗܘ̇ ܒܝܫ ܦܘܡܒܐ: ܒܡܛܠ ܕܐܝܟ ܒܐܘܣܒܝܐ
ܠܦܘܡܐ ܢܣܒ ܘܡܒܪ̈ܒܢܐ ܕܠܝ. ܘܐܨܠܝܐ ܦܠܝܐ ܪܫ ܣܦܦ
ܠܗܘܢ ܒܪܦܬ ܕܐܪܦܐ ܠܦܝܢܐ ܘܠܫܠܒܘܬܗܘܢ. ܠܒܢ̈ܝ ܢܐ
ܒܪܝܪ. ܐܘ ܫܠܝܬܐ ܠܒܘܠܐ. ܒܗ ܦܬܒ ܒ̈ܢܝ ܐܚܪ̈ܢ ܐܢܐ
ܠܫܠܒܘܬܗܘܢ ܠܒܢ̈ܝ. ܐܫܬܘܦ ܕܝܢ. ܒܗ ܗܕܐ ܐܬܝܐ ܘܣܘܣܘ:
ܠܘ ܒܗ[4] ܐܢܕܐ ܕܠܐ ܒܬܐܒܪܐ. ܦܘ ܠܝ ܗܫܐ. ܐܘ ܕܒܟܠ
ܣܘܦܪܢܐ ܒܬܬܝܢܝܢ ܒܡܢ ܒܢܝ ܩܢܘܡܐ ܬܠܬܐ ܐܘ ܐܪܒܥܐ
ܘܡܗܝ̈ܡܢܐ. ܫܠܡܘܬܐ ܕܣܘܦܪܢܐ ܐܬܝܐ. ܦܘ ܒܒܠܐ ܐܢܐ ܐܝܕܐ

[1] Ce nom est écrit dans le ms., le plus souvent avec le *ribui* : ܣܘܦܪ̈ܢܐ. — [2] Ms. : ܒܕܬܝܢܐ. — [3] *Sic* ms.; ܐܦ (?). — [4] Ms. : ܒܗ.

ܕܬܪܒܘܢ ܘܠܗܘܢ ܦܬܓܡܐ ܬܬܠܝܢ. ܠܘ ܚܘܫܒܢܝܢ ܦܕܬܐ ܣܘܟܠܐ ܘܚܘܫܒܢܝܢ ܚܫܝ̈ܟܐ ܘܐܦ ܒܢ̈ܝ ܡܕܟܐ ܚܟܝܡܘܢ[1] ܠܐ ܚܙܐ ܐܢܐ. ܠܘ ܚܕ ...... ܘܒܢ̈ܝܢܐ ܕܐܪܦܐ ܕܫܒܬܐ ܐܝܠܝܢ ܕܠܐ ܡܬܐܡܪ̈ܢ. ܐܢ ܗܘܝܬ ܡܢ ܢܘܡܘ̈ܣ ܒܠܒܟܐ ܒܕܘܟ ܠܝ: ܫܠܝܡܘܬܐ ܕܓܒ̈ܪܐ ܡܕܒܪ̈ܢܐ: ܒܝܢܐ ܗܢܐ ܠܡܠܬܐ ܘܒܬܓܡܐ. ܘܡܦܪܢܐ ܡܘܟܡܗ. ܐܝܟܐ ܗܘܐ ܗܘܕܝܢ. ܗܕܐ ܕܪܒܐ ܡܢ ܟܠ ܒܐܬܪܗ ܬܐܡܪܘܢ ܘܒܕܘܒܪܗ ܐܝܬܘܢ ܬܕܒܘܢ ܠܘ ܐܢܐ. ܘܐܠܐ ܒܝܬ ܡܐܢܐ ܡܬܓܒ̈ܪ ܗܘܐ ܐܣܡܟܬܐ ܕܒܝܬ ܫܐܘܠ: ܘܗܕܐ ܐܝܬܘܗܝ ܬܕܒܘܢ ܠܘ ܐܢܐ. ܒܦܣܝ̈ܩܬܐ ܐܬܒܣܝܡܬ ܠܓܒܘܬܗ. ܗܝ ܕܐܦ ܒܢܒܘܢ ܠܐ ܒܣܝܡܐ. ܫܪ̈ܪܬ ܒܐܫ̈ܝܐ ܠܥܪܒܗ ܐܢܫܝܢ ܡܢܒܘܢ: ܗܢܘܢ ܕܐܦ ܡܢܒܘܢ ܠܐ ܒܣܝܡ. ܐܬܬܓܪܘ ܗܠܝܢ ܡܢܘܢ ܕܐܬܬܓܪܘ: ܗܢܘܢ ܕܐܦ

P. 567. ܦܬܓܡܗ ܒܣܘܟ‖ ܦܬܓܡܐ ܢܬܠܘܢ. ܒܦܘܣܩܢܘܬܐ ܗܘܐ ܓܒܪܐ ܠܦܘܬ ܕܗ݁ܘܐ. ܐܝܠܝܢ ܕܝܢ ܐܪܬܬܗ ܒܗ ܡܢܚܚܚܚܬܗ[2] ܡܠܝܢ ܐܢܐ ܚܫܒܬ ܕܠܝܢ ܒܝܬ ܐܢܫ̈ܘܗܝ ܡܕܝܢܬܐ ܕܗܠܝܢ: ܘܠܗ ܫܐܠܘ ܥܠ ܟܠܗܘܢ ܘܠܦܘ. ܐܝܟ ܐܝܟܢ ܡܢܐ ܕܐܝܟ. ܘܐܪܦܐ ܕܠܡܠܟܐ ܕܠܝܬ ܠܐ ܫܒܩ: ܕܐܦ ܠܡܬܒܠܡܘܢ ܡܢ ܕܓܒܪܐ ܐܚܪ. ܠܐܒܗ̈ܬܢ ܐܦܣܩܘܦܐ ܠܐ ܒܠܚܘܕ ܡܢ̇ܟܐ ܗܘ ܕܡܠܟܘܬܗ. ܕܐܦ ܠܡܬܠܟܘܢ ܐܬܓܒܪ ܘܡܢ ܥܠ ܫܪܝ ܫܓܫ ܥܠ ܦܣܩܝܢ[3] ܡܢ ܐܦܣܩܘܦܐ: ܘܐܢܐ ܒܕܝܠܗ ܠܐ ܢܓܫ. ܒܬܒܥ ܠܘ ܓܒܪ. ܕܒܕܘܩܝܐ ܡܬܓܠܐ ܦܣܩܝܢ: ܠܐ ܒܠ [illegible] ܡܬܓܒܪܢܘܬܐ ܕܒܝܬܝܢ ܡܕܝܢܬ ܠܐܦܣܩܘܦܘܬܐ: ܕܐܦ ܬܢܘܢ ܡܢ ܕܒܘ[4] ܒܒܕܘ: ܘܒܡܕܒܪܢܘܬܐ ܠܗܕܐ ܢܬܒܗ: ܕܠܐ ܬܗܘܒ ܫܩܣܝܢ ܡܕܒܪܢܐ ܠܗܘܢ ܒܟܠ ܘܠܗܠܝܢ ܡܠܟܐ: ܐܝܟ ܠܝ ܡܬܝܕܥܐ ܐܟܘܢ. ܐܢܐ ܕܝܢ ܘܐܦ ܗܟܢܐ: ܡܢ ܦܬܓܡܗ ܠܐ ܐܬܓܒܪܬ. ܒܬܟܬ ܓܒܪ ܦܢܝܬܗ: ܗܘ ܡܟܐ ܕܠܗ ܠܐ ܓܒܪܐ. ܗܢܘ ܕܝܢ. ܕܒܠ ܢܘܪܦܗ ܕܡܕܒܪܢܐ ܠܡܐܡܪ ܕܐܢܝ ܡܕܒܪܢܐ ܕܒܐܝܕܘ̈ ܬܚܒܠ ܐܢܬ. ܓܒܪܐ ܡܕܒܪܢܐ ܠܡܣܪܐ ܠܦܘܬ ܪܒܘܬܐ ܕܡܕܒܪܢܘܬܐ. ܒܒܝܬܐ ܕܡܕܒܪܢܐ ܠܡܕܒܪ ܬܐܟܠ ܠܝ: ܘܐܝܟܢ ܕܒܥܝܢܐ ܕܐܝܬܘܬܐ ܠܡܕܒܪܢܐ ܕܟܢ. ܗܕܐ ܕܡܢ ܚܘܒܗ ܦܣܩܝܢ ܒܬܒܥ

(1) *Sic* ms.; voir la note de la traduction. — (2) *Sic* ms. — (3) Ms. : ܦܣܩܝܢ. — (4) Ms. : ܡܢ ܒܒܕܘ.

ܘܐܘܕܥ. ܡܕܡ ܕܓܠܐ܂ ܒܗ ܡܪ̈ܢܝܬܐ ܠܫܪܟܗ ܐܢܫ̈ܝܢ ܡܢ
ܐܦܝܣܩ̈ܘܦܐ ܕܡܘܦܪܩܝܢܐ ܠܓܒܐ: ܠܐ ܡܘܦܪܝܢܐ ܡܛܠ ܕܫܢܝܐܐ
ܗܘܐ ܕܠܗ. ܐܢܐ ܕܝܢ ܒܗ ܠܦܫܐ ܕܣܝܣܝܢ ܐܫܟܚܬ[1] ܕܥܢܝܐ ܗܘܐ
ܦܫܐ. ܠܐܦܝܣܩ̈ܘܦܐ ܕܐܬܪ̈ܘܬܐ ܕܡܘܦܪܩܝܐ ܒܟܢܫܐ ܬܠܬܐ:
ܠܐܝܣܝܣ ܐܟܙܢ ܐܢܐ ܘܣܠܘܢܐ ܘܬܐܕܘܪܐ ܒܠܚܘܕ ܒܠ ܗܕܐ.
ܡܘܦܪܝܢܐ ܕܝܢ ܡܢ ܕܐܬܠܒܘ، ܒܬܐܪܬܗ ܡܛܠ ܕܡܣܝܘܬܗ ܕܡܢ
ܡܪܢܐ ܠܗ ܕܡܫܬܒܚܐ: ܡܕܒܪ ܠܣܘܒܢܐ. ܘܒܗ ܦܫܘܛܐ
ܢܐܬܐ ܕܡܢ ܐܦܝܣܩ̈ܘܦܐ ܕܪܘܡܝܬܐ ܕܣܝܣܝܢ: ܢܐܙܠ ܡܘܡܐ
ܒܬܘܪܐ ܪܒܐ ܕܒܪ̈ܬܘܢܐ ܢܠܦ ܣܝܣܝܢ ܦܪܫ ܗܘܐ ܘܫܕܪ. ܐܢܐ
ܕܝܢ ܡܢ ܕܣܥܪܘܬܐ ܕܐܦܝܣܩܘܦܐ ܢܣܒܬ ܕܡܒܢܐ ܠܣܝܣܝܢ.
ܠܣܘܡܐ ܡܢ ܬܡܢ ܒܡܢ ܡܘܢܐ ܫܪܒܬ. ܡܘܦܪܝܢܐ ܕܝܢ [ܠܐ
ܒܠܣܘܪ ܡܢ ܕܠܗ ܠܐ ܬܡܝܢ.][2] ܠܐ ܒܠܣܘܪ ܡܢ ܕܠܗ ܠܐ
ܐܬܒܐܪ܂ ܕܐܦ ܒܪ ܒܕܬܐ ܐܢܫ ܢܠܦ ܡܘܡܐ ܡܠܟܘܬܗ ܦܪܫ P. 568.
ܘܫܕܪ. ܐ̄ܝ ܐܘ ܡܕܝܢ̈ܬܐ ܡܬܠܝܡܘܢ ܦܐܝܐ ܕܗܠܝܢ
ܬܠܡܝ̈ܕܐ. ܘܠܒܪܐ ܡܕܒܪܢܐ ܠܐ ܢܫܒܘ܀ ܠܓܒܪܐ ܕܝܢ ܦܪܝܕ
ܢܘܟܠܗ: ܗܘ ܕܠܐܘܟܠܝܐ ܡܢܗ ܠܗܘ، ܐܫܬܕܪ: ܡܢ ܕܐܦ ܠܐ
ܒܐܦ̈ܐ ܠܗܘܢܐ ܢܘܢܬ. ܘܠܗܕܐ ܠܐ ܢܫܒ. ܠܗ ܕܝܢ ܠܓܒܪܐ
ܠܗܘܒܠܐ ܕܢܘܒܐ ܐܒܠ ܒܫܬܠܡܐ܂ ܕܐܦ ܡܠܬܐ ܦܘܡܗ
ܠܗ ܘܡܣܒܪܢܐ. ܒܠܬ ܗܕܐ ܕܝܢ܂ ܘܐܦ ܡܢ ܡܪܝܢ ܫܠܚ ܠܗܘܢܐ
ܠܡܩ̈ܒܠܐ ܕܐܪܝܢ: ܘܡܕܒܪܢܐ ܒܦܣܩܗ ܢܬܒ. ܐܠܐ ܘܒܗ ܠܓܒ
ܘܡܢ ܡܫܘܚܬܐ ܣܒܬ ܘܠܒܠ. ܡܪܝܘܬܗ ܕܡܘܦܪܝܢܐ܂ ܠܐ ܠܦܘܬ
ܡܪܝܘܬܗ ܠܒܝܬ ܕܝܘܡ ܐܬܬܣܝܡܬ. ܘܐܦܠܐ ܠܐ ܕܐܦܝܣܩܘܦܐ
ܠܓܒܪ̈ܐ ܣܓܝ̈ܐܐ ܘܚܣܝ̈ܢܐ ܠܒܘܠܝܐ ܕܡܢܝܢܗ ܐܝܬܘ: ܒܗ ܡܛܠܝܢ
ܒܠܬܐ ܘܡܬܐܫܪܝܢ܂ ܠܒܠܗܝܢ ܕܡܘܦܪܝܢܐ ܠܓܒܪܝܢ ܗܘܢܬ
ܘܡܣܝܒܪ. ܡܛܠ ܡܢܐ. ܠܐ ܡܛܠ ܕܠܐ ܢܕܒܝܢ[3] ܠܗ ܙܕܩܐ
ܕܒܕܬܐ ܘܡܢܝܢܐ. ܠܐ ܡܛܠ ܕܠܐ ܢܕܒܐ ܠܗ ܘܗܕܐ: ܕܡܓܒܪܬ
ܪܘܚܐ ܘܬܪܬܝܢ ܐܘܒܠܬ ܒܡܣܒܪܢܘܬܐ ܕܡܢ ܠܓܒܫܐ ܘܠܒܪ:
ܠܡܪܝܘܬܐ ܕܚܓܠܐ ܡܓܒܠܐ ܘܡܒܪܢܐ. ܐܠܐ ܡܛܠ ܕܫܕܐ
ܡܢ ܡܕܒܪܬ[4] ܗܘܢܬ ܒܢܬ ܠܗ ܘܬܫܒܚܬ: ܕܠܒܠܗܝܢ ܕܐܬܝ̈ܢ
ܐܣܟܒܪ: ܫܒܩܬ ܢܗܝܪ ܗܕܐ ܘܠܐܢܫ ܠܐ ܐܚܝܕ. ܡܛܠܗܢܐ

[1] Ms. : ܐܫܟܚܬ. — [2] La phrase entre crochets et les mots suivants constituent peut-être un doublon. — [3] Ms. : ܢܕܒܝܢ. — [4] Ms. : ܡܕܒܪܬ.

ܘܠܟܠܗܝܢ ܕܡܬܦܪܫܢܐ ܒܡܫܡܫܢ ܗܘܝܬ. ܐܘ ܕܠܒܟܐ ܘܒܝܢ ܕܡܬܦܪܫܢܐ ܫܪܝܐ ܠܝܠܝܕܗ̇.[1] ܐܝܟܐ ܠܗܕܐ ܕܡܫܝܚܐ ܐܬܕܒܪܬ ܘܕܠܝܟ ܠܟ ܘܡܫܘܚܬ ܕܐܦ ܗܕܐ ܠܒܢܘܗܝ ܬܬܝܗܒ܆ ܘܐܦܢ ܒܪܗܛܐܝܬ[2] ܒܟܠ ܟܠܗܝܢ ܒܒܪ ܐܢܫ. ܐܝܟܐ ܒܝܢ ܢܬܝܕܥܐܠ ܟܢ ܐܦܣܩܘܦܐ ܕܠܗܠ ܡܢ ܒܬܪܐ ܒܚܪܝܢܐ ܕܒܢ ܡܦܪܫܢܐ. ܘܡܢ ܗܘ ܕܚܒܪܐ ܗܘܐ ܐܦܣܩܘܦܐ܆ ܠܐ ܢܫܒܘܩ ܒܐܦܘܗܝ. ܐܚܪܬ ܠܗ ܕܝܢ܆ ܕܟܠ ܒܡܘܬܐ ܗܢܝܢ ܡܘܒܪܢܐ. ܘܠܒܝܬܐ ܕܗܕܐ ܠܐܢܫ ܫܪܝܐ ܐܣܛܦܢܘܣ ܒܬܘܪܐ ܒܢ ܢܬܝܕܥܐܠ ܠܝܘܚܢܢ ܡܫܪܬ. ܗܘ ܕܒܢ ܙܒܢܐ ܒܡܕܒܪܬܐ ܗܘܐ ܘܒܪ ܩܠܝܬܐ. ܟܕ ܐܘܒܕܬܗ ܕܥܠܬܐ ܕܫܪܪܐ܆ ܢܬܝܕܥ ܕܡܘܕܪܢܐ ܢܐܦܩ ܠܗ. ܒܬܦܩ ܕܝܢ ܢܬܝܕܥܐܠ ܘܐܣܛܦܢܐ ܒܢ ܐܢܫܝܢ ܡܢ ܝܘܚܢܢ ܗܠܝܢ ܕܡܬܪܗܛܝܢ | P. 569. ܒܒܡܗܘܢ. ܗܘ ܕܠܐ ܒܠܝܚܘܕ ܡܘܛܪܐ ܕܡܬܦܪܫܢܐ ܒܫܝܢܐ[3]܆ ܕܐܦ ܒܫܪܒܐ ܘܠܛܘܦܐ ܢܦܫܗ܆ ܐܠ ܡܦܪܫܢܐ ܒܪܒܢܐ ܠܝܘܚܢܢ ܒܟܠ. ܕܐܦ ܫܠܒܘܬܐ ܠܚܒܪܐ ܒܪܒܢܐ ܒܛܠ ܒܚܝܠܐ ܕܦܪܘܦܐ܆ ܘܕܐܦܪܘܫ ܦܪܘܦܐ ܘܠܗܘܢ ܐܠܘܐ܆ ܠܐ ܡܫܬܐܠܢܝܬ ܒܐܢܫ ܬܟܝܢ ܗܘܘ. ܐܢܐ ܕܝܢ ܡܢܐ ܕܡܒܝܠ ܐܒܒܪ ܒܫܒܝܢ ܗܘܝܬ. ܘܡܒܪܬ ܠܒܢܪ ܘܠܚܒܪܐ ܘܒܢܬܐ ܪܫܝܬ܆ ܘܠܐ ܒܠܝܘܕ ܠܒܪܐ ܡܢ ܕܠܗ ܠܐ ܦܫ܆ ܕܐܦܠܐ ܠܬܪܒܐ ܠܡܐܬܐ ܘܒܠ ܕܠܗ ܪܘܚܐ ܠܡܦܩ ܐܪܛܒܘ܆ ܐܠܐ ܘܐܦܠܐ ܗܒܝܐ ܐܬܕܝܢܬ ܠܝܪܬܐ.[4] ܐܠܐ ܚܒܪܐ ܒܗܕܐ ܕܫܒܬܐ ܡܫܪܬ. ܕܠܚܒܪܐ[5] ܗ̇ ܠܦܘܬ ܫܬܪܗܛܘ ܕܠܗ ܡܢ ܬܫܒܘܚܬܗ ܐܝܒܪܐ ܘܒܢ ܒܕܝܢܬܗ ܐܦܪܘܕ܆ ܘܐܢܬܘܢ ܠܒܠܬܐ ܕܫܒܬܐ ܕܒܢܘ ܠܝܘܚܢܢ ܐܘܒܠܗ܆ ܒܪ ܦܪܘܦܐ ܢܫܝܐ ܠܕܘܒܬܐ ܢܪܐ ܐܢܐ. ܠܒܢܝܗܝܢ ܠܚܒܪܐ ܒܗܕܐ ܫܪܬ. ܠܐ ܒܪܒܝܠ ܕܝܢ ܚܒܪܐ ܠܡܕܝܢܬܐ ܒܛܠܘ. ܘܗܘܐ ܐܦܣܩܘܦܐ ܚܒܪܐ ܗܒܪܐ ܘܒܫܪܬܐ ܒܢ ܒܠܚܪܝܐ[6] ܫܒܩܐ ܒܒܝܫܐ ܡܪܒܘ. ܒܪ ܠܐ ܒܠܝܘܕ ܗܒܪܐ ܕܒܗܘܢ ܠܐ ܒܡܬܒܪܝܢܬܐ ܕܡܦܪܫܢܐ ܠܗܘܢ ܒܡܫܒܠ ܬܠܝܢ ܗܘܘ. ܕܐܦ ܐܢܕܗܘܢ ܠܫܒܝܢܐ ܬܠܝܢ ܗܘܘ܆ ܘܒܠܗ ܠܐܠܗܐ ܡܒܘܠܝܐ ܒܒܪܝܢ. ܐܠܗܐ ܠܝ ܬܒܪ ܠܝ ܡܢ ܐܒܐ܆ ܕܒܠ ܢܫܪܬܢ ܠܐ ܢܩܫܘ.

[1] *Sic* ms. — [2] Ms. : ܒܪܗܛܐܝܬ. — [3] *Sic* ms.; ܒܫܝܢܐ (?) — [4] Ms. : ܠܝܪܬܐ. — [5] Ms. : ܠܚܒܪܐ. — [6] Ms. : ܒܠܚܪܝܐ.

ܡܚܝܠ ܕܝܢ ܐܝܕܐ ܗܘܬ: ܕܠܐ ܠܡܠܟܐ ܢܣܒܐ. ܐܦܝܣܩܘܦܐ
ܕܗܘܦܪܟܝܐ ܢܨܝܒܐ. ܘܫܬܐܝܠ ܕܒܝܬܐ. ܘܬܪܥܝܬܗܘܢ ܕܓܒܪܐ
ܘܫܠܡܘܬܐ ܕܟܠ ܦܪܘܦܐ ܐܝܕܐ ܕܟܠܗܝܢ ܗܘܬ ܬܠܡܝܕ
ܠܡܪܓܬܐ ܘܬܢܝܢܐ. ܦܪܘܦܐ ܠܕܘܟܬܐ ܕܡܢܝܪܐ ܠܐ ܢܬܦܪܫ
ܗܘܐ ܘܢܬܕܪ[1]. ܐܠܐ ܘܕܒ ܓܒ ܗܢܝܢ ܐܝܬ ܗܘܐ ܠܦܘܠܚܢܐ:
ܘܐܦ ܗܘܝܐ ܠܐܦܝܣܩܘܦܐ ܕܒܝܬܐ ܕܢܝܫܬ: ܕܕܘܟܬܐ ܕܝܠܝܐ:
ܘܠܦܪܘܦܐ ܣܘܗܕܐ ܡܗܝܡܢܐ: ܗܘ ܕܟܠ ܙܒܢܐ ܣܢܝܘܬܐ
ܡܒܣܬܗ̈ ܘܠܒܝܫܘܢ ܚܝܘ ܐܦܝܣܩܘܦܐ ܒܪ ܙܟܝܐ. ܒܗ ܕܝܢ
ܕܐܦܝܣܩܘܦܐ ܠܗܬܒܘܢ ܡܚܝܢܘ: ܗܢܘܢ ܐܒܗ̈ܬܐ ܘܐܚܝܢ
ܐܬܬܚܒܪܘ: ܠܐܠܗܐ ܗܘ ܟܠܝܐ ܘܠܒܘܢ ܕܠܒܐ: ܠܐ ܘܠܝ.
ܒܬܐܡܪܐ ܕܝܢ ܕܝܠܕܐ ܕܗܬܝܢ ܠܐܦܝܣܩܘܦܐ ܒܠܒܗ: ܕܐܢ
ܗܘ ܕܒܗܪܐ ܬܫܒܘܢ: ܕܐܦܝܣܩܘܦܐ ܠܐ ܡܫܒܚ: ‖ ܠܓܒܗܬܗܘܢ P. 570.
ܓܪܐ. ܒܪ ܒܒܝܐ ܕܝܢ ܐܝܬܘܗܝ ܦܪܘܦܐ ܓܒܗ. ܗܘ ܕܠܡܣܒܠܗ
ܐܝܪܬܐ ܢܕܒܪ ܠܐ ܒܥܒܝܫ: ܘܐܫܬܪܝ ܡܣܒܪܢܘܗܝ. ܒܝܕܐ ܗܘ
ܕܒܪ ܠܗ ܐܦܝܣܩܘܦܐ ܐܬܕܝܢܘ: ܫܠܝܚܘܬܐ ܕܟܠ ܣܘܪܝ
ܐܝܟ ܒܒܪܘ ܒܝܕܐ: ܘܒܗ ܐܦܝܣܩܘܦܐ ܕܒܝܬܗܘܢ ܫܪܪܘ.
ܘܒܪ ܗܝ ܒܠ ܓܒܝ ܐܘܪܚܬ: ܠܡܫܝܚܐ ܡܪܝܐ ܐܝܟ ܐܝܟ ܣܘܗܕܐ
ܒܗ ܐܝܢܘܬܐ ܕܪܚܡܬ ܘܐܚܝ̈ܢܘܬܐ. ܗܢܝܢ ܕܟܝܢܬ ܠܗ
ܘܠܐܦܝܣܩܘܦܐ ܘܠܓܒܪܐ ܕܐܬܒܚܪ ܒܗ ܐܠܗܐ ܓܢܝ̈ܢ
ܘܚܬܝܡ. ܠܓܒܪܐ ܦܪܝܫܬ ܘܒܗ ܐܦܝܣܩܘܦܐ ܘܠܗܢܐ ܫܪܝܪܬ.
ܐܢ ܗܢܠ ܒܓܠܠ ܡܬܪܐ ܕܦܘܦܪܝܐ ܘܟܠܐ ܗܘܐ ܗܘܐ ܗܘ ܕܗܘܐ:
ܗܐ ܢܠܦ ܗܕܐ ܢܦܩܬ ܪܘܚܐ. ܘܐܢ ܪܘܚܐ ܢܬܪܐ ܠܡܣܦܩ
ܬܓܒܗ: ܐܝܬ ܗܘ ܢܦܩ ܐܢܐ. ܡܫܝܚܐ ܐܪܒܥ ܡܘܦܪܝܐ ܠܒܢܝܬ
ܐܒܗ̈ܬܐ ܕܐܢܬܐ ܠܐ ܗܘܬ ܘܠܐ. ܠܘ ܒܪ ܢܫܐ ܠܡܠܘܐܐ ܕܒܝ
ܢܓܒܝ ܒܐܝܕܘܗܝ ܢܐܙ ܐܢܐ ܐܡܪ ܐܢܐ: ܗܘ ܕܐܦ ܓܒܗܐ
ܕܠܢܬܐ. ܢܨܐ ܓܝܪ ܡܘܦܪܝܐ ܕܒܢܬܐ ܘܠܐ ܐܓܠܝ. ܒܓܠܠ
ܓܒܗܐ ܕܝܢ ܒܐܬܬܐ ܒܘܪܡ ܐܢܐ. ܘܒܓܠܠ ܕܪܘܚܐ ܢܠܦ ܗܠܝܢ
ܕܠܗ ܢܦܩ. ܐܘ ܐܡܪ ܐܢܐ ܐܝܬܬܐ ܕܢܬܪ ܬܒܪܐ ܠܒܢܐ.
ܒܬܒ ܠܗ ܓܝܪ ܒܟܒܟܝܐ ܕܕܪܟܣܘܣ ܐܝܟ ܡܫܒܚܘܬܗ. ܕܒܪ
ܓܒܗܐ ܗܘܬ ܕܒܚܒܝܐ ܕܒܝܢ ܢܬܒܪܒ ܠܗ ܠܡܘܦܪܝܐ ܠܐ

(1) Mss. : ܘܢܬܕܪܪ.

IMPRIMERIE NATIONALE.

ܐܚܪܢ. ܢܓܕ ܒܠܗ ܡܘܦܪ̈ܢܐ ܘܗܕܐ ܒܬܪ ܠܗ. ܕܐܡܪܬܝ ܠܗܢ ܒܓ̈ܕܢܐ ܕܒܝܬ ܐܢܫܘܬ ܡܚܪܝܢ ܠܗ ܘܫܠܘܢܐ ܘܐܦ ܐܢܬ ܐܚܪܢ. ܘܗܐ ܒܬܠ̈ܬܐ ܕܐܬܚܒܒܘܬܗ ܠܗܬ. ܐܝܟ ܐܘ ܦܠܝܣ[1] ܡܘܦܪܢܐ ܦܐܪܐ ܕܡܘܦܪܢܐ ܠܗܠ̈ܝܢ ܒܢܝ̈ܢܐ: ܠܐܝܣܘܣ ܘܠܫܠܘܢܐ ܒܕ̈ܢܐ ܢܦܪܐ. ܡܫܒܚ ܐܪܐ ܗ̇ܘ ܕܐܝܟ ܒܪܘܡܐ ܢܦܠ ܡܢ ܫܡܝܐ: ܢܬܬܪܡ ܢܬܪܐ ܘܢܬܬܠܝܠ.܀ ܐܠܐ ܕܝܢ ܠܐ. ܬ̈ܚܘܠܠ ܡܘܦܪ̈ܢܐ ܡܘܡܢܘ. ܘܒܠܐ ܗܘܐ ܕܠܘܬܒܘܢ. ܐܠܐ ܕܐܦܝܣܩܘܦܐ ܐܬܫܪܝ: ܘܐܦܝܣܩܘܦܐ ܐܬܬܩܝܡ. ܠܐ ܗܘܬ ܗܕܐ ܢܕܬܐ. ܗܘܬ ܓܝܪ ܘܐܦ ܒܬ̈ܚܢܐ[2] ܕܒܒܪܘ: ܒܟܐ ܕܝܒܘܬܐ ܡܪܬ. ܘܬܫ̈ܬܐ ܕܡܢ ܡܘܪܒܐ. ܫܪܝܐ ܓܝܪ ܢܩܡܐ ܕܡܕܝܢܬܐ P. 571. ܠܒܝܬ ܟܘܪܐ: ܠܐܪܣܛܘܣ ܐܦܝܣܩܘܦܐ ܕܗܪܘܢ. ܘܠܝܘܚܢܢ ܐܘܣܝܢ ܫܪܝܐ ܢܩܡܐ ܕܡܕܝܢܬܐ ܦܠܝܘܢ ܘܠܦܘܠܚܪܘܢ ܐܘܣܝܢ. ܘܗܢܐ ܕܒܪ ܠܐ ܡܬܪܣܝܣ ܕܐܢܫܐ ܕܡܫܬܪܝܐ ܒܐܝܕ̈ܝܗܘܢ. ܘܐܦܠܐ ܫܠܝܚܘܬܐ ܕܐܢܫܐ ܕܝܬܘܬܢ. ܗܠܝܢ ܕܒܐܝ̈ܕܘܗܝ ܡܛ̈ܠܢ. ܐܦ ܠܗܠܝܢ ܕܢܦܩܐ ܐܢܫܐ: ܘܠܝܘܩܐ ܕܡܕܝܢܬܐ ܕܢܘ ܠܦܘܠܚܪܘܢ ܡܬܬܠܝܣܐ ܒܫܪ ܐܢܫܐ: ܗܢܐ ܕܠܗ ܠܦܠܚܪܘܢ ܠܦܘܠܝܦܐ ܕܝܘܡܐ ܫܪܝܐ ܠܝܘܚܢܢ: ܗ̇ܘ ܕܐܦ ܒܠ ܡܬܬܠܝܣܘܬܐ ܒܚܝܪܬܐ ܫܠܝܐ. ܐܝܟܘ ܓܝܪ ܢܘܚܢ ܗܢܐ ܒܠ ܒܐܬܪܘܬܗ ܕܠܬܪܒܐ. ܗܕܐ ܗܘܬ ܓܝܪ ܒܠܝܘܕ ܒܪܫܘܬܗ: ܒܫܬܠܡܐ. ܒܕ ܠܐ ܒܪܘܣܝܘ ܒܠܝܢ. ܘܐܦܠܐ ܫܠܝܚܘܬܐ ܕܒܠ ܐܢܪܝܐ ܠܡܬܠܝܡܐ ܫܒܪ. ܘܢܘܩܐ ܕܡܕܝܢܬܐ ܠܐܦܝܣܩܘܦܐ ܒܝܕ ܘܡܠܟܘܬܐ ܒܒܪ ܕ ܡܬܪܣܝܣ. ܒܦܘܠܚܪܘܢ ܕܝܢ ܢܘܚܢ: ܒܡܢܝܢܐ ܒܠ ܕܝܠܗ ܐܬܬܘܗܝ. ܘܠܬܪܒܐ ܓܝܪ ܘܒܠ ܬܪܒܐ ܘܢܝܪܐ ܫܪܝܐ ܘܒܠ ܫܘܩܐ ܡܢ ܢܩ̈ܫܬܐ ܘܡܦܠܚܐ. ܘܡܢܝܢ ܦܢܕ ܡܬܬܠܝܣܐ ܠܡܕܝܢܬܗ ܢܚܘܠ. ܗܠܝܢ ܗܘ̈ܝ ܘܐܫܬܒܩ. ܐܚܪܢ ܐܚܪܢܐ ܐܝܟ ܕܐܦ ܐܬܬܢܘ. ܘܠܐ ܒܡ̈ܕܝܢܬܐ ܢܚܬܘ ܠܐܬܪܐ: ܘܐܦܠܐ ܐܬܪܐ ܠܐܫܬܢܐ ܫܠܝܛ: ܗ̇ܘ ܕܐܡܪܢ ܥܠ ܕܐܡܪ. ܗܕܐ ܕܗܘܝܐ ܒܝܘ̈ܡܝ. ܡܘܦܪܢܐ ܕܝܢ ܠܐ ܒܠܝܘܕ ܠܬܪܒܐ ܠܐ ܐܬܬܐ: ܘܒܠ ܕܠܗ ܪܘܚܐ ܠܐ ܢܦܩ. ܕܐܦ ܒܬܪ ܡܬܠ ܒܗ ܘܡܬܒܣܡܐ. ܕܐܢ ܬܓܒܐ ܠܗܢ ܕܠܗܬܝܢ ܐܬܬܐ ܗܘܐ ܕܝܢ ܗܕܐ ܒܝܢ ܐܘܕܝܬ. ܐܦܘ ܠܗ ܠܡܦܪܥ ܒܠ ܒܠܝܐ

(1) Ms. : ܦܠܝܣ. — (2) Ms. : ܒܬܚ̈ܢܐ.

ܕܠܐ ܕܠܘܬ ܐܦܝܣܩܘܦܐ: ܘܗܝܕܝܢ ܬܫܡܫܐ ܠܡܪܐ. ܐܝܟ ܐܘ ܕܚܣܝܪܘܬܐ ܕܟܪ̈ܝ ܡܩܢܐ. ܗܢܐ ܕܠܗ ܠܒܪܝܐ ܡܕܒܪܢܘܬܗ ܡܬܠܒܫ. ܘܐܝܬܝܗܘܢ ܫܠܝܛܝܢ ܐܢܘܢ. ܒܗܘ ܠܝ ܠܒܪ̈ܝܐ ܕܡܕܒܪܢܘ ܕܚܣܝܪܘܬܐ ܘܡܟܪ̈ܝܐ ܀ ܐܢ ܕܝܢ ܠܐ ܡܬܦܠܓ ܡܦ̈ܪܫܢܐ ܘܥܒܕܐ ܗܘܝܐ: ܠܐ ܕܝܢ ܘܠܐ ܡܬܦܠܓ ܕܐܦܝܣܩܘܦܐ ܐܫܬܪܝ ܘܐܦܝܣܩܘܦܐ ܐܬܬܣܝܡ: ܡܬܦܠܓ ܕܝܢ ܒܠܚܘܕ ܕܩܘܪܝܢ ܐܬܬܣܝܡ. ܠܡܪܐ ܓܝܪ ܐܝܟ ܕܫܠܝܛ ܐܢܫ: ܒܗ ܐܢ ܡܬܪܐ ܢܦܠܐ ܘܐܢܫܐ ܘܒܒܗ̇ ܢܐܬܐ ܀ ܡܬܦܠܓ ܘܥܒܕܐ ܗ̇ܘ ܕܗܘܝܐ: ܗ̇ܘ ܕܒܕܒܪܐ ܠܡܪܐ ܐܬܒܥܝ ܘܐܬܐ. ܡܬܐܡܪܐ‖ ܕܐܘ ܡܫܡ P. 572. ܫܠܡܘܬܗ܆ ܡܢ ܒܪܘܬܐ ܢܦܩ: ܐܘ ܐܪ̈ܢܐ ܠܐ ܢܬܡܨܐܘܢ. ܠܒ ܬܡܢ ܐܢܐ ܘܡܬܬܚܝܢ. ܠܐ ܓܝܪ ܡܕܡ ܢܫܟܚ ܢܦܫܝ ܕܠܒܢܬ ܕܢܐ ܗܢܐ ܠܡܫܟܐ. ܘܢܫܡܥ ܠܝ ܕܡܕܡ ܫܪܝܬ ܗ̇ܝ ܕܡܒܥܝܐ ܠܡܫܪܝ. ܒܕܒܪܐ ܠܡܪܐ ܠܒܪ̈ܝܐ ܕܒܠܝ ܢܗܘܐ: ܕܡܒܠܬܝ ܐܪ̈ܢܐ ܠܐ ܢܬܡܨܐܘܢ: ܫ̈ܢܐ ܕܠܒܟܐ ܘܦܘܪܫܐ. ܟܡ ܕܝܢ ܢܦܩ ܠܝ ܡܠܡܣܛܘܡܐ(1) ܐܢܫܝܢ ܕܠܗܠܝܢ ܡܬܠܟܝܢ. ܒܡܟܐ ܠܒܪ ܡܬܕܪܐ ܕܡܠܐܟܐ ܠܗܠܝܢ. ܠܘ ܓܝܪ ܗܢܘܢ ܒܠܚܘܕ ܠܡܕܒܪܘ ܡܬܠܟܝܢ ܗ̇ܘܘ ܐܠܐ ܗܘܘ: ܕܠܒܪ̈ܝܐ ܕܟܝܢ ܒܬܪܗܘܢ ܬܘܬܪ̈ܐ ܡܬܦܫܝܢ ܗ̇ܘܘ ܘܡܬܪ̈ܕܐ. ܐܠܐ ܡܬܦܠܓ ܘܥܒܕܐ ܗ̇ܘ ܗܕܐ ܐܚܪܢ ܐܢܐ. ܕܒܠ ܘܥܒܕܐ ܩܢܝܡ ܩܕܒܪܢܐ: ܡܫܡܫܐ ܠܡܦܩܘ ܕܡܬܒܪܢܐ: ܘܒܠ ܐܒܠܗܘܢ ܡܢܐ ܕܡܬܒܪܝ ܐܢܐ ܒܡܒܪܢܘܬܐ ܕܚܝܡܢܝܢ ܐܚܪܢ ܕܡܬܒܪܝ ܐܢܐ ...... ܠܐ ܒܠܚܘܕ ܡܡܒܪܬܘܢ ܢܬܒܪܝ ܕܠܐ ܢܓܕܘܗ. ܐܘ ܒܠ ܒܪܘܬܐ ܒܠܒܗ ܠܐ ܡܩܒܠܐ: ܘܠܗ ܐܬܐܡܪ. ܕܐܦ ܡܢ ܕܐܬܒܪܝ ܡܫܝܚܐ ܠܐ ܒܡܡܒܪܬ ܠܗ: ܡܢ ܕܢܠܬܐ ܕܗܘܐ ܘܡܣܬܪܐ. ܘܠܐ ܒܡܕܡ ܒܠ ܘܥܒܕܐ ܗܘܝܘܢܐ ܠܗܢܐ ܘܐܒܠܗܘܢ. ܒܠ ܝܒܫܬܐ ܕܝܢ ܕܒܗܢܐ ܕܒܕܬܐ ܝܒܫܘܬܐ ܡܫܡܫܐ ܘܡܫܠܒܢܘܬܐ. ܐܠܐ ܠܗ ܕܡܒܝܬܐ ܒܝܘܡ ܘܕܐܝܟܝܢ: ܘܡܗܝܪܘܬܗ ܒܦܩ̈ܕܐ ܠܒܪ̈ܝܐ ܐܚܪ̈ܢܐ: ܕܦܫܝܩܐ ܗܘܬ ܠܝ ܡܢ ܕܡܪܐ ܗܘܬ ܕܒܥܐ ܠܝ ܐܬܕܪܐ ܘܠܝ. ܘܠܬܡܢ ܗܘ ܠܐ ܐܬܐ. ܡܢ ܒܬܒܥܘܢ ܕܝܢ ܗܢܐ ܢܫܝܫܐ ܕܒܠ ܐܦܝ ܕܐܬܐ ܐܬܬܦܠܦܠܬ ܘܒܠܒܐ ܢܒܝܐ ܐܘܢ ܡܕܝܢܐ ܢܦܠܐ ܘܡܢ ܘܥܒܕܐ ܕܢܫܝܐ ܕܡܢ

(1) Ms. : ܘܠܡܣܛܘܡܐ.

ܣܘܪܟܐ ܢܦܫܗ. ܗܘ ܕܐܦ ܗܘ ܒܗܘܢ ܐܝܟܢ ܠܗܘܢ ܡܬܠܐ ܘܠܝܠ
ܐܬܢܦܫ.· ܡܢܗܪܐ ܠܘܬܗܘܢ ܡܛܠ ܐܝܟܐ. ܘܐܝܟ ܡܕܡ ܚܕܬܐ.
ܦܪܚ ܐܝܟܐ ܠܗܪܟܐ. ܠܐ ܒܠܫܢܐ ܕܒܫܪܐ: ܘܐܦ ܪܟܝܢܘܬܗ ܘܡܟܝܟܘ.
ܘܐܝܟ ܕܫܡܥܬ ܕܠܠܐ[1] ܪܘܚܢ ܪܘܚܢܝܬܐ ܪܫ ܦܬܓܡܐ ܐܡܗܐ ܠܗ
ܒܒܢܐ: ܠܡܦܫܩܐ ܕܪ̈ܘܚܢ ܪܘܚܢܝܬܐ. ܬܫܒܘܚܬܐ ܒܒܪܬܐ ܦܪܘܫܐ
ܫܠܦܘ.· ܘܐܝܟܐ ܡܕܡ ܒܠ ܡܫܠܡ ܐܝܟܐ. ܐܘ ܡܫܡܫܬ ܬܘܒ ܕܠܐ
ܒܠܫܢܐ ܠܠܐ ܕ̈ܪܘܚܢ ܪܘܚܢܝܬܐ ܪܫ ܦܬܓܡܐ ܐܡܗܐ: ܕܠܫܢ̈ܝ ܦܠܓ
P. 573. ܪܘܚܢܝܬܐ ܠܐ ܡܦܪ.· ܠܗܘ ‖ ܕܡܘܪܬ ܠܗ ܪܫ ܘܡܫܐ ܡܢ ܒܒܪܬܐ
ܡܬܠܒܟܐ. ܡܫܬܟܚܝܢ ܐܝܬܝܗ ܘܠܐ ܬܐܬܐ ܠܗ.· ܐܪܒܥܝܢܘܢ
ܕܠܗ ܐܟܪ ܐܝܟܐ. ܠܗ ܒܝܬ ܒܐܝܟܢܘܬ ܕܗܘܐ ܗܕܐ. ܘܐܦ
ܕܡܡܪܢܘܬܐ ܕܡܫܐ ܡܢܗ ܠܗܬ: ܐܢ ܕܝܢ ܘܐܦܠܐ ܗܕܐ ܒܪܬܐ
ܡܬܠܒܟܐ: ܡܢ ܠܒܟܐ ܕܝܢ ܗܘ ܒܠܫܢܐ.· ܕܐܝܟܐ ܡܢ ܡܢܕܡ
ܒܝܬܗ ܐܬܪܢܐ. ܠܡܘܪܢܐ ܕܠܠܝܐ ܗܦܟ ܐܝܟܐ: ܠܐܬܪܐ
ܕܐܝܟܢܐ ܘܠܫܪܒܬܐ. ܠܐ ܡܢ ܡܬܘܡ ܒܒܝܬܐ ܠܗ:
ܕܒܠܬܐ ܕܠܗ ܒܗܝܐ ܢܬܠܒܫ ܐܘ ܢܦܫܗ: ܐܪܦܐ ܕܒܒܪܬܐ
ܘܬܘܠܡܘܣ. ܐܢ ܕܝܢ ܗܕܐ ܕܫܩܠܐ ܠܐܢܫ ܦܘܢ ܡܬܝܢܐ:
ܘܕܡܝܢܪܐ ܠܗܘܪܡܢܐ: ܘܕܠܗܘܪܡܢܐ ܐܦܠ ܘܠܕܝܢܠܗ ܐܬܟܒ.
ܐܟܬܐ ܘܗܕܐ ܐܢܫܐ: ܡܫܡܫܬ ܕܦܠܓ̈ ܒܗܘܪܡܢܐ ܠܐ ܢܬܟܦܠܘܢ.
ܘܡܕܡ ܒܠܗܘܢ.· ܗܕܐ ܠܗܘܢ ܠܐܢܫܐ ܡܫܐܠ ܐܝܟܐ. ܒܐܝܢܐ
ܢܫܐ ܐܬܒܪܘ ܠܗ: ܡܕܝܢ̈ܬܐ ܠܐܝܟ ܫܠܝܐ ܡܢ ܒܪ̈ܘܝܬܐ ܡܦܩܢ
ܗܘܝ: ܡܫܡܫܬ ܕܒ̈ܢܝ ܡܕܝܢ̈ܬܐ ܠܡܫܝܚܐ ܠܗܘܢ: ܘܕܡܕ̈ܝܢܬܐ
ܠܗܘܢ[2] ܫܡܥ ܢܕܟܪܢܐ ܢܬܒܪܘ ܘܕܠܐ: ܬܫܡܫܬ ܫܘܠܛܢܗܘܢ
ܫܢܝܐ. ܡܢܝܐ ܗܘܬ ܗܕܐ: ܘܡܒܠܐ ܘܒܢܐ. ܒܡܠܐ ܘܒܢܐ
ܕܝܢ ܐܟܪ ܐܝܟܐ.· ܒܗ ܠܡܬܠܬܐ ܕܒܒܪܐ ܡܕܡܢܝܐ.· ܫܘܢܗܘܕܘܣ
ܒܢܫ. ܒܠܝܐ ܗܘ ܒܢܪ ܕܡܕܝܢ̈ܬܐ ܕܐܡܒܢܐ ܠܐܝܟ ܡܕܡܢܝܐ ܡܢ
ܒܪ̈ܘܝܬܐ ܠܐ ܡܦܩܢ ܘܕܡܟܝܢ. ܡܬܠܠ ܘܠܐܠܒܪܢܘܬܐ ܕܝܢ
ܒܠܝ̈ܬܐ ܗܕܐ ܒܒ̈ܕܝܢ.· ܗܠܝܢ ܕܠܒܘܫܐ ܕܠܗܘܢ: ܡܢ ܡܠܠܢܪ
ܫܘܢܗܘܕܘܣ ܒܢܫ. ܗܕܐ ܕܝܢ ܡܢܐ ܕܗܘܬ. ܡܢ ܬܪ̈ܬܝܗܘܢ ܚܕܐ
ܠܡܗܘܐ ܗܕܝܢ. ܐܘ ܡܠܐܠܒܪܢܘܬܐ ܡܟܫܪ̈ܝܢ: ܘܠܬܠܬܗܘܢ
ܕܡܕܝ̈ܢܬܐ ܘܫܘܢܗܘܕܘܣ ܫܠܡ. ܐܘ ܐܢ ܡܠܐܠܒ̈ܪܢܘܬܐ ܠܐ

[1] Ms. : ܕܠܐ. — [2] *Sic* ms. : ܠܗܘܢ (?)

ܢܫ̈ܐ: ܒܪܫܗܝܢ ܕܡܕܒܪܢܘܬܐ ܩܐܡ ܣܘܢܗܘܕܘܣ[1]. ܐܡܒܝܢ
ܕܠܐܢܫܐ ܕܗ̇ܘ ܟܒܠܐ ܗܢܝܢ ܕܠܡ ܗܠܝܢ ܗܫܐ. ܐܝܟ ܗܢܐ ܗ̇ܘܐ ܗܘܐ
ܢܫܗܝܢ ܕܡܕܒܪܢܘܬܐ: ܕܡܢ ܡܕܒܪܢܘܬܐ ܒܠܚܘܕ ܣܓܝ ܡܕܒܪܢܐ
ܢܦܩܘܢ: ܐܝܟ ܕܝܢ ܠܐ: ܘܢܫܡܗܘܢ ܗܢܐ ܗ̇ܘܐ: ܕܒܡ ܡܦܩܐ
ܕܡܢ ܡܕܒܪܢܘܬܐ: ܘܐܦ ܡܦܩܐ ܕܡܢ ܒܒܝܬܐ ܒܐܬܪ̈ܘܗܝ
ܠܐܬܐ. ܢܒܥܘܢ ܠܡܬܟܪܟܘܬܐ ܘܗܕܐ ܢܗܘܘܢ. ܡܢ ܐܝܟܐ
ܥܒܝܕܐ ܠܗܘܢ ܗܕܐ: ܡܢ ܐܝܟܐ ܩܘܝܐ. ܡܢ ‖ ܒܪܫܝܬ ܕܝܢ ܠܐ P. 574.
ܗܘܬ ܗܕܐ. ܘܗܘܕܐ ܠܗܕܐ: ܗ̇ܘ ܩܘܡܒܐ[2] ܕܟܒܪܐ ܡܕܒܪܝܐ.
ܐܝܟ ܡܕܒܪ̈ܝܐ ܡܕܒܪ̈ܢܐ[3] ܢܦܩܘܢ ܡܢ ܥܠܡܐ ܒܐܬܪ̈ܘܗܝ:
ܘܫܪܝܘ ܕܡܕܒܪܢܐ ܠܐ ܚܙܐ ܐܢܐ. ܐܝܟ ܕܝܢ ܠܐ ܐܡܒܥܐ ܕܠܐ:
ܘܐܠܗܐ ܗ̇ܘ ܕܡܕܒܪܢܐ ܢܦܩ ܡܥܒܕ ܘܕܢܫܪܐ: ܡܢ ܒܬܪ
ܐܠܗܐ ܕܝܢ ܐܝܠܝܢ ܕܒܗܘܢ ܡܢ ܐܠܗܐ ܠܩܘܡܒܐ ܡܕܒܪܝܐ
ܘܠܫܪܝܐ ܐܬܦܪܫܘ ܠܐ ܚܝܠ ܘܠܐ ܡܕܒܪ̈ܝܐ ܠܡܦܠܓܐ: ܕܐܡܟܬܐ
ܗ̇ܝ ܕܠܗܘܢ ܒܕܬܐ ܕܓܒܐ: ܘܠܪܒܢܐ ܕܠܗܘܢ ܢܘܪܐ. ܘܐܦ
ܟܠ ܗܕܐ ܢܬܦܠܓܘܢ: ܗ̇ܝ ܕܒܡܬܟܫܦܬܐ ܗܘܬ ܕܝܠܢ: ܠܡܬܟܪܟܘܬܐ
ܐܘܪܚܐ. ܐܫܬܘܕܝܘ ܗܘܘ ܡܕܒܪ̈ܝܐ ܒܒܢܝܢ ܠܡܕܒܪܢܘܬܐ ܕܒܚܪܬܐ
ܠܫܡܫܘܬ ܚܕ ܒܥܕܢܐ. ܘܒܬܪ ܐܢܫܝܢ ܡܢ ܐܦܝܣܩܘܦܐ
ܦܛܪܝܪܟܐ ܠܗܢܐ ܛܟܣܐ. ܐܬܛܢܘ ܡܕܒܪ̈ܝܐ ܒܗܕܐ ܐܘ ܐܢܦܪܘ.
ܗܢܘܢ ܡܕܒܪ̈ܝܐ ܢܫܬܐܠܘܢ ܠܗ ܐܢܐ ܘܦܢܘܢ. ܠܐ ܡܕܒܪ̈ܝܐ ܕܝܢ
ܗܕܐ ܢܬܪܒܘܢ: ܕܠܗܘܬ ܩܘܡܒܐ ܡܕܒܪܝܐ ܦܦܩܝܢ ܘܫܪܝܐ:
ܠܐ ܕܝܢ ܘܠܐ ܐܝܟ ܡܕܒܪ̈ܝܐ ܕܗܘܦܪܟܐ ܠܗܘܢ ܢܬܠܘܢ. ܗ̇ܝ
ܕܡܢ ܐܚܪ̈ܢܐ ܡܬܬܠܡܕܢܐ: ܡܢ ܩܘܦܠܐ̈ ܕܫܪܝܐ ܡܬܬܚܝܒܝܢ
ܘܠܒܪ: ܒܒܪܐ ܡܕܒܪܝܐ ܠܡܫܪܐ ܠܡܦܩܗܘܢ: ܒܗ ܦܠܓ ܢܝܢ
ܐܚܪ̈ܢܐ ܐܢܐ ܡܕܒܪܢܐ ܘܗܘܦܪܟܐ: ܒܗ ܕܐܦ ܗܘ ܣܘܢܗܘܕܘܣ
ܐܝܟ ܒܒܫ ܗܘܐ. ܘܪܫܐ ܐܦܝܣܩ ܦܠܓ ܐܘܕܝܥ: ܡܢܐ
ܕܡܕܒܪܢܐ ܕܫܒܩ ܒܡܒܪܐ ܕܣܘܢܗܘܕܘܣ. ܣܘܢܗܘܕܘܣ ܐܢܫܐ.
ܘܡܦܩܬ ܕܠܐ ܕܥܠܡܘܬܐ ܒܒܪ ܡܠܬܐ ܐܘܦܠܓ ܕܠܐ ܩܢܝܐ
ܦܩܕܐ. ܠܬܢܝܬܐ ܩܘܡܒܢܝܢ ܩܐܡ ܐܢܐ. ܐܬܒܥܝ ܒܒܢܝܢ
ܣܘܢܗܘܕܘܣ ܠܦܠܓܬܐ ܕܟܒܪܐ ܡܕܒܪܝܐ. ܘܠܡܕܒܪܢܐ ܕܫܒܪ
ܢܦܩܬܐ ܗܘܝ. ܠܫܡܫܐ ܕܡܒܪܐ ܒܡܫܐܠ ܗ̇ܘ ܢܝܫܐ. ܗ̇ܘ ܕܒܗ

(1) L'auteur emploie plusieurs fois ce mot comme masc. — (2) Ms. : ܩܘܒܡܐ; cf. l. 370 et 378. — (3) Ms. : ܡܕܒܪ̈ܝܐ.

ܠܐ ܫܪܐ ܐܢܐ܂ ܡܢܗ ܚܙܝܬ ܐܢܐ ܒܚܘܫܒܐ. ܡܕܡ ܕܐܡܪܢܐ ܕܝܢ ܕܟܫܪ. ܐܘ ܡܛܠ ܕܒܠܠܬܐ ܒܒܢܝܗ܂ ܐܘ ܡܛܠ ܕܐܬܒܥܠ ܗܘܐ ܕܡܢܗ ܘܠܗܦܟ ܦܓܪܢܝܐ ܠܒܣܘܡܐ ܠܐ ܡܨܝܐ܂ ܐܟܡܐ ܘܠܡܕܒܪܢܘܬܐ ܒܘܒܝܐ ܠܐ ܡܛܠܐ. ܐܝܟܢܘܬܐ ܕܝܢ ܡܢ ܕܘܒܝܐ ܚܒܪ ܠܗܘܢ ܘܠܐ ܐܬܬܐ܂ ܠܢܦܫܐ ܕܡܒܪܢܐ ܡܢܗ܇ ܐܝܟܢܐ ܦܓܪܢܝܐ ܠܓܘܫܡܐ. ܡܢ ܕܝܢ ܕܐܬܒܒܥ ܗܘܐ ܠܗܕܐ ܦܪܨܘܦܐ
P. 575. ܕܗܘܝܢ ܒܗ ܥܠܡ܂ ܢܦܠ ܒܠ ܗܕܐ. ܘܡܒܠܒܠܐ ܐܬܒܥܝܬ. ܘܗܘܝܢ ܚܕ ܒܫܒܐ ܡܢ ܝܘܡܬܐ ܡܘܪܒܐ ܕܠܡܕܝܢܬܐ ܫܡܒܠ. ܘܐܝܟ ܡܢ ܕܗܠܡ ܠܥܘܫܐ[1] ܠܒܝܬܐ ܫܦܝܪ. ܕܒܝܬܐ ܕܐܬܥܫܒܬܐ ܕܐܪ̈ܢܐ ܢܐܬܐ ܢܒܕܩ ܠܗ. ܗܕܐ ܕܡܢ ܕܗܘܬ܂ ܐܬܬܚܝܒ ܘܠܒܝܬܐ ܐܙܠ. ܘܒܕ ܦܓܪܢܝܐ ܒܡ ܐܝܟܢܘܬܐ ܒܒܝܬܐ ܡܛܠܗܘܢ ܗܘܐ܆ ܘܒܝܘܡܬܐ ܕܐܪ̈ܢܐ ܫܪܝܘ. ܒܡܒܝܢܘܬܐ ܡܢ ܡܕܡ ܡܘܕ̈ܝܐ ܦܠܓ ܗܘܐ. ܘܒܠ ܠܡܘܕܝܐ ܠܒܐ. ܘܡܕܡ ܡܒܝܢܐ ܫܡܥ ܒܡܘܪܒܐ. ܡܟܐ ܕܝܢ ܕܐܝܟܢܘܬܐ ܠܗܕܐ ܚܝܘ. ܠܦܘܬ ܕܐܝܬ ܡܘܪܒܢܐ ܫܦܝܪ ܗܘܐ ܠܗܕܐ ܐܬܒܝܢܘ. ܘܠܐܪܒܝܘܗܝ ܣܘܪܗܒ ܢܐܙܠ ܚܢܐ. ܘܟܢ ܗܢܐ ܕܗܘ ܒܠܗ ܫܒܝܘ ܗܘܐ ܡܒܝܢܘ. ܡܢ ܕܝܢ ܕܒܠܐ ܐܪܒܥܝܢ. ܘܠܦܪܨܘܦܐ ܒܢܝܐ ܡܒܝܢ. ܚܙܝ ܡܢ ܗܕܐ ܘܠܐ ܒܪܘܚܐ. ܘܠܐ ܒܫܘܠܛܢܐ ܟܠܒܢܐ ܠܒܪ ܗܘܐ. ܡܫܟܚܐܝܬ ܕܝܢ ܒܠܒܘܒ. ܚܙܝ ܡܢܝ. ܐܦܘܣܘܦܐ ܕܝܢ ܠܐ ܣܡ ܠܢܦܠ. ܐܠܐ ܒܢܦܫ. ܢܦܫ ܒܠܒܘܒ ܬܠܐ ܘܢܦܠܐ ܠܗ ܠܐܪܒܥܝܢ ܫܐܠ. ܐܪܒܥܝܢ ܕܝܢ ܦܢܝ. ܦܓܪܢܝܐ ܠܗ ܘܐܟܡܢܘܬܐ ܗܝ ܐܢܬ܀ ܘܒܡܫܚ ܚܢܢ ܗܕܐ܂ ܦܓܪܢܝܐ ܠܗܣܦܪܘܡܐ ܫܡܥܝ ܘܐܟܡܢܘܬܐ ܕܒܟܡ. ܢܦܫܐ ܕܝܢ ܐܦܣܘܦܐ ܠܐܪܒܥܝܢ. ܐܪܐ ܠܗ ܘܐܝܬ ܦܓܪܢܝܐ ܕܠܐ ܠܐ ܢܦܠ. ܦܓܪܢܝܐ ܕܝܢ ܠܦܘܬ ܢܦܘܬ ܢܣܒܬܗ ܘܠܦܘܬ ܕܐܝܬ ܕܪܓܗ ܦܘܪ ܗܘܐ. ܢܩܒ ܐܬܪܐ ܠܢܦܠܐ. ܘܠܐܪܒܥܝܢ ܢܦܠ ܐܪܥܐ ܠܓܒܢܪܐ. ܘܡܫܟܪܐ ܐܦܣܘܦܐ: ܠܓܒܘܬܗ ܕܡܢܪ. ܘܠܝܡ ܦܓܪܢܝܐ ܘܐܟܡܢܘܬܐ ܡܥܠܡ ܠܓܘܫܡܐ. ܘܠܐ ܡܬܒܥܪ[2]. ܘܡܢ ܕܝܢ ܕܢܩܡ ܦܓܪܢܝܐ ܘܐܟܡܢܐ ܠܒܝܒܐ܂ ܐܦܣܘܦܐ ܡܩܝܡ ܠܢܦܠ. ܘܠܦܓܪܢܝܐ ܡܫܐܠ. ܦܓܪܢܝܐ ܐܝܬ ܡܢܝ. ܐܡܪ ܦܓܪܢܝܐ ܠܐ. ܬܠܐ

[1] Ms. : ܠܥܘܫܐ. — [2] Ms. : ܡܬܒܒܪ.

ܡܫܐܠ ܐܦܝܣܩܘܦܐ ܠܦܛܪܝܪܟܐ. ܡܛܠ ܕܝܢܐ ܠܐ. ܡܦܢܐ ܦܛܪܝܪܟܐ ܡܛܠ ܕܐܝܬ ܠܐ ܗܘܝܬ. ܐܬܡܠܟ ܕܝܢ ܐܦܝܣܩܘܦܐ ܡܢ ܡܘܡܬܐ ܕܠܐ ܡܘܫܚܐ. ܘܟܠ ܐܦܐ ܢܦܠ ܘܠܦܛܪܝܪܟܐ ܘܠܐܡܗܬܐ ܫܠܡ. ܘܡܢܐ ܠܫܠܡܘܬܗ. ܡܢ ܕܝܢ ܕܫܠܡܘܬܐ ܠܗܬܗ ܐܬܡܛܝܬ ܠܢܬܡܢܗ ܡܢܐ ܬܒܪ. ܘܛܝܢܐ ܡܢ ܕܪܫ ܩܡ. ܘܗܘ ܩܕܡܐ ܫܠܡܘܬܗ ܢܬܠܡ. ܘܐܢܬܡ ܠܐܡܗܬܐ ܡܢ ܒܬܪܗ. ܘܠܪܡܫܐ ܫܡܪܐ ܩܒܪ. ܘܠܦܛܪܝܪܟܐ‖ ܒܪܘܡܬܗ ܐܩܝܡ. P. 576.
ܡܛܠ ܓܝܪ ܕܐܦܛܪܘܦܐ ܗܘܐ ܕܟܢܫܬܐ ܘܢܛܪ ܒܩܘܫܬܐ. ܒܐܝܢܬ ܕܠܗ ܬܒܥ. ܓܠܝܐ ܗܝ ܓܝܪ. ܕܡܢܛܪܢܐ ܘܠܐ ܢܩܝܐ: ܗܘ ܡܢܐ ܕܟܢܫܬܐ ܡܬܦܪܢܣ: ܒܠܒܕ ܢܗܒܬܐ ܕܡܦܪܢܣܢܐ ܕܟܢܫܬܐ ܘܢܛܘܪܐ. ܘܗܘܬ ܢܕܘܬܐ ܪܒܬܐ ܪܒܬܐ ܡܛܠ ܢܛܘܪܬ ܩܢܘܢܐ[1] ܕܗܕܝܘܛ. ܢܐܡܪ ܡܫܡܠ ܢܗܝ ܕܐܡܝܪ. ܩܘܣܛܘܕܘܣ ܒܠܗ ܡܢ ܡܕܒܪܢܐ ܕܐܫܬܪ ܘܠܘܬ ܪܫܐ ܢܦܩܬ ܠܐ ܡܛܠܬܗ. ܘܡܕܒܪܢܐ ܡܢ ܩܘܣܛܘܕܘܣ ܒܠܗ ܘܠܩܛܪ ܠܒܪܢܐ ܡܕܒܪܢܐ ܫܪܝܪ ܘܡܩܝܡܢ: ܒܗܝܢܐ ܕܓܘܐ ܢܦܪܘܫ: ܠܗ ܕܡܕܒܪܢܐ ܒܪܛܠ: ܐܝܟܢܐ ܪܟܐ ܠܡܕܒܪܢܐ ܦܪܫ ܠܐ ܒܦܪ ܐܢܐ. ܠܐ ܡܛܠ ܕܒܕܬܐ ܕܝܠܗܘܢ. ܡܕܒܪܢܐ ܠܒܕܬܐ ܕܡܕܒܪܢܐ: ܗܝ ܕܡܢܗܘܢ ܕܠܒܐ: ܐܦ ܡܢ ܐܢܫܝܢ ܡܬܪܥܝܢܐ. ܘܕܝܢܐ ܓܝܪ ܒܕܬܐ ܕܐܫܬܪ ܠܕܝܢܝܐ. ܗܝ ܕܠܐܢܫܝܢ ܐܬܒܘܥܬ. ܡܛܠ ܫܘܠܛܢܐ ܕܝܢ ܕܡܕܒܪܢܘܬܐ ܡܛܠܗܘܢ ܗܘܐ ܗܕܝܘܛ: ܐܝܟܢܐ ܦܪܫܐ ܠܗܠܝܢ ܐܬܛܪ: ܘܦܩܕ ܒܠ ܗܕܐ. ܗܘ ܒܝܬܐ ܕܩܘܒܪܢܐ. ܗܐ ܓܝܪ ܡܛܠ ܕܫܘܠܛܢܐ ܠܗܠܝܢ...... ܢܩܝܐ ܕܡܕܒܪܢܐ ܡܢܝ، ܓܘܪܓܝܣ ܡܬܘܠܝܢܐ ܒܬܠܬܐ ܕܢܦܫܗܝ ܒܢܝܗܝ ܐܬܝܗܒ، ܘܠܐ ܐܬܗܦܟܬ. ܐܠܐ ܗܠܝܢ ܗܟܢ. ܐܢܐ ܕܝܢ ܬܫܪ ܠܒܗܘܢ ܢܟܐ ܐܢܐ: ܕܐܦ ܒܗܘܢܐ ܡܒܝܪܐ ܕܢܫܐ ܠܐ ܦܩܕ. ܡܢ ܡܕܒܪܢܘܬܐ ܠܓܒܪ ܠܐ ܡܘܒܕ ܗܘܝܬ. ܐܦܠܐ ܡܢ ܒܢܝܢܐ ܕܡܕܒܪܢܘܬܐ ܘܕܐܦܣܩܘܦܘܬܐ ܕܒܢܝܢ: ܐܚܪܝܢ ܡܢܗܘܢ ܪܓܝܓܐ ܐܝܬ ܠܝ ܘܗܢܐܐ. ܠܐ ܓܝܪ ܒܗܦܟܐ ܡܢܝ: ܘܐܦ ܡܢ ܒܠ ܐܢܫ ܠܘܬ ܒܛܠܐ ܕܩܘܒܪܢܐ ܒܒܟܐ ܐܢܐ ܘܡܛܪ. ܡܛܠ ܕܢܘܡܐ ܕܒܕ ܠܐ ܫܘܪܐ ܐܢܐ ܩܢܝ ܒܒܬܘ ܗܕܐ ܡܬܬܒܒܝܢ: ܗܕܐ ܕܡܛܠ

[1] Ms. : ܩܢܘܢܐ.

ܚܙܐ ܡܢ ܐܝܠܝܢ ܕܡܕܡܝܢ ܠܐ ܐܬܬܥܒܕܘ: ܘܫܟܝܪ ܐܢܐ ܠܚܘܒܒܗܘܢ ܗܢܐ. ܕܡܢ ܚܘܒܐ ܘܠܒܠ: ܘܠܒܘܪܐ ܕܬܚܘܬ ܪ̈ܓܠܝܗܘܢ[1] ܠܢܦܩ ܐܢܐ. ܡܛܠ ܕܝܢ ܕܐܦ ܗܕܐ ܚܬܡܬܗܘܢ ܐܡܪܝܢ[2]. ܠܐ ܠܡ ܫܠܝܡ ܚܕܡܐ ܕܢܟܡܝܢ ܢܒܡܕ. ܠܒ ܡܛܠ ܗܕܐ ܐܬܬܒܪܘܬ: ܐܡܒܝܐ ܒܒܠܗܘܢ ܕܗܢܐ ܗܦܟܐ ܡܬܬܕܝܢ ܐܢܐ. ܐܢܐ ܕܝܢ ܠܐ ܒܠܚܘܕ ܗܘ ܕܐܝܠܝܢ ܕܬܚܘܬ ܪܓܠܐ ܢܟܡܝܐ ܠܡܒܒܕ ܕܠܗܘܢ
P. 577. ܡܢ ܪܓܠܐ ܠܡܬܚܒܒ ܒܒܢܝ ܠܐ ‖ ܢܚܫܐ. ܕܐܦܠܐ ܗܘ ܪܓܠܐ ܗܕܐ ܠܡܬܚܒܒ. ܘܡܛܠܗܘܢ ܕܝܢ ܐܡܬܝ ܕܢܟܡܝܐ ܡܛܫܝܐ ܢܗܘܐ ܘܠܐ ܒܢܡܘܣܐ ܐܝܢ ܐܘ ܡܠܩܝܐ ܪ̈ܕܝܐ: ܠܬܠܝܗܝ ܗܕܐ ܐܬܬܐ ܘܠܡܘܣܐ: ܐܝܟ ܕܗܘ ܢܟܡܝܐ ܕܗܠܝܢ ܐܢ ܢܗܘܐ ܠܗܘܐ ܠܡܒܒܕ. ܠܐ ܐܡܪ ܥܠ ܕܦܢܝܐ ܡܕܒܪܐ. ܦܐܝܐ ܕܝܢ ܒܫܪܪܐ ܘܠܪܫܐ ܡܢ ܬܚܘܬ ܪܓܠܐ ܘܠܬܚܘܬ ܪܓܠܐ ܡܢ ܪܓܠܐ ܠܡܬܚܒܒ. ܢܟܡܝܐ ܕܒܐܝܘܬܐ ܗܘ ܕܒܒܠܗܘܢ ܕܠܗ ܫܦܝܪ ܠܗ ܘܝܐܐ ܀ ܕܠܐ ܕܝܢ ܡܢܗܪܐ: ܠܘܬܗܘܢ ܐܬܝܬ ܒܒܪ̈ܐ ܐܢ̈ܫܐ: ܠܐ ܬܬܒܒܠܘܢ ܟܠܟܐ ܐܢܐ. ܒܐܡܟܐ ܗܘ ܠܒܪ ܚܒܪ ܠܐ ܢܟܡܝܐ. ܒܢܝܫܐ ܠܒܪ ܕܫܒܬܐ ܡܢ ܒܠܗ ܬܫܒܚܬܐ: ܒܗ ܐܢ̈ܫܐ ܒܕܡܠ ܬܠܝܢ: ܬܘܒܗܬܐ ܡܕܡܟ ܚܙ ܪܓܠܐ: ܗܘ ܕܒܗ ܘܠܒܠ ܠܪܓܠܐ ܦܓܠܐ ܗܘܬ. ܘܗܢܐ ܒܠܗ ܐܬܒܫܝܬ: ܒܕܡܘܬܐ ܕܐܦ ܗܢܘܢ ܐܢ̈ܫܐ ܢܐܡܪܘܢ: ܕܢܒܪܬ ܒܢܝܐ ܕܢܟܡܝܐ ܡܢܗܪܐ. ܒܠܚܘܕ ܕܝܢ ܪ̈ܢܟܐ ܒܢ̈ܝ ܬܪܒܝܬܐ ܘܡܒܗ ܠܝ. ܘܒܗ ܒܒܕܢܐ ܠܒܝܢ ܐܢ̈ܫܐ ܫܪܝܬ ܬܪܥܐ ܒܢܝܐ ܗܕܐ ܕܠܐ ܐܫܬܒܚܬ. ܘܡܫܡܒܪ ܐܢܐ ܒܒܢ̈ܝ ܘܡܬܠܚܡܬܗܘܢ ܕܒܢܡܘܣܐ ܠܘܬܗܘܢ ܐܬܬܐ ܐܢܐ. ܐܫܟܚ ܠܬܘܬܐ ܒܪܐ ܐܢܐ. ܘܗܘ ܫܠܡ̈ܐ ܒܒܢ̈ܝ ܀

ܫܠܡܬ ܐܓܪܬܐ ܕܡܪܝ ܐܒܒܐ ܗܘ ܬܡܝܢܗ ܒܒܠܝ̈ܢܐ. ܕܝܠܗ ܐܢ̈ܫܐ ܡܬܕܪ̈ܫܢܐ ܕܒܒܕ̈ܝܢܘܬܐ ܘܬܘܠܡܘܣ ܀

(1) Ms : ܪ̈ܓܠܝܗܘܢ. — (2) Ms. : ܐܡܪܝܢ.

LETTRE DU VÉNÉRABLE [SERVITEUR] DE DIEU, MAR-ABA, CATHOLICOS, PATRIARCHE DE L'ORIENT, AUX FRÈRES ADONNÉS À L'INSTRUCTION QUI SONT DANS LA VILLE CATHOLIQUE.

Aba[1], *pèlerin*[2], *par la miséricorde de Dieu notre vivificateur, serviteur et ministre de l'Église catholique de l'Orient;*

A nos honorables frères : Pithion, interprète, Yônan, Khôdâhwai, Élias, professeurs[3], *et à tous les autres frères qui sont dans la sainte congrégation de l'École*[4] :

La paix de Notre-Seigneur [soit avec vous].

J'ai lu, mes frères, la lettre que vous m'avez adressée, et j'ai rendu grâces à Dieu au sujet de votre bonne santé. Si j'avais la confiance — je voudrais que vous en fussiez convaincus — d'être bientôt délivré d'une maladie de langueur, je remettrais à plus tard de m'excuser près de vous verbalement. Faute d'un tel espoir, je suis contraint de vous envoyer mes excuses maintenant par écrit et en peu de mots. S'il plaît au Seigneur, je le ferai plus tard oralement d'une façon plus explicite.

Certains frères vous ont persuadé que je n'ai de ma vie con-

(1) Mar-Aba, second patriarche du nom. — «Mar Aba, ortu Cascarensis in schola Modaïnae (Seleuciae) litteris imbutus, Theologum (i. e. S. Gregr. Naz.) nonnulosque Dalecticae libros exposuit Interpretationesque scripsit.» Ainsi s'exprime Maris, cité sous le nom d'Amrou par Assémani (*Bibl. or.*, t. III, 1, p. 157). Cf. Bar-Hébréus, *Chron. ecclesiast.*, II, 154; Wright, *Syriac Literature*, p. 187; Gismondi, *Maris, Amri et Slibae de patriarchis Commentatio*, versio latina, p. 36. Il était fils de Berik Çabianeh (ܒܪܝܟ ܨܒܝܢܗ, *Benedicta voluntas ejus*). Maris ajoute : «Voluit autem *Aba*, absolute dempto *Mar* titulo appellari, ut scilicet a Mar Aba Magno distingueretur.»

(2) Ce mot est devenu un terme d'humilité dans la langue religieuse.

(3) Sur la valeur des termes «interprète» et «professeur», voir J.-B. Chabot, *L'École de Nisibe* (*Journ. asiat.*, juill. 1896, passim).

(4) Il s'agit de l'École de Séleucie. — Sur cet établissement voir *Bibl. or.*, t. III, 2, p. 929 et suiv.

sidéré comme une violence les circonstances de mon élection[1]. Or, loin de dire que ce fait n'est pas une violence, je considère cette manière d'agir non seulement comme une violence, mais comme la plus grande de toutes les violences : peut-être pas pour des hommes valides et robustes d'esprit, mais pour les [hommes] chancelants, lâches et faibles comme moi, supposé qu'elle n'entraîne pas la violence, elle n'en est pas moins lâche et odieuse. Et, m'estimant un homme chancelant, pour ne pas dire le plus chancelant de tous, à bon droit non seulement j'ai considéré cette action comme une violence, mais même j'en fus effrayé comme d'un incendie de feu et de soufre.

Omettant donc, pour le moment, ce qui arriva du temps du catholicos Mar Pithion, de vénérable mémoire, afin que cet écrit ne dépasse pas les limites d'une lettre, j'en viens aux faits actuels.

Mar Pithion, de vénérable mémoire[2], mourut et je fus appelé là[3] par vos lettres, comme la règle le prescrivait[4], afin que je convoquasse les Pères au Synode. — Après avoir rédigé des lettres [de convocation] et les avoir envoyées dans chaque pays à chacun de nos frères [les évêques], je revins chez moi avant que les Pères ne fussent assemblés. Il ne me plaisait point de remonter[5], pour des raisons qu'il ne m'est pas facile d'expli-

[1] Litt. : «le fait dans lequel je me trouve». — Le contexte montre qu'il s'agit de son élection.

[2] «Phetion Bagarmensis, Tirhanae episcopus, Mar-Abae Cascarensis et Johannis Azrak Hirtae episcoporum opera, Abdalmessia Hirtensi nequidquam reluctante, ordinatus est anno Christi 731; obiit anno Hegirae 123, Chr. 741.» (*Bibl. or.*, t. III, 1, p. 616.) — Mar-Aba était donc déjà évêque de Kaškar en 731.

[3] Là, c'est-à-dire à Séleucie-Ctésiphon, siège patriarcal.

[4] En tant qu'évêque de Kaškar, ou al-Wasiṭ; car c'était à l'évêque de Kaškar qu'il appartenait de convoquer le synode pour l'élection du patriarche. — Voir ci-dessous, p. 330 [36], n. 3.

[5] On remontait, en effet, le cours du Tigre pour aller de al-Wasiṭ à Séleucie.

quer[1]. Par quelle pression fus-je amené à monter, vous pouvez l'apprendre de nos frères les évêques de la province qui sont autour de vous, si toutefois il y a quelqu'un parmi vous qui n'ait déjà appris ces choses.

En effet, nos frères les évêques de l'éparchie[2] ne m'écrivirent et ne me pressèrent pas seulement d'accord avec toute l'assemblée, mais, d'eux-mêmes, ils résolurent de m'envoyer votre lettre, non par les mains du premier venu, mais bien par notre frère l'évêque Nestorius[3].

Je ne puis faire connaître le début de cet écrit de peur d'être accusé de vanité. En un mot, je fus confus de ce qui s'y trouvait. M'étant mis de suite en route pour ne pas contrister l'évêque qui était venu me chercher, dès que nous arrivâmes, le soir, au milieu des barques, dans le port de Vasiṭ[4], mon cœur fut saisi de trouble et, j'en prends à témoin le Christ, j'abandonnai, à côté du port, notre frère l'évêque, et je pris à part le frère qui était avec moi et les autres. Je parlai avec eux de mon inquiétude, [disant] qu'il ne me servirait à rien de monter; mais ils ne se laissèrent pas convaincre; bref, pour ne pas allonger, je montai.

Quand j'arrivai au port[5], quelques évêques et quelques-uns d'entre vous vinrent me trouver et me pressèrent d'entrer sur-le-champ [dans la ville]. Comme en abordant au port, j'appris ce qui se passait alors, je pensai que la fuite me serait utile de toute façon. Je congédiai les évêques et vos frères,

[1] Maris nous laisse entendre qu'il y avait compétition entre lui et l'évêque de Gandisapor. «Sedem patriarcalem vicaria potestate rexit, cum episcopus Cascarensis esset. Orto autem dissidio, circa ipsum et metropolitam gandisaporensem, in ejus tandem electione suffragia omnium convenere.» (*Bibl. or.*, t. III, 1, p. 158.)

[2] C'est-à-dire, de la province patriarcale.

[3] Je n'ai pas trouvé ailleurs mention de cet évêque.

[4] C'est-à-dire, dans le port même de Kaškar.

[5] Au port de Séleucie.

leur laissant espérer que j'entrerais aussitôt. Je parlai avec les matelots eux-mêmes pour m'en retourner, [leur offrant], s'ils le voulaient, une augmentation de salaire; car il ne plaisait pas aux matelots de retourner à ce moment-là. Je donnai donc mes ordres à mon serviteur, et, la nuit même, je retournai en arrière. Comment, après cela, fus-je pris et persuadé de revenir? par quelle contrainte, sous quel pacte et quelle condition? Qu'on interroge notre frère commun Khôdâhwai, le professeur, pour ne pas m'étendre davantage.

Dès mon arrivée, je fus livré à des satellites, jour et nuit, dans la crainte que je ne trouvasse l'occasion de me cacher; et ces satellites peuvent jurer qu'ils ont veillé sur moi continuellement. J'écris ceci pour que vous compreniez la manière dont se sont passés l'événement en question et l'élection : ce dont je suis effrayé rien qu'en l'écrivant.

Je restai près de vous quelque temps et je me rendis à la Porte du prince [1] pour le saluer; puis, je retournai près de vous. Je célébrai vos fêtes et ensuite je redescendis dans ce pays pour des causes notoires. Plus tard, je regagnai la Porte du prince, pour retourner de là près de vous. La gravité de mes fautes m'en empêcha. Je fus pris là, pendant cinq mois, d'une maladie grave que les médecins disaient sans espoir, à moins que le Christ, médecin universel, ne m'assistât.

A peine seulement hors de péril, méprisant tout danger, j'arrivai près de vous, le corps plus ou moins mort, et vous avez pu rendre témoignage de ma faiblesse. Je passai chez vous,

(1) L'élection de Mar-Aba doit être placée en l'an 741. — «Regioni Irak Josephus, Omari filius [Yousouf ibn 'Omar at-Taḳafî], tunc temporis, praeerat, qui Christianos summo odio prosequebatur. Quamobrem decrevit Mar Aba non ante Modainae habitare, quam hominem salutatum ivisset. Cupham itaque profectus Josephum adiit, a quo benigne exceptus, postquam propositis quaestionibus satisfecisset, Hirtam perexit ubi Johannes Azrak (urbis episcopus) una cum fidelibus cum pompa et honore ei occurrit.» (*Bibl. or.*, t. III, 1, p. 158.)

entre la vie et la mort, un temps assez long[1]; je célébrai vos fêtes et je me préparai à l'ordination indiquée pour l'onction de l'évêque d'Arbèle[2]; mais dans la nuit de veille — j'en prends le Christ à témoin — mes esprits se troublèrent au point que j'en perdis tout à fait connaissance; je pensai préférable de cesser la veille que de tomber oppressé devant tout le monde. De vénérables amis m'emmenèrent la nuit même, en priant pour moi. Il me semble que celui qui était alors appelé à l'ordination fut ensuite parachevé et la solennité aussi.

Je vous persuadai ensuite, et je descendis dans ce pays. Deux mois s'étaient à peine écoulés, ou tout au plus trois, que des rumeurs agréables, annonçant la sentence portée par vous, se succédaient l'une après l'autre. Vous connaissez, mais non pas moi, — et le Créateur les connaît aussi de même que leur motif, — les calomnies impitoyables et les accusations que je subis. J'y fus insensible et ne m'en préoccupai pas même. Cependant ces rumeurs sont maintenant confirmées : j'ai été cité, jugé et condamné par le tribunal et le juge; non seulement les accusateurs rédigèrent des mémoires, mais ils signèrent ma déposition; ce qui était facile à faire[3].

(1) C'est dans la sixième année de son patriarcat, donc en l'an 767, qu'éclata le dissentiment entre le patriarche et les clercs de Séleucie (voir ci-après, note 3).

(2) Le nom de cet évêque m'est inconnu.

(3) Le texte de tout ce paragraphe est particulièrement obscur; je me borne à en rendre le sens général. Au sujet du départ de Mar-Aba et du lieu dans lequel il se retira, voici ce que dit Maris : «Quum vero pravos Modainensium (i. e. Seleuciensium) mores ferre non posset, eo praesertim quod nonnulli clerici res scholae occupaverant, Seleucia relicta, substitutisque in locum suum Millesio Tirhanae, et Sciaadosto Zuabiae episcopis, Cascaram apud suos migravit, in cœnobio Wasetae sedem figens. Mox Cupham petiit.» (*Bibl. or.*, t. III, 1, p. 158.) — Amrou diffère légèrement : «Madainae degere fastidiebat ob incolarum arrogantiam, imo ibi sui vicarios reliquit duos sibi olim discipulos [Sâhâdostum et Milesium] anno sui patriarchatus sexto, perrexitque Cascaram et moratus per annum in cœnobio Wâsitae Kupham migravit, atque Hirtam reversusque est Cascaram. Hoc aegre

Pendant longtemps, plongé dans l'étonnement, je m'élevai contre ces choses; plus tard, je remis tout à Dieu, juge universel des paroles et des œuvres. Au milieu de ces bruits, un libelle diffamatoire fut produit par ces audacieux calomniateurs : son auteur en rendra compte, et je veux en livrer à l'oubli tout le contenu. Je n'en rappellerai qu'une seule chose. Ils écrivirent que j'avais gaspillé tout ce que possédait la maison [1], puis m'en étais allé. J'aurais pu, certes, me justifier, et s'il plaît au Seigneur que je vive, je le ferai plus tard. Je me contentai alors d'envoyer à ce propos des personnes à la maison, afin de faire connaître par là la vérité ou la fausseté de l'accusation. Je ne voulus pas désigner ces mêmes personnes, dont le rôle serait de calomnier au lieu d'examiner et dont l'enquête serait une accusation, mais bien deux évêques de l'éparchie [2] : par là, je m'attendais à être absous ou condamné en temps voulu. Il ne m'était jamais venu à l'esprit qu'avant le temps je serais condamné et qu'on m'infligerait une peine : ce que votre lettre m'a fait connaître.

Je veux donc demander, et qu'on me réponde, quelle est la cause du trouble? Car vous dites que le trouble vous a gagnés dans votre demeure silencieuse, mais vous ne m'en dites pas la cause, dans laquelle je trouverais la manière de me jus-

ferentes cives Madainae cessaverunt a recitando nomen ejus in liturgia, unde muneri renunciavit : postea illum deprecati, eis morem gessit et reversus est Madainam.» Édit. Gismondi, p. 36.

[1] «La maison», c'est-à-dire la résidence patriarcale, ou peut-être l'école.

[2] Ces deux évêques sont sans aucun doute Milès, de Tirhân (الطيرهان, ܛܝܪܗܢ) et Šadhost, de Zâbê (الزوابية, ܙܐܒܐ) dont parle Maris. Nous voyons par ce passage que ces deux diocèses faisaient déjà partie de la province patriarcale, ce qu'Assémani avait d'ailleurs affirmé, mais sans citer d'autorité et pour une époque plus tardive (*B. O.*, III, 1, p. 580, et III, 2, p. 788). — L'expression étrange de Maris qui dit que le patriarche «avait mis ces évêques à sa place» trouve ici son explication naturelle.

tifier. Quelle est donc la cause de ce nouveau trouble que j'aurais occasionné à la suite de celui dont il a été question? Sôrin[1], professeur et membre de l'École des Villes[2], fut-il la cause de ce trouble? Je le demande, et qu'on me réponde. Il ne suffit pas pour expliquer parfaitement la cause du trouble de la seule affaire de Sôrin. Il est besoin d'un surcroît d'éclaircissement que Mar-Aba, en bon philosophe, réclame pour sa démonstration.

Est-ce parce que Cyprien[3] a été déposé que le trouble a eu lieu? ou parce que Sôrin a été établi à sa place? Le trouble, en effet, doit se rattacher à l'une de ces deux causes, non[4] aux deux.

Si c'est parce que Cyprien a été déposé : cela n'était pas leur affaire. Les précédents en témoignent. Il y a eu maintes fois des évêques déposés sans que les [habitants des] Villes fussent convoqués pour cela. Et s'il me plaît, à moi, de prendre conseil en

(1) Sôrin, alors professeur à l'école de Séleucie, fut donc établi métropolitain de Nisibe par Mar-Aba, à la place de Cyprien; plus tard, il fut transféré au siège de Holwân, évidemment pour donner satisfaction aux réclamations dont parle la lettre : «In metropolitam Nisibis per fraudem ordinatus, ab incolis minime admissus, migravit Hulwânam» (Amrou; éd. Gismondi, p. 36); à la mort de Mar-Aba, il fut élu patriarche par une faction, et grâce à l'intervention de l'autorité civile. Mais, au bout de cinquante-six jours, il dut céder la place à Jacques, de Gandisapor, qui lui accorda la métropole de Baçrah (Bassora). — Voir, pour les détails, *Bibl. or.*, t. III, 1, p. 158; t. II, p. 432.

(2) Les *villes* (المدائن); non pas «les deux villes», mais les villes royales par excellence : Séleucie et Ctésiphon. — Cf. Nöldeke, *Gesch. d. Sasan.*, p. 16, n. 1.

(3) La plupart des détails que la lettre de Mar-Aba nous fait connaître sur cet évêque ne se trouvent pas dans les historiens. Cf. *Bibl. or.*, t. III, 1, p. 111; et Wright, *Syriac Literature*, p. 189. — Il avait été nommé métropolitain en 741, dès le début du patriarcat de Mar-Aba; il fut sans doute rétabli sur son siège, après avoir été déposé par Mar-Aba, lorsque Sôrin fut transféré à celui de Holwân. Il joua un rôle important sous le patriarcat de Jacques (754-773); il mourut en 767.

(4) Le texte porte ainsi; peut-être faut-il corriger «sinon aux deux».

toutes choses des fidèles[1], lorsqu'ils sont présents, ce n'est cependant pas la règle générale. Si donc c'est parce que Cyprien a été déposé qu'ils ont excité du trouble, il me paraît nécessaire de m'excuser envers eux, afin qu'ils ne soient pas scandalisés à mon sujet par mon fait.

Cyprien est venu comme il est venu, — plût à Dieu qu'il ne fût pas venu! — sans se conformer à la règle ni au droit ecclésiastique. Le règlement et le droit ecclésiastique sont que deux ou trois personnes, ou tout au plus quatre, prises parmi les clercs et les fidèles, apportent l'acte d'élection; l'élu n'accompagne pas ceux qui apportent l'acte de son élection : on ne devrait pas même savoir où, ni d'où il est. Et il n'est pas besoin de le démontrer par l'Écriture ou les Sages : quiconque est intelligent le comprend; en sortant de chez lui, il s'avilit et est pire que Saül dans sa manière de faire. Celui-ci, en effet, se cacha dans le temps où il fut appelé, et il fut découvert par le prophète : « Voici qu'il est caché parmi les vêtements[2] ». Que ces nouveaux pasteurs rougissent donc, et qu'ils se tiennent bouche close. Saül, l'homme de race perverse, se cache pour observer l'ordre, du moins en apparence : et il ne suffit pas à nos nouveaux évêques de se faire connaître, mais loin de se cacher, ils accompagnent l'acte de leur élection, non moins étroitement que les membranes accompagnent le fœtus! Je dis bien : ils accompagnent l'acte de leur élection. Plût à Dieu qu'en étant venus là, ils y restassent et [n'en vinssent] point à ce qui ne se dit pas! Répondez-moi maintenant? Est-ce à cause de Cyprien que les fidèles, avec trois ou quatre clercs, se sont agités? L'acte d'élection de Cyprien est venu. Répondez ce que vous voulez, mais du moins donnez une réponse. Je

(1) Le ms. porte ܡܗܝܡ̈ܢܐ « les fidèles »; peut-être faudrait-il corriger ܡܕܝܢ̈ܝܐ « les habitants des villes ».

(2) I Sam., x, 22.

ne rejette pas ceux qui ne portent pas l'éphod ou qui portent le sceptre[1]. . . . .

S'il y a eu depuis l'origine du monde une élection faite de cette manière, montrez-le-nous! Et Cyprien lui-même, où était-il alors? Ce qui importe avant tout : dites où il était, vous le savez peut-être; moi, je l'ignore. Était-il caché parmi les vêtements, comme Saül? Vous le savez, mais non pas moi. — Bref, sa cause était difficile, et vous ne l'ignorez pas. J'ai envoyé pour examiner son cas quelques personnes d'entre vous, qui ne vous sont pas inconnues. Elles ont négocié ce qu'elles ont voulu, et elles en rendront réponse au jour du jugement.

En un mot cet homme fut ce qu'il fut. [Je l'avertis doucement en lui disant : «J'ai donné mes avis à ton Ḥenanišoʿ, votre intermédiaire en ces choses : interrogez-le et instruisez-vous»[2].]

Celui-ci s'en alla à sa guise, et non seulement il ne tint aucun compte de mon conseil, mais il fit tout le contraire dès son arrivée : loin de se concilier les évêques, il se les aliéna. Il commença avant tout à exciter les évêques contre Sisin[3], et cela à mon insu.

Il m'écrivit : «Les Zabdicéniens[4] n'ont pas seulement allégué au sujet de Sisin des accusations qu'il est difficile de réfuter, mais même ils ont déjà fait le pacte, scellé par des serments : que Sisin ne serait plus désormais leur directeur ni

[1] Phrase très obscure après laquelle le ms. accuse une lacune. Il parle sans doute de l'intervention des laïques ou de l'autorité civile dans les élections patriarcales.

[2] Le texte paraît altéré en ce passage; je traduis le sens probable.

[3] Au lieu de ܣܝܡܝܢ «ceux qui avaient été établis», il faut certainement lire : ܣܝܣܝܢ «Sisin».

[4] La forme de cet ethnique n'est pas dans les lexiques; il s'agit des habitants du diocèse de Beit Zabdai, qui faisait en effet partie de la province métropolitaine de Nisibe. Cf. *Bibl. or.*, t. III, 2, p. 734. — L'évêque Sisin ne m'est pas connu par ailleurs.

IMPRIMERIE NATIONALE.

leur conseiller. Que t'en semble-t-il, ô notre Père ? » — Je ne fus pas même ainsi trompé par ses ruses, mais je lui écrivis une chose qu'il ne peut avoir oubliée; je lui disais : « L'affaire dont tu me parles doit être conduite pour ainsi dire sur le tranchant du rasoir. La déposition d'un évêque est chose grave : prends soin de bien examiner l'affaire, et conduis-la selon l'exigence de la justice. » En apprenant cela, Sisin avait écrit, et il me fit connaître ce qu'il avait écrit. Il choisit pour examiner sa cause quelques évêques de l'éparchie, mais non pas Cyprien, parce qu'il le détestait. — Pour moi, ayant reconnu que l'explication de Sisin méritait créance, j'écrivis à ce sujet à trois illustres évêques de l'éparchie : Isaac, Sylvain et Théodore[1]. Cyprien, qui brûlait de rage en lui-même, à cause du châtiment qui le menaçait prochainement, prévint les événements. La décision des évêques dans l'affaire de Sisin n'était pas encore portée, qu'il désignait et envoyait à la place de Sisin un certain Qaiouma, évêque des Ḳartavayê[2]. Dès que je vis, par le témoignage des évêques, que Sisin devait être absous, je chassai de là Qaiouma, par l'autorité des canons. Or, non seulement Cyprien ne se tint pas tranquille, non seulement il n'eut pas honte de sa conduite, mais il osa désigner et envoyer sur-le-champ un séculier pour remplacer Qaiouma.

O Villes catholiques ! de telles choses peuvent-elles se passer et le patriarche être compté pour rien ?

L'homme qu'il avait envoyé vers moi pour l'ordination fut traité comme il le méritait, car je ne voulus pas même voir son visage. Mais il ne tint pas compte de cela. Il introduisit cet

[1] Je ne trouve ailleurs aucune mention de ces évêques, dont les sièges ne sont malheureusement pas indiqués.

[2] Il ne semble pas que les Kartawayé fussent compris dans la province de Nisibe. Cf. Hoffmann, *Auszüge aus syr. Akten persischer Märtyr.*, p. 208.

homme dans l'église de Çoba[1] pour l'ordonner; il lui donna ses instructions et lui conféra l'ordination. Plus tard, de Miçrin il le transféra à Qoubé d'Arzanène, où il siège honteusement[2].

Bien que l'audace de Cyprien eût dépassé toute borne, je ne le citai point en jugement selon son audace; et si ce n'était que des évêques vénérables et respectables vinrent, pleins d'indignation, se plaindre de lui, j'aurais tout supporté et souffert de la part de Cyprien. Pourquoi ? Non pas que les décisions et les canons de l'Église me fussent inconnus; non pas que j'ignorasse que la longanimité et la patience démesurée excitent et accroissent l'audace des insensés. Mais je m'étais auparavant proposé une chose : de supporter tout ce qui arrive, et cela chaque jour de la semaine, sans molester personne. Voilà pourquoi je supportais toute la conduite de Cyprien. Et peut-être se serait-il amendé? mais je fus amené peu à peu à ce qui vient d'arriver (?) Il faut que vous sachiez aussi cela, bien que je passe en courant sur toutes ces choses.

Un jour, Nataniel, qui était déjà évêque antérieurement, vint me trouver avec des lettres de plaintes contre Cyprien. Bien que ce fût un évêque, je ne l'écoutai point; je lui dis que l'affaire demandait une enquête, et, pour cet examen, j'envoyai à Nisibe, avec Nataniel, un moine nommé Stéphane, qui était depuis longtemps mon familier et mon compagnon, et je lui fis jurer de me faire connaître la vérité exacte sur ces faits. Nataniel et Stéphane revinrent avec quelques personnes de Nisibe, apportant avec eux la déposition qui contenait non seulement l'accusation contre Cyprien, mais encore des anathèmes et des malédictions si Cyprien rentrait comme évêque

[1] Nom arabe de la ville de Nisibe.

[2] Je n'ai pu identifier ces deux localités. — Remarquer qu'on pourrait aussi à la rigueur traduire : «Il l'envoya à la place de Sisin *comme pasteur* des Kartawayê.»

à Nisibe. Ils me demandaient instamment de consentir à l'élection d'un autre évêque, de désigner quelqu'un et de les accompagner.

Que pouvais-je faire alors! Auparavant j'avais déjà plusieurs fois blâmé cet homme, et non seulement il n'avait pas changé de conduite, mais même il n'avait pas consenti à venir à la Porte s'excuser sur sa conduite. Je ne fus pas même ainsi poussé à bout. Je calmai momentanément ces gens [en leur disant] : «Je dépouillerai cet homme de son office et je le chasserai de la ville conformément à sa déposition; pour le moment, portez à Nisibe les lettres que j'ai rédigées, en attendant que je trouve une personne convenable pour ce poste.» — J'avais à peine congédié ces gens de la sorte, et ils n'étaient pas encore parvenus à la ville, que des évêques, hommes vénérables et respectables, arrivèrent avec des séculiers, au nombre de cinq. Les vieillards qui étaient parmi eux non seulement racontaient les choses intolérables que Cyprien leur faisait subir, mais, levant la main au ciel, ils invoquaient Dieu contre moi : «Seigneur, [disaient-ils,] venge-nous de 'Aba qui n'a pas pitié de nos cheveux blancs.» — Dès lors, qui m'empêchait, ces cinq évêques de la province et Nataniel, le sixième, étant d'accord avec moi misérable, de mettre au jour et de faire connaître la déposition de cet homme et de consentir à l'élection d'une personne qui serait désignée sur-le-champ et envoyée là? L'affaire en était là; je fis cependant observer aux évêques que le siège était important et exigeait une personne capable, et que j'avais besoin de quelque temps pour la trouver. Et les évêques consentirent à peine à s'en aller mécontents.

Quand ces évêques parvinrent près de vous, qui les sollicita? comment furent-ils traités? Cela est connu de Dieu, de vous peut-être, mais non de moi. On dit cependant que, là, leurs amis les conseillèrent [en leur disant] : «Si vous devez souffrir de ce que vous revenez sans avoir trouvé d'évêque, choisissez vous-mêmes quelqu'un. On ne pourra plus ensuite faire autrement, et par là même votre difficulté sera résolue. » — Les évêques acquiescèrent à cet avis et tombèrent aussitôt d'accord sur notre frère Sôrin, et ils l'envoyèrent avec quelques évêques d'entre eux. Je fus ainsi vaincu de toute part. J'en prends le Christ à témoin, de même que pour chacune des autres affaires que j'ai conduites : telles sont les choses qui se sont passées entre moi, les évêques et l'homme qui a été consacré; elles ont été établies et sanctionnées devant Dieu. J'ai désigné quelqu'un d'accord avec les évêques, et j'ai envoyé cet homme.

Si donc le trouble qui est survenu a eu lieu à cause de la déposition de Cyprien, je me suis maintenant excusé à ce sujet. Et si vous voulez même une excuse plus grave, je la donnerai. Depuis quatre ans, Cyprien n'était jamais venu au patriarcat. Je ne dis pas cela, à Dieu ne plaise! parce que j'attendais de lui les richesses de Nisibe; mais la règle l'exigeait. Cyprien fit bien plusieurs tentatives, mais n'y donna point suite. Je décrétai qu'il devait venir pour se conformer à la règle et aussi pour s'excuser sur sa conduite.

Dirai-je encore quelque chose de plus affligeant? Le métropolitain de Damas, notre frère Sembaiteh[1], m'écrivit : « Quand tu ordonnas de ne plus proclamer Cyprien avant d'en avoir reçu avis de ta part, Cyprien s'emporta contre moi et m'écrivit ceci : « Puisque les boucs comme Isaac et Sylvain me proclament, « proclame-moi, toi aussi. » Voilà la lettre que m'a adressée Šembaiteh! Convient-il, ô partisans de Cyprien, que cet homme appelle « boucs » des vieillards vénérables comme Isaac et Sylvain? Celui qui est tombé des cieux comme l'éclair pourra-t-il donc se relever et se soutenir?

[1] Ce nom est à ajouter à la liste des évêques nestoriens de Damas.

Si ce n'est pas à cause de la personne même de Cyprien qu'il y a eu du trouble chez vous, mais parce qu'un évêque a été déposé et un autre établi [à sa place] : cela n'est pas nouveau. Cela eut lieu dans les temps passés lorsque les circonstances le demandèrent. En voici des exemples récents. Çalibazeka[1], de vénérable mémoire, destitua Aristus, évêque de Hérat, et établit Jean [à sa place]; Pithion, de vénérable mémoire, destitua Jean et établit Panahišoᶜ[2]. Et ils n'avaient entre les mains ni l'acte de déposition de celui qui fut destitué, ni l'acte d'élection de celui qui fut établi, comme je les ai. Je laisse ceux-ci de côté, et je rappellerai le catholicos Mar Guiwarguis[3], de vénérable mémoire, qui destitua Jean[4], métropolitain de Çoba, lequel, par la suite, ambitionna le catholicat. Jean avait négligé de venir à la Porte. C'était sa seule et unique faute. [Les habitants de] sa ville épiscopale ne s'étaient pas plaints et n'avaient point envoyé leur consentement au patriarche pour l'élection d'un autre évêque. Le [catholicos, de] vénérable mémoire, réunit les évêques et prononça sa déposition. Le métropolitain Jean se repentit aussitôt de sa conduite; il se rendit à la Porte, et là, déliant sa ceinture, il se tint pendant plusieurs jours dans le sac et la cendre. Alors le catholicos ordonna de le faire entrer en sa présence. Voilà ce qui se passa et ce qui a eu lieu, de temps à autre, comme il est prouvé. Et les étoiles ne sont pas descendues sur la terre, ni la terre ne s'est pas élevée jusqu'au ciel, comme a dit quelqu'un. Cela est arrivé de mon temps. Non seulement Cyprien n'est pas venu à la

(1) Il occupa le siège patriarcal de 713 à 729 et eut pour successeur Pithion.

(2) Les noms de ces évêques me sont inconnus par ailleurs.

(3) Georges fut le successeur de Jésusyabh III; il siégea de 661 à 680.

(4) Je pense qu'il s'agit plutôt de Jean de Dasen, surnommé *le lépreux*, métropolitain de Nisibe, qui se fit élire patriarche et occasionna un schisme dans l'église nestorienne sous le pontificat de Henanjésus Ier (686-701). Cf. *Bibl. or.*, t. III, 1, p. 656, et Wright, *Syr. Liter.*, p. 181; Amrou, éd. Gismondi, p. 35.

Porte et n'a pas envoyé d'excuses sur sa conduite, mais il a écrit, en se moquant de moi et en m'injuriant : «Si tu veux que j'aille près de toi, c'est-à-dire puisque cela te convient, absous-moi d'abord de mon interdiction de me réunir aux évêques, et ensuite tu pourras m'attendre.» Est-il possible, ô Maḥouzites[1], gardiens des canons, que votre évêque soit tellement méprisé et que vous vous en glorifiiez! C'est assez des vexations et des amertumes que j'ai éprouvées de votre part.

Si le trouble n'a pas été excité au sujet de Cyprien, ni à cause de la déposition et de l'institution d'un évêque, c'est donc uniquement parce que Sôrin a été établi. Je terminerai cela, s'il plaît à Dieu et si je vis, quand le temps sera venu[2].

On dit que le trouble qui a eu lieu s'est tellement aggravé et en est arrivé à tel point, que, ou bien ils omettront mon nom dans la proclamation, ou bien ils ne célébreront pas les mystères. J'en suis profondément stupéfait et affligé. Je n'ai pas conscience d'avoir mérité un tel châtiment; et supposé que j'aie commis quelque faute qu'on peut commettre habituellement, ma punition devrait-elle être telle qu'à cause de moi on omette de célébrer les mystères [sacrés] : la vie et le salut du monde! Puisse-t-il se trouver quelques historiens ecclésiastiques pour écrire cela? Quelle abondance de matières pour eux! Non seulement ils pourraient écrire à satiété, mais ils laisseraient encore aux générations qui viendront après eux une ample matière.

Mais je dis ceci à propos du trouble lui-même. A cause du

[1] Habitants de Séleucie. Cette ville portait (conjointement avec Ctésiphon?) le nom de Mahouza (la fortifiée). Cf. *Bibl. or.*, III, 2, p. 646, et III, 1, p. 91. — Budge, *The Book of Governors*, II, 87, n. 2.

[2] Il semble, comme je l'ai dit plus haut, que l'affaire fut ensuite réglée par le transfert de Sôrin à l'évêché de Holwân, et le rétablissement de Cyprien à Nisibe, car nous voyons ce dernier agir en cette qualité sous le patriarcat de Jacques, successeur de Mar-Aba (après la déposition de Sôrin).

trouble, doit-on effacer le nom de celui qui est proclamé? A cause de la foule, alors que je suis proclamé dans la proclamation, doit-on s'abstenir de me proclamer? On devrait donc non seulement ne jamais proclamer quelqu'un sans qu'elle le désire ou qu'elle souhaite cette proclamation, mais même cesser la proclamation quand il lui plaira, par frayeur et par crainte que cela n'arrive. La foule n'a aucune raison d'exciter du trouble pour cela. Cette affaire dépend du consentement et de la volonté de toute l'Église, et non d'une fraction ou de quelques personnes.

Soyez persuadés, mes frères, qu'à la suite de cela j'avais pris la résolution de m'affliger dans la solitude et de ne jamais retourner là; mais je me suis laissé convaincre par votre lettre affligée qui réclamait mon retour, et, s'il plaît au Seigneur que je trouve un peu de soulagement à cette souffrance qui s'est récemment emparée de moi, comme vous le racontera notre frère Bouzid, je vous rejoindrai aussitôt, le cœur joyeux. Si je dois quelque chose, je le payerai, et non seulement la somme, mais les intérêts avec. Et, afin d'être le prototype de celui qui n'aime pas la domination, je souhaite, pour le châtiment de ceux qui désirent le pouvoir, que l'Église choisisse une autre personne à ma place, et avant tout j'y consens; et, de plus, pour ne pas servir seulement d'exemple à ceux qui n'aspirent pas au pouvoir, mais également à ceux qui méprisent le pouvoir, je ne m'en irai point, mais je serai le ministre, je veux dire l'archidiacre, de celui dont j'aurai été le chef et que l'Église choisira. Cela me convient; et quoiqu'on ne trouverait personne plus âgé que moi[1] dans les Villes, si cela même ne plaît pas à l'Église, si elle juge opportun que je m'éloigne

[1] Mar-Aba était alors âgé d'environ cent sept ans. — «Sedit annos decem et mensem sepultusque fuit Modainae, cum annum ætatis ageret centesimum decimum.» (Maris, *apud* Assemani, *B. O.*, III, 1, p. 158.)

de sa présence, je retournerai à ma propre maisonnette, au pays de mes pères, dans ma famille[1]. Je n'aurais jamais voulu qu'à cause de moi une mouche ou un moucheron fût tourmenté, à plus forte raison l'Église catholique. Et s'il semble à quelques-uns que cela est humiliant et méprisant pour le siège, que je dois avoir du zèle pour ce siège et en prendre soin, je supporterai cette colère, afin que ceux qui envient le siège ne périssent pas.

Avant tout, mes frères, je vous demande ceci : Avec quelle intention, dites-le-moi, les Villes voulaient-elles faire disparaître des proclamations le nom de ma misérable personne? Est-ce qu'il est en la puissance des habitants des Villes, selon leur bon plaisir, ou des Villes, selon le leur, de proclamer ou de ne pas proclamer le nom de leur prélat? C'est possible pour quelque temps. Je dis pour quelque temps, c'est-à-dire quand le synode doit se réunir pour examiner la cause de ce prélat. On sait, en effet, quand les Villes peuvent sans témérité omettre le nom de leur prélat dans la proclamation. Elles font cela sur des accusations évidentes, pour l'examen desquelles le synode doit nécessairement se rassembler. Il arrive alors de deux choses l'une : ou les accusations sont confirmées, et le synode souscrit à la stipulation des Villes; ou les accusations ne sont pas confirmées, et le synode punit les Villes. De quelque côté que ce soit, ils sont présentement blâmables, soit que leur intention ait été de faire disparaître le nom du prélat des Villes seulement, soit que leur intention fût que l'exclusion des Villes se tournât par leur intermédiaire en exclusion de toute l'Église. Qu'ils s'avancent et qu'ils démontrent d'où ils ont ce pouvoir? par quel canon? Il n'en fut pas ainsi à l'origine. Et la manière dont le patriarche est élu l'atteste. Si

[1] Certains auteurs disent qu'il était natif de Kaškar, d'autres de Dankarah, dans les environs de cette ville. (*Bibl. or.*, II, 431.)

l'élection du patriarche appartenait aux Citadins[1], je ne leur refuserais pas sa destitution. Mais s'il n'en est pas ainsi, — et il n'en est pas ainsi, — s'il appartient à Dieu d'établir et de destituer le prélat, et après Dieu, à ceux qui ont été désignés par Dieu pour l'établir ou le destituer, il ne convient point aux Citadins de prétendre que l'Église universelle soit leur servante, appliquée à exécuter leur bon plaisir. Et, s'ils en doutent, je rappellerai ce qui s'est passé de nos jours.

Les Citadins avaient été jadis circonvenus par les présents de l'évêque de Baçra, feu 'Išô'-yahb[2], et, avec le concours de quelques évêques, ils l'ordonnèrent patriarche. Les Citadins ont-ils eu à se louer de cela ou à en rougir? Qu'on le leur demande, et non pas à moi, et qu'ils répondent! Les Citadins ne doivent donc pas penser suffire par eux-mêmes à établir un patriarche ou à le destituer; et même il ne suffit pas que les évêques de l'éparchie se joignent à eux, comme d'aucuns l'ont rêvé, pour décréter la déposition du patriarche d'après des accusations qui exigent manifestement sa destitution.

Je dis bien : les Citadins et la province; car, s'il arrivait que le synode lui-même établit un patriarche, sa décision est caduque aussi longtemps que l'évêque de Kaškar, le premier-né du synode, fait défaut[3]. Et, pour ne pas être accusé de pro-

(1) Les clercs et les notables des «Villes» de Séleucie et de Ctésiphon, qui avaient droit de prendre part à l'élection du patriarche.

(2) Je ne trouve aucune mention de cet évêque, et j'ignore à quels faits Mar-Aba fait allusion. Je soupçonne qu'il s'agit d'une intrigue nouée pendant la longue vacance du siège patriarcal entre la mort du patriarche Henanjésus Ier (701) et l'élection de Çaliba-zeka (713).

(3) Voir Assémani, *B. O.*, III, 2, p. 735. — Les privilèges de l'évêque de Kaškar sont déjà consignés dans le synode d'Isaac (410): «Le premier et principal siège est celui de Séleucie et de Ctésiphon; l'évêque qui l'occupe est le métropolitain suprême, et le chef de tous les évêques. L'évêque de Kaškar est compris dans

duire une parole qui manque d'autorité, j'apporterai comme exemple le fait lui-même.

Le synode s'assembla jadis pour l'élection d'un prélat. On attendit pendant plusieurs jours l'évêque de Kaškar, l'illustre Emmanuel[1], de vénérable mémoire, de la famille duquel je descends malgré mon indignité! Soit qu'il fût empêché par des affaires, soit qu'il fût persuadé qu'on ne pouvait établir le patriarche sans lui, le prélat de Kaškar tarda et n'arriva point aux Villes dans le temps fixé. Le temps s'étant écoulé sans qu'il arrivât, les Pères ordonnèrent patriarche Mar Acace, de vénérable mémoire[2]. Lorsque la nouvelle qu'on avait fait l'élection pendant qu'il était en route, parvint audit évêque, il s'irrita de cela et s'emporta en paroles. Un certain dimanche, il arriva près des Villes, et il envoya à l'église quelqu'un de son entourage qui devait venir lui faire connaître le moment de l'office. Cela fait, il se hâta d'aller à l'église. Tandis que le patriarche et les Pères officiaient au pupitre et commençaient les répons des mystères [sacrés], Emmanuel s'avança du chœur jusqu'au fond du sanctuaire et se prosterna devant l'autel. Quand les Pères virent cela, ils furent stupéfaits, comme il est naturel, et s'empressèrent d'ordonner à l'archidiacre d'aller voir qui était capable de tant d'aberration et d'audace. L'archidiacre y étant allé et ayant reconnu la

la juridiction de ce métropolitain; il est son bras droit et son collègue; il gouverne son siège après sa mort.» (*Synodes nestoriens*, dans les *Notices et extr. des mss.*, t. XXXVII, p. 33.) — Cf. *Bibl. or.*, t. III, 1, p. 350.

[1] Cet Emmanuel a dû mourir presque aussitôt après l'élection d'Acace (c. 484); car, au synode tenu par ce patriarche en 485, un certain 'Abišô' signe comme évêque de Kaškar (*Syn. nest.*, p. 54, l. 7, et 59, l. 17). C'est un nom à ajouter à la liste des évêques de cette ville.

[2] Sur Mar Acace, patriarche nestorien (484-496), voir Assémani, *B. O.*, t. III, 1, p. 378 et suiv. Cf. *Synodes nest.*, p. 53 et suiv.; Wright, *Syr. Lit.*, p. 59. C'est à tort qu'Assémani conteste l'authenticité de ce synode, et cherche à démontrer l'orthodoxie d'Acace. — Les détails relatifs à son élection relatés ici ne sont consignés dans aucune histoire ecclésiastique, à ma connaissance du moins.

personne fut saisi de crainte, toucha l'homme sans irritation ni colère, et [l'interpella] pacifiquement : « Monseigneur! Monseigneur! » L'évêque ne se leva point, mais, toujours prosterné et soulevant seulement la tête : « Quoi? » demanda-t-il à l'archidiacre. L'archidiacre lui répondit : « Voici le patriarche et les Pères qui viennent. » Cependant le patriarche était déjà près de la grille avec les Pères. Que dit l'évêque à l'archidiacre? « Il y a donc, [dit-il], un patriarche qui ne me connaît pas? » Selon sa grande sagesse, et aussi comme l'exigeait sa dignité, le patriarche laissa un libre cours à son irritation et fit signe à l'archidiacre de ne pas s'occuper de cet homme. L'évêque commença : « *Que la grâce de Notre-Seigneur* . . . . . », et, en présence du patriarche et des Pères, il acheva la prière sans qu'on l'en empêchât. Dès que le patriarche et les Pères se furent rendus au pupitre, l'évêque se leva et interpellant le patriarche : « Tu es donc patriarche, Monseigneur? » — « Non, » répondit le patriarche. — « Et pourquoi non? » demanda de nouveau l'évêque. — « Parce que tu n'étais pas présent, » répondit le patriarche. L'évêque fut gagné par cette humilité sans mesure, et, se prosternant sur le visage, il salua le patriarche et les Pères et demanda l'acte de son élection; quand cet acte lui fut apporté, il en brisa sur-le-champ le cachet, prit de nouveau de l'argile, scella le premier l'acte d'élection et le fit sceller par les Pères après lui. Il ordonna une veille pour le soir, et établit le patriarche sur son siège. Étant le procureur de la maison et le gardien du siège [catholique], il en prenait soin avec raison. Il est manifeste, en effet, que ce qui se fait dans la maison sans l'assentiment de son administrateur et de son gardien est coupable et illégitime. Et la joie fut grande alors à cause de l'observance des canons. Qu'en dira-t-on? Le synode tout entier sans l'évêque de Kaškar, ne peut arriver à établir un chef, et les seuls Citadins en dehors de tout le synode destitueraient ou établiraient le patriarche! Il doit être choisi par la prudence de tous, et non des seuls Citadins. Je ne nie pas qu'un grand honneur ne doive être accordé aux Citadins. Ce n'est pas que leur église soit la plus ancienne de l'Orient, — ce qu'eux-mêmes et quelques personnes pensent peut-être, — car l'église de Kaškar est plus ancienne que celle de Kôkâ[1], comme il a été prouvé par plusieurs; mais, lorsque le gouvernement a été établi dans les Villes, alors on leur attribua des honneurs particuliers. La nature même des choses témoigne de cela. C'est donc parce qu'elles sont le siège du gouvernement[2].....

Le catholicos Mar Guiwarguis[3], de vénérable mémoire, en fut éloigné pendant toute sa vie et ne fut pas blâmé. Mais cela suffit.

Pour moi, je veux que vous en soyez assurés, si la maladie ne m'enlève pas l'espoir de vivre, je ne me fixerai jamais en dehors des Villes, et nulle autre chose ne m'est plus chère et plus agréable que la fréquentation des Villes et des Écoles qui s'y trouvent[4].

[1] Sur l'église de Kôkâ (ou Beit-Kôka), église patriarcale des nestoriens, cf. *B. O.*, t. III, 2, p. 623; sur celle de Kaškar, *ibid.*, p. 734. L'opinion rapportée ici est contraire à la tradition nestorienne.

[2] Il y a ici dans le ms. un petit blanc qui doit répondre à une lacune assez considérable. Il est probable que Mar-Aba rappelait le reproche qu'on lui faisait d'avoir quitté la résidence patriarcale, et s'en excusait. C'est ce qu'insinue la phrase suivante.

[3] Sur le catholicos Georges (661-680) et les motifs qui le tinrent éloignés de son siège, voir *Bibl. or.*, t. III, 1, p. 149 et suiv., et Budge, *The Book of Governors*, t. II, p. 179 et suiv.

[4] Mar-Aba, nous l'avons dit, passait pour un érudit (cf. p. 313, [19], n. 1). Bar-Hébréus (*Chr. eccl.*, II, 154) s'exprime comme Amrou. 'Ebedjésus, dans son *Catalogue des écrivains ecclésiastiques*, parle de Mar-Aba en deux passages différents : au § 83 (*Bibl. or.*, III, 1, p. 154), et au § 85 (*ibid.*, p. 157). Assémani, trompé par le texte de 'Ebedjésus, a cru qu'il s'agissait dans le premier passage d'Abraham de Kaškar, fondateur du couvent d'Izla. Voici les deux passages qui nous énumèrent les œuvres de ce patriarche : § 83 « Abbas (lire : Aba) Cascaren-

Je n'ignore pas, et personne n'ignore, d'après l'examen des faits, que je ne suis que bois et résine, puisque, à cause de l'affection qu'ils avaient pour moi et dont je ne suis pas digne, ils font à mon égard ce qu'ils ne firent pour aucun autre avant moi. Je m'humilie devant votre si grande affection, qui dépasse la mesure, et je lèche la poussière de vos pieds. Comme vous avez écrit ceci : « Ils disent : Nous ne cesserons point que notre volonté n'ait été accomplie », j'en suis fort contristé, car de toute façon c'est une résolution inique. A mes yeux, il est inconvenant non seulement que ceux qui sont placés sous un chef demandent au chef de faire leur volonté, mais que le chef lui-même admette cela, et surtout quand cette volonté est cachée. N'est-il pas inique, ô docteurs habiles, que j'en vienne à ce pacte et à cette convention de faire leur volonté quelle qu'elle soit? Personne d'intelligent ne le dira. Il convient, en vérité, et au chef de demander à son subordonné et au subordonné [de demander] à son chef d'agir avec équité en tout ce qui est bon et convenable.

Je vous prie, mes frères, de ne pas vous offenser que de ce que je ne me rends pas sur-le-champ près de vous. C'est la souffrance et non la volonté qui me retient. Samedi soir, après l'office, tandis que les frères étaient encore présents, j'éprouvai à la tête une sorte de torpeur qui un peu de plus me fendait la tête, et qui s'aggrava à tel point, qu'au dire des frères eux-mêmes, mon œil droit en fut subitement contracté. Cependant

sis edidit Expositiones cum Epistolis et Elucidationem in universam dialecticam Aristotelis. » — § 85 : « Aba filius Brik Sabianeh composuit Librum de Strategis (sans doute une chronique des gouverneurs musulmans de l'Irak) et Expositiones cum Interpretationibus varia refertis doctrina. » — Aucun des ouvrages de Mar-Aba ne nous est connu, excepté la lettre que nous publions, qui est le seul de ses récits parvenu jusqu'à ce jour dans nos bibliothèques occidentales. Son style n'est pas de nature à justifier la réputation littéraire dont l'auteur jouissait parmi les Orientaux.

mes amis, mes élèves m'assistèrent, et maintenant même, il semble aux frères que mon œil, contre toute attente, commence à se redresser. J'espère, grâce à Notre-Seigneur et à vos prières, aller ensuite près de vous[1]. Multipliez vos prières, je vous en prie, et portez-vous bien en Notre-Seigneur.

Fin de la lettre de Mar-Aba, le plus admirable des pasteurs, aux frères adonnés à l'instruction, qui sont dans les Villes catholiques.

[1] Mar-Aba mit son dessein à exécution comme on le voit par le passage de Bar-Hébréus cité plus haut, et par celui de Maris.

TABLE DES MATIÈRES.

	Pages.
Rapport sur le progrès des études syriaques depuis le dernier congrès, par M. Th.-J. Lamy	1
Rapport sur le progrès des études éthiopiennes depuis le dernier congrès (1894-1897), par M. Carlo Conti Rossini	27
Lo studio dell' amarico in Europa, del S. Ign. Guidi	67
A selection of Charms from syriac manuscripts, by the Rev. H. Gollancz	77
Les Plérophories de Jean de Maiouma, par M. F. Nau	99
Schin-Sin. Ein Beitrag zur spæteren Geschichte des hebræischen Alphabets, von Prof. Dr Eb. Nestle	113
Profession de foi adressée par les abbés des couvents de la province d'Arabie à Jacques Baradée, par M. Th.-J. Lamy	117
L'Omilia di Yohannes, vescovo d'Aksum, in onore di Garimà, del S. Carlo Conti Rossini	139
Contribution à l'étude du dialecte du Tour-Abdin, par M. J. Parisot	179
La Meghillath Taanith ou « Anniversaires historiques », par M. Moïse Schwab	199
Der Aufbau des Debora-Liedes, von Prof. Dr D.-H. Müller	261
Les Inscriptions de Constantine au Musée du Louvre, par M. Philippe Berger	273
La Lettre du catholicos Mar-Aba II aux membres de l'école patriarcale de Séleucie, par M. J.-B. Chabot	295

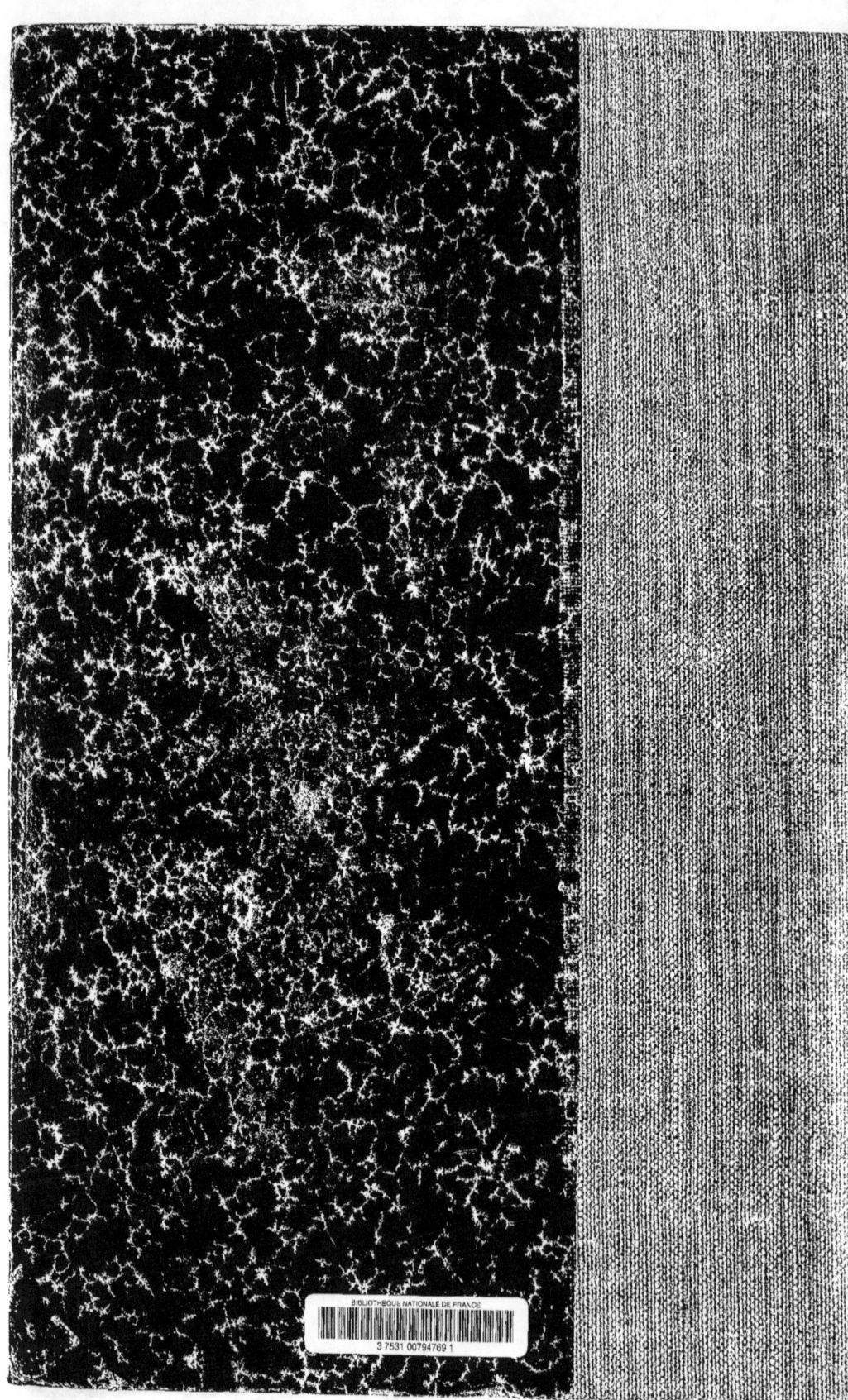

www.ingramcontent.com/pod-product-compliance
Lightning Source LLC
Chambersburg PA
CBHW050800170426
43202CB00013B/2502
* 9 7 8 2 0 1 3 7 0 7 1 8 3 *